문화콘텐츠 입문

이 책은 2006년도 문화관광부에서 선정한
우수학술도서입니다.

문화콘텐츠 입문

초판1쇄 발행 2006년 3월 15일
초판2쇄 발행 2006년 5월 15일
초판3쇄 발행 2006년 6월 20일
초판4쇄 발행 2007년 3월 10일
초판5쇄 발행 2009년 3월 16일
초판6쇄 발행 2013년 12월 28일
초판7쇄 발행 2019년 3월 10일

지은이   인문콘텐츠학회
펴낸이   이찬규
펴낸곳   북코리아
등록번호 제03-01240호
주소   13209 경기도 성남시 중원구 사기막골로 45번길 14
             우림라이온스밸리2차 A동 1007호
전화   02-704-7840
팩스   02-704-7848
이메일   sunhaksa@korea.com
홈페이지 www.북코리아.kr
ISBN   89-89316-70-7 93300

값 16,000원

문화콘텐츠 입문

인문콘텐츠학회

북코리아

■ **문화콘텐츠 입문서 필자**
고기정(Bitzro Learning Design) | **구문모**(한라대학교) | **김교빈**(호서대학교) | **김기덕**(건국대학교)
김류(프리랜서 마케터) | **김민규**(한국게임산업개발원) | **김시범**(캐릭터라인) | **김진용**(한서대학교) | **김현**(한국학중앙연구원)
류은영(한국외국어대학교) | **박성미**(다큐코리아) | **박영욱**(건국대학교) | **백원근**(한국출판연구소) | **신광철**(한신대학교)
심상민(성신여자대학교) | **안이영노**(기분좋은트렌드하우스 QX) | **이남희**(원광대학교) | **이상훈**(전북대학교)
이윤선(목포대학교) | **이형주**(이마주) | **임상혁**(리인터내셔널법률사무소) | **임영상**(한국외국어대학교) | **임학순**(가톨릭대학교)
전윤경(성결대학교) | **조관연**(한신대학교) | **한문희**(누리미디어) | **한창완**(세종대학교)

■ **문화콘텐츠 입문서 편찬위원**
조관연(한신대학교: 위원장), **김현**(한국학중앙연구원), **신광철**(한신대학교), **김교빈**(호서대학교), **박경하**(중앙대학교),
최혜실(경희대학교), **유동환**(여금)

:: 입문서를 발간하며

이번에 학회 차원에서 문화콘텐츠 관련 입문서를 발간하게 된 것을 기쁘게 생각합니다. 문화콘텐츠 분야는 굳이 '문화콘텐츠학'이라고 표현하지 않고 있는 데에서도 알 수 있듯이, 아직 학문적 정체성을 정립하지는 못했습니다. 그것은 이 분야가 본격적으로 언급된 것 자체가 그리 오래지 않기 때문입니다.

정부 차원에서 한국문화콘텐츠진흥원이 설립된 것이 2001년이며, 현재 대학 차원의 학과나 연계전공, 그리고 대학원의 문화콘텐츠 전공도 거의 최근 2~3년 내에 개설된 것입니다. 아마도 이 분야와 직결해서 석사 및 박사학위를 받은 분도 그리 많지 않을 것입니다.

현재 활발하게 전개되는 문화콘텐츠 분야의 다양한 연구축적물과 실제 문화콘텐츠 결과물들이 누적되면 다양한 방법론의 정립과 함께 어느 시기에 가서 자연스럽게 '문화콘텐츠학'이라고 표현될 것으로 생각합니다.

따라서 현재의 상황에서 문화콘텐츠 전반에 대한 입문서를 만든다는 것은 다분히 시기상조일 것입니다. 그럼에도 불구하고 본 학회가 이 작업을 시도한 것은 이 분야 적절한 안내서가 없기 때문입니다. 특히 본 학회는 인문적 소양과 마인드를 강조하면서, 문화콘텐츠의 엔터테인먼트적 요소 외에 '인간화·인간해방'적 지향점을 추구하기 위해 '인문콘텐츠'라는 새로운 용어를 만들고 2002년에 창립된 단체입니다. 인문콘텐츠에서 '인문'이란 단순한 범주적 개념으로 사용된 것은 아니고, 배경 및 본질을 표현하고자 채용된 개념입니다. 따라서 그러한 목표를 갖고 문화콘텐츠 관련 교육에 사용하고자 할 때, 더더욱 적합한 교재가 없는 실정입니다.

이에 학회의 공통된 논의를 거쳐 무엇보다 문화콘텐츠에 입문하고자 하는 학생 및 일반인에게 이 분야에서는 무엇을 어떻게 다루며, 어떻게 공부하고 어떠한 방면으로 진출할 것인지를 시사해 줄 수 있는 교재를 만들어 보고자 하였습니다.

물론 이러한 목표가 이 책에 만족스럽게 반영되지는 못했습니다. 본 학회와 관련된 분은 대부분 문학, 역사, 철학 등을 전공하면서 필요에 의해 문화콘텐츠 분야까지 연구주제를 확산한 분이 대부분입니다. 따라서 관심영역에 따라 이 책의 목차를 나누어 집필하였으나, 솔직히 모두 두려운 마음으로 원고를 작성했다고 보아도 과언이 아닐 것입니다.

그리고 부득이 학회원 내에서 필자를 구하기 어려운 부분은 외부 전문가에게 의뢰하였습니다. 이 책의 발간은 무엇보다 이 책의 집필에 조건없이 참여해준 27명 필자분 모두의 '오픈마인드'가 있었기에 가능한 일이었습니다. 학회의 회원은 물론, 회원이 아니면서도 짧은 일정과 까다로운 부탁을 흔쾌히 수락하여 주신 4명의 전문가에게 정말 감사의 말씀을 전하고 싶습니다. 이러한 긍정적이고 진취적이며 남을 배려하는 '오픈마인드'가 디지털문화에서도 참된 힘의 원천이 된다고 믿고 있습니다.

다만 아쉬운 점은 출간일정에 쫓기어 몇 편의 글을 수록하지 못한 점입니다. 그리고 매항목마다 인문학과의 관련성을 짚어보고자 하였으나, 소략하게 처리된 항목이 많이 있습니다. 그러나 이 점은 차후의 보완과제로 삼고 일단 출간하기로 하였습니다. 이 책의 출간에 있어서 특히 기획 및 실무를 담당해 주신 학회 입문서 편찬위원에게 감사를 드립니다. 그 중에서도 마지막에 조관연, 김현, 김교빈, 신광철교수님께서 많은 수고를 하셨습니다.

이 자리를 빌려 한 가지 더 말씀드릴 것은 이 책에서 필자소개를 자세하게 했다는 점입니다. 사실상 문화콘텐츠 분야는 범위도 넓고 참여하시는 분들이나 연구하시는 분들의 범주도 대단히 넓게 퍼져 있습니다. 따라서 필자소개를 자세히 하는 것이 오히려 독자에 대한 예의이며, 그 자체로 콘텐츠적 의미가 있다고 판단하였기 때문입니다.

현재 인문학 관련 문화콘텐츠학계는 외연의 확대, 연구 후속세대 양성, 산업체 인력양성 등의 과제와 함께, 문화콘텐츠학의 정립, 내실있는 산학협력, 내용있는 기획제시 등의 실천적 과제를 안고 있습니다.

아무쪼록 이 책이 학회의 발전에 기여함은 물론, 위의 여러 과제를 해결하기 위한 첫 단계로서 현장 문화콘텐츠 교육에 유용하게 활용되기를 기원합니다.

2006년 2월 13일
인문콘텐츠학회 회장 김기덕

문 화 콘 텐 츠 입 문

I
총론

문화 · 콘텐츠 · 인문학

문화 · 콘텐츠 · 인문학

김기덕 | 건국대학교, **신광철** | 한신대학교

01 디지털 기술과 문화콘텐츠 : '대중화코드'

세상이 급격히 변하고 있다. 그 핵심에 디지털 기술이 있다는 것을 모르는 사람은 없을 것이다. 디지털 기술의 발전과 함께 문화콘텐츠라는 용어가 혜성같이 등장하여 세상에 풍미하고 있다. 과연 이러한 기술의 변화, 유행의 변화, 패러다임의 변화에는 어떠한 시대적 의미가 있는 것일까?

지금의 새롭고 주된 흐름들을 관통하는 핵심 키워드는 다름아니라 '대중화코드'라고 할 수 있다. 이 시대 디지털 기술의 출현 동인(動因) 자체가 이미 대중화코드의 산물이다. 디지털 기술의 대표적인 매체라고 할 수 있는 인터넷은 그러한 대중화코드를 수행해 주는 가장 적절한 도구로 출현했다. 디지털과 인터넷의 출현을 단순한 기술의 발전사로 보아서는 안된다. 그것은 다수의 시대, 참다운 대중민주주의를 실현해야겠다는 대중의 결집된 열망이 사회적 동인이 되어 촉발된 기술사적 조응인 것이다.

대중이라는 표현은 민주주의의 도래와 함께 일찍부터 출현하였지만, 지금의 시대는 진정한 대중민주주의를 구현하고자 몸부림치고 있다. 이 시대 대중이 책임있는 공중(公衆)이 되어야 한다는 문제의식은 또다른 차원의 문제

이다. 중요한 것은 이러한 시대적 흐름이 알게 모르게, 학문 전분야에 '대중화'를 강력히 요청한다는 점이다. 이미 다양한 대중서적의 출현은 시대적 대세가 되었다. 또한 도올 김용옥으로 대표되듯이, 가장 심오한 철학분야마저도 가장 대중적 매체인 TV에서 자연스럽게 방송되고 있으며, 과학분야까지도 이미 과학대중화가 화두가 되었다. '인문학의 위기'의 본질은 바로 이러한 대중화라는 시대적 흐름에 적절히 대응하지 못한 괴리현상, 또는 과도기 차원에서 출현한 사회적 문제제기라고도 할 수 있을 것이다.

디지털 기술이라야 다수를 구현할 수 있으며, 대중민주주의를 실현할 수 있다. 오늘날 '환경·생태·생명·문화·대중화'가 주된 화두가 되는 이유는 대중 모두가 함께 상생(相生)하며 나아가야 한다는 문제의식이 공유됐기 때문이며, 더 나아가 인간만이 아니라 자연까지도 함께 가야 한다는 깨달음의 반영인 것이다. 그렇다면 이러한 시대흐름에서 우리는 크게 세 가지의 문제의식을 도출할 수 있다.

첫째, 디지털 기술과 인터넷은 과거와는 달리 새로운 내용을 담을 수 있는 매우 유용한 도구이지만, 그것이 결코 모든 문제를 저절로 해결해 주는 만능상자는 아니라는 점이다. 그것은 형식일 뿐이며, 거기에 올바른 내용을 담는 것은 전적으로 우리들의 몫이다. 그 점에서 내용물을 뜻하는 '콘텐츠'라는 말이 유행하는 것은 당연하다. 콘텐츠라는 용어 자체는 선악(善惡)이 없다. 도박·섹스·폭력과 같은 콘텐츠도 디지털 기술로 인해 다수에게 편리하게 접근할 수 있게 되었다. 따라서 우리의 삶을 보다 풍요롭게, 인간화의 방향으로 나아가게 하는 콘텐츠를 생산해 내는 것은 지금 우리들의 과제가 된다.

둘째, 다수·대중을 구현한다는 것은 분명 새로운 시대의 긍정적 변화이지만, 그것은 또한 획일화되기 쉬우며 자칫 디지털 기술에 쉽게 영합하여 매몰될 수도 있다. 이 때문에 디지털은 인간미를 담기 어려운 기술 위주의 비인간적 특성을 갖는다면, 아날로그는 보다 인간적 요소를 간직하고 있다고 비교하기도 한다. 따라서 '디지로그'라는 이어령교수의 표현처럼, 기술과 인간미를 결합하여 디지털과 아날로그의 장점을 살릴 수 있는 유연한 사고와 열린 마음이 지금의 디지털 혁명시대에 요청된다.

셋째, 어설픈 대중화는 자칫 전문성과 상치될 수 있다. 그러나 전문성없는 대중화가 없듯이, 전문성과 대중화는 서로를 요청한다는 점을 명확히 이해할 필요가 있다. 대중화코드인 문화콘텐츠도 치밀한 전문적 지식의 축적이 밑받침되어야 퀄리티 높은 작품의 산출이 가능한 것이다. 그리고 역으로 대중적 문화콘텐츠는 새로운 분야의 전문적 연구를 견인한다. 대중화와 전문성, 즉 문화콘텐츠와 전통적인 인문학은 결코 제로섬의 관계가 아니다. 그 양자는 서로를 견인하고 이끌어 주면서 시너지 효과를 발휘함으로써 결국 인문학의 역할을 증대시키며 사회발전에 기여하는 것이다.

위와 같은 문제의식 때문에, 올바른 문화콘텐츠를 창출하기 위해서는 인간의 본질을 문제삼으며 인간 지식의 기초자료를 구축해 온 인문학이 다시 요청되는 것이다. 디지털 기술의 본격적인 출현과 관련하여 초기에 인문학은 상대적으로 위축되었으나, 사실상 디지털 기술과 문화콘텐츠의 시대는 진정 인문학의 역할을 갈망하고 있다. 문화콘텐츠산업의 기초인프라로서 방대한 인문학 지식을 정보화하는 '지식정보화사업'이 어느 나라나 대대적으로 전개되는 것은 이 점을 잘 말해준다.

물론 오늘의 인문학이 이러한 역할을 제대로 수행하기 위해서는 무엇보다 디지털 기술이 가져온 제반 환경의 변화에 대해 섬세하게 이해할 필요가 있으며, 또한 인문학 본연의 역할에 충실하면서도 새로운 변화에 적응하려는 적극적인 진취의식을 가질 필요가 있다.

우리 역사의 전개과정에서, 커다란 격동의 시기에는 항상 그 시대 지식인들에게 본연의 임무와 새로운 임무, 예컨대 개혁과 자주의 이중 과제를 수행할 것을 요구해 왔다. 그들은 노력했지만 한 번도 제대로 이중의 과제를 동시에 해결하지는 못하였고, 그 결과 우리 역사는 아직 선진국의 반열에 오른 적은 없었다. 21세기 초입에 와서 디지털 혁명은 또다시 이 시대 지식인들에게 이중의 과제를 수행할 것을 요구하고 있다. 그 시험대의 선봉에 인문학자가 있다. 오늘날 인문학과 문화콘텐츠의 관계는 간단한 화두가 아닌 것이다.

02 **문화콘텐츠의 개념과 속성**

자주 쓰이지만 막상 개념규정하려면 쉽지 않은 '문화콘텐츠'라는 표현을 정의하기 위해 먼저 '콘텐츠(contents)'의 개념부터 살펴보아야 한다. 현재 한국·일본 등에서 통용되고 있는 '콘텐츠'란 용어는 새로 만들어진 것이다. 한국에서는 '콘텐츠'가, 일본에서는 'コンテンツ'란 용어가 각각 통용되고 있지만, 외국 사이트에서 contents를 검색하면 나오지 않는다. content가 한국과 일본에서는 유독 's'가 붙어 복수형 콘텐츠(contents)가 된 것이다. 이 점 때문에 콘텐츠는 표준용어가 아니라고 보아 우리나라 일부 신문에서는 한글 표기를 '콘텐츠'가 아니라 '콘텐트'라고 하는 경우도 있다. 콘텐츠의 낱말적 의미는 '내용물'이 된다. 미디어 또는 플랫폼에 담기는 내용물인 것이다. 그것을 좀더 부연하자면, 콘텐츠란 "말이나 문장 또는 여러 종류의 예술 작품과 같이 어떤 매체를 통해서 표현되어지는 내용", "문자, 영상, 소리 등의 정보를 제작하고 가공해서 소비자에게 전달하는 정보상품"을 뜻한다. 즉 콘텐츠란 "각종 미디어에 담을 내용물"을 포괄하는 것이다.

'콘텐트'(content)가 오늘날의 용례로 쓰이기 시작한 것은 1990년대 중반 유럽에서 '멀티미디어 콘텐트'(multimedia content)라는 용어가 사용되면서부터이다. 그것이 한국에서는 모든 형태의 미디어에 담기는 내용물 전반을 가리킨다는 의미에서 자연스럽게 복수형이 되었으며, 특히 One-Source, Multi-Use 개념 즉 다중적인 활용을 강조하면서 복수형이 고착되었다고 할 수 있다. 아울러 1999년 E-비즈니스 열기가 고조된 이후 이른바 '3C'(Commerce, Community, Content) 범주를 통해, 콘텐츠라는 용어가 보통명

사화되었다.

콘텐츠는 앞에 '디지털'이 붙어 '디지털콘텐츠'라고 하던가, '문화'가 붙어 '문화콘텐츠'라는 용어를 흔히 써오고 있다. 콘텐츠는 디지털 기술에서 구현되는 내용물이므로, 디지털콘텐츠라는 표현은 단순히 디지털을 강조한 자연스러운 표현이라고 할 수 있다.

그런데 우리나라에서는 이러한 디지털내용물을 흔히 '문화콘텐츠'라고 불러왔다. 사실상 문화콘텐츠라는 용어는 한국에서 만들어진 것이다. 정부 차원에서 문화콘텐츠를 총괄하는 한국문화콘텐츠진흥원(Korea Culture & Content Agency)의 영문표기에서 문화와 콘텐츠를 단순 병기한 데에서 알 수 있듯이, 문화콘텐츠란 본래 대단히 생소한 표현이었다. 그러나 21세기 문화의 시대를 맞이하여, 문화의 중요성과 활용이 증대되면서 자연스럽게 문화콘텐츠라는 합성어가 일반화되었다.

'문화'라는 말도 학문적 정의를 내리기는 정말 쉽지 않다. 그러나 문화와 콘텐츠가 결합된 문화콘텐츠를 이해하기 위해 문화를 범주적 차원에서 생각하자면, 문화의 의미는 '교양 + 오락'의 차원으로 이해할 수 있을 것이다. 이 때 교양이란 예전부터 항상 주된 내용물을 구성하고 있던 것이다. 단 그것이 대중화시대를 맞이하여 좀더 광범위해지고 다수가 향유하는 것으로 변화되었다. 본래 전근대시대에는 교양이란 특권층의 전유물이었다. 그것이 근대에 들어와 다수에게 확산되다가 오늘날 대중화시대에 접어들면서 전면화되고 있다고 할 수 있다.

비록 교양의 향유층이 확산되기는 하였으나, 문화를 구성하는 요소 중에 교양적 측면은 예전부터 중요하게 자리를 잡고 있으면서 품위있는 대접을 받아왔다. 이에 비해서 오락적 측면은 역시 예전부터 문화의 주된 구성요소였으나, 정당한 대우를 받았던 것은 아니다. 최근까지도 연예인은 딴따라였으며, 몸을 쓰는 운동선수는 원칙적으로 머리가 나쁜 저질의 이미지가 일반적인 인식이었다. 그러나 이러한 오락적 측면에 대한 시각은 오늘날 완전히 바

꿰었다.

　새롭게 오락적 요소가 주목되고 그에 따라 대중적 스타가 출현하는 것 또한 '대중민주주의'의 구체적인 실현과정 중에 하나일 것이다. 즉 대중가수 및 영화배우 그리고 스포츠 스타에 대한 정당한 대우와 열망은 이제 일부계층이나 또는 하위계층에 한정되는 것이 아니라는 점에서, 이러한 현상은 확실히 시대적 변화를 담보하고 있다.

　문제는 이러한 인식변화를 가져온 문화적 요소가 콘텐츠와 결합되면서, 흔히 문화콘텐츠라고 하면 게임·영화·애니메이션·공연 등 오락적 요소 즉 엔터테인먼트 측면만이 과도하게 강조되어 설정되고 있다는 점이다. 그러나 디지털이라는 새로운 기술하에서도 주된 내용물의 원천은 인문학에 바탕을 둔 교양적 요소이다. 그리고 더 나아가 오락적 요소도 크게 보아 교양적 요소의 밑바탕이 있어야 퀄리티 높은 콘텐츠를 생산할 수 있다. 우리가 세계적인 킬러콘텐츠를 창출할 수 있으려면 전문적 지식에 바탕을 둔 교양적 축적물이 뒷받침되어야 한다.

　물론 문화콘텐츠에 있어서 교양적 요소의 축적물은 새롭게 대중화코드에 입각하여 디지털 기술에 적합한 방식으로 재가공되어야 하며, 그 역할이 이 시대 인문학자들에게 주어졌다고 할 수 있다. 한국문화콘텐츠진흥원에서 5년동안 시도된 '문화원형 디지털콘텐츠화사업'은 바로 전통적인 인문학의 교양적 요소를 활용하여 오락적 산업 즉 엔터테인먼트산업을 활성화시키고자 한 것으로, 현재의 구체적인 성과 여부와는 관계없이 올바른 방향성을 갖는 사업이었다고 평가할 수 있다.

　이처럼 문화콘텐츠 창출의 기본원천은 인문학적 사고와 축적물이라는 것을 명확히 주장하고자 '인문콘텐츠'라는 개념을 새롭게 창안하고 출범한 학회가 인문콘텐츠학회이다. 인문콘텐츠란 또한 문화콘텐츠의 방향성을 담보한 개념이기도 하다. 모든 내용물에는 의식하던 안하던 지향성이 있게 마련이다. 따라서 오늘날 유행하는 문화콘텐츠도 원칙적으로 예전의 모든 의미있는 내용물이 그러하듯이, 인류의 공동선(共同善)·인간화·인간해방을 지향해야 한다는 점을 인문콘텐츠라는 용어는 담고 있다.

문화콘텐츠와 관련하여 문화테크놀로지(culture technology)라는 용어가 역시 한국에서 출현하였다. 일부에서는 IT만 있을 뿐이지 CT란 따로 존재하지 않는다고 하면서 CT를 부정하고 있다. 그러나 그렇게 협소하게 생각할 필요도 없다. IT가 CT에 필수적으로 요청되는 체계라면, CT는 IT가 충분한 생명력과 활용성을 지니도록 만들어주는 동력을 제공한다. IT와 CT는 필요충분의 연계구조를 지니는 셈이다. 이를 달리 표현하면 고속도로와 자동차에 비유할 수 있다. IT가 고속도로라면, CT는 그러한 정보고속도로를 내달리는 자동차인 셈이다. 자동차가 없는 고속도로란 존재 의의를 상실한 것이다.

흔히 문화콘텐츠의 기술적 환경이 하드웨어(hardware) → 소프트웨어 (software) → 콘텐트웨어(contentware) → 아트웨어(artware)로 변화하고 있다고 말한다. 이는 IT의 기본 전제 위에서 그만큼 내용적 측면이 중요해지고 있다는 것을 말해준다. 디지털 기술에 담기는 내용물을 표현함에 있어 형식에 치중하면 디지털콘텐츠, 내용을 위주로 하면 문화콘텐츠, 내용 창출과 방향성을 염두에 두면 인문콘텐츠라고 할 수가 있다. 그리고 이러한 문화적 내용물을 담고 있는 기술을 CT라고 할 수 있다. 이처럼 다양한 표현들은 조금은 우리들을 헷갈리게 하지만, 어찌 디지털 기술에 담기는 수많은 내용물들이 단순할 수 있을 것인가? 디지털내용물을 다양한 위상으로 표현하는 것은 오히려 이 시대 콘텐츠를 적확하게 이해하기 위하여 필요한 작업일 것이다.

03 문화산업과 콘텐츠

오늘날 문화산업의 비중이 커지면서 콘텐츠의 중요성이 더욱 부각되고 있다. 문화산업의 비중은 세계 초강대국인 미국의 미디어-엔터테인먼트산업이 군수산업에 이은 2대 산업을 구축하고 있는 점에서도 확인된다. 문화콘텐츠산업은 새로운 핵심동력산업으로 부각되고 있으며, 세계 각국은 문화콘텐츠산업을 미래전략산업으로 채택하여 진흥정책을 활발하게 펼치고 있다.

문화산업이란 "문화상품의 생산, 유통, 소비와 관련된 산업"을 말하며, 문화상품이란 "문화적 요소가 체화되어 경제적 부가가치를 창출하는 유무형의 재화와 서비스 및 이들의 복합체"를 말하는 것이다. 유네스코에서는 문화산업을 "형체가 없고 문화적인 콘텐츠를 창조, 생산, 상업화하는 산업"이라고 정의하고 있다. 유네스코의 문화산업 정의는 문화산업에서 콘텐츠가 차지하는 비중을 잘 설명해주고 있다. 문화산업에서 중요한 것은 문화적 '내용'인 것이다. 이러한 문화적 내용은 인류의 역사, 문학, 예술 등의 원천으로부터 확보되는 것이며, 그러한 원천은 인류의 창조적 작업의 산물이다. 영국과 캐나다의 문화산업 정의는 이러한 맥락을 보다 잘 반영하고 있다. 영국에서는 개인의 창의성을 바탕으로 이루어진다는 점을 강조하면서 문화산업을 창조산업(creative industry)으로 정의하고 있으며, 캐나다에서는 문화산업을 예술산업(art industry)으로 정의하고 있다.

현재 문화산업과 문화콘텐츠산업은 별다른 구분없이 혼용하여 사용되고 있다. 처음에는 기존 오프라인 중심의 문화산업과 구분하여 문화콘텐츠산업이라고 표현하기도 하였으나, 현재는 문화콘텐츠산업을 포함하여 보다 광의의 의미로 문화산업이 사용되고 있다. 현 상황에서 둘을 구분하는 것은 어렵고 무의미한 일이기도 하겠지만, 무엇보다 문화콘텐츠산업이 일반적인 문화산업과 다른 점 한 가지를 기억할 필요가 있을 것이다. 그것은 현재의 문화콘텐츠산업은 기본적으로 디지털기술로 구현되는 지식정보화를 직·간접인 밑바탕으로 하고 있다는 점이다. 따라서 문화콘텐츠산업의 비중은 정보화 추세가 진전되면서 확고히 자리를 잡기에 이르렀으며, 정보화 인프라가 구축되어 가면서 그 실질적 내용을 채워가는 핵심적 역할을 맡기 시작하였다. 정보화 추진 과정에서 지식의 정보화가 중요한 과제로 인식되었다면, 콘텐츠 시대로 접어들면서는 지식과 함께 문화의 중요성이 부각되기에 이른 것이다.

오늘날 문화콘텐츠산업은 고부가가치를 창출하는 고속 성장산업으로 각광받고 있다. 마인드브랜치아시아퍼시픽의 조사결과에 따르면, 2004년 세계 디지털 콘텐츠시장 규모는 전년대비 19.1%의 성장세를 보여 주었으며, 이러한 성장세는 앞으로도 당분간 지속될 것으로 전망되고 있다. 이 조사결과는 권역별로 현재 시장의 81%를 차지하고 있는 미주와 유럽권의 강세가 이어지겠지만, 중화권과 아시아가 연평균 20% 이상 성장하면서 신흥강국으로 떠오를 것으로 전망하고 있다.

최근 들어 세계 거대 미디어들이 전략적인 제휴를 시도하거나 합병하는 사례가 빈번해지고 있는 것도 콘텐츠의 중요성을 보여 주는 단적인 예라고 할 수 있다. 예컨대 2000년 1월에는 AOL(America On Line)과 타임워너가 합하여 AOL Time Warner로 재편되었으며, 최근에도 월트 디즈니사가 제휴업체인 픽사를 인수하여 애니메이션 제국 부활의 신호탄을 쏘아올린 바 있다.

문화산업의 이러한 세계적 경향은 콘텐츠 분야에서 이른바 '규모의 경제'가 중요한 것임을 시사하는 것이기도 하다. 문화콘텐츠 분야의 세계적 선도기업들은 이러한 측면을 고려하여 자사의 경영전략을 수립하고 있다. 문화콘텐츠 선도기업들은 One-Source, Multi-Use의 효과를 극대화하기 위한 핵심적 전략으로서 미디어 믹스(media-mix) 전략을 추구하는 한편, 제휴와 협업을 통한 디지털 융합(digital convergence)의 완성을 도모하고 있다.

하지만 문화콘텐츠산업이 규모의 경제에 의해 일반적으로 좌우되는 것만은 아니다. 문화콘텐츠산업은 문화적 내용을 창조적으로 다루는 영역이라는 점에서, 섬세한 터치가 요청되는 분야이기도 하다. 문화콘텐츠는 '기술-지식(하이테크)'과 함께 '예술-감성(하이 터치)'이 요청되는 분야이다. 전자가 거대 자본과 협업의 필요성을 제기하는 것이라면, 후자는 창조성과 감성의 필요성을 제기하는 것이라고 할 수 있다. 후자와 관련해서 주목되는 것이 강력한 마이크로 미디어의 부각이다. 작지만 강력하고 특색 있는 전문 미디어가 각광받게 되는 새로운 현상이 나타나기에 이른 것이다. 커다란 우산 속에서 각기 개성을 갖춘 조그만 아이들의 활약상이 기대되는 분야가 바로 문화콘텐츠인 것이다. 이는 또한 창조적이고 역동적인 인재들이 이 분야에 진입할 수 있는 계기를 이루는 것이기도 한다.

문화콘텐츠산업과 관련해서 중요하게 언급되어야 하는 현상이 소비자의 권력강화이다. 문화콘텐츠의 커뮤니케이션 구조 가운데 중요한 것이 '쌍방향성'이다. 공급의 희소성이 줄어들고 소비자의 사이버 커뮤니티 활동이 강화되면서 정보를 생성·공유하게 되어 점차 소비자의 발언권이 높아지기에 이르렀다. 생산과 노동이 문화적 주도권을 쥐고 있던 것에서 변화하여, 그 중심이 소비와 유희의 주체인 문화콘텐츠 향유자 또는 소비자에게로 이행되고 있다. 이른바 '생비자(生費者, prosumer)'라는 새로운 주체가 탄생하기에 이른 것이다. 컴퓨터와 디지털미디어의 비약적인 발전에 따라 소비자(인간)들이 자기권리 회복에 나서게 되었고, 이들의 권리추구는 급기야 생산의 메커니즘에 강력한 영향력을 행사하는 데에까지 이른 것이다.

04 문화콘텐츠 창출의 방향과 인문학의 중요성

문화콘텐츠가 산업적으로 각광을 받는 데에는 디지털 기술이 중요한 작용을 하였다. 따라서 문화콘텐츠 전문가는 무엇보다도 디지털라이징의 체계에 대한 전문적인 지식과 실무능력을 갖추어야 한다. 이는 문화콘텐츠 기획 전문가라 하더라도 피할 수 없는 과업이기도 하다. 문화콘텐츠 창출은 그 특성상 창안-기획-제작-유통의 과정이 긴밀하게 연관된 작업이다. 문화콘텐츠가 문화적 내용을 산업화시킨 것이라는 점을 전제할 때, 한 시대의 형이상학이라는 공통된 시대정신을 어떻게 공유하고, 어떻게 차별화해서 표현할 수 있는가에 대한 인문적 안목을 갖추어야 한다. 문화콘텐츠가 상상과 창조의 산물이라는 점에서 문화콘텐츠 창출에서 인문학적 상상력이 차지하는 비중은 막대하다고 하겠다.

문화콘텐츠는 예술인 동시에 상품으로서의 속성을 지닌다. 문화콘텐츠 전문가에게 인문적인 교양과 함께 세계시장에 대한 사회과학적 이해가 필수적으로 요청되는 까닭이 여기에 있다. 문화콘텐츠 전문가는 세계시장의 거시적인 흐름을 파악하는 한편, 문화콘텐츠 향유자의 기호를 분석하여 당대의 콘텐츠 트렌드를 정확하게 포착하는 능력을 구비하여야 한다.

문화콘텐츠 창출은 꿈과 감동을 전달하는 작업이라는 점에서, 문화콘텐츠 전문가에게 절대적으로 요청되는 것이 이야기꾼으로서의 능력이다. 디지털 정보화시대에 문화콘텐츠산업의 핵심은 우수한 시나리오와 아이디어를 생산하고 각색하는 창작력과 연출력, 그리고 이들을 상품화하는 기획력을 갖춘 높은 수준의 프로그램 제작 인력에 달려 있다. 문화콘텐츠가 외형적으로는 이미지와 영상으로 전달되게 마련이지만, 그것이 단순한 이미지와 영상이 아닌 이야기를 지닌 이미지와 영상이라는 점에서 이야기는 문화콘텐츠의 생명력의 원천이라고 할 수 있다. 문화콘텐츠에서 시나리오 내지는 스토리텔링의 중요성이 강조되고 있는 것은 이러한 맥락에서이다. 그렇다면 이야기꾼의 능력은 무엇으로부터 비롯되는 것일까? 폭넓고 깊은 독서와 문화적 체험으로부터 탁월한 이야기 능력이 나오는 법이다. 문화콘텐츠 전문가는 다양한 독서, 영화 및 전시회 감상, 축제 및 이벤트 참가, 여행 등을 통해 콘텐츠 창출의 원천을 풍성하게 확보해야 한다.

문화콘텐츠 창출에서 3W의 요소가 중요하다. 3W란 Why, Where, Whom을 말한다. 먼저 Why의 요소는 문화콘텐츠 창출의 배경과 관련되는 것으로서, 수익 창출을 위한 상업적 목적에서의 창출인가, 공익을 위한 공공적 목적에서의 창출인가의 여부를 고려해야 한다는 것이다. 상업적 콘텐츠와 공공적 콘텐츠는 창출배경에서부터 상당한 차이를 지닐 수밖에 없다. 이른바 문화콘텐츠의 공공성 내지는 공공재로서의 문화콘텐츠의 위상이 운위되는 맥락이 여기에 있다. 예컨대 한국문화콘텐츠진흥원의 지원으로 전개되고 있는 문화원형 사업의 경우, 상업적 배경 못지않게 공공적 배경이 중요시되는 사업이라고 할 수 있다. 다음으로 Where의 요소는 콘텐츠 플랫폼과 관련되는 것이다. 제작된 콘텐츠를 어디에다 탑재시킬 것인가의 문제가 여기에 해당하는 것이다. 마지막으로 Whom의 요소는 콘텐츠 향유자 또는 소비자와 관련되는 것이다. 누구를 위한 콘텐츠인가의 문제인 셈이다. 이를 해결하기 위해 호모 디지털의 동향을 파악할 필요가 있다. 호모 디지털의 정보욕구는 초기의 정보획득으로부터 즐거움, 경제적 수익, 사회적 지위의 추구로 진전하는 모습을 나타내고 있다.

문화콘텐츠 전문가가 끊임없이 품어야 할 물음은 "지금 이 시대는 어떤 창의성을 원하는가?"이다. 이 물음에는 두 가지 키워드가 담겨 있다. 하나는 '시대'이고, 또 다른 하나는 '창의성'이다. 이 두 키워드를 조합하면 '시대적 흐름에 적합한 창의성'이라는 과업을 확보하게 될 것이다. 문화콘텐츠가 '21세기형 실학'으로 운위되는 맥락이 여기에 있다. 실학적 사고의 핵심은 시대에 적합한 지식체계의 정립과 함께, 그러한 지식을 구체적인 형태로 구사하고 표현할 줄 아는 실천력에 있다고 하겠다. 그러한 점에서, 문화콘텐츠 전문가를 꿈꾸는 학도들에게 다음과 같은 두 사람의 역사적 모델을 제시하고자 한다. "다빈치적 인간, 다산적 인간이 되라!" 레오나르도 다빈치(Leonardo da Vinci, 1452~1519)와 다산 정약용(茶山 丁若鏞, 1762~1836)은 각기 처한 시대적 정황 속에서 혁신을 도모한 지식인인 동시에, 그러한 이념을 구체적인 작업으로 표현해 낸 실천가이기도 했다. 다빈치는 과학자인 동시에 화가, 제작자였으며, 다산은 자신의 이념을 화성(華城: 수원성) 건축을 통해 실천한 콘텐츠 디자이너였다.

05 전망: 융합과 오픈마인드

오늘날 한국사회에는 "문화콘텐츠 현상'이라 부를만한 사회적 관심이 강하게 확산되고 있다. 문화콘텐츠산업은 고부가가치를 올릴 수 있다는 점에서, '황금알을 낳는 거위'에 비견되기도 한다. 실제로 문화콘텐츠산업은 21세기의 산업지형도를 바꾸어 놓고 있다. 예컨대 미국의 경우, 문화콘텐츠산업은 군수산업에 이어 제2의 산업 영역을 구축하면서 새로운 경제적 도약을 이끄는 동력으로 각광받고 있다. 문화콘텐츠산업은 성장속도에서도 기존의 '굴뚝산업'과 비교가 되지 않을 정도이다.

한국 역시 문화콘텐츠산업에 국가적 운명개척의 한 방향을 찾고 있다. 정부는 빠른 시기 안에 '문화콘텐츠 5대 강국'을 실현하겠다는 청사진을 발표하기도 하였다. 대학 또한 학과 신설 또는 개편에 적극적으로 나서고 있다.

문화콘텐츠에 대한 우리 사회 다양한 구성원들의 목표와 실천과정에서 두 가지 점을 유념할 필요가 있다. 하나는 융합의 측면이다. 문화콘텐츠의 요체는 과학기술(디지털 기술)과 문화(인문학) 및 예술의 융합에 있다. 그러한 융합은 '콘텐츠화'라는 현실적 필요(대중의 요구)에 기인한 것이기도 하다. 이러한 점을 전제한다면, 문화콘텐츠 정책은 지금보다 더 종합적인 형태로 이루어져야 할 것이다. 문화콘텐츠의 복합적 구조에 부응하는 정책이 되려면, 문화콘텐츠의 화두인 '융합'을 다시 한 번 상기할 필요가 있을 것이다. 이 점은 국가정책에 있어서도 그러하며, 대학에서의 교육도 마찬가지이다. 현재 한국의 콘텐츠 교육은 과학기술(디지털콘텐츠) 영역과 인문학(문화콘텐츠) 영역으로 각각 구축될 조짐을 보이고 있다. 그러나 이는 바람직하지 않다. 이 시대 콘텐츠 전문가 양성은 테크놀로지, 인문학적 기획력, 예술적 감수성, 마케팅 등 여러 측면의 융합을 지향해야 한다.

또 하나는 비록 디지털 혁명 초창기의 왜곡 현상으로 인하여 불합리한 부분이 많았다고 하더라도, 타 분야와 소통할 수 있는 오픈마인드가 필요하다는 점이다. 무엇보다 지금의 디지털 시대에는 긍정적이고 진취적이며 남을 배려하는 '오픈마인드'가 참된 힘의 원천이라 할 수 있다. 그런 점에서 기업이나 학교에서 서로 소통하며 오픈마인드를 갖게 할 수 있는 공간의 배려 또한 절실히 필요하다고도 할 수 있다.

콘텐츠라는 용어도 한국적 용어이며, 문화콘텐츠도 한국에서 만들어진 조어이다. CT도 한국에서 나온 용어이며, 인문콘텐츠도 한국에서 출현한 용어이다. 따라서 지금의 IT 기술과 문화콘텐츠에 대한 열정에, 학제간 연구를 통한 융합과 오픈마인드를 보탤 수가 있다면 우리의 앞날은 매우 밝을 것으로 생각한다.

■참고도서

김기덕, 「콘텐츠의 개념과 인문콘텐츠」, 『인문콘텐츠』 창간호, 인문콘텐츠학회, 2003;
『영상역사학』, 생각의나무, 2005 재수록.

김기덕, 「전통 역사학의 응용적 측면의 새로운 흐름과 과제 - '인문정보학'·'영상역사
학'·'문화콘텐츠' 관련 성과를 중심으로 -」, 『역사와현실』 58, 2005.

미디어문화교육연구회, 『문화콘텐츠학의 탄생』, 다홀미디어, 2005.

박장순, 『문화콘텐츠 해외마케팅』, 커뮤니케이션북스, 2005.

백승국, 『문화기호학과 문화콘텐츠』, 다홀미디어, 2004.

신광철 외, 『인문학과 문화콘텐츠』, 한신대 학술심포지움자료집, 2004.

심상민, 『미디어는 콘텐츠다』, 김영사, 2002.

■ **김기덕**(金基德)은 건국대학교 사학과를 졸업하고, 같은 학교 대학원에서 「고려 봉작제(封爵制) 연구」
로 문학박사학위를 받았다. 한국사 가운데 주로 고려시대 왕족을 연구하였으며, 이후 오행사상·풍수사상
으로 연구범위를 넓혔다. 한편 디지털문화의 전개와 관련하여 일찍이 영상에도 관심을 가져 2000년 '영
상역사학'을 제창하였으며, 나아가 인문학과 문화콘텐츠의 상생적 결합을 의미하는 '인문콘텐츠'라는 개념
을 제시하고 '인문콘텐츠학회'를 결성하는 데에 주도적 역할을 하였다. 현재 건국대학교 문화콘텐츠 연계
전공 강의교수, 인문콘텐츠학회 회장, 한국역사민속학회 이사, 문화재청 문화재전문위원(사적과)으로 활
동하고 있다. 지은 책으로는 『고려시대 봉작제연구』(청년사, 1998), 『한국인의 역사의식』(공편, 청년사,
1999), 『우리 인문학과 영상』(책임편집, 푸른역사, 2002), 『고려의 황도 개경』(공저, 창작과비평사,
2002), 『효문화와 콘텐츠』(공저, 경기문화재단, 2004), 『영상역사학』(생각의나무, 2005) 등이 있다.
e-mail: neutro@empal.com

■ **신광철**(申光澈)은 서울대학교 및 같은 학교 대학원에서 종교학(한국종교, 종교학과 문화비평)을 전공
하였다. 1996년부터 2002년까지 한신대학교 종교문화학과 교수를 역임하였으며, 2003년부터 지금까
지 한신대학교 디지털문화콘텐츠학과 교수로 재직 중이다. 현재의 소속학부는 중국문화정보학부이다.
인문콘텐츠학회 총무이사, 한국종교학회 편집이사, 한국종교사학회 정보이사, 한국문학과 종교학회 편집
이사, 한국기독교역사학회 연구이사로 활동 중이다. 〈종교와 영화〉, 〈만화-애니메이션과 신화〉, 〈축제와
제의〉, 〈전시기획〉, 〈테마여행 플래닝〉 등의 분야를 강의하고 있으며, 종교학과 문화콘텐츠학의 결합에
깊은 관심을 가지고 있다. 『천주교와 개신교, 만남과 갈등의 역사』, 『한국 종교문화사 강의』(공저), 『세계
종교사입문』(공저), 『효문화와 콘텐츠』(공저) 등의 저서가 있으며, 「종교학과 문화콘텐츠」, 「한국 종교
영화의 현황과 전망」, 「기독교박물관의 현황과 전망」, 「만화를 통한 신화 읽기」 등의 논문을 발표하였다.
e-mail: iskc@hs.ac.kr

문 화 콘 텐 츠 입 문

II

산업

■

문화콘텐츠 인프라사업

■

문화콘텐츠산업과 트렌드

■

문화콘텐츠산업의 제분야

문화콘텐츠 인프라사업

이남희 | 원광대학교

01 문화콘텐츠 인프라사업의 중요성

인터넷을 통해서 전세계가 하나의 네트워크로 연결되기 시작하면서, 그 네트워크를 타고 흐르는 내용물이 더욱 중요하게 되었다. 이른바 콘텐츠 (Content)의 시대를 맞이하게 된 것이다. 아울러 콘텐츠를 구성하는 내용물로서의 문화가 한층 중요한 요소로 떠오르게 되었다.

그 같은 흐름과 더불어 디지털 산업에서 문화콘텐츠가 중요한 위상을 차지하게 되었다. 문화콘텐츠산업은 시장 규모의 확대만이 아니라 문화산업의 구조변화를 불러오고 있다. 바야흐로 문화정보화 시대가 도래한 것이다. 종래 산업사회의 근간이라 할 수 있는 자본과 기술을 넘어서 지식과 정보가 부가가치 창출의 새로운 원동력으로 작용하고 있다.

종래 디지털과는 다소 거리가 먼 것처럼 보였던 인문학 분야에서도 조선왕조실록이 CD-ROM으로 간행된 이후(1995년) 연대기, 문집, 방목, 족보, 의약서, 고문서 등이 디지털화되었다. 인터넷 상에서 그 내용을 손쉽게 찾아볼 수 있으며, 전통사회의 문화와 역사에 한층 더 가깝게 접근할 수 있게 되었다.

향후의 문화산업과 국가경쟁력이라는 측면에서도 전통문화유산은 중요하다. 그 자료들을 디지털화하여 문화콘텐츠산업에 적극 활용할 수 있기 때문이다. 문화콘텐츠산업을 다각도로 그리고 효율적으로 추진해가기 위해서는 문화콘텐츠 아카이브(Archive)를 구축하는 것이 필요하다. 이는 효율적인 문화산업을 위한 인프라 구축이라 할 수 있다. 그런데 그 같은 문화콘텐츠에 대한 아카이브, 다시 말해 인프라를 구축하는 사업은 개인이나 민간차원에서는 쉽지 않은 일이다. 국가적인 차원에서 추진하거나 정부가 적극적으로 지원할 필요가 있다.

문화콘텐츠산업의 지속적인 발전을 위해서는 무엇보다도 전통시대의 역사와 문화를 이해하고 활용하는 데 필요한 문화콘텐츠 인프라 구축사업에 주목해야 한다. 대표적인 문화콘텐츠 인프라 구축사업으로는 「지식정보자원관리사업」(정보통신부 · 한국정보문화진흥원, 1999년~), 「문화원형 디지털콘텐츠화사업」(문화관광부 · 한국문화콘텐츠진흥원, 2002년~), 「한국향토문화전자대전사업」(한국학중앙연구원, 2004년~)을 들 수 있다.

이러한 문화콘텐츠 공공 인프라사업의 구축은 새로운 문화콘텐츠를 기획, 개발하는데 유용하게 활용할 수 있는 기반을 마련해 준다는 점에서 그 중요성을 아무리 강조해도 지나치지 않을 것이다.

02 지식정보자원관리사업

정부에서는 국가 또는 지방자치단체 등에 산재되어 있는 지식정보자원을 체계적으로 관리, 보존하여 공공 및 민간 부문에서 이를 적극 활용할 수 있도록 국가지식산업의 기반을 확충하기 위해 '지식정보자원관리법'(2000년 1월)을 제정하였다.

지식정보자원이란 "국가적으로 보존 및 이용가치가 있고 학술, 문화 또는 과학기술 등에 관한 디지털화 또는 디지털화의 필요성이 인정되는 자료"(「지식정보자원관리법」 제2조 1항)를 말하며, 디지털화는 "원 자료의 보존 및 이용에 효용을 높일 수 있도록 전자적인 형태로 변환하는 것"이다(같은 조 2항). 이는 국가가 무형의 '지식정보자원'을 법으로 관리하여, 21세기 정보화시대에 적극적으로 대응하고자 하는 것이라 할 수 있다.

이처럼 지식정보자원의 관리 및 활용에 관한 법제화에 기초하여 본격적으로 추진한 대규모 국가 프로젝트가 「지식정보자원관리사업」이다. 1997년 말 IMF 경제위기 이후 실업자 일자리 창출을 위해 정보통신부는 'IT 뉴딜정책'이라 할 수 있는 공공근로사업을 착수했으며, 지금까지 대규모로 추진해오고 있다. 연차별 내역을 보면, 1999년도 8개 과제 500억 원, 2000년도 9개 과제 342억 원, 2001년도 15개 과제 328억 원, 2002년도 13개 과제 275억 원, 2003년도 22개 과제 470억 원, 2004년도 30개 과제 470억 원, 2005년도 44개 과제 560억 원을 투입했다. 총 3000억 원의 규모로 추진되고 있는 초대형 지식정보자원 인프라 구축사업인 것이다. 참고로 지금까지 추진된 「지식정보자원관리사업」 과제의 목록과 내용을 정리해 보면 〈부록 1〉과 같다.

「지식정보자원관리사업」은 정보활용 가능성이 높거나, 디지털화에 따라 이용가치가 증대되어 보존 및 특별 관리가 필요한 지식정보자원을 DB로 구축하는 것이다. 전문연구자뿐만 아니라 일반인이나 산업현장 등에서 언제 어디서나 편리하게 검색하여 활용할 수 있는 기반을 마련하여, 학계는 물론이고 산업분야에도 기여할 수 있는 콘텐츠 인프라 구축사업이라 할 수 있다.

이 사업의 추진체계와 기관별 역할을 정리해보면 〈표 1〉과 같다. 이는 지식정보자원관리사업이 어떻게 추진되고 있으며, 각 기관들이 어떤 역할을 하고 있는지 파악하는 데 도움이 된다. 지식정보자원관리위원회에서는 '지식정보자원관리 기본계획'을 수립하고, 정보통신부는 '지식정보자원 시행계획'을 수립하며, 전담기관인 한국정보문화진흥원에서는 '기본계획'의 수립 시행에 대한 지원 및 사업의 관리감독을 담당한다(2005년 3월 '지식정보자원관리법'의 개정으로 전담기관이 한국전산원에서 한국정보문화진흥원으로 변경되었다.). 과제를 수행하는 주관기관에서는 디지털화 사업의 실무를 수행하는 주관 사업자를 선정해서, 소장하고 있는 지식정보자원의 관리 및 유통을 실질적으로 추진하게 한다.

　「지식정보자원관리사업」을 시행하기에 앞서, 정부에서는 지식정보자원의 디지털화 현황 조사를 했으며(1999년), 선택과 집중 원칙에 따라 전략 분야를 중심으로 집중 투자하기로 결정했다. 그 결과 과학기술, 교육학술, 문화예술, 역사 등을 전략 분야로 선정하여 사업을 추진하고 있다.

　이 같은 「지식정보자원관리사업」을 통해서 구축된 웹 사이트가 바로 국가지식정보통합검색시스템인 '국가지식포털'(www.knowledge.go. kr)이다. 현재

〈표 1〉 「지식정보자원관리사업」 추진체계별 역할

구 분	주 요 업 무
지식정보자원 관리위원회	• 지식정보자원관리 기본계획 수립 • 지식정보자원의 관리 및 활용 • 지식정보자원의 표준화, 공동이용, 평가 • 지식정보자원관련 예산집행 등
정보통신부	• 지식정보자원기본계획 및 시행계획 수립 • 지식정보자원관리지침 제정 • 지식정보자원관리위원회 운영 • 지정된 지식정보자원에 대한 행정적 · 기술적 · 재정적 지원 • 지정된 지식정보자원에 대한 사업화 추진 지원
전담기관 (한국정보 문화진흥원)	• 기본계획의 수립 · 시행 지원 • 지식정보자원관리 정책 개발 지원 • 지식정보자원의 활용을 촉진하기 위한 정보시스템의 구축 · 운영 · 　관리 · 연계 및 통합업무 지원 • 위원회 및 실무위원회 운영 지원 등
주관기관 (과제수행기관)	• 지식정보자원관리 주요 정책 협의 • 소관 지식정보자원의 관리 · 유통 추진 • 소관 지식정보자원 중 디지털화 필요성이 있다고 판단되는 지식정보 　자원의 지정 신청 • 지정된 지식정보자원의 디지털화 계획 수립

〈그림 1〉 국가지식포털 사이트

서비스되고 있는 지식정보 자원은 2억 2천 만 건, 연계된 기관의 수는 718개에 이르는 명실상부한 국가 지식 포털 사이트이다. 한 번의 검색으로 718개기관에서 구축한 데이터베이스를 일괄해서 파악할 수 있다. 일반적인 검색에서 전문적인 검색까지 원하는 정보를 한 번에 찾을 수 있는 원스톱(One-Stop)서비스를 제공해 주고 있다. 2005년부터 파란, 야후, 엠파스 등의 포털 사이트와 연계하고 있으며, 2006년 이후에는 다른 민간 포털 사이트에도 확대될예정이라 한다. 그와 더불어 구축된 지식정보 아카이브의 활용 역시 한층 더활발해질 것이다.

그런데 이 같은 「지식정보자원관리사업」에서 문화콘텐츠산업분야와 관련하여 주목되는 것은 ▲문화예술과 ▲역사부문이라 하겠다. 문화예술분야는국가문화유산, 한국영화자료, 국가기록영상 등이 해당되며, 역사분야는 한국역사정보, 유교문화정보, 한국여성사, 독립운동사 등을 포괄한다.

먼저 문화예술분야의 경우, '문화정보지식포털시스템'(www. culture. go.kr)

은 한국문화정보센터에서 종합센터로 지정되어 운영하는 문화분야 통합검색 사이트로서 문화예술, 문화유산, 문화산업, 관광 등 문화 관련 정보를 한 곳에서 찾아 볼 수 있는 원스톱(One-Stop) 서비스를 제공하고 있다. 정보를 제공해 주고 있는 기관은 문화관광부 및 소속기관, 산하단체, 공공 및 민간의 문화분야 전문기관 및 단체 등이다.

다음으로, 역사분야의 경우 '한국역사정보통합시스템'(www.korean-history. or.kr)이 해당된다. 국사편찬위원회가 종합정보센터로 지정하여 운영하는 한국역사 분야 포털 사이트로서 한국 역사 분야 관련 13개 기관(국사편찬위원회, 민족문화추진회, 서울대 규장각, 한국학중앙연구원, 경상대학교 문천각, 국가보훈처, 독립기념관, 명지대학교 국제한국학연구소, 민주화운동기념사업회, 성균관대학교 존경각, 전쟁기념사업회, 한국국학진흥원, 한국여성개발원)의 자료를 웹 서비스하고 있다. 명칭이 한국역사정보이기는 하지만, 넓은 의미의 역사로서 한국사, 문학, 철학(文史哲) 등 전통시대의 문화콘텐츠를 광범위하게 포괄하고 있다.

이상과 같은 「지식정보자원관리사업」에 힘입어 훼손되기 쉬운 문헌과 자료를 디지털화하여 영구히 보존, 유지할 수 있게 된 것은 물론이고 그것들을 온라인으로 웹 서비스할 수 있게 되었다. 따라서 전문연구자들은 물론이고 관심을 가진 사람이면 누구나 쉽게 그리고 신속하게 정보에 접근할 수 있다. 예전에는 필요한 고문헌을 보기 위해서는 마이크로 필름을 열람한 후 필요한 자료를 복사하는 과정을 거쳐야 했다. 하지만 디지털화 이후에는 인터넷을 통해 열람한 후 파일로 저장하거나 인쇄할 수 있게 되었다. 기존의 목차와 색인을 통한 자료검색 방식보다 소요되는 시간이 급격히 단축되었을 뿐만 아니라, 연구의 생산성과 활용성 역시 높아지게 되었다.

또한 시나리오, 애니메이션, 캐릭터, 모바일, 영상, 게임 등의 문화콘텐츠 산업에 파급효과를 가져다 주어 문화산업의 수요와 시장창출을 가능하게 해 주었다. 아울러 이 같은 사업은 정보편찬 전문가들을 필요로 하고 있으며, 인문학적 소양을 가진 인력 역시 성장할 수 있게 되었다. 자료를 디지털화하기 위해서는 텍스트자료의 입력, 마크업 부가, 교정 및 교열, 그리고 사진·동영상·음향 등 멀티미디어 자료의 디지털화 및 캡션 부가 등의 일련의 편찬과정을 거쳐야 하는 만큼, 인문학적 소양을 지닌 전문인력이 필요하다.

03 문화원형 디지털콘텐츠화사업

문화관광부와 한국문화콘텐츠진흥원에서는 2002년부터 「문화원형 디지털콘텐츠화사업」을 추진해 오고 있다. 이는 한국의 역사, 전통, 풍물, 생활, 전승, 예술, 지리지 등 다양한 분야의 우리의 문화원형을 디지털 콘텐츠화하여 문화콘텐츠산업에 필요한 창작소재를 제공하기 위한 것이다.

이 사업은 2006년까지 5개년에 걸쳐 550억원 이상의 예산을 투입하여 진행되고 있다. 이를 통해서, 우리 전통문화에 숨어 있는 이야기거리나 우리 고유의 색채, 우리 고유의 소리 등을 디지털화하여 문화콘텐츠산업의 기획, 시나리오, 디자인, 상품화의 산업단계에서 필요한 독창적인 창작 및 기획 소재가 제공될 수 있게 되었다.

그 내역을 보면, 공모(자유공모, 지정과제, 정책과제 등)를 통한 소재발굴에서 결과물을 서비스하기 위한 시스템의 개발 운영까지를 사업 범위에 포함하고 있다. 선정된 과제는 다음과 같은 몇 개의 창작 범주로 묶을 수 있다.(www.kocca.or.kr)

이야기형 소재 신화, 전설, 민담, 역사 문학 등의 문화원형 창작소재를 개발한 과제. 한국 도깨비 캐릭터 이미지 콘텐츠 개발과 시나리오 개발, 죽음의 전통의례와 상징세계의 디지털 콘텐츠 개발 등이 해당된다.

예술형 소재 회화, 서예, 복식, 문양, 음악, 춤 등의 문화원형 창작소재를 개발한 과제. 부적의 디지털 콘텐츠화, 현대한국 대표 서예가 한글서체의 컴퓨터 글자체 개발 등이 해당된다.

〈그림 2〉 문화콘텐츠닷컴 사이트

경영 및 전략형 소재　전투, 놀이, 외교, 교역 등 문화원형 창작소재를 개발한 과제. 조선왕조 궁중 통과의례 원형의 디지털 복원, 한국무예의 원형 및 무과 시험복원을 통한 디지털 콘텐츠 개발 등이 해당된다.

기술형 소재　건축, 지도, 농사, 어로, 음식, 의학 등의 문화원형 창작소재를 개발한 과제. 한국천문, 우리 하늘, 우리 별자리 디지털 문화콘텐츠 개발, 조선시대 조리서에 나타난 식문화 원형 등이 해당된다.

2002년부터 2005년까지 선정된 「문화원형 디지털콘텐츠화사업」 과제의 목록과 내용을 보면 〈부록 2〉와 같다.

2003년 결과물이 나오면서, 2004년부터는 '문화콘텐츠닷컴'을 개설해서 운영하게 되었다.(www.culturecontent.com) 이 자료들은 교육을 위한 콘텐츠로 적극 활용할 수 있을 것이다. 예를 들면 〈부록 2〉에서 보듯이 문화원형 디지털콘텐츠화사업 정책과제로 국사편찬위원회는 '초・중등학생 역사교육

강화를 위한 재미있는 역사 교과서(가칭) 교재개발' 프로젝트를 진행하고 있다. 또한 문화콘텐츠 기획자 및 제작자, 문화산업 관련자 등의 이용자들은 문화콘텐츠닷컴 전자상거래 시스템을 통해 필요한 소재를 구매해서 상품화할 수 있도록 했다.

사실 문화콘텐츠의 실질적인 경쟁력은 흥미롭고 창의적인 소재발굴에 달려 있다고 할 수 있다. 예로부터 이어져 온 문화전통은 그 같은 창의력과 경쟁력의 보고이자 잠재적 자원이라 할 수 있다. 문화원형 디지털콘텐츠화 사업은 애니메이션, 음악, 출판, 전자책, 만화, 캐릭터, 게임, 방송영상, 영화, 모바일, 인터넷 등 문화산업의 창작소재를 발굴해 내서 활용할 수 있게 해주었다. 뿐만 아니라 역사, 민속, 문학 등의 인문학 및 순수예술분야와 기초학문분야의 응용이라는 점에서 활력을 불어넣어 주고 있다. 지역 문화원형 콘텐츠 개발 지원사업을 통해서 지방문화산업의 활성화에도 일익을 담당하고 있다.

04 한국향토문화전자대전 편찬사업

「한국향토문화전자대전」은 한국학중앙연구원에서 '한국민족문화대백과사전' 편찬사업의 후속작업으로 기획되었는데, 국책사업으로 선정되면서 (2003년) 본격화되었다. 사업은 2004년부터 2013년까지 10개년에 걸쳐 1,164억 원 규모의 국가예산과 지방자치단체의 예산이 공동으로 투입되는 매칭 펀드 방식으로 추진될 예정이다. 초대형 지역문화유산 콘텐츠 구축사업이라 할 수 있다.(www.grandculture.net)

이를 통해서 전국 232개 시·군·구 지역의 다양한 향토문화자료들이 발굴, 수집, 연구되어 체계적으로 집대성될 것이다. 나아가 그 자료들은 디지털화되어 인터넷으로도 서비스될 예정이다. 2005년 말 현재 시범 사업으로 진행했던 「디지털성남문화대전」과 「디지털청주문화대전」이 인터넷 서비스되고 있으며(seongnam.grandculture.net, cheongju.grandculture.net), 진주, 강릉, 진도, 남원, 제주 등 5개 지역의 편찬사업이 진행되고 있고, 서울 종로, 구미, 밀양, 부산 해운대, 부천, 전주, 춘천 등 10개 지역 선행연구사업이 완료되었다. 선행조사연구는 향토문화전자대전 편찬에 앞서 기초자원을 조사하고 효율적인 정보화 전략을 강구하는 것이다. 지방자치시대와 더불어, 이 같은 사업은 더 많은 지역으로 확대될 것이다.

「한국향토문화전자대전」 사업을 추진하게 된 배경은 산업화와 도시화가 급속하게 진척됨에 따라 향토문화자료의 소멸위기를 맞게 되어 관련 자료의 보존 및 계승의 필요성이 증대되었기 때문이다. 또한 지방자치 시대의 도래와 더불어, 지방 차원에서 향토문화를 발굴하고 연구하여 체계적이고 종합적인 지방문화를 정리할 필요도 있기 때문이다. 이는 조선시대 국가 주도 하에 전국 규모의 향토문화 편찬사업 (『세종실록지리지(1454)』, 『신증동국여지승람

〈그림 3〉 한국향토문화전자대전 구축 사례

(1531)』, 『여지도서(1757)』 등)을 실시했던 것에 비견할 수 있겠다.

이 사업에는 텍스트 58만 항목, 사진 18만 5천 6백종, 동영상 1만 1천 6백종, 음향 2만 3천종이 포함될 예정이다. 기존의 지방 문화 관련 웹 사이트가 단편적인 문화 정보를 제공하는 데 그치는 반면, 「한국향토문화전자대전 시스템」은 안내하는 단계의 소개에서 전문 지식 차원의 심층적인 정보데이터에 이르기까지 포괄적으로 제공해 주고 있다. 예컨대 향토문화를 9개 분류체계에 의거해서 정리하고 있다. ① 삶의 터전(자연과 지리), ② 삶의 내력(지방의 역사), ③ 삶의 자취(문화유산), ④ 삶의 주체(성씨와 인물), ⑤ 삶의 틀1(정치와 행정), ⑥ 삶의 틀2(경제와 산업), ⑦ 삶의 내용(종교와 문화), ⑧ 삶의 방식(생활과 민속), ⑨ 삶의 이야기(구비전승과 어문학) 등이다.

이렇게 구축된 정보는 시·군별 시스템과 중앙시스템의 유기적이고 효율적인 연계를 통해서, 인터넷 뿐 만 아니라 핸드폰, PDA 등 다양한 매체를 통한 서비스체계를 구축할 예정이라 한다. 지식정보 차원의 향토문화 아카이브가 구축되는 것이다.

이 같은 작업을 통해서, 향토문화 연구기반의 확충 및 연구력 제고를 얻을 수 있으며, 문화기술과 정보기술 관련 산업의 발달을 촉진시킬 수 있을 것이다. 그리고 편찬이 완료된 이후에는, 교육 및 연구분야에서의 기초자료, 이를 통한 문화산업의 발달, 지역문화시설의 내실화를 위한 토대로 활용할 수 있다.

다시 말해서 향토문화 디지털콘텐츠 확보와 활용으로 지식문화산업 기반을 마련하게 될 것이며, 나아가서는 지역 간 지식정보 공유를 위한 21세기형 지식정보시스템 구축에 따라 지역 간 균형발전의 토대를 마련할 수 있을 것이다.

05 문화콘텐츠 인프라사업의 과제

지금까지 대표적인 문화콘텐츠 인프라 구축사업이라 할 수 있는「지식정보자원관리사업」,「문화원형디지털콘텐츠화사업」,「한국향토문화전자대전」에 대해서 살펴보았다. 이 사업들이 문화콘텐츠 관련 산업분야에서 갖는 의미와 중요성에 대해서는 새삼 강조하지 않아도 될 것이다. 다시 말해서 문화콘텐츠 공공 인프라사업을 적극 참조하여 응용한다면, 새로운 문화콘텐츠를 기획, 개발하는 데 유용하게 활용할 수 있을 것이며, 향후 문화콘텐츠산업을 활성화하는 데에도 일조할 수 있을 것이다.

그러나 문화콘텐츠 인프라사업은 진행과정에서 여러 문제점이 나타났다. 무엇보다 사업이 대체로 1년 단위로 추진되고 있다는 점을 지적할 수 있겠다. 단기사업이라는 범주를 벗어나지 못하고 있다. 사업 수주방식 또한 입찰방식으로 진행되기 때문에 사업체 입장에서는 다음 해에도 사업을 수주할 수 있을지 예견하기 쉽지 않다. 그런만큼 정부 차원의 장기적인 계획과 전망이 필요하며, 그런 사업을 추진할 수 있는 전문인력양성과 채용 역시 필요하다고 하겠다.

따라서 교육현장에서는 문화콘텐츠 인프라 구축사업을 담당할 수 있는 능력과 자질을 가진 인력양성이라는 과제가 있다. 지식정보화와 더불어 산업사회는 급변하고 있는데, 대학의 교과과정은 기존의 그것을 답습하고 있는 경우가 많다. 그런만큼 현실에 적실성을 가질 수 있는 교육이 필요하다. 산업분야에서 요구하는 맞춤형 교육 일변도의 교육현장도 문제지만, 그런 측면을 도외시한 답습식 교육 역시 문제가 없지 않다. 따라서 교과과정의 적절한 정비와 더불어 교육현장에서 현실에 대한 균형감각을 길러주는 것이 필요하다고 하겠다.

그러므로 현재 진행 중인 문화콘텐츠 인프라사업은 물론이고 문화콘텐츠산업의 장래를 위해서라도 인문학적인 소양을 갖추고 있으면서 사업에 참여할 수 있는 우수한 인력이 양성되어야 할 것이다. 그것은 국가경쟁력이라는 측면에서도 요망된다고 하겠다. 일정한 절차와 시험을 통해 인문학적 소양과 정보처리능력을 겸비한 사람들에게 공신력 있는 기관에서 자격증을 부여하는 것도 하나의 방법일 것이다.

■참고도서

김기덕, 「전통 역사학의 응용적 측면의 새로운 흐름과 과제 ― '인문정보학'·'영상역사학'·'문화콘텐츠' 관련성과를 중심으로 ―」, 『역사와 현실』 58, 2005.

김 현, 「인문콘텐츠를 위한 정보학 연구 추진방향」, 『인문콘텐츠』 창간호, 2003.

이남희, 『지식정보화관련 법령분석과 인문학 진흥을 위한 정책제안』, 인문사회연구회·한국교육개발원, 2002.

인문콘텐츠학회, 『인문콘텐츠』 5집: '우리문화원형 디지털화콘텐츠 사업 발전방향' 특집, 2005.

한국문화콘텐츠진흥원, 『문화원형콘텐츠총람』, 2003~2005.

한국학중앙연구원, 『한국향토문화전자대전』, 2005.

■ **이남희**(李南姫)는 고려대학교 사학과를 거쳐 한국학대학원에서 조선시대 사회사 연구로 박사학위를 받았다. 관심분야는 한국문화사와 역사정보학이다. 고려대 연구교수와 한국학 DB연구소장을 역임했으며, 현재 원광대학교 한국문화학과 교수로 재직 중이다. 전라북도 문화재위원, 전라북도 지역혁신협의회 문화관광영상분과위원이기도 하다. 저서로는 『조선후기 잡과중인 연구』, 『21세기 정보화시대의 한국학』 (공저), Click into the Hermit Kingdom(공저), 『CD-ROM 잡과방목』, 역서로는 『학문의 제국주의: 오리엔탈리즘과 중국사』 등이 있다.
e-mail: leenh@wonkwang.ac.kr

▌【 부록1】〈「지식정보자원관리사업」 과제 내역〉

www.knowledge.go.kr

□ 1999년도

과 제 명	주관기관
한국역사정보 통합시스템 구축	서울대학교 규장각
유교문화 종합정보 DB구축	한국국학진흥원
학술논문 DB구축	학국교육학술정보원
정보통신 통합정보시스템 구축	한국전자통신연구원
국가 문화유산 종합정보시스템 구축	문화관광부
정부출연 연구기관 지식정보 DB구축	산업연구원
한국사회과학 통합 DB구축	한국사회과학데이터 센터
국가통합검색시스템 구축을 위한 정보화 전략계획 수립	한국전산원

□ 2000년도

과 제 명	주관기관
문화예술 종합정보시스템 구축	문화관광부
과학기술 종합시스템 구축	연구개발정보센터
해양수산 종합정보시스템 구축	해양수산부
한국독립운동사 영문 DB구축	독립기념관
한국영화자료 DB구축	한국영상자료원
국가지식정보통합시스템 구축	한국전산원
정보통신 종합정보시스템 구축	한국전자통신연구원
유교문화 종합정보 DB구축	한국국학진흥원
국가문화유산 종합정보시스템 구축	문화관광부

□ 2001년도

과 제 명	주관기관
한국역사정보통합시스템 구축사업	국사편찬위원회
국가생물종합정보시스템	산림청
해행수산학술연구정보망	해양수산부
국가학술연구 DB구축사업	한국교육학술 정보원
한국학 고전원문 디지털화 사업	서울대학교 규장각

과 제 명	주관기관
건설교통 기술지식 정보 DB구축사업	한국건설기술연구원
문화예술종합정보시스템 구축사업(2차)	문화관광부
한국여성사 지식정보시스템 구축	한국여성개발원
한국독립운동사 종합지식정보시스템 구축	독립기념관
과학기술 문헌 및 사업기술기반 전문정보 DB구축	한국과학기술정보연구원
정부출연 연구기관 지식정보 DB구축	산업연구원
과학기술 정합정보시스템 ISP수립	한국과학기술정보연구원
교육학술분야 종합정보센터 ISP수립	한국교육학술정보원
문화예술종합정보 ISP수립	문화관광부
한국역사정보통합시스템 ISP수립	국사편찬위원회

□ 2002년도

과 제 명	주관기관
국가학술 DB구축	한국교육학술정보원
정부출연 연구기관 지식정보 DB구축	산업연구원
국가문화유산 종합정보시스템 구축	문화관광부
건설교통기술 지식정보 DB구축	한국건설기술연구원
과학기술 및 산업기술 첨단정보 DB구축	한국과학기술정보연구원
한국역사정보통합시스템 구축사업	국사편찬위원회
정보통신 통합시스템구축	한국전자통신연구원
문화예술종합정보시스템 구축	문화관광부
국가생물자원 정보구축 확대	산림청
유교문화 종합정보 DB구축	한국국학진흥원
국가지식정보통합시스템 구축	한국전산원

□ 2003년도 　　　　　(※추경은 추가경정예산으로 추진된 사업임)

과 제 명	주관기관
정보통신통합정보시스템구축	전자통신연구원
정보통신통합정보시스템구축(추경)	정보통신연구진흥원
과학기술 및 산업기술정보DB구축	과학기술정보연구원
과학기술 및 산업기술정보DB구축(추경)	
건설교통기술지식정보DB구축	건설기술연구원
보건의료유전체DB구축(추경)	국립보건원

과 제 명	주관기관
통신재난관리DB구축(추경)	한국전산원
교육학술연구DB구축	교육학술정보원
교육학술연구DB구축(추경)	
사회과학통합DB구축	사회과학데이터센터
정부출연연구기관지식정보DB구축	산업연구원
국가문화유산종합정보시스템구축	문화관광부
문화예술종합정보시스템구축	문화관광부
국가지정중요전적문화재원문DB구축(추경)	문화재청
한국영화자료DB구축	한국영상자료원
국가기록영상디지털아카이브구축	국정홍보처
국가기록영상디지털아카이브구축(추경)	
한국역사정보통합시스템구축(통합)	국편, 민추, 규장각정문연
한국역사정보통합시스템구축(추경)	국사편찬위원회
고전국역총서ㆍ한국문집총간DB구축(추경)	민족문화추진위
한국학고전원문정보DB구축(추경)	서울대 규장각
한의학지식정보와자원 디지털화사업	한국한의학연구원

□ 2004년도

과 제 명	주관기관
건설교통기술 지식정보DB구축사업(4차)	한국건설기술연구원
정보통신 통합정보시스템 구축	한국전자통신연구원
국가생물종 지식정보시스템 구축확대	산림청 국립수목원
과학기술 및 산업기술전문정보DB구축(5차년도)	한국과학기술정보연구원
표준형 한국어 언어/음성 DB구축	한국전자통신연구원
자연생태 동영상 감성DB구축사업	사단법이 무지개세상
산림정보 탐사용 항공사진 DB구축	국립산림과학원
국가자연사연구 종합정보시스템구축	국립중앙과학관
국가학술연구 DB(4차)구축	한국교육학술정보원
기초학문종합정보서비스 구축	한국학술진흥재단
국방학술정보시스템 구축	국방대학교
문화예술종합정보시스템구축(5차)사업	문화관광부
국가문화유산종합정보시스템구축(5차)사업	문화관광부
국가지정중요전적문화재원문DB구축	문화재청
한국독립운동사종합지식정보시스템구축3차	독립기념관

과 제 명	주관기관
한국영화자료 DB	한국영상자료원
한국역사정보통합시스템 구축사업	국사편찬위원회, 민족문화추진회, 규장각, 한국학중앙연구원
한국여성사 지식정보자원 구축사업	한국여성개발원
민주화운동사료DB구축사업	민주화운동기념사업회
한민족전쟁사관련자료 디지털화사업 및 대국민 서비스	전쟁기념사업회
독립운동관련기록물의대국민서비스체제 구축	국가보훈처
유교문화종합정보 DB구축	한국국학진흥원
한국경학자료 DB구축사업	성균관대학교 동아시아학술원존경각
남명학관련 고문헌 원문DB구축	경상대학교
2004년도한의지식정보자원디지털화사업	한국한의학연구원
사이버 지질박물관 구축	한국지질자원연구원
정부출연연구기관 지식정보 DB구축	산업연구원
국토공간영상정보DB구축 및 인터넷 서비스 시스템 개발	국토지리정보원
근대법령 지식정보 DB구축사업	법제처
국방형상자료 DB구축	국방품질관리소

□ 2005년도

과 제 명	주관기관
과학기술 및 산업기술 첨단정보 DB구축(6차년도) 및 포털체제 개선사업	한국과학기술정보연구원
산업기술기반 전문정보 DB구축	
정보통신관련 지식정보 구축 및 포털시스템 업그레이드 사업	정보통신연구진흥원
표준형 한국어 언어/음성 데이터베이스	한국전자통신연구원
건설교통기술 지식정보DB구축사업(5차)	한국건설기술연구원
자연생태 동영상 DB구축 사업	사단법인 무지개세상
국가 자연사 연구종합 정보시스템 2차사업	국립중앙과학관
국가 생태계 정보 통합 네트워크 구축	환경부 국립환경연구원
국가생물종지식정보 DB구축 확대	산림청
한의학지식정보자원디지털화사업(3차)	한국한의학연구원
사이버 지질자원과학관 구축 (2년차)	한국지질자원연구원
천문우주 정보 DB구축	한국천문연구원
국가학술연구DB구축(5차) 및 교육학술분야 지식정보통합시스템 확충사업	한국교육학술정보원

과 제 명	주관기관
국가과학영재통합정보DB구축사업	한국과학재단
국방학술정보시스템 구축사업(3차)	국방대학교
한국고전적종합목록 시스템 구축	국립중앙도서관
사이버 교과서 박물관 구축 1차 사업	한국교육개발원
국회 입법활동 지원관련 원문DB 확충사업	국회도서관
문화예술종합정보시스템구축(6차) 및 포털시스템 업그레이드 사업	문화관광부
국가지정 중요전적문화재 원문 DB구축 (3차)	문화재청
국가문화유산 종합정보시스템 구축(6차) 사업	문화관광부
한국독립운동사 종합지식정보시스템 구축 4차	독립기념관
한국영화 e-learning 콘텐츠 개발 및 서비스	한국영상자료원
문화재 학술조사 연구정보 디지털화	국립문화재연구소
한국영화자료DB구축사업 (4차)	한국영상자료원
국가지정 문화재를 이용한 관광상품개발 사업	문화재청
문양 원형 콘텐츠 구축	문화관광부
산림정보 탐사용 항공사진 DB구축 (2차)	국립산림과학원
국토공간영상정보 DB구축 및 인터넷서비스 시스템 개발 ('04년 계속사업)	국토지리정보원
근대법령 지식정보 DB구축 사업	법제처
국방형상자료 DB구축사업(2차)	국방품질관리소
한국역사정보통합시스템 및 포털시스템 업그레이드 사업	국사편찬위원회
장서각 소장 국학 자료 전산화 작업	한국학중앙연구원
고전국역총서 및 한국문집총간	민족문화추진회
유교문화종합정보	한국국학진흥원
독립운동관련 기록물의 대국민서비스 체제구축 (2단계)	국가보훈처
한국학 고전원문 디지털화사업	서울대학교 규장각
지식정보기반 유교문화권 체험관광서비스 구축	한국국학진흥원
경상대학교 도서관 및 남명학연구소 소장 남명학 관련 고문헌	경상대학교 도서관
한국경학자료 DB구축 사업(2차)	성균관대학교 동아시아학술원 존경각
한국관련 서양고서 원문DB구축사업	명지대학교 국제한국학연구소
민주화운동사료 DB구축 및 활용 2차 사업	민주화운동기념사업회
한국여성사 지식정보자원 구축사업 (한국여성사 지식정보시스템 구축 3차 사업)	한국여성개발원
한국 전근대 인물정보시스템 개발	한국학중앙연구원

〖 부록2〗 〈「문화원형디지털콘텐츠화사업」 과제 내역〉

www.culturecontent.com

☐ 2002년 1차 선정과제

과 제 명	주관기관
우리 음악의 원형 산조 이야기	㈜국악중심
한국 신화 원형의 개발	㈜동아시테크
한국 전통건축, 그 안에 있는 장소들의 특성에 관한 콘텐츠 개발	㈜하우스세이버
온라인 RPG 게임을 위한 한국 전통 무기 및 몬스터 원천 소스 개발	히스토피아
조선시대 검안기록을 재구성한 수사기록물 문화콘텐츠 개발	㈜엠에이컴
화성의궤 이야기	㈜포스트미디어
고려시대 전통복식 문화원형 디자인개발 및 3D 제작을 통한 디지털 복원	㈜드림한스
문화원형관련 복식디지털콘텐츠 개발	이화여대섬유패션디자인센터
전통놀이 원형의 디지털 콘텐츠 제작	㈜아툰즈
한민족 전투원형 콘텐츠 개발	다할미디어
애니메이션 요소별 배경을 위한 전통건축물 구성요소 라이브러리 개발	㈜한국예술정보
한국의 소리은행 개발-전통문화소재, 한국의 소리	코리아루트
신화의 섬, 디지털제주 21 : 제주도 신화 전설을 소재로 한 디지털콘텐츠 개발	㈜서울시스템

☐ 2002년 2차 선정과제

과 제 명	주관기관
조선시대 대하소설을 통한 시나리오 창작소재 및 시각자료 개발	㈜엔브레인
고려 '팔관회'의 국제박람회 요소를 소재로한 디지털콘텐츠 개발	㈜투알앤디
게임/만화/애니매이션 및 아동 출판물 창작소재로서의 암행어사 기록 복원 및 콘텐츠 제작	㈜레디소프트
만봉스님 단청문양의 디지털화를 통한 산업적 활용방안 연구 개발	㈜엔알케이
오방대제와 한국 신들의 원형 및 인물 유형 콘텐츠 개발	국민서관㈜

사이버 전통 한옥 마을 세트 개발	㈜여금
진법 자료의 해석 및 재구성을 통한 조선시대 전투전술교본의 시각적 재현	㈜창과창
국악기 음원과 표준 인터페이스를 기초로 한 한국형 시퀀싱 프로그램 개발	춘천교육대학교
선사에서 조선까지 해상 선박과 항로, 해전의 원형 디지털 복원	㈜코리아비주얼스
조선후기 한양도성의 복원을 통한 디지털 생활사 콘텐츠 개발	㈜엔포디
조선왕실축제의 상징이미지 디자인 및 전통색채디지털콘텐츠 개발	이화여대 색채디자인연구소
조선시대 국왕경호체제 및 도성방위체제에 관한 디지털 콘텐츠 개발	㈜디자인스톰
고구려·백제의 실크로드 개척사 및 실크로드 관련 전투양식, 무기류, 건축, 복식 디지털 복원	㈜하트코리아
〈토정비결〉에 나타난 한국인의 전통서민 생활규범 문화원형을 시각 콘텐츠로 구현	㈜예스필
한국 불화(탱화)에 등장하는 인물 캐릭터 소재 개발	호남대학교
전통민화의 디지털화 및 원형 소재 콘텐츠 개발	중앙대학교 문화산업연구소
전통 한선(韓船)라이브러리 개발 및 3D 제작을 통한 디지털복원	㈜소프트엔터
대동여지도와 대동지지의 3D 디지털아카이브 개발	동방미디어㈜
고문서 및 전통문양의 디지털 폰트 개발	㈜윤디자인연구소
한국 풍속화의 문화원형 디지털콘텐츠 개발	나노픽쳐스㈜

□ 2002년도 3차 선정과제

과 제 명	주관기관
전통 자수문양의 디지털 콘텐츠 개발	국립민속박물관
종묘제례악의 디지털 콘텐츠화	국립국악원
서사무가 "바리공주"의 하이퍼텍스트 만들기 및 그 샘플링 개발	한국예술종합학교
〈삼국유사〉 민간설화의 창작공연 및 디지털콘텐츠화 사업(연오랑과 세오녀)	정동극장
탈의 다차원적 접근을 통한 인물유형 캐릭터 개발	민족미학연구소
우리 문화 흔적들의 연구를 통한 조선통신사의 완벽 복원	한빛문화기획자개발원

□ 2003년 1차 선정과제

과 제 명	주관기관
근대적 유통경제의 원형을 찾아서 - 조선후기(17C~19C)상인과 그들의 상업활동을 통한 경영, 경제 시나리오 소재 DB 개발	세종대학교만화애니메이션 연구소
한국천문, 우리 하늘 우리 별자리 디지털 문화콘텐츠 개발	씨퀀스엔터테인먼트
한국무예의 원형 및 무과시험 복원을 통한 디지털 콘텐트 개발	영진전문대학
게임제작을 위한 문화원형 감로탱의 디지털 가공	한서대학교애니메이션영상 연구센터
국악선율의 원형을 이용한 멀티 서라운드 주제곡 및 배경음악 개발	㈜세인트뮤직
한국의 고인돌 문화콘텐츠 개발	㈜김포캐릭터월드
조선시대 상인(商人) 활동에 나타난 "한국상업사 문화원형"의 시각콘텐츠 구현	㈜시스윌
조선시대 조리서에 나타난 식문화원형 콘텐츠 개발	㈜토스코리아
〔악학궤범〕을 중심으로 한 조선시대 공연문화 콘텐츠 개발	㈜프라스프로덕션
한국 미술에 나타난 길상 이미지 콘텐츠 개발	㈜골든벨애니메이션

□ 2003년 2차 자유공모 선정과제

과 제 명	주관기관
조선시대 기녀 문화의 디지털콘텐츠 개발	한국방송통신대학교
한국 도깨비 캐릭터 이미지 콘텐츠 개발과 시나리오 제재 유형 개발	㈜네오그라프
문화원형관련 동물아이콘 체계 구축 및 고유복식 착장 의인화(擬人化) 소스개발(조선시대 동물화(動物畵)에 근거하여)	이화여자대학교섬유패션디 자인센터
사찰건축 디지털 세트 개발	㈜여금
조선왕조 궁중통과의례 문화원형의 디지털 복원(국상의례, 가례원형을 중심으로 한 디지털콘텐츠 개발)	국민대학교 한국학연구소
죽음의 전통의례와 상징세계의 디지털 콘텐츠 개발	히스토피아㈜
문화산업 창작소재로서의 신라 화랑 콘텐츠 개발	㈜엠디에이치

□ 2003년 지정과제 선정과제

과 제 명	주관기관
국악 장단 디지털콘텐츠화 개발	단국대학교
부적의 디지털콘텐츠화 개발	㈜코리아비주얼스

□ 2003년 정책과제 선정과제

과 제 명	주관기관
중국 문화원형에 기반 한 문화콘텐츠 창작소재 개발 지원	한국문화콘텐츠진흥원
궁중 문양의 디지털콘텐츠 개발	궁중유물전시관
현대 한국 대표 서예가의 한글 서체를 컴퓨터 글자체로 개발	세종대왕기념사업회

□ 2004년 자유과제 선정과제

과 제 명	주관기관
유랑예인집단 남사당 문화의 디지털 콘텐츠화 사업	(주)디파인
한국전통목조건축 부재별 조합에 따른 3차원 디지털콘텐츠 개발	명지전문대산학협력단
한국석탑의 문화원형을 이용한 디지털콘텐츠 개발	전남대문화예술특성화사업단
조선시대 欽恤典則에 의한 形具 복원과 刑 執行 事例의 디지털 콘텐츠 개발	혜천대학
조선시대 수영의 디지털 복원 및 수군의 군영사 콘텐츠 개발	동명대학교 건축도시연구소
맨손무예 택견의 디지털 콘텐츠화 - 시나리오와 동작의 리소스 개발	한국외대일반대학원
근대 토론문화의 원형인 독립신문과 만민공동회의 복원	(재)서재필기념회
중요무형문화재 제13호 강릉단오제 문화원형 디지털 콘텐츠 개발	강릉문화원
암각화 이미지의 재해석에 의한 캐릭터 데이터베이스 작업	숙명여자대학교 산업디자인연구소
한국전통가구의 디지털 콘텐츠 개발 및 산업적 활용방안 연구	한양대 생활과학대학
옛길 문화의 원형복원 콘텐츠개발(조선시대 유곡역참의 원형복원을 중심으로)	경기대학교 전통문화콘텐츠연구소
전통음악 음성원형 DB구축 및 디지털 콘텐츠웨어 기획개발	중앙대학교 국악교육연구소
한국 전통 머리모양새와 치레거리의 디지털콘텐츠 개발	중앙대학교 인문콘텐츠연구센터

과 제 명	주관기관
조선후기 궁궐 의례와 공간 콘텐츠 개발	(주)엔포디
한국 인귀(人鬼)설화 원형 콘텐츠 개발	한양대 한국학연구소
구전신화의 공간체계를 재구성한 판타지콘텐츠의 원소스 개발 – "새롭게 펼쳐지는 신화의 나라"	건국대 문과대학

□ 2004년 지정공모 선정과제

과 제 명	주관기관
고대국가의 건국설화 이야기	전남대학교 역사문화연구센터
백두대간의 전통음악 원형지도 개발	한양대 산학협력단
전통 수렵(사냥) 방법과 도구의 디지털콘텐츠 개발	(주)다할미디어
전통 어로방법과 어로도구의 디지털콘텐츠화	목포대학교 도서문화연구소
조선시대 궁중기술자가 만든 세계적인 과학문화유산의 디지털 원형복원 및 원리이해 콘텐츠 개발	(주)여금
풍수지리 콘텐츠 개발	(주)시스윌
한국 근대 여성교육과 신여성 문화의 디지털콘텐츠 개발	(사)한국여성연구소
한국 산성 원형의 디지털 콘텐츠 개발	다인디지털(주)
한국인 얼굴 유형의 디지털콘텐츠 개발	한서대 얼굴연구소

□ 2004년 추가경정예산 사업 선정과제

과 제 명	주관기관
고구려 고분벽화의 디지털콘텐츠 개발	숙명여자대학교 디자인연구소
고려인의 러시아 140년 이주 개척사를 소재로 한 문화원형 (농업, 생활상, 의식주 등) 디지털콘텐츠 개발	한국외대 산학협력단 (인문학부)
근대 기생의 문화와 예술에 대한 디지털콘텐츠화	한국방송통신대학교
근대초기 한국문화의 변화양상에 대한 디지털콘텐츠 개발	한국문화정책연구소
무형문화재로 지정된 한국의 춤 디지털콘텐츠 개발	㈜프리진
민족의 영산 백두산 문화상징 디지털콘텐츠 개발	호서대학교 벤처전문대학원
발해의 영역 확장과 말갈 지배 관련 디지털콘텐츠 개발	성균관대학교 대동문화연구원
불교설화를 통한 시나리오 창작소재 및 시각자료 개발	재단법인 전남문화재연구원
서울의 근대공간 복원 디지털콘텐츠 개발	(주)포스트미디어
아리랑 민요의 가사와 악보 채집 및 교육자료 활용을 위한 디지털콘텐츠 개발	중앙대학교 (국악교육연구소)
옛 의서(醫書)를 기반으로 한 한의학 및 한국 고유의 한약재 디지털콘텐츠 개발	(주)시스윌

전통놀이와 춤에서 가장(假裝)하여 등장하는 인물의 디지털콘텐츠 개발	동덕여자대학교
조선왕조 아동교육 문화원형의 디지털콘텐츠화	세종대 만화애니메이션산업연구소
조선의 궁중 여성에 대한 디지털콘텐츠 개발	글로브인터랙티브
조선 후기 여항문화(閭巷文化)의 디지털콘텐츠 개발	(주)블루엔씨지
천하명산 금강산 관련 문화원형 디지털 콘텐츠화	(주)위드프로젝트
한국 고서(古書)의 능화문(菱花文) 및 장정(裝幀)의 디지털콘텐츠화	청주시문화산업진흥재단
한국 근대의 음악원형 디지털콘텐츠 개발	(주)아사달
한국 무속 굿의 디지털 콘텐츠 개발	연세대 국학연구원
한국의 전통 장신구 – 산업적 활용을 위한 라이브러리 개발	숙명여자대학교 디자인대학원

□ 2005년 자유공모 선정과제(통합형)

과 제 명	주관기관
범종을 중심으로 한 불전사물의 디지털콘텐츠 개발과 산업적 활용	불교방송
독도 역사 문화 환경의 디지털 콘텐츠 개발	(주)지엑스
한국 궁술의 원형 복원을 위한 디지털콘텐츠 개발	(주)네오그라프
한국 바다문화축제의 뿌리, 「당제(堂祭)」의 문화콘텐츠화	(주)두김
조선시대 암호(暗號)방식의 신호전달체계 디지털콘텐츠 복원(兵將圖說, 兵學指南演義의 신호체계, 신호연, 봉수를 중심으로)	(주)싸이런
국악대중화를 위한 정간보(井間譜) 디지털폰트 제작과 악보저작도구 개발	모젼스랩(주)
조선시대 궁궐조경의 디지털 원형 복원을 통한 전통문화 콘텐츠 리소스 개발	(주)리앤장
조선후기 사가(私家)의 전통가례(傳統嘉禮)와 가례음식(嘉禮飮食) 문화 원형 복원	(주)질시루
최승희 문화 원형 콘텐츠 개발	발해게이트
우리의 전통다리 건축 라이브러리 개발 및 3D디지털 콘텐츠 개발	(주)넥스팝

□ 2005년 자유공모(분리형) 기획 선정과제

과 제 명	주관기관
어린이 문화콘텐츠의 창작 소재화를 위한 전래동요의 디지털 콘텐츠 개발	안동대학교(민속학연구소)
한국 호랑이 디지털 콘텐츠 개발	건국대학 산학협력단
바다 속 상상세계의 원형 콘텐츠 기획	동국대학 산학협력단
한국 대표 이미지로서 국보 하회탈의 문화원형 콘텐츠 구축	안동대학교 (박물관)
한국전통팔경의 디지털화 및 원형소재 콘텐츠 개발	성균관대학교(건설환경연구소)
한국 장수설화의 원형콘텐츠 개발	한양대학 산학협력단

□ 2005년 지역 문화원형콘텐츠 개발 지원사업

과 제 명	주관기관
흙의 美學, 빛과 소리 – 경기 도자 문화원형의 디지털콘텐츠 개발	경기디지털아트하이브 종합지원센터
"千佛千塔의 신비와 일어서지 못하는 臥佛의 恨" 雲住寺 스토리 뱅크	광주정보문화산업진흥원
잃어버린 백제문화를 찾아서(백제금동대향로에 나타난 백제인의 문화와 백제 기악탈 복원)	대전엑스포과학공원 (대전문화산업지원센터)
삼별초 문화원형에 기반 한 디지털콘텐츠 개발	제주지식산업진흥원
한국 전통일간과 철제연장사용의 디지털콘텐츠 개발– 금속생활공예품 제작을 중심으로	청주시문화산업진흥재단

□ 2005년 지정공모 선정과제

과 제 명	주관기관
한국설화의 인문유형분석을 통한 콘텐츠 개발	광주방송
한국 술문화의 디지털콘텐츠화: 고대부터 근대까지의 한국 전통주를 중심으로	디지털에불루션
세계의 와인문화 디지털콘텐츠화	에듀미디어
앙코르와트의 디지털콘텐츠화	시지웨이브
기산풍속도를 활용한 19세기 조선의 민중생활상 재현	제이디에스인포테크
우리 저승 세계에 대한 문화콘텐츠 개발	디지털오아시스
조선시대 유배 문화의 디지털콘텐츠화	세종에듀테인먼트
한국 승려의 생활문화 디지털콘텐츠화	디자인피티
한국 전통 도량형의 디지털콘텐츠화	코아섬
한국사에 등장하는 첩자(諜者) 관련 문화콘텐츠 소개 개발	블루엔씨지

□ 2005년 창작연계형 선정과제

과 제 명	주관기관
천년고택 시나학	동우애니메이션
지역별 현지조사를 통한 한국 정령 연구를 통한 극장용 장편 애니메이션 제작	연필로명상하기
온라인게임 땅별지기(트레저가디언 Treasure Guardian)	류니

□ 2005년 자유공모(분리형) 개발 선정과제

과 제 명	주관기관
어린이 문화콘텐츠의 창작 소재화를 위한 전래 동요의 디지털콘텐츠 개발	모모재연
한국 호랑이 디지털콘텐츠 개발	플라잉피그
바다 속 상상 세계의 원형 콘텐츠 기획	굿게이트
한국 대표 이미지로서 국보 하회탈의 문화원형 콘텐츠 구축	포디컬쳐
한국전통팔경의 디지털화 및 원형 소재 콘텐츠 개발	글로브인터렉티브

□ 2005년 정책과제 선정과제

과 제 명	주관기관
초·중등학생 역사 교육 강화를 위한 초·중등학생용 '재미있는 역사 교과서(가칭)' 교재 개발	국사편찬위원회
조선시대 유산기(遊山記) 디지털콘텐츠 개발	한국국학진흥원

문화콘텐츠산업과 트렌드

류은영 | 한국외국어대학교

01 트렌드란 무엇인가

『엣센스 영한사전』에 따르면 트렌드는 우리말로 경향, 동향, 추세, 방향, 나아가 시대풍조 등을 의미한다. 또한 『콜린스 코빌드(Collins Cobuild) 사전』에는 "트렌드란 어떤 새로운 것이나 뭔가 다른 것으로의 변화 또는 발달이다"라고 기술되어 있다. 사전적 의미와 더불어 실제 우리가 일반적으로 사용하고 있는 트렌드의 개념은 대부분 서구의 트렌드 전문가들이 쓰는 바를 그대로 차용한 것이다. 저명한 트렌드 연구가인 마티아스 호르티스는 "트렌드란 현재 일어나고 있는 변화의 과정이다"라고 했으며, 또 페이스 팝콘은 "아무도 트렌드를 창조할 수는 없다. 다만 관찰할 뿐이다. 그리고 트렌드를 변화시킬 수도 없다. 단지 트렌드를 믿는 사람들의 마음을 변화시킬 수 있을 뿐이다"라고 트렌드를 설명했다.

사실 트렌드에 대한 정의나 설명은 무한히 다양할 수 있다. 마찬가지로 트렌드를 분석해내는 방식도 분석가마다 다를 수 있다. 예컨대 삼성의 이건희 회장은 새로운 사업구상을 위해 매년 연말이면 한 달 정도 동경에 체류하며 6단계에 걸쳐 세계경제의 흐름과 산업트렌드를 분석하는 것으로 유명하다. 우선 1단계로 경제 관련 프로그램들을 시청하며, 다음 단계별로 경제부 기자, 경제학자, 재계인사들과의 미팅을 통해 경제 동향을 면밀히 파악하고, 다음 5단계에서는 파악된 정보를 분석해 사업 입안을 구체화한 후, 마지막 단계로 귀국 즉시 국내시장을 조사하여 구상된 사업입안의 타당성을 분석해서 그 선정 여부를 지시한다.

다양하게 정의할 수 있는 트렌드 개념은 "트렌드는 포괄적이다" "트렌드는 긴 주기를 갖는다" "트렌드는 필연적 에너지를 갖고 있다"라는 트렌드의 세 가지 좌표를 기준으로 정리해볼 수 있다. 즉 트렌드란 "특정한 시점에 징후로 출발하되, 다양한 사회문화적 영역에서 광범위한 대중적 지지를 얻어 5년 이상의 시간적 주기를 가지고 필연적인 변화를 촉발하게 되는 사회문화 현상"이라고 정의할 수 있다.

이와 같은 트렌드가 문화콘텐츠산업에 미치는 영향력은 지대하다. 트렌드의 변화에 따라 문화콘텐츠산업의 지형도가 변한다는 말이 과언이 아닐 정도로 문화콘텐츠산업은 트렌드와 상당히 민감한 관계에 있다. 특히 21세기 글로벌 시대의 트렌드는 그 변화가 예측 불가능할 정도로 역동적인 까닭에, 단편적인 트렌드에 대한 이해는 기획의 안정성을 보장할 수 없으며, 결국 문화콘텐츠산업에 생산과 소비의 불균형을 초래할 수밖에 없다. 최소한 5년 내지 10년 이상 장기간에 걸친 트렌드의 추이 및 주기 변화에 대한 분석과 이해가 절대적으로 필요하다고 할 수 있다.

그리고 트렌드 분석에 있어 또 하나의 중요한 원칙 하나는 항상 한 발 빨라야 한다는 것이다. 말하자면 트렌드 분석이 유효성을 가지기 위해서는 다각적이고 철저한 관찰을 통해 필연적으로 미래가 될 현재의 확실한 요인과 그 필연성의 원리를 한 발 앞서 파악해야 한다. 하지만 이 모든 과정 역시도 트렌드 이면의 또는 그와 공존하는 문화적 전통과 감수성에 대한 이해가 기본적으로 전제되어야 한다.

02 글로벌 트렌드와 문화콘텐츠 창작 소재

글로벌 트렌드를 일정한 기준 없이 일목요연하게 제시하기는 쉽지 않다. 여기에서는 구체적으로 문화콘텐츠산업에서 가장 기본적인 전제가 되는 '창작소재', 그 중에서도 주로 전통문화와 관련된 창작소재를 중심으로 중국, 일본, 동남아시아, 서유럽의 트렌드를 살펴보고자 한다.

(1) 중 국

중국의 문화를 이해하기 위해서는 오랜 역사 및 전통문화는 물론, 사회주의혁명을 거친 현대의 중국 사회를 눈여겨볼 필요가 있다. 중국은 본래 대륙적인 농경문화가 기반이었지만, 한편으로 종이, 화약, 나침반, 인쇄술 등을 개발했던 과학기술대국이었고, 또 한편으로 불가사의한 규모의 만리장성, 지하왕궁을 비롯해 거대한 석굴, 불상 등을 축조했던 건축대국이기도 했었다. 그만큼 중국인들의 의식 속에는 지난날의 중화주의, 즉 가장 찬란한 문화대국인으로서의 자부심이 여전히 잠재하고 있다. 그리고 중국인들은 유교사상의 영향으로 상당히 보수적·복고적인 성향을 보인다.

현재 중국은 93%의 한족과 기타 소수민족을 결속한 통일다민족국가를 이루기 위해, 다민족 간의 융합을 강조하며 이들을 하나의 중국, 중국인으로 묶을 수 있는 문화적 정체성을 확립하고자 노력이 한창이다. 최근 중국 문화콘텐츠산업의 주요 트렌드는 현재 진행 중인 개혁개방의 반영과 우수한 전통문화를 기반으로 한 중국적인 문화의 재창조라고 할 수 있다.

중국의 전통문화로는 유교, 불교, 도교 및 다수의 민간신앙, 수많은 전쟁, 절대권력의 제왕과 영웅, 사회주의 혁명, 중국의 극 전통을 대표하는 남성적인 경극과 여성적인 월극, (인형)그림자극, 가면을 바꿔가며 노래하는 변극, 도자기, 도자기 인형 병마용, 그리고 찬란한 유적과 유물 등을 들 수 있는데, 장고한 역사만큼이나 방대하여 전통문화를 기반으로 콘텐츠화할 수 있는 소재들이 무궁무진하다고 할 수 있다.

이 중 우선적으로 우리가 개발해 볼 수 있는 유망한 창작소재를 살펴보면, 먼저 현재 중국에서 가장 활발히 창작되고 있는 소재중의 하나인 무협이 있다. 동남아시아는 물론이고 최근에는 서구에서까지 좋은 평가를 받고 있는데, 특히 〈무극〉처럼 무협 장르에 역사와 환상을 가미한 영화 제작이 늘고 있다. 무협을 활용한 콘텐츠 개발은 향후 상당기간 영화뿐만 아니라 게임, 애니메이션 영역에서도 지속될 전망이다. 또한 역사적 영웅이나 『수호전』 『서유기』 등에 등장하는 영웅 역시 다양한 콘텐츠로 개발하기 유망한 소재라 할 수 있다.

그리고 중국의 전통 신화나 전설, 소설 중에서, 가령 여와신(천지창조와 구원을 관장) 이야기처럼 중국적인 색채가 농후하지 않으면서 이야기 자체가 가지는 감동성과 환상성 때문에 인간 보편적인 감동을 줄 수 있는 소재는 언제든지 새로운 버전으로 재창작이 가능한 소재이다. 또한 요리는 최근 세계 각국에서 주목하는 소재인데, 중국에서도 이에 대한 관심이 증대되고 있어 〈대장금〉 사례처럼 적극 개발할 필요가 있다. 일본이 중국 요리를 소재로 애니메이션 및 만화를 제작한 바 있는데, 중국 현지의 반응이 좋은 편이다.

이 밖에도 중국 전통문화의 상당부분은, 특히 유교적 전통의 효, 충, 가족 중심, 공익우선주의 등은 우리 문화와 유사하거나 그 정신을 공유하고 있어, 이를 바탕으로 하면서 동시에 중국인이 호감을 가질만한 우리의 세련된 도시 문화를 담은 이야기 역시 중국인의 관심에 부합할 수 있는 창작소재라 할 수 있다.

(2) 일 본

일본 문화의 저변에는 전통이 뿌리 깊이 배어 있는 것으로 유명한데, 특히 최근 10여 년이 넘는 장기적인 경기침체로 인해 전통으로의 회귀나 계승 발전, 민족적인 것에 대한 재발견 등 보수화 경향이 심화되고 있다. 서서히 경제가 회복될 것이라는 전망이 나오고 있으나 보수화 현상은 당분간 지속될 것으로 보인다. 따라서 일본 문화콘텐츠산업의 최근 트렌드는 '전통'과 더불어, '경기침체나 회복' 과정에서 형성된 일본인의 정서 및 생활구조와 밀접한 관련이 있다.

일본인은 대체로 보수성이 강해, 전통을 고수하고 보존하려는 경향이 짙으며, 자연에 관한 관심도 그 어느 나라보다 높다. 일본인의 문화의식은 '수치(羞恥)' '아마에(응석, 어리광, 甘え)' '수직관계' '경박단소(輕薄短小)'라는 표현 속에 잘 드러난다. 일본인은 수치가 무엇인지를 잘 알며, 자격보다는 위치에 따른 수직관계를 중시하고, 아마에 심리가 있으며, 또한 무엇이든 소형화하여 손안에 쥘 수 있는 경박단소를 선호한다.

우선 일본의 전통문화로는 일본 고유의 연극인 가부키(歌舞技), 가면극인 노(能), 다도(茶道), 꽃꽂이, 사무라이, 검도, 스모, 그리고 본래 추수감사제에서 현재는 신과 인간의 교류를 위한 성대한 축제가 된 마쓰리 등을 들 수 있는데, 여기에는 일본인의 일본다운 우주관, 자연관, 미학이 함축되어 있어 언제든지 다양한 형식으로 새로운 콘텐츠 창출이 가능하다.

이 중 우선적으로 우리가 개발해 볼 수 있는 유망한 창작소재로는, 먼저 〈겨울연가〉처럼 10여년간의 불황기로 마음이 지친 일본인들에게 이야시(위로, 癒し)와 준아이(純愛), 즉 마음의 안식과 포근한 위로를 줄 수 있는 이야기를 들 수 있다. 또한 2005년 경제가 회복되면서 '자신의 힘(또는 자기능력)'이라는 의미의 '지분료쿠(自分力)'가 트렌드로 형성되고 있는데, 난세를 극복한 영웅(위인물)이나 경제신화(기업물)에 대한 관심이 높아질 가능성이 크므로, 관련 소재를 주목할 필요가 있다.

또한 중장년층의 불안 또는 관심은 경제적 안정과 건강한 노후생활로서, 의식주에서 '식-주-의'의 순으로 나타나는 바, 일본요리의 역사, 기후와 미각의 밀접한 관계, 한국요리와의 비교, 건강과 장수 테마 관련 콘텐츠의 수요가 풍부할 것으로 예측된다. 더불어 일본인은 자연, 예컨대 벌레소리, 동물, 물

59

문화콘텐츠산업과 트렌드 | 류은영

고기 등에 관심이 많으므로, 관련 소재를 개발할 필요가 있다.

(3) 동남아시아

동남아시아의 문화는 태평양과 인도양의 관문에 위치한 지정학적 조건으로 인해 다양한 외래문화가 복합적으로 결합된 혼합문화로, 다양성, 혼합성, 융화성을 그 특징으로 한다. 동남아 각국은 문화적으로 유사한 부분이 많기는 하지만, 서로 다른 고유한 문화 역시 상당하다. 가령 종교만 하더라도, 인도네시아는 힌두교 및 이슬람, 말레이시아는 이슬람, 베트남은 유교, 태국, 캄보디아, 라오스, 미얀마는 불교 등으로 나뉜다.

다양한 외래문화를 수용하는 과정에서 생긴 융화주의는 동남아인의 가장 중요한 문화의식으로, 국가 내에서뿐만 아니라 국가 간의 관계에서도 중요하게 여겨진다. 융화주의는 구체적으로, 개인보다 공동체의 이익을 중시하는 비타산 문화, 공동체에서 자신의 역할을 다하는 책무문화, 내색을 하지 않는 은폐문화 및 겸양문화, 관용문화 등으로 나타난다.

동남아의 문화전통과 관련한 개발 유망 창작소재들을 살펴보면, 동남아인들의 삶의 경전이라 할 수 있는 『마하바라따 Mahabarata』와 『라마야나 Ramayana』 신화, 그리고 이 두 신화의 이야기를 그림자 인형극으로 만든 〈와양(Wayang)〉이 있다.

『마하바라따』는 동남아의 문학, 예술, 철학, 도덕 등, 문화 전반의 정신적·사상적 모태로서, 그 등장인물의 유형과 캐릭터는 창작소재로 활용할 가치가 충분하며, 또한 『라마야나』가 담고 있는 다양한 신화와 인간, 환경적인 요소는 스토리텔링으로 개발할 필요가 있다. 그리고 〈와양〉은 동남아의 대표적인 그림자 인형극으로서 유네스코 지정 세계문화유산인만큼 이 역시 디지털 인형극으로 적극 개발할 필요가 있다.

⑷ 서유럽

서유럽인들의 문화의식은 기본적으로 자부심과 그 이면의 보수성을 특징으로 한다. 그들에게 문화란 무엇인가를 물어 보면 주로 수학, 문학, 경제사회 동향, 역사 등을 꼽는데(『위니베르살리스 대백과사전 (Encyclopædia Universalis)』편찬을 위한 SOFRES 조사보고서), 이렇게 문화는 곧 수학, 문학이라는 관념은 자연주의적인 동시에 사유적인 그들의 세계관을 반영하는 것이다.

서유럽의 전통문화로는, 그들 문화의 발원인 그리스·로마문화, 그들의 발상 원천인 신화, 사상적 모태인 기독교, 그들 민주주의의 이상인 휴머니즘, 십자군전쟁을 비롯한 수많은 전쟁, 방대한 식민지, 위대한 왕조와 영웅, 자유를 향한 혁명 그리고 수많은 유적과 유물 등을 우선 꼽을 수 있는데, 찬란했던 역사만큼이나 무궁무진하다 할 수 있다.

현재 유럽은 EU라는 시대의 트렌드와 더불어 각국 간 편차가 심한 문화 역시 거시적 차원에서 일정한 통합의 흐름을 따르고 있는데, 대표적인 예로 글로벌화, 퓨전화, 우익화, 켈트문화열풍 등을 들 수 있다.

서유럽 문화콘텐츠산업의 가장 두드러진 트렌드는 켈트문화, 특히 켈트신화 및 예술을 기반으로 한 창작소재 개발이라 할 수 있다. 켈트문화는 이미 세계적으로도 각광을 받고 있는 창작소재로, 판타지 소설 및 영화는 물론 음악, 게임, 애니메이션 등, 서유럽 문화콘텐츠산업 전반의 트렌드를 이루고 있다. 문화전문가들은 20년 내로 전 유럽, 나아가 세계적 트렌드가 될 것으로 기대하고 있다. 상당한 복원에도 불구하고 켈트문화는 여전히 신비와 경외에 휩싸여 있어 창작소재로서 아직 무궁한 잠재성을 지니고 있다고 할 수 있다.

또한 서유럽은 글로벌화의 일환으로, 그들의 자존심이자 생활예술인 전통요리를 글로벌화 또는 퓨전화하고 있는데, 일례로 프랑스는 외국의 식재료와 요리법을 프랑스 전통과 버무려 퓨전화된 새로운 요리를 속속 선보이고 있다. 특히 아시아의 식재료와 요리법에 많은 관심을 가지고 있어, 이러한 관심을 우리 고유의 요리로 유도할 경우 다양한 시너지효과를 기대할 수 있다.

그리고 유럽의 우익화 경향이 시사하듯, 유럽의 이민자와 이교도는 소외와 정체성의 위기로 내몰리고 있어 언제 폭발할지 모르는 잠재적 분쟁의 핵으로, 향후 수년 내에 문화 전반의 문제로 부상하여, 직간접으로 문화콘텐츠의 사상적 기반을 이룰 것으로 보인다.

이 밖에 개발 유망한 창작소재로 싱글문화, 웰니스(Wellness)문화, 축제문화, 예술가의 집 등을 들 수 있다. 유럽의 오랜 문화전통인 싱글문화, 그리고 건강이라는 단순한 차원을 넘어 정신과 육체를 통합한 실천적 생활문화로서, 웰빙문화가 한층 발전한 웰니스문화 등은 스테디 소재로 현재도 활발히 개발되고 있으며, 향후에도 이러한 트렌드는 지속될 것으로 보인다. 그리고 유럽에는 전통적으로 다양한 축제가 있는데, 지금도 문화적인 요구에 따라 지속적으로 새로운 축제가 개발 조성되고 있다. 대부분의 축제는 유럽 전체 또는 세계가 관심을 가지고 참여하며, 관련 콘텐츠 역시 풍부하여, 해가 갈수록 축제에 대한 관심은 더 높아질 것으로 기대된다. 더불어 유럽 문화의 산실이라 할 수 있는 위대한 예술가의 생가, 아틀리에 등도 창조자의 사상과 창조의 배경이나 과정 등을 형상적으로 이해할 수 있는 원천소스로서 다양한 콘텐츠화가 가능하다고 할 수 있다.

03 국내 문화콘텐츠산업 트렌드

영화, 애니메이션, 게임, 드라마, 캐릭터 등의 문화콘텐츠는 대중을 대상으로 하는만큼 기본적으로 누구나 공감할 수 있는 보편성을 지녀야 하는 동시에, 또한 상품으로서의 가치를 높이는 그만의 개성 있는 고유성을 지녀야한다. 다시 말해 보편성과 고유성을 동시에 갖추어야 한다는 의미다. 이를 위해 문화콘텐츠 기획자들은 끊임없이 전통문화를 고증·연구하고, 또 한편으로 관련 트렌드를 분석한다. 실제로 킬러콘텐츠는 기본적으로 전통문화를 재해석하여 현대적 관점으로 창조해 낸 것이다. 따라서 트렌드 분석의 해답은 결국 전통문화를 모태로 트렌드에 맞게 구성된, 말하자면 친근한 동시에 참신한 문화콘텐츠의 창출이 될 것이다.

삼성경제연구소는 정치, 경제, 사회, 문화 전반에 걸친 2006년 국내 10대 트렌드로 수출 3000억 달러 시대 개막, 소비회복 가시화, 전기(轉機)를 맞이하는 직접금융시장, 선거정국과 사회갈등 심화, 인터넷의 진화, 국내시장 경쟁 격화, 노동인력 고령화와 대책 모색, 줄기세포 파문의 여진(餘震), 시험대에 오른 한류, 북핵문제 난기류 지속을 꼽았다.

언뜻 보기에 대부분의 트렌드가 문화콘텐츠산업과 그다지 연관이 없는 듯이 보이지만, 실상 경제분야 관련 트렌드에서부터 고령화, 한류문제에 이르기까지 밀접하게 연관되지 않는 트렌드는 거의 없다고 할 수 있다. 문화콘텐츠산업을 비롯한 모든 분야의 트렌드가 대중적인 욕구에 따른 수요와 공급의 원리에 따라 생성·소멸되는만큼, 경제분야의 변동은 문화콘텐츠산업에 결정적인 영향을 미치게 된다. 사실 어떤 트렌드도 결코 경제원리를 벗어나 존재할 수 없다. 수출이 증대되고 소비심리가 회복되면 글로벌 진출을 겨냥한 과감한 투자와 제작이 원활히 이루어질 수 있고, 또 경제권을 가진 고령인구가 증가하면 전통적인 또는 복고적인 콘텐츠가 양산될 가능성이 높아지며, 한류가 난항을 겪게 되면 이를 극복할 수 있는 또 다른 소재와 제작기법을 찾으려는 분위기가 조성됨으로써 우리 문화콘텐츠산업의 수준은 더 한층 향상될 수 있을 것이다.

실제 우리 문화콘텐츠산업의 규모는 한 해가 다르게 확장되고 있으며, 우리 문화콘텐츠의 글로벌 진출 성공사례들도 늘어나고 있다. 이제 국내뿐만 아니라 아시아 나아가 세계를 수요대상으로 하는 콘텐츠를 창출하기 위해, 〈대장금〉 사례처럼 우리 전통문화 가운데 전 인류적인 공감대를 형성할 수 있는 소재를 글로벌화하려는 노력은 물론, 〈난타〉와 같이 글로벌문화 소재를 차용하여 세계수준의 콘텐츠를 창출하려는 노력이 동시에 경주되어야 할 것이다.

현재 국내 문화콘텐츠산업의 주요 트렌드를 간추려 보면, 우선 인터넷의 진화와 우리 학부모들의 높은 교육열에 힘입은 에듀테인먼트의 성장, 디지털 컨버전스의 심화, 그리고 인터넷과 모바일 기반콘텐츠의 성장 등을 들 수 있으며, 더불어 이러한 CT의 성장과 함께 필연적으로 콘텐츠 창작소재의 중요성이 더욱 부각되고 있다. 요컨대 CT의 진화에 따라 문화콘텐츠 창작기반 역시 강화되어야 한다는 맥락에서 무엇보다 전통문화가 중요한 창작소재로 그 가치가 한층 증대되는 상황이라고 할 수 있다.

─ 본 글의 작성에 있어 중국 트렌드는 수원대 송진영교수, 일본 트렌드는 인하공전 김영심교수, 동남아 트렌드는 한국외대 김장겸교수의 도움을 받았음을 밝힙니다.

■참고도서

김경훈, 『트렌드 워칭』, 한국트렌드연구소, 2005.

김영한, 『감성트렌드』, 해냄, 2006.

김장겸, 「한류 열풍에 따른 글로벌 문화원형의 디지털 콘텐츠 개발의 필요성」, 『국제지역 정보』 제9권 10호, 한국외국어대학교, 2005.

마티아스 호르크스, 이온화 옮김, 『미래, 진화의 코드를 읽어라』, 넥서스BOOKS, 2004.

박전열, 『일본의 문화와 예술』, 한누리미디어, 1999.

샘 힐, 형선호 옮김, 『60 Trend, 60 Chance』, 한국경제신문사, 2004.

인문콘텐츠학회 컨소시엄, 『문화원형 창작소재 개발 로드맵 수립 중·장기 연구결과 보고서』, 한국문화콘텐츠진흥원, 2005.

페이스 팝콘 외, 조은정 외 옮김, 『클릭! 미래 속으로』, 이십일세기북스새날, 1999.

프레데릭 들루슈 외, 윤승준 옮김, 『새 유럽의 역사』, 까치, 2004.

LG경제연구원, 『2010 대한민국 트렌드』, 한국경제신문사, 2005.

■ **류은영**은 파리Ⅲ대학에서 프랑스 문학으로 박사학위를 취득하였으며, 전공분야는 현대 프랑스 소설 및 비평이다. 한국외국어대학교 외국문학연구소 책임연구원으로 재직했으며(2003~2005), 현재 한국 외국어대학교 불어과 및 교양과정에서 현대프랑스소설과 비평, 문화를 강의하고 있다. 논저로는 『프랑스 문학의 지평』(공저), 「자서전과 커뮤니케이션 : 욕망에서 문화로」, 「마네에서 베이컨까지」, 「성과 인간 또는 문화」, 「역사와 예술」 등이 있다. 관심분야는 문학 및 예술, 문화 비평이다.
e-mail : eyryu21@yahoo.co.kr

박성미 | 다큐코리아

01 방송산업의 현황

(1) 방송산업이란?

방송산업은 문화상품을 유통시키는 산업이다. 문화상품이란 지식과 창의력을 기반으로 하는 산업이다. 따라서 방송산업은 창조산업으로 인식해야 한다. 그러나 고전적 의미에서의 방송은 산업적 측면보다 정치적 측면이 강조되었다. 방송을 미디어권력이라고 표현하는 것은 방송이 가진 폭발적인 파급효과 때문이다. 걸프전이나 월드컵경기 중계 등에서 알 수 있는 것처럼 방송을 통해 전세계는 하나로 움직이고 있다. 이것은 방송이 가진 절대권력에 속한다. 따라서 방송산업은 속성상 정치와 떨어질 수 없는 불가분의 관계에 있다. 그래서 방송산업은 규제가 많이 따르는 산업이다. 전파의 속성상 권력을 규제하고 사회공공재적인 성격을 강조하지 않았을 때 역효과를 우려하기 때문이다. 그러나 이제 방송산업은 이러한 탄생배경에도 불구하고 그 영향력으로 인한 산업적 효과를 일으키고 있다. 문화상품이라는 방송산업의 이해는 상업적 논리로 방송프로그램을 바라보는 것이다. 전세계를 시장으로 유통될 수 있는 콘텐츠의 생산이 국가산업을 일으키는 핵심산업이라는 인식이 생겨난 것이다. 기본적으로 방송산업은 콘텐츠의 유통을 기반으로 한다. 그러나 그 이전에 전파의 힘은 광고료라는 거대한 수익을 가져왔고 공공재라는 성격을 강조하여 수신료를 징수하고 있다. 여기에 상업적 효과를 노린 상업방송이 등장함으로써 방송산업은 비약적으로 성장하고 있다. 공영방송을 제외한 지상파 민영과 케이블방송, 위성방송은 모두 이러한 산업구조 속에서 형성된 것이다. 방송과 함께 이루어지는 생활패턴이 산업적 성장을 가져오기 시작한 것이다. 엔테테인먼트 산업이라고 불리는 미디어산업의 한 축은 이제 방송산업의 중요한 재원이 되고 있다.

(2) 방송산업의 필요성

21세기는 영상시대, 문화시대, 콘텐츠의 시대라고 한다. 그것은 영상을 통한 새로운 경제질서가 만들어진다는 것을 의미한다. 방송산업은 문화산업이고 그것은 영상콘텐츠의 유통으로 요약된다. 방송은 다수에게 동시에 정보를 유통시키는 산업이다. 따라서 정보의 가치가 있다면 그것은 엄청난 고부가가치를 생성시킬 뿐만 아니라 국가의 경쟁력을 좌우한다. 2000년대 들어 '한류'라고 일컬어지는 문화현상이 그것을 반증한다. 지상파 방송프로그램이었던 드라마 〈겨울연가〉나 〈대장금〉이 가져온 경제적 효과는 국가의 경쟁력을 상승시키고 문화적 효과와 정치적 효과까지 가져왔다. 방송산업을 국가전략산업으로 규정하는 이유가 여기에 있다. 세계 각국가들은 방송산업의 확장을 위한 산업적 인프라를 강화하고 경쟁력있는 콘텐츠제작 지원에 집중하고 있다. 한국의 케이블방송과 위성방송의 도입. IT산업에 이은 CT산업의 강조는 모두 방송산업의 확장산업이다. 영상인력 창출과 외주제작의 활성화, 뉴미디어산업의 기술 인프라 구축 등은 방송산업이 새로운 국가의 기반산업으로 성장할 것을 예고하고 있다.

02 방송산업의 발전 동향

방송산업은 디지털 기술의 발전과 통신산업과의 융합으로 제3의 산업으로 성장하고 있다. 디지털 기술은 방송콘텐츠의 다양한 유통경로와 좀더 신속한 정보의 고부가가치를 높여 주고 있다. 거기에 방송산업과는 태생적으로 속성부터 다른 통신산업이 융합되면서 방송산업은 서비스산업으로 급부상하고 있다. 개인의 상품구매가 가능해진 것이다. 이것은 기존의 방송산업이 가진 광고료와 수신료 시장에 개인요금이 부과되어 더 큰 시장을 만들어주고 있다. 국가는 콘텐츠의 안정적 확보와 경쟁력을 가지기 위한 육성책을 제시하고 외주사의 육성을 위한 지상파방송의 외주 쿼터제, 우수 프로그램의 제작비 지원, 방송영상 투자조합 설립지원, 전문인력 양성 등 다양한 정책을 앞서서 제시하고 있다. 디지털 기술이 가져온 고품질의 HDTV나 통신매체를 통한 방송산업의 매체확장은 DMB와 IPTV, 와이브로 등 새로운 방송 유사매체의 창출을 독려하고 있는 상황이다.

(1) 쌍방향 서비스산업 – 인터렉티브 TV

고전적 의미의 방송산업은 한정된 전파를 가지고 불특정 다수에게 일방향적으로 정보를 전달하는 산업이었다. 그러나 통신산업은 기본적으로 송수신자가 서로 개인의 정보를 교환하는 쌍방향 산업이라는 속성을 가지고 있다. 이 두 개의 산업이 융합되는 것은 방송산업 자체의 구조적 속성이 변화하는 것을 의미한다.

방송과 통신의 융합은 방송을 기획하고 제작하고 송출하던 방송사의 공공이익의 추구와 통신산업이 가진 개인이익추구의 융합을 말한다. 방송사는 기존의 방송서비스를 디지털로 제공하게 되며 여기서 막대한 콘텐츠의 부가가치를 만들어 내게 된다. 공공의 서비스는 개인서비스로 전환되어 엔터테인먼트적 콘텐츠생산에 주력하게 될 것이며 이것을 다양한 신규매체를 통해 유통시키는 것이다. 불특정 다수를 대상으로 했던 콘텐츠는 좀더 개별적이고 쌍방향적인 콘텐츠로 변화할 것이다. 또한 모든 콘텐츠는 멀티-유즈 콘텐츠로 전환될 것이다. 집단서비스에서 개인서비스로, 고정된 시청이 아닌 이동하면서 제공되는 서비스로 콘텐츠의 내용이 전환되고 있는 것이다.

⑵ 고품질 서비스산업 – HDTV(High Definition TV)

방송산업과 다르게 빠르게 성장하는 영화산업은 시청자의 눈높이를 상승시켜 주었고 디지털기술은 TV 수상기의 대형화를 가져오고 있다. 방송산업의 발전축은 크게 콘텐츠의 다양화와 고품질의 콘텐츠로 요약된다. 다매체에 적합한 콘텐츠 생산이 새로운 유통질서라면 고품질의 콘텐츠 시장은 고부가가치를 생성시킨다. 고선명 고화질 TV로 불리는 HDTV는 영화산업이 가진 고품질의 시장까지 넘보고 있다. 영화화면과 같은 고화질과 5.1채널이라는 고선명의 오디오가 대형 TV를 통해 서비스되고 있는 것이다. 영화산업이 문화산업이고 예술의 영역을 지키고 있었다면 이제 방송은 HDTV를 통해 영화산업과의 경쟁을 도모하고 있다. 최근 들어 영화진흥위원회와 방송사의 공동제작지원, 방송사의 영화제작, 영화사의 TV 드라마 제작은 방송산업과 통신산업의 융합과는 다른 또 하나의 융합을 의미한다. 시청자들은 이제 영화와 방송의 경계를 체감하지 못하게 될 것이며 방송산업은 영화산업의 한 영역을 차지하게 될 것이다.

⑶ 저장형 맞춤 서비스산업 – IPTV(Internet Protocol Television)

IPTV는 인터넷을 이용하는 방송이다. TV 수상기와 인터넷이 연결되어 방송산업은 콘텐츠의 바다를 형성하게 될 것이다. 기존의 인터넷방송이 PC 모니터를 통해 서비스 되었다면 IPTV는 대형 TV 수상기를 통해 인터넷의 모든 콘텐츠를 서비스한다는 점이 다르다. IPTV는 방송을 시청한다는 점에서는 케이블방송이나 위성방송과 큰 차이가 없어 보이지만 시청자들은 일방적인 정보를 받는 것이 아니다. 자신이 원하는 정보만을 취합하여 개인이 편성표를 만들 수도 있으며 본인이 가지고 있는 정보를 보낼 수도 있다. 이것은 인터넷에서 상용화된 전자상거래가 TV상거래로 전이되는 것을 말한다. 와이브로 역시 방송프로그램을 이동하면서 핸드폰으로 서비스받을 수 있는 매체다. 이 모든 것은 방송산업의 주된 콘텐츠가 인터넷으로 제공된다는 것을 전제한다. 그것을 모바일이나 TV수상기로 연결한다는 것이다. 따라서 방송산업은 필수적으로 인터넷시장에 진입해야 하며, 여기서의 방송프로그램은 기존의 방송프로그램의 성격과는 다른 영상콘텐츠의 생산을 요구한다. DMB 방송이 별도의 수신기를 구매해야 한다는 진입장애를 가지고 있었다면 와이브로나 IPTV는 상황이 다르다. 소비자들은 자신이 이미 보유하고 있는 TV 수신기와 핸드폰으로 영상콘텐츠를 손쉽게 서비스받을 수 있다.

03 **방송산업의 과제**

(1) 저작권의 시대

기존의 방송프로그램 제작과 편성은 방송사의 고유권한이었다. 그러나 이제 방송프로그램에 버금가는 영상콘텐츠의 제작과 유통은 개인의 사적 소유물이 되기도 한다. 디지털시대 초기에는 문자와 이미지가 주된 콘텐츠였다. 그러나 초고속망과 대역폭이 확장된 지금의 디지털 환경에서는 동영상이 주된 콘텐츠가 될 수밖에 없다. 멀티미디어콘텐츠란 문자와 이미지, 음성과 동영상이 결합된 콘텐츠를 말한다. 이러한 멀티미디어콘텐츠 제작은 디지털 캠코더, 디지털카메라, 핸드폰기기를 가진 모든 개인에게 제작기회를 제공하고 있다. 영상콘텐츠의 소비자가 이제 제작자로 변신하게 된 것이다. 제작은 이제 고유의 성역이 아니다. 이제부터 중요한 것은 저작권이다. 지적재산권이라 불리는 저작권의 핵심은 창작성에 있다. 개인의 창조적 노력이 가미된 동영상물은 개인의 사적 재산으로 인정되며, 유무선상에서 유통되어 자본의 가치를 발생시킬 수 있다. 영상소비자와 영상제작자가 일치하는 새로운 저작권의 시대, 영상대중화의 시대, 디지털 민주주의 시대가 도래하고 있다. 방송산업의 핵심은 이제 콘텐츠의 생산, 유통과 더불어 저작권 확보에 있다.

(2) 기술의 시대

　방송제작기술은 특정한 사람들에게만 허가된 기술이었다. 그러나 디지털시대는 모든 기술이 공유되어 있으며 그것은 누구나 제작할 수 있다는 의미도 되지만 기술속성이 곧 콘텐츠의 유통과 연결되어 있음을 의미하기도 한다. 콘텐츠의 최종 서비스기기가 무엇이냐에 따라 기술은 진화하고 콘텐츠는 가장 적합한 형태로 제작되어야 유통을 장악 할 수 있다. IT기술은 멀티미디어 기술이 핵심이다. 문자나 이미지 전송과 달리 음성과 동영상을 처리하는 기술은 무한하다. 영상콘텐츠 제작자, 다시 말해 방송산업 종사자들은 이제 기술을 이해하고 그것에 맞는 콘텐츠를 기획하고 제작해야 한다. 디지털시대의 영상콘텐츠는 재활용, 재가공을 전제로 한 콘텐츠여야 한다. 단일한 매체만

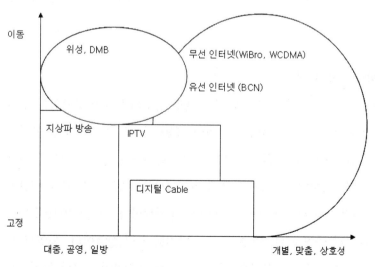

〈그림 1〉 매체 변화와 특징

을 만족시키는 방송프로그램의 기획과 제작에서 벗어나야 한다. 이동성에 따라, 화면의 크기에 따라, 매체이용자의 습성에 따라 콘텐츠의 내용과 구성은 확연히 달라진다. 이것이 향후 방송산업이 새로운 영상산업으로 성장할 수 있는가에 대한 해답이 될 것이다.

(3) 서비스의 시대

방송산업은 일방향에서 쌍방향으로 유통되는 시대로 들어섰다. 쌍방향의 의미는 개별성과 맞춤성이다. 여기에 산업속성의 변화도 고려되어야 한다. 방송산업과 달리 통신산업은 개인 과금체제로 철저한 시장경쟁원칙이 적용된다. 기존의 방송산업이 가지고 있던 시청률경쟁과는 다른 의미다. 광고료와 수신료를 수익기반으로 기업 간(BtoB)거래방식은 이제 개인 간(BtoC)의 거래방식으로 변해야 한다. 통신사업자가 방송산업에 접근하는 데에는 콘텐츠제작에 대한 경험부재가 관건이라면 방송사업자가 통신산업의 속성을 이해하는 데는 서비스개념에 대한 명확한 인지가 관건이다. 이제 영상소비자들은 일방적이고 불친절하며 본인에게 필요하지 않는 정보에는 요금을 지불하지 않는다. 서비스전략을 가지지 못한 영상콘텐츠는 곧 사장된다는 것을 말해 준다.

(4) 개인미디어의 시대

통신산업이 영상산업의 또 하나의 주체로 등장하면서 영상산업은 무선휴대인터넷 서비스시대로 넘어가고 있다. 와이어리스 브로드밴드 인터넷(Wireless Broadband Internet)은 아직까지 유사방송이라는 평가를 받고 있지만 와이브로는 퍼스널미디어시대가 도래했음을 시사하고 있다. 휴대인터넷산업이라고는 하지만 와이브로의 핵심 콘텐츠는 동영상이다. 통신사업자에게 문자나 이미지보다 동영상 콘텐츠는 최고의 가치를 지닌 상품이다. 동영상 촬영이 가능한 핸드폰기기의 보급으로 이제 품질과 상관없이 누구나 동영상을 촬영하는 시대가 되었다. 더구나 기술의 발전은 유통까지 보장하고 있다. 와 이브로가 상용되는 영상시대는 개인이 제작한 동영상 콘텐츠가 인터넷과 휴대폰을 통해 소비되는 시장이다. 방송프로그램을 제작하던 사람들에게 이것은 아직까지 도전적으로 받아들여지지 않겠지만 콘텐츠의 시대는 창의력을 가진 영상물이 가치를 가지는 시대다. 고정화된 영상물은 도태되고 새로운 포맷, 새로운 시도, 새로운 발상, 새로운 방식의 제작기술이 곧 등장하게 될 것이다.

04 방송산업의 발전방향

국내 방송산업의 병폐로 지상파 방송사의 독점구조를 말한다. 외주제작사들의 콘텐츠 경쟁력은 최근 두드러지고 있다. 인기드라마나 인기다큐멘터리의 제작을 외주제작사들이 책임지고 있는 것이다. 그러나 문제는 이렇게 생산된 콘텐츠의 저작권을 방송사가 독점하고 있다는 점이다. 현실적으로 영세한 외주제작사들은 제작비의 절반에도 못미치는 제작비에 모든 저작권을 넘기고 있으며 이것은 방송발전의 저해 요소로 지적되기도 한다. 그러나 외주제작사의 경쟁력은 꾸준히 성장할 것이다. 방송영상 콘텐츠의 제작영역 확대 및 제작주체의 다원화는 시대적 요구이기 때문이다. 영상물의 저작권은 좀더 체계적이고 과학적으로 정립되어 갈 것이고 지상파 방송사는 방송산업의 주요핵심동력인 외주제작인력들과 파트너십을 공유할 수 밖에 없다.

점차 영상콘텐츠 제작자들은 광범위해질 것이다. 특히 공채 중심으로 구성된 방송사의 고정인력과 달리 영상제작자들은 기획력과 제작력을 가진 주체들이 이원화되고 교육도 세분화될 전망이다. 디지털콘텐츠에 대한 기획과 제작, 기술인력이 이미 자기영역에서 활동을 시작하고 있으며 이들은 기본적으로 디지털기술의 이해와 콘텐츠산업에 대한 이해를 갖추고 있다. 신문방송학과 졸업생보다 이제는 인문학과 사회학 등 기초학문분야에서 콘텐츠에 대한 기본교육이 이루어지고 있으며 이들은 산업의 변화와 매체의 속성, 그에 따른 마케팅까지 훈련받고 있다. 이들은 장기적으로 방송산업의 주요 핵심인력들이며 이들에 의해 방송산업과 통신산업, 콘텐츠산업은 새롭게 재편될 전망이다.

■ 참고도서

김대호, "독립제작사 활성화를 위한 채널형성에 관한 연구", 「한국방송학보」, 1999.
김미경, 『멀티미디어와 디지털 쌍방향 TV』(번역), 커뮤니케이션북스, 2005.
문화관광부, 「디지털시대 방송영상산업진흥정책 추진전략」, 2001.
윤재식, 『디지털 시대의 독립제작사』, 커뮤니케이션북스, 2005.
은혜정, 『새로운 매체환경과 콘텐츠』, 커뮤니케이션북스, 2005.
이만제, 『DMB와 모바일 콘텐츠』, 커뮤니케이션북스, 2005.
정윤경, 『저작권과 방송콘텐츠 유통』, 커뮤니케이션북스, 2005.

■ **박성미**는 서울여대 사학과를 졸업하고 서강대학교 영상대학원에서 디지털TV기술을 전공했다. 대학졸업후 KBS 특집부에서 다큐멘터리 기획에 참여했으며 일본연수후 다큐멘터리 전문제작사인 (주)다큐코리아를 창립했다. '부르지못한 노래, 대한제국애국가'(2000년, KBS), '다시 살아나는 국모, 명성황후'(2001년. KBS), '잊혀진무역로, 아시아로드'(2002년, KBS), '세계의 흙집'(2003년. KBS) 등 역사다큐멘터리를 주로 제작해왔다. 2000년 서울국제다큐멘터리영상제에서 '올해의 다큐멘터리상'을 수상했다. 저서로는 『김홍재, 나는 운명을 지휘한다』(2000년, 김영사), 『나는 다큐멘터리로 세상을 바꾸고싶었다』(2004년, 백산서당) 등이 있다.
e-mail: olbaro@docukorea.tv

음악

박영욱 | 건국대학교

01 **음악산업의 현황**

1970년대와 80년대에 우리 사회에서 주류 대중음악은 우리 가요가 아니었다. 음반판매나 음악방송을 전문으로 하는 주요 FM 라디오방송만 보더라도 이 사실을 확연하게 알 수 있다. 당시 음반판매량 순위에서 상위권을 차지하고 있던 음반은 거의 외국 팝송이었으며, FM 방송의 편성 역시 70% 이상이 팝송 위주의 프로그램이었다.

이러한 상황이 반전된 것은 1990년대 이후의 일이다. 이 시기부터 점차음악방송에서 가요가 주도적인 위치를 차지하게 되었다. 물론 1980년대에 조용필이라는 걸출한 가수가 상당한 음반판매 실적을 올리기 시작했지만, 가요를 중심으로 음반시장이 본격적으로 형성된 것도 바로 이 시기라고 할 수있다.

이는 다른 대중문화와 마찬가지로 우리나라의 대중음악이 양적으로나 질적으로 많이 커졌음을 나타내는 지표이다. 동시에 우리 대중음악이 적어도 국내에서는 자생력을 가지기에 충분함을 나타내는 지표이기도 하다. 더욱이 최근에 우리의 대중문화 전반이 주로 동아시아를 거점으로 점차 해외시장으로 진출하는 추세에까지 이르고 있다. 특히 일본 문화를 개방하게 될 경우 우리나라 문화산업의 전반적인 토대가 무너질 것이라는 예상과 달리 대중음악을 비롯하여 많은 대중문화가 거꾸로 일본에 비해 비교우위를 차지하고 있는 실정이다.

대중음악 역시 이를 보여 주는 적절한 사례라고 할 수 있다. 보아를 위시한 많은 가수의 일본 진출이나 동아시아에서의 한류 열풍은 극적인 현상으로 간주된다. 그런데 해외에서 한국 대중음악의 성공을 음악적 콘텐츠 자체가 갖는 양질성에서 찾을 수 있는가에 대한 의문은 여전히 남는다. 그보다는 음악과 간접적으로 관련이 있는 문화콘텐츠들, 가령 캐릭터 상품, 안무, 의상, 화장, 무대매너, 배경이 되는 드라마, 스타성 등에서 대중음악의 성공원인을 찾을 수도 있을 것이다. 이는 음악이 단지 음악이라는 단일 콘텐츠에 제약되어서는 안 되고 이른바 '원소스 멀티유즈'(One-Source, Multi-Use)의 문화콘텐츠산업 일반의 전략이 얼마나 필요한지를 나타낸다. 하지만 동시에 우리 대중가요의 일시적인 성공을 자칫 음악적 질 자체의 우위로 착각할 수도 있는 위험이 있다.

02 음악산업의 새 방향

(1) 다시 침체하는 음반시장

2000년까지 지속적으로 성장하였던 음반산업은 2000년 이후부터 다시 줄곧 감소추세를 보이고 있다. 그 가장 큰 이유가 mp3 파일과 관련이 있다. '소리바다', '벅스뮤직', '냅스터'와 같은 P2P 방식을 활용하여 파일을 주고받는 사이트들 덕분에 사람들은 더 이상 음반에 매력을 느끼지 못한다. 예전에도 라디오 방송을 녹음하여 자신이 선호하는 음악을 불법으로 복제하는 경우는 허다하였다. 하지만 현재의 mp3 파일은 당시의 아날로그 복제방식과 본질적으로 차이가 있다. 음원이 전혀 손상되지 않아 원본과 음질의 차이가 없다는 사실, 쉽사리 복제할 수 있다는 특성, 특정한 곡이 아닌 앨범 전체도 몽땅 복제할 수 있다는 사실 등이 본질적으로 다르다고 할 수 있다. 한 마디로 원본 자체와 복제본의 구분은 무의미한 것이 되고 말았다.

구체적으로 무료 온라인 음악은 개인의 평균 음반 구매량을 약 51% 감소시킨 것으로 추정된다. 이와 더불어 지난 4년간 전체 음반시장의 매출액이 56% 줄어 들었다. 이러한 감소세는 국내적인 현상이 아니라 세계에서 가장 큰 음반시장인 미국을 위시하여 전세계적으로 공통된 현상이다. 이러한 문제를 해결하기 위해서 정보재의 지적 재산권을 강화하려는 움직임이 일고 있으며, 인터넷 사이트 운영자와 음반협회와의 심각한 마찰이 생기기도 하였다. 그 결과 2005년 말에는 온라인 무료음악의 대표적인 사이트 '소리바다'가 법적인 조치에 따라 폐쇄되기에 이르렀다. 음반협회는 소리바다의 폐쇄 이후 음반판매의 중흥을 기대하고 있는 실정이지만, 인터넷에서 mp3 파일 유통 자체를 막을 수 없는 한 획기적인 전환을 기대하기는 힘들 것이다.

최근 들어 mp3 파일의 유통을 부정적으로만 볼 것이 아니라 음악유통의 새로운 형태로 적극 활용해야 한다는 주장도 만만치 않다. 말하자면 온라인 음악서비스를 유료화하여 또 다른 수익가치를 확보해야 한다는 것이다. 실제로 많은 온라인 음악 사이트들이 유료화되었으며, 미국 최대의 권위 있는 대중음악 인기지표를 나타내는 빌보드 차트에는 '다운로드' 순위가 따로 집계되기도 한다. 심지어 일부 학자들은 온라인 음악서비스가 궁극적으로 오프라인 음악산업, 즉 음반산업을 부추킬 것이라고 주장하기도 한다.

또한 음악산업의 부진이 무료 온라인 음악을 봉쇄한다고 해서 완전히 해결된다고 생각하는 것은 원인을 잘못 진단한 것이다. 오늘날 음악은 이미 비주얼한 것과 결합되어 존재한다. 1980년대 초 미국의 버글스(Buggles)라는 그룹이 〈비디오가 라디오 스타들을 모두 죽여 버렸다.〉(Video killed the Radio Stars)라는 암시적인 노래를 발표한 데서도 나타나듯이, 오늘날 음악은 단지

청각적으로가 아니라 동시에 시각적으로 소비된다.

이는 뮤직 비디오의 등장과도 무관하지 않다. 1982년 미국에서 최초로 24시간 뮤직 비디오만 전문으로 방송하는 'MTV'가 개국되었다. 이 방송 채널이 개국될 당시 사람들은 모두 이를 미친 짓이라고 놀렸다. 하지만 우리나라의 경우를 포함하여 MTV를 비롯한 무수한 음악채널이 대표적인 케이블 방송으로 버젓이 자리잡고 있다. 우리나라 역시 케이블 TV가 처음 개국한 이래 뮤직 비디오 전문채널들은 성황리에 시청되고 있다.

원래 뮤직 비디오는 음반의 판매를 위한 판촉물로 시작되었으나 이제 본말이 전도되어 뮤직 비디오를 잘 만들지 않으면 음악이 히트를 할 수 없는 지경에 이르렀다. 이런 상황에서 음반이 성공하기 위해서는 먼저 가수가 대중스타가 되어야 한다. 한 마디로 가수가 가수가 아닌 그야말로 엔터테이너(연예인)가 되어야 하는 것이다. 특히 녹음기술이나 음반제작 기술 전반이 발전함과 더불어 목소리는 기술적으로 얼마든지 가공될 수 있게 된 것도 음악성 자체가 그다지 중요하지 않게 된 이유 중의 하나이다. 이런 상황 속에서 음악 자체의 독립된 소비는 점차 줄어들 수밖에 없는 것이다. 따라서 음악산업에서 성공하기 위해서는 그와 관련된 다양한 문화적 콘텐츠를 창출하는 것이 불가피하다.

(2) 우리나라 대중음악의 저력과 한계

20세기 초 우리나라 대중음악이 민요로부터 출발하였지만, 본격적인 대중음악의 등장은 이른바 '트롯음악'으로부터 시작된다. 흔히 뽕짝음악이라고도 하는 이 트롯음악은 20세기 초중반부터 1970년대 후반에 이르기까지 거의 우리나라 대중가요의 주류를 형성하였다. 그런데 이 트롯음악은 형식상 기형적인 성격을 갖는다. 트롯음악은 요나누키 음계라는 일본식 음계에 바탕을 두고 있는데, 이 요나누키 음계는 일본의 전통 5음계와 서양의 음악이 결합된 다소 기형적인 음계이다. 요나누키 음계는 동아시아의 전통음계가 그러하였듯이 7개의 음이 아닌 5개의 음으로 이루어져 있다는 점에서 서양음계와 다르다. 하지만 요나누키 음계에서 사용되는 5개의 음은 서양의 7개 음중에서 두 개가 생략된 서양음으로서 전통적인 동양음과 거리가 있다. 또한 장음계와 단음계를 구분함으로써 서양음악의 전통을 따른다.

그런데 요나누키 음계를 바탕으로 한 초기의 트롯음악이 가진 가장 큰 특징은 서양음악과 달리 본격적인 화음위주의 음악이 될 수 없었다는 것이다. 가령 요나누키 장음계는 도, 레, 미, 솔, 라의 음으로 이루어져 있다. 기본적인 3화음에서 4도 화음에 필요한 '파'가 없으며, 5도 화음의 경우에도 '시'가 생략될 수밖에 없다. 그러니 제대로 된 화음 음악이 나올 수 없는 것이다. 서양 음악의 가장 큰 특징이 화음의 전개라는 점을 감안한다면, 트롯음악은 화음 위주의 음악이 아닌 멜로디(선율) 중심의 음악이었다.

우리나라 대중음악이 본격적인 화음음악, 즉 서구 음악의 면모를 보인 것은 1970년대 포크송을 통해서이다. 잘 알다시피 포크송은 아주 단순한 기본적인 화음들로 이루어진 음악이다. 어찌 보면 포크송은 형식적인 측면에서 보자면 동요수준에 가깝다. 그런데 이 포크송은 서양의 완전한 기본화음들을 제대로 활용한다는 점에서 우리 대중가요를 멜로디로부터 화음 위주의 본격적인 서양음악으로 바꾸어 놓은 것이다.

그 결과 1980년대에는 트롯음악과 새로운 서양음악이 주도권 경쟁을 벌이게 되었다. 실제로 1980년대 연말에 열렸던 10대 가요제에는 트롯음악과 스탠다드한 음악이 반반의 비율이었다. 말하자면 1980년대 우리 가요는 1970년대 포크송에 의해서 제기된 서구음악의 '하비투스'(habitus)가 '관행'(practice)되던 시기였다고 할 수 있다.

이러한 관행에 대한 도전은 '서태지와 아이들'을 위시하여 랩과 힙합, 댄스뮤직, 리듬 앤드 블루스 등 수많은 장르를 들고 나온 새로운 가수들에 의해서 실행되었다. 사실 랩과 힙합, 리듬 앤드 블루스 등은 전통적인 서구음악, 즉 스탠다드한 화음중심의 음악과 이질적인 면이 있다. 랩은 전통적인 화음음악과 마찰되며, 화음이 아닌 리듬 중심의 음악이다. 리듬 앤드 블루스 역시 블루스음과 같은 비서구적 음에 바탕을 둔다. 이들 음악의 도입이 갖는 의미는 그야말로 무수한 장르의 다양한 음악이 출현하게 되었다는 것이다.

우리나라의 대중음악은 1990년대 이후부터 비약적으로 발전하며, 더 이상 서양의 주도적인 대중음악인 팝음악과 커다란 격차를 느끼지 못할 정도에 이른다. 1990년대 이전까지 우리나라 대중음악이 자신이 모델로 하였던 음악과 상당한 시기적 격차를 두고 모방하였다면, 이 때부터는 거의 동시에 진행되었다. 힙합 음악의 경우만 하더라도 미국에서의 유행속도와 우리나라에서의 유행속도가 그렇게 많은 시기적 차이를 나타내지 않았다. 이러한 빠른 적응은 상대적으로 다른 아시아 국가들과는 차이를 나타낸다. 일본이나 중국, 홍콩 등 어느 동아시아 나라도 우리만큼 미국 대중음악을 흡수하는 데 빠르지 않았던 것이다.

어떤 의미에서 보자면 우리나라 대중음악이 한류의 열풍을 타는 것도 우리나라 대중음악 자체의 매력 때문이 아닐지도 모른다. 우리나라의 대중음악이나 대중문화가 상대적으로 재빠른 속도로 서양화되었기 때문일 수도 있다. 한류의 실체를 놓고 보면 다른 동아시아 국가가 우리나라에 문화에 갖는 매력은 우리나라의 전통 문화적 특성과 전혀 거리가 멀다는 것을 알 수 있다.

03 음악산업의 과제

대중음악이 문화산업으로서의 큰 역할을 하기 위해서는 무엇보다도 음악적 콘텐츠 자체가 양질적이어야 함은 두말할 나위가 없다. 하지만 오늘날 우리 대중음악의 양질성은 우리 음악만이 가지고 있는 독자적 특성에서 비롯된다기보다는 상대적으로 더 서구화되었다는 데서 비롯된다. 말하자면 여전히 서구적 기준과 서구화를 꿈꾸는 다른 동아시아 국가들의 꿈을 우리 문화가 대신 충족시키고 있다는 것이다. 그러나 그러한 효과는 한시적일 따름이다.

이러한 한계를 극복하기 위해서는 무엇보다도 진짜 우리의 것, 우리의 문화를 대변할 수 있는 한국 문화에 바탕을 둔 한류가 필요하다. 이는 대중음악에서도 결코 예외가 아니다. 음악적인 측면에서 양질의 콘텐츠를 구축한다는 것은 서구적인 세련미 외에도 우리만의 독특한 색깔을 지닐 수 있는 음악적 콘텐츠를 구축해야 하는 당위성을 포함한다.

물론 대중음악이 성공적이기 위해서 음악적인 양질의 콘텐츠를 구축하는 것이 일차적으로 중요하지만, 이에 못지않게 그와 관련된 수많은 문화콘텐츠들을 함께 구축하는 것도 필수적이다. 이미 지적하였듯이, 음반산업이 쇠퇴하는 것은 어쩌면 막을 수 없는 대세이기도 하다. 하지만 음반산업 자체를 반드시 음악산업 자체와 동일시할 필요는 없다. 음악을 소비하는 방식, 또는 음악산업이 경제적 이윤을 창출하는 방식이 음반산업에 국한될 필요도 없다. 오늘날 음악산업은 다른 모든 문화산업 분야와 마찬가지로 개별적으로 고립되지 않는다. 따라서 음악산업과 대중음악의 발전은 문화콘텐츠산업이라는 보다 상위의 영역에서 다른 산업과의 유기적 관계 속에서 고찰되어야 할 것이다.

■참고도서

박영욱, 『철학으로 대중문화읽기』, 이룸, 2003.

한국철학사상연구회, 『문화와 철학』, 동녘, 1999.

이영미, 『한국대중음악사』, 시공사, 1998.

고장만, 『디지털시대의 문화콘텐츠산업 정책연구 - 게임, 음반 산업을 중심으로』, 중앙대
학교 석사학위 논문, 2003.

정진용, 『한국 음반시장에 관한 연구』, 동국대학교 석사학위 논문, 2001.

■ **박영욱**은 고려대학교에서 철학을 전공하였으며(Ph. D.), 전공분야는 사회철학, 미학, 예술철학이다. 현재 고려대학교와 건국대학교, 홍익대학교 미술대학원에서 강의중이며, 건국대학교 인문과학연구소 연구교수로 재직중이다. 저서로는『칸트가 들려주는 순수이성비판 이야기』, 『고정관념을 깨는 8가지 질문』, 『철학으로 매트릭스 읽기』(공저)『철학으로 대중문화 읽기』, 『문화와 철학』, 『현대마르크스주의와 철학』(공저)『매체철학의 이해』(공저) 등이 있다. 관심분야는 매체이론과 예술이론이다.

e-mail: imago1031@hanmail.net

박영욱 | 건국대학교

01 **영화산업의 현황**

1960년대를 정점으로 한국의 영화산업은 하강세를 계속 보여 왔다. 특히 1988년 시장개방과 1994년 프린트 벌수 폐지에 따른 엄청난 파급효과와 스크린 쿼터제 완화는 한국의 영화산업을 크게 위축시키는 외재적인 요인으로 작용하였다. 그러나 이러한 위기에도 불구하고 한국 영화는 1990년대 후반부터 한국 영화의 르네상스 시기라고 할 수 있을 만큼 번영의 시기를 맞고 있다.

이 시기에 일반인들이 영화에 보인 관심이 증폭하여 영화의 절대적인 소비 자체가 대폭 상승하였을 뿐만 아니라, 총 관람 횟수 중 한국 영화가 차지하는 상대적인 비율도 엄청나게 증가하였다는 것은 상당히 고무적인 일이다.

구체적으로 2004년 영화진흥위원회에서 발표한 통계자료에 의하면, 연간 총 극장 관객 수는 1990년 5,350만 명에서 2003년 1억 1974만 명으로 늘어났다. 이 시기의 인구 증가율 변동이 거의 없음을 고려한다면 괄목할 만한 수치상의 변화이다. 또한 한국 영화의 시장점유율은 1990년 20%에서 2003년 53%로 높아졌다. 미국 이외에 자국의 영화가 국내시장 점유율이

50% 되는 경우는 세계적으로도 찾아보기 힘든 현상이다.

영화에 대한 전 국민적 관심의 상승은 단순한 양적 성장만을 의미하는 것이 아니다. 관객의 수준이 질적으로도 그만큼 향상될 수밖에 없다. 실제로 1990년대 중반까지 연간 1인당 영화관람 편수는 1편에도 채 미치지 못했다. 그러나 2003년에는 연간 1인당 영화관람 편수가 2.5편을 넘어섰다. 특히 영화를 많이 보는 사람과 그렇지 않은 사람으로 양분화되는 것을 고려한다면, 영화관객의 수준은 과거에 비해 크게 높아진 것으로 예상할 수 있다.

이는 곧 우리 영화가 양적인 측면에서 뿐만 아니라 질적인 측면에서도 엄청나게 성장하였음을 뜻한다. 많은 영화관계자들에 따르면 실제로 우리나라 관객의 질적인 수준은 전세계 어느 나라 관객의 수준에 결코 뒤지지 않는다고 한다. 우리나라 영화산업이 양적으로나 질적으로 엄청나게 발전하였음을 알 수 있다.

또한 최근에 전세계적으로 유명한 주요 영화제에서 우리나라 영화나 영화감독들이 성취한 쾌거를 보아도 우리나라 영화의 수준이 이미 국제적으로도 인정받고 있다는 것은 단순한 자기 위안이 아니다.

그러나 이러한 성공만으로 우리나라 영화산업의 전망을 낙관적으로만 바라볼 수는 없다. 국내시장에서 우리나라 영화가 외화, 특히 할리우드 영화에 결코 뒤지지 않는 성과를 얻기는 하였지만, 우리나라 영화의 해외시장 진출은 그다지 성공적이라고 평가할 수 없다. 물론 과거에 비하면 우리나라 영화의 해외시장 진출이 크게 진작된 것이라고 자위할 수도 있다. 가령 1990년 초에 비하면 2003년 이후 한국 영화의 수출은 편수에서는 약 10배 정도, 수출총액은 약 65배 가량이나 증가하였다. 편당 평균 수출가격도 2만 달러 정도에서 10배 높아진 20만 달러 수준까지 올랐다. 하지만 외형상 두 자리 숫자의 증가를 보이는 것은 상대적으로 과거에 워낙 해외시장 진출이 적어서였다. 우리나라 영화산업이 국내에서 거둔 성과에 비하면 그야말로 하잘 것 없는 것이다.

물론 최근 들어 한류열풍과 같은 특수를 통하여 해외시장 진출이 원활해 보이기도 한다. 하지만 이것은 영화적 현상이 아니라 대중문화 붐 일반에 편승한 것이다. 우리나라 영화가 질적으로나 양적으로 성장한 것에 반하여 상대적으로 해외진출의 성과를 얻지 못한 것은 물론 홍보의 문제도 있을 것이다. 이러한 한계를 돌파하기 위해서 가장 크게 신경을 써야 할 부분은 홍보가 아닌 다른 곳에 있다. 그것은 다름 아닌 전세계 관객에게 호소력이 있는 영화 콘텐츠를 개발하는 것이다.

02 영화산업의 영화콘텐츠

(1) 영화콘텐츠와 영화의 구별

최근 들어 영화라는 용어와 더불어 영화콘텐츠라는 말이 적지 않게 사용된다. 많은 경우 영화와 영화콘텐츠는 서로 호환되는 개념으로 사용되지만, 엄밀하게 따지면 두 용어는 명확하게 구별될 필요가 있다.

일반적으로 영화라 함은 영사기를 통하여 스크린에 투사되는 작품을 뜻한다. 물론 영화를 단순히 활동 카메라로 찍어서 인화하고 최종적으로 편집한 필름상태만을 지칭하지는 않는다. 영화상품이나 영화상영 등 포괄적인 영역을 포괄하는 것이 영화 또는 영화산업이다. 그런데 영화콘텐츠 또는 영화콘텐츠산업이라는 말은 그보다 더 포괄적인 범위를 지닌다. 영화콘텐츠산업은 영화산업 자체를 포함하여 나머지 경제적 파급효과를 지닐 수 있는 모든 범위를 지칭한다.

예를 들면 상업적으로 가장 성공한 SF 영화 '스타워즈'를 들어보자. 이 영화의 경제적 파급효과는 단순히 영화흥행 자체에 국한되지 않는다. 영화홍보 책자 자체가 문화상품이 되었으며, 많은 캐릭터나 소품들이 상품화되었다. 또한 영화의 제작과정 자체를 담은 영화가 상품으로 팔렸으며, 스타워즈

의상 또는 음반 역시 문화 상품으로서 경제적 이윤창출에 크게 기여하였다. 이 모든 문화적 파급효과를 총칭하는 개념을 영화와 구분하여 영화콘텐츠라고 할 수 있을 것이다. 우리는 이렇게 하나의 문화상품이 하나의 영역에 국한되지 않고 다양한 영역으로 확장되어 사용되는 것을 '원소스 멀티유즈(One-Source, Multi-Use)'라고 한다. 영화콘텐츠산업은 오늘날 문화콘텐츠산업의 주요 특징 중 하나인 '원소스 멀티유즈'의 특성을 잘 보여준다.

사실 영화콘텐츠의 개발은 영화 한 편을 다양한 경로로 상품화한다는 의미 이상을 지닌다. 우리나라의 경우에는 영화콘텐츠의 개발 자체가 해외시장 개척에 엄청나게 중요한 의미를 지닌다. 영화가 아닌 드라마의 경우이지만, 중국이나 홍콩에서 〈대장금〉의 성공은 그와 관련된 많은 문화콘텐츠의 개발과도 관련이 있다. 대장금 노래나 대장금 옷, 캐릭터 등은 대장금의 열풍을 부추겼다. 또한 대장금의 성공은 다시 그와 관련된 많은 문화콘텐츠들의 소비로 이어졌다. 한 마디로 영화와 영화콘텐츠는 서로 시너지 효과를 얻게 되는 것이다. 한국 영화가 해외시장을 개척하기 위해서는 영화와 더불어 영화콘텐츠를 개발하는 것이 필요할 수 밖에 없다.

(2) 영화와 관객

영화가 관객에 의해서 소비될 때 궁극적으로 영화가 실현되는 것이라고 할 수 있다. 그런데 영화는 이미 그 자체가 영리를 추구하는 상품이자 산업이기 때문에 산업의 측면에서 성공도 영화적 실현의 한 측면으로 간주되어야 한다. 그러기 위해서는 영화는 관객에게 호응을 얻어야 한다. 어떤 영화가 줄거리가 재미있어서 관객을 사로잡았건 독특한 형식이나 예술미 때문에 사로잡았건 간에, 그것은 크게 보면 모두 관객을 사로잡는 콘텐츠로 볼 수 있다.

영화가 관객들에게 호소하기 위해서는 영화 외적인 콘텐츠도 필요할지 모르지만, 궁극적으로 가장 중요한 것은 영화 자체의 콘텐츠이다. 그것은 곧 관객에게 통할 수 있는 영화콘텐츠를 개발하는 것을 의미한다. 영화를 비롯한 문화산업이 관객의 취향을 미리 고려하고 그에 맞추어 콘텐츠를 구성할 수밖에 없으므로 문화산업의 마케팅은 전적으로 '코드 마케팅'이라고 해야 할 것이다.

오늘날 우리나라 영화가 국내적으로 크게 성공한 요인 중 하나는 바로 이러한 '코드 마케팅'의 성공이라고 할 수 있다. 1970년대나 80년대에는 정치적인 이유에서 영화가 관객들의 기호에 부응할 수 없었다. 많은 영화가 정부의 홍보물로 전락하거나 또는 정치적·사회적 맥락이 완전히 배제된 장르 영화나 심지어 단순한 눈요깃거리의 영화로 전락하였다.

탄탄한 구성과 소비자의 욕구에 부합되는 내용을 동시에 지닌 영화는 할리우드 영화였다. 따라서 이 시기에 우리나라 영화가 외화와 대결할 수 없었던 가장 큰 이유는 단순히 자본의 싸움이 아니었다고 할 수 있다.

흔히들 장르 영화를 상업영화와 동일시하여 사용한다. 예를 들면 사랑을 다룬 성공적인 영화는 대부분 멜로드라마라는 장르의 문법에 충실한 영화들이다. 마찬가지로 성공적인 스릴러 영화도 자신이 속한 장르의 규칙을 충실하게 준수한다. 장르 영화가 상업적으로 성공할 수 있는 이유는 관객들이 이미 장르의 규칙(코드)에 익숙해져 있기 때문이다. 철저하게 경제적인 이윤을 추구하는 제작사는 장르 영화를 선호하게 마련이며, 탈장르화된 실험적인 영화들은 독립적인 자본을 형성할 수밖에 없는 것이 현실이다.

그런데 장르 영화만을 고집하던 분위기는 1990년대 말 이후에 급격하게 변화하였다. 이른바 탈장르화 내지 장르혼합 현상이 대세가 된 것이다. 우리나라의 영화가 할리우드 영화와 대결하여 성공을 거둘 수 있는 것도 이런 분위기와 무관하지 않다. 그것은 사회가 포스트모던한 사회로 진입함으로써 더 이상 틀에 박힌 획일적인 것을 관객이 원하지 않기 때문이기도 하다. 2000년대 들어 흥행에서 크게 성공한 영화들을 보면 이러한 특징을 쉽게 발견할 수 있다.

가령 〈조폭 마누라〉나 〈엽기적인 그녀〉의 경우만 보더라도 기존의 암흑가 영화나 단순한 멜로드라마가 아님을 쉽게 알 수 있다. 〈조폭 마누라〉는 코미디와 범죄영화가 혼합되어 있으며, 〈엽기적인 그녀〉의 경우에도 단순한 기존의 멜로드라마를 코믹 멜로드라마라는 혼합된 형태를 띠고 있다. 최근 흥행에서나 영화적인 면에서 모두 기념비적인 작품으로 평가받는 〈올드 보이〉 역시 장르 영화 자체의 성격에서 많이 벗어나 있다. 최근 들어 관객들은 식상한 장르 영화보다는 새로운 것을 선호하는 경향이 뚜렷하게 나타나기 때문이다.

그러나 이러한 경향 역시 지속적인 것은 아니다. 우리나라 영화가 계속적으로 경쟁력을 갖추기 위해서는 설비와 투자도 중요하지만, 아무리 투자를 증대하여도 미국의 자본을 따라잡기란 힘들다. 따라서 다양하고 양질의 영화 콘텐츠를 생산하는 것이 무엇보다도 중요하다. 그러기 위해서는 실험적인 독립 영화에 대한 국가적 지원이 너무나 절실하다. 실험적인 영화들이 바로 경제적인 부가가치의 창출로 이어지지는 않지만, 실험적인 영화는 끊임없이 다양한 소재와 형식을 탐구함으로써, 영화의 콘텐츠적인 측면에서 인프라를 구축한다. 또한 디지털 매체나 인터넷 영화의 장려도 생각해 봄직하다.

03 영화산업의 딜레마

오늘날 영화가 고부가가치의 문화콘텐츠산업으로 확실한 자리매김을 한 것은 틀림없다. 우리나라만 하더라도 영화산업이 GDP에서 차지하는 비중이 점차적으로 늘어나고 있으며, 앞으로 더욱 가속화될 전망이다.

그런데 바로 여기에 영화산업의 딜레마가 존재한다. 호르크하이머나 아도르노가 지적하였듯이, 문화산업은 관객들의 평균화된 기호나 욕구에 맞춘 문화상품을 제작함으로써 사람들의 미감이나 판단력을 저하시킨다는 것이다.

이러한 지적은 문화나 예술을 경제적인 측면에서만 고려할 때 더 심각하게 나타난다. 그 대표적인 사례가 고전 할리우드 영화라고 할 수 있다. 프랑스의 꼬몰리와 우다르, 미국의 다이얀, 멕케이브, 히쓰 등의 영화이론가들은 고전 할리우드 영화가 관객을 철저하게 수동화시킴으로써 이데올로기적 기능을 행사하고 있다고 지적한 바 있다. 이른바 영화가 예술이기 이전에 코드 마케팅에 종속될 경우 영화는 철저하게 이데올로기적이 될 수밖에 없음을 지적한 것이다.

오늘날의 영화에 이 이론들이 정확하게 적용되는 것은 아니지만 새겨야 할 교훈이 있는 것도 사실이다. 우리가 영화를 지나치게 영화산업의 측면에서만 바라보고 그러한 전제에서 영화콘텐츠를 개발하려 할 때, 자칫 영화가 예술로서 갖는 진정한 기능을 상실할 수도 있기 때문이다.

■참고도서

루이스 자네티, 김진해 옮김, 『영화의 이해』, 현암사. 1999.
한국철학사상연구회 지음, 『문화와 철학』, 동녘, 1999.
박영욱, 『철학으로 대중문화 읽기』, 이룸, 2003.
원소연, 『영화콘텐츠산업 진흥을 위한 지원정책 연구』, 중앙대학교 대학원 석사학위 논문, 2002.
영화진흥위원회 정책보고서, 『장르혼합현상에 나타난 산업과 관객의 상호텍스트적 관계』, 2004년 12월.

■ 필자소개는 음악편 참조

전윤경 | 성결대학교

01 애니메이션 산업의 현황

　　애니메이션 산업은 하나의 작품으로 다양한 매체를 통해 활용될 수 있다는 장점과 기타 연관산업으로의 파급효과가 큰 산업이라는 인식하에, 국민정부 이후 정부차원의 관심으로 지속적으로 성장해 왔다. 부가가치가 높은 산업으로, 한 작품의 성공이 연계작품의 성공으로 나타날 수 있는 산업이라는 기대로 정부는 다양한 정책으로 애니메이션 산업에 지원을 하기 시작하였다. 특히 창작작품에 관한 지원은 애니메이션을 아끼는 대중의 관심 속에서 디즈니의 작품처럼 그리고 일본의 애니메이션 작품처럼, 우리나라를 대표할 수 있는 작품을 제작할 수 있다는 기대 속에 진행되어 왔다. 하지만 연이은 창작작품의 실패로 점차 산업의 기대에 부응하지 못한 채 국내 작품은 질적으로 해외 선진국의 작품을 따라 갈 수 없으며 국가 예산만 낭비할 뿐이라는 비판과 함께, 그래도 21세기 유망산업으로 자원부족 국가인 우리나라에서 거시적 안목으로 지원해야 할 유망산업이라는 양면적 평가가 두드러진 산업이다.

　　우리나라에도 디즈니와 같은 환상과 꿈을 주는 작품을 제작할 수 있으며 일본의 지브리 스튜디오나 미국의 디즈니와 같은 기업의 신화를 창조할 수 있는 조건을 지니고 있다고 믿었다. 사실 우리나라의 애니메이션 제작 역사는 거의 40년이나 되었고 세계적으로 유명한 작품 대부분이 모두 국내기술로 완성된 것이었기 때문에 이와 같은 꿈도 곧 이룰 수 있을 것이라 믿었다. 일본의 〈아톰〉 그리고 〈미키〉와 같은 캐릭터를 만들어 디즈니 작품과 같은 영화를 제작하여 세계시장에 수출하고 또 그 작품의 2부를 비디오물로 제작하여 다시 판매하고 그리고 이 작품의 캐릭터들을 이용하여 의류나 팬시용품, 그리고 어린이용 동화로 출판하며 교육용 게임으로 성공을 거둘 수 있으리라는 거대한 꿈을 가질만 했다.

애니메이션 산업의 중요성은 우리 주변만 살펴보아도 잘 알 수 있다. 디즈니 관련 상품은 주요 작품을 제외하고 영유아용으로만 300여 개의 종류가 국내에서 시판되고 있으며, 아직도 우리나라 어린이들은 1938년에 디즈니에서 제작한 〈백설공주와 일곱 난쟁이〉의 주인공들의 이미지를 그대로 백설공주와 일곱난쟁이로 받아 들이고 있다. 그 캐릭터로 만들어진 인형을 가지고 놀며 색칠놀이를 하고 그 영화 비디오 테이프로 영어 공부를 한다. 그리고 어른이 되어 자신의 아이들을 위해 이 상품을 구매해 주는 고객이 되는 것이다. 즉 시장주기의 순환에 따라 반복적인 구매가 이루어지게 기획할 수 있는 애니메이션 산업의 특징을 우리 스스로 체험하고 있는 것이다. 그리고 최초의 생산 이후 적은 추가비용으로 지속적인 재가공 및 재출시가 언제든지 가능한 애니메이션 산업의 특징을 제작한 지 70여 년이 지난 백설공주의 예로도 다른 부가설명 없이 알 수 있다. 한 작품의 성공에 의해 이어지는 연계산업의 성공모델, 그리고 70여 년이나 지속된 성공한 작품의 생명력을 우리 스스로 체험하고 있는 것이다. 한 작품 안에 존재하는 모든 것을 다시 살려 내는 기획력과 마케팅 능력이 그 이면에 숨어 있는 디즈니에서 만들어낸 캐릭터들의 활동력은 무궁무진하다.

국내 애니메이션 업계와 정부는 이런 꿈을 꾸고 있었다. 이런 산업적 성공은 성공한 모델 작품이 있을 때 가능하다고 믿고 그런 작품을 제작할 만한 기술력 또한 선진국과 비슷하며 단지 경험부족으로 기획력이 떨어질 뿐이지만, 그동안 창작작품을 제작해 보지 않은 것도 아니므로 우리도 가능하다고 믿었다. 모델이 되어 연계산업으로 발전되어 나갈 수 있는 스타 프로젝트의 탄생만을 목매어 기다린 셈이다.

그러나 관객은 냉정했고 많은 국내 작품을 외면했다. 정말 국내 애니메이션 산업은 더 이상의 성장이 어려운 것일까? 우리의 꿈은 잘못된 것일까? 2002년 3158억원이었던 시장 규모가 2003년에는 3259억원으로 3.2% 증가하였다. 이는 게임시장 성장규모와 비교해 볼 때 초라한 수치이다. 하지만 꾸준히 성장하고 있다. 애니메이션과 관련된 많은 전문가와 그리고 애니메이션을 아끼는 일반 대중은 모두 우리나라의 창작작품 제작 경험 부족으로 기획력과 시나리오 능력 즉 창의성 부족 때문에 흥행에 성공하지 못했다고 평한다. 그런데 10년 전에 전국에 만화 애니메이션 관련학과는 10여 개 정도였지만 현재는 160개 정도이며, 한 해 3000~4000명정도의 애니메이션 학사들이 배출되고 있다. 1968년 최초의 창작 장편 애니메이션 〈홍길동〉이후 70여 편의 영화와 1987년 〈떠돌이 까치〉의 방송 이후 77편의 국내 창작 작품이 방송되었다. 그리고 현재 기획·제작되고 있는 작품은 약 200여 편이다. 진정 무엇이 문제일까? 현재의 애니메이션 산업의 문제점은 사실 과거에서 이어져 끊임없이 누적된 것이다. 현재를 만든 과거를 간단하게 살펴봄으로써 애니메이션 산업계가 지니고 있는 문제점을 분석해 보고자 한다.

02 애니메이션 산업의 과제

국내 애니메이션 산업의 문제점을 분석할 때 대체적으로 산업계의 구조적인 문제, 제작비 운영, 노동집약형 산업에서 기술집약형 산업으로의 변화과정 중 발생하는 불협화음, 정부의 일관성 없는 지원방식, 대중의 인식 결여 등 10여 가지가 지적되어 왔다.

국내 애니메이션의 문제를 분석한 많은 보고서에서 지적하고 있는 문제는 무엇보다도 1968년 〈황금박쥐〉를 처음으로 하청작업을 시작한 후, 1980년 이후 창작작업을 잠식시킨 일본과 미국 등 애니메이션 선진국의 하청작업에 의해 발생된 것으로 보고 있다. 국내 애니메이션 산업계의 하청작업은 산업계의 질적인 성장보다는 양적인 성장을 유도함으로써 현재의 산업의 위기를 초래했다. 즉 늘어나는 작업을 감당하기 위해 하청에 재하청을 주는 점조직 형태의 작업이 성행한 동시에, 미래에 변하게 될 산업적 상황보다는 당시의 상황만을 보고 작고 영세한 업체가 많이 늘어나는 현상이 지속되었다. 자본금을 얻게 된 업체들은 창작작업으로 자신들의 기술력을 실험해 보며 선진국의 기술을 기업자산으로 키워나갔어야 함에도 불구하고 이들은 창작작업으로의 재투자에는 인색했다. 1년에 전문인력 1만 명을 배출하는 중국의 도전을 예상하지 못한 결과였다. 1987년 애니메이션 산업이 시작된 이후 20여년이 지난 시기에 처음으로 국내에서 창작한 방송용 애니메이션이 제작되면서, 창작 작업이 다시 활기를 띠게 되지만 그 열기는 초기의 그것과는 다른 것이었다. 하청작업은 IMF 시절에도 외화벌이에 큰 역할을 하기도 했지만, 애니메이션 산업계의 창작작업에 대한 관심과 애니메이터들의 창의력을 빼앗아가는 치명적 결과를 가져왔으며, 이러한 추세는 아무런 변화 없이 그대로 이어져 오고 있다.

국내 창작 장편 애니메이션 중 안시 국제 애니메이션 페스티벌에서 그랑프리를 차지해서 그 기술력을 인정받은 2001년 〈마리 이야기〉와 2003년 개봉한 〈원더플데이즈〉가 대중의 관심 속에서 개봉했음에도 흥행에 참패한 원인은 프리 프로덕션 단계인 기획력 부족과 서사구조 등의 문제점으로 집약된다. 그 이유는 무엇일까? 이들 작품 이전에 70여편의 장편 제작경험이 있었으며 또 77편의 방송용 애니메이션 작품 제작경험도 있었다. 그러므로 창작 애니메이션을 해 본 경험이 부족했기 때문이라는 이유는 조금 낯설게 느껴진다. 그럼 진정한 문제는 무엇일까? 우선 인터넷의 발달로 외국 작품에 많이 노출된 관객들이 원하는 것을 기획단계에서 고려하고 있었는가 하는 점이다.

외국 작품 중 이 때 〈슈렉〉이 발표되었고 〈파이널 환타지〉라는 3D 애니메이션이 발표되었다. 그 때 애니메이션을 좋아하는 관객은 〈마리 이야기〉와 비슷한 내용인 〈귀를 기울이면〉〈바다가 들린다〉 등 첫사랑의 추억을 보여주는 일본 애니메이션을 감상해 본 경험을 가지고 있었다. 〈마리 이야기〉는 '20대를 위한 동화'라는 기획 컨셉으로 제작된 작품인데, 그 당시 20대의 기대에 부응하기는 조금 어려웠다고 보인다. '아름다운' 영화였지만 공감대를 형성하는데 실패한 작품이었다.

그 이후 7년간의 제작 끝에 국내기술로 이루어낸 쾌거가 되기를 그리고 애니메이션 업계를 다시 일으켜 세우는 대작이 될 것이라는 기대를 모은 〈원더플 데이즈〉는 제작기간이 너무 길어져 장르면에서 대중성을 잃은 작품이다. 환경문제로 인간성을 잃게 된, 그래서 인간 사이에 계급이 발생하게 되고 산소를 만들기 위해 환경을 파괴할 수밖에 없는 참혹한 현실 속에서, 주인공들의 사랑이야기가 펼쳐지는 내용의 작품이다. 이와 같은 작품은 이미 일본에서 〈5스타 스토리〉 또는 〈총몽〉 등을 통해 익숙해져 있었다. 그 당시 미래 환경에 의해 선택된 인간만이 살아남게 되고 버려진 인간의 삶을 복제인간의 컨셉으로 이어나가는 설정은 점차 관심이 식어가고 있었다. 하지만 이런 매니아층을 주요 타깃으로 제작된 듯한 〈원더플 데이즈〉는 개봉되었고, 기술은 발전되었으나 내용면에서 공감대를 형성하지 못하여 흥행에 실패했다.

이는 기술력만을 앞세워 성공을 기대했던 〈파이널 환타지〉의 참패 원인과 비교해 볼 만하다. 일본 애니메이션과 비교할만한 작품이 나올 것이라는 광고를 믿고 기다린 관객들은 이 작품에 더 크게 실망했다.

이런 기획력의 부족은 위에 두 작품에만 국한된 문제는 아니다. 현재까지 발표된 작품 모두 관객이 무엇을 원하는지 그리고 주요 타깃과 서브 타깃은 누구인지가 불분명한 작품이 대부분이다. 기획 첫 단계에서 한번쯤 고려해 보아야하는 이 문제를 잘못 선택함으로써 작품 내용을 잘못 선택하게 되어, 애니메이션 장르의 특징은 살리지도 못한 작품이 제작·상영되는 잘못을 지속적으로 범하게 된 것이다.

하지만 1967년 국내 최초의 장편 애니메이션 〈홍길동〉은 달랐다. 이 작품은 1967년 1월 7일에 개봉하여 개봉 4일 만에 10만 명이라는 인파가 밀려들었다고 한다. 30년 동안 장편 애니메이션을 제작해 본 디즈니에서나 가능한, 디즈니사와 똑같은 방식의 선녹음/후작화 방식의 풀애니메이션으로 제작되었다. 이 방식은 미국과 같은 대자본의 국가에서나 가능한 제작 방식 이었다. 또 열악한 작업환경으로 셀 방식으로 제작하는 이 작품의 작업에 꼭 필요한 셀을 구하기 힘들어서 미군부대에서 사용하는 비닐을 얻어서 사용했 으며, 물감의 질이 떨어져서 그려서 말리면 떨어져 버려 다시 작업하는 어려 움을 겪어야 했다. 이렇게 재작업을 여러 번 했어야 하는 환경 속에서 200여 명이 동원되어야 하는 작품을 30여 명이 이루어냈다. 그림판 가로 길이 345 만 9000cm로 남산 높이 150배, 직접 손으로 그린 그림장수만 12만 5300 장, 제작비는 5400만 원으로, 이 비용은 당시 국내 영화 10개 작품제작비이 다. 이 기록은 애니메이션 산업에 대한 이해와 인식이 거의 전무한 시절에 제작된 〈홍길동〉이 만들어낸 기적이었다.

국내 최초의 장편 애니메이션 〈홍길동〉은 디즈니의 최초 장편 애니메이션 〈백설공주와 일곱난쟁이〉가 만들어진 1938년보다 30여 년 뒤에 만들어졌으 나 1967년에 제작된 〈정글북〉과 비교해 볼 때 뒤지지 않는 작품이었다. 또 이 때 당시 일본은 〈아톰〉 제작비를 절감하기 위해 리미티드 제작방식으로 제작하였는데 노동력과 제작비가 더 많이 필요한 풀애니메이션 기법으로 제 작되었다는 사실을 통해 우리는 당시의 국내 애니메이션 제작진의 열의와 사 랑이 대단했음을 알 수 있다.

하지만 이 작품을 지금 우리는 볼 수 없다. 필름이 보존되어 있지 않아

그 누구도 이 작품을 가지고 있지 않다고 한다. 1990년 이후에 제작된 방송물도 그 필름이 존재하지 않는 작품이 많고 초기 회의 때 작성된 회의록이나 시나리오는 거의 보존되어 있지 않다. 후대에 전해서 산업을 발전시켜야 한다는 생각을 전혀 하지 못했던 시절이었다. 또 현재와 비교해서 기억해야 할 것은 흥행에 성공하였어도 제작진에게 그 대가가 돌아오지 않아 배고픈 애니메이터가 많았다는 사실이다. 그래도 이들은 끊임없이 창작작업에 대한 사랑과 열의를 지니고 창작작품을 만들어 냈다. 그 결과 1970년대 그 유명한 〈로봇태권V〉를 제작하였다. 기계의 힘을 이용하여 세계를 재패하려는 꿈이 잘못되었다는 메시지로 일본 애니메이션과는 다른 이야기 구조를 지닌 우리의 '슈퍼로봇물' 〈태권 V〉는 참으로 안타까운 작품이다. 국내 애니메이션을 대표하는 작품인 동시에 세계적인 애니메이션 장르로 발전시킬 수 있는 작품이었으나, 국내 애니메이션 산업계는 이 로봇물을 우리나라 대표 장르로 발전시키는데 실패했다. 그렇지만 현재 일본은 〈로봇 태권V〉와 같은 거대 로봇이 등장하는 '슈퍼로봇물'을 일본이 자랑하는 세계적인 애니메이션 장르로 발전시켜 캐릭터 상품, 그리고 연계산업인 게임산업으로까지 그 영역을 넓혀 현재의 일본을 만든 산업적 기반을 조성하는데 성공했다. 또 일본은 '슈퍼로봇물'을 마징가 시리즈 이후 건담과 같은 '리얼로봇물'로 발전시켜 나감으로써 플레이 스테이션과 같은 기구를 제작하여 비디오게임산업을 발전시키고 있다. 그러면서 동시에 이 장르에 몰입하는 연령층을 10대에서 40대까지 다양하게 형성하는데 성공했다.

〈홍길동〉과 〈로봇 태권 V〉는 우리에게 시사하는 점이 많은 작품이다. 관객이 너무 빨리 변하고 있는 디지털시대에 오래 된 과거의 작품을 현재의 작품과 비교한다는 것이 무리일 수도 있다. 하지만 아무 경험이 없었던 최초의 창작 애니메이션이 거둔 성과가 너무 크기 때문에, 창작경험 부족이 모든 작품의 실패원인으로 기사화 되는 시점에서 꼭 분석해 보아야 하는 작품이라고 여겨진다. 또 관리와 보존에 서툴렀던 우리의 실수 또한 꼭 기억해야 할 것이다. 관리와 보존에 무지함으로 현재 애니메이션 제작 업계의 문제점이 더 커졌다고 보이기 때문이다. 사실 문제가 없는 작품은 없다. 그리고 문제가 없는 산업 또한 존재하지 않는다. 하지만 애니메이션 산업계의 문제는 오래된 관행으로 이어져 오면서 깊어졌다는 것 때문에, 더 오래 고민하고 노력하여 해결해 가야한다고 생각한다.

국내 애니메이션 산업은 다양한 경험을 해 왔다. 성공도 해 보았고 실패도 해 보았다. 결코 경험이 부족하다고 생각되지는 않는다. 일본과 미국과 다른 방식으로 우리는 창작을 해왔다. 그런데 우리는 우리만의 독특한 방식을 지니고 있는 국내 산업의 특성을 분석하고 그에 걸맞는 발전 모델을 제시하려는 노력보다는 선진국형의 기획방식이나 산업구조를 그대로 도입하려 하고 있다. 국내 애니메이션 산업계는 오래된 경험은 있지만 정립되어 전해 내려오는 전통 보다는 타성에 젖어 있다. 톱니바퀴가 서로 이어져 있어서 연결되어야 하는 아주 치밀한 기획하에 진행되어야 하는 작업이면서, 동시에 대중의 상상력을 앞질러 나가는 창의력이 필요한 과학적이면서도 감성적인 산업인 애니메이션 산업의 제작방식에 대한 이해가 부족하다. 그래서 무리한 기획으로 대중의 욕구를 충족시켜 주지 못하고 있다. 또 애니메이션 산업계는 국내 다른 연관 산업계에서 신뢰를 얻지 못하고 있다. 창작 작품의 연이은 참패 때문이기도 하지만 업계의 구조와 제작비 운영에도 신뢰를 잃고 있다. 이제 이러한 문제점은 인정하고 극복해 나가야 한다.

03 애니메이션 산업의 전망

국내 애니메이션 산업은 무엇보다도 이제 작품으로 잃은 신뢰를 되찾아야 한다. 산업의 구조적인 문제, 배급 문제 등등 해결해야 하는 과제는 많지만 제작능력도 있고 창작제작 경험도 어느 정도 쌓였고 대학을 졸업한 전문인력이 한 해 1000명 이상 배출되고 있다. 또 1992년 디즈니의 〈인어공주〉 개봉 이후 애니메이션 작품을 보는 대중과 정부의 인식도 변화되었다. 어린이들만이 즐겨 보는 저급영상물 정도로만 여겼던 애니메이션이 작품의 질에 따라 20대 연인도 관람하기 위해 극장가를 찾을 수 있다는 가능성을 보여 주었으며, 좋은 작품은 20만 명 이상의 시장을 형성해 줄 수도 있다는 사실을 확인시켜 주었다. 아무리 흥행에 실패를 거듭하고 국내 애니메이션 작품은 이제 더 이상 대중이 보지 않을 것이라고 예상하고 있지만, 애니메이션을 사랑하고 아끼는 순수한 관객이 의외로 많다는 것을 간과해서는 안된다. 또 애니메이션 시장은 변하고 있다. 단순히 방송과 극장을 위해서만이 아니라 다양한 목적으로 애니메이션을 활용하고 있다.

관객은 진정으로 애니메이션 장르의 특징을 잘 활용할 수 있는 감독, 애니메이션이란 장르의 특징을 아는 작가들이 만든 작품을 원하고 있는 것이다. 관객이 공감하면서 작품의 매력에 빠질 수 있는, 그러면서 그 작품 안에서 애니메이션 장르가 줄 수 있는 카니발 정신을 만날 수 있을 때, 다시 국내 애니메이션 산업은 가시적으로 부활할 수 있을 것이다.

구문모 · 임상오 · 김재준 공저, 『문화산업의 발전 방안』, 을유문화사, 2000.
라이터스 편집부, 『고부가가치 산업 애니메이션의 어제와 오늘』, 라이터스, 2005.
안종배, 『나비효과 디지털 마케팅』, 미래의 창, 2004.
임은모, 『멀티미디어콘텐츠 현장론』, 진한엠엔비, 2000.

■ **전윤경**은 건국대학교에서 영어영문학(셰익스피어)을 전공하였다. 그 이후 캐나다 밴쿠버 소재 UNIVERSITY OF BRITISH COLUMBIA에서 3D 애니메이션과 스토리텔링을 연구하였다. 현재 성결 대학교 교양교직부 교수로 재직중이면서 '아이엠 미디어'라는 문화콘텐츠 스토리텔링 전문회사를 운영하고 있다. 인문콘텐츠학회 산학이사, 제주신화역사공원 자문위원 등으로 활동하고 있다. 게임과 애니메이션, 애듀테인먼트와 테마파크의 기획과 스토리텔링을 강의하고 있다. 특히 문화콘텐츠와 관련된 시나리오 창작 강의에서 제작된 작품을 공모전에 제출하여 다수의 학생이 수상하였으며, 그 작품이 직접 산업체에서 제작되고 있다. 연구업적으로는 『영상과 시나리오』, 『효문화와 콘텐츠』(공저) 등의 저서를 발표하였고 KBS의 애니멘터리 작품을 영문으로 개작하여 뮌헨 프리쥬네스 방송제 본선진출, 게임시나리오로 산림청 장상을 수상한 경력이 있다. e-mail: 0509atom@hanmail.net

심상민 | 성신여자대학교

01 **모바일 산업의 현황**

모바일 콘텐츠는 다른 콘텐츠 부문에 비해 시장형성이 뒤늦었지만 최첨단 모바일 네트워크와 기기가 속속 등장하면서 탄탄하고도 역동적인 관련 시장이 형성되고 있다. 2005년 말 현재 전체 이동전화 가입자는 3834만 명으로 전년도보다 175만 명이 증가했고 2006년 안에 이동전화 가입자 총수가 4000만 명을 넘어설 것으로 전망되고 있을 정도다. 이에 더해 2005년 5월에는 SK의 TU미디어가 위성방식으로 최초의 디지털멀티미디어이동방송(DMB) 서비스를 개시했고 KBS, MBC, SBS 등이 뒤따른 지상파 DMB 방송은 2005년 12월에 개통했다. 2006년에는 무선인터넷 기술인 와이브로(Wibro)와 인터넷프로토콜 TV(IPTV)도 상용화되기 시작할 것으로 보이고 2010년에는 완벽한 유무선통합네트워크의 작동을 의미하는 유비쿼터스 인프라가 본격도입될 전망이다. 이는 국내 이동통신 인프라가 방송산업과 교차하면서 본격적으로 콘텐츠 관련 사업이 전개되기 시작했다는 의미를 내포하는 흐름이기도 하다. 또한 국내 모바일 환경이 이미 세계적인 수준에 올라있음을 말해주는 동시에 바로 모바일 미디어를 매개로 한 모바일 콘텐츠가 향후 우리의 문화콘텐츠 경쟁력을 좌우할 핵심콘텐츠 가운데 하나로 급부상하기 위한 엄청난 잠재력을 지니고 있음을 뜻하는 지표가 되기도 한다.

국내 모바일 콘텐츠 시장은 크게 멀티미디어형 서비스와 다운로드형 서비스, 모바일게임과 정보제공형 서비스 등 4개의 카테고리를 형성하며 발전을 거듭하고 있다. 모바일 문화콘텐츠는 현재 주로 게임, 벨소리 다운로드, 통화 연결음 등 오락형 콘텐츠를 중심으로 2003년 현재 4887억 원의 시장규모를 보이고 있다(문화관광부 2004년 문화산업 백서 발표 자료). 이는 2002년 2777억 원의 시장에서 76%가 성장한 것으로 역시 다른 부문에 비해 월등히 높은 성장세를 입증해 보이고 있다. 이 가운데 모바일 게임이 1527억 원으로 가장 큰 시장을 형성하고 있으며 다음이 통화연결음으로 1300억 원의 시장을 형성하고 있는 것으로 추정된다.

이런 초고속 성장세에 힘입어 2004년에는 모바일콘텐츠 시장 규모가 정보이용료를 기준으로 8500억원에 이르는 것으로 조사됐다. 이 가운데 70%인 6000억 원 정도는 엔터테인먼트 부문인 것으로 파악되었다(한국문화콘텐츠 진흥원, 2005.8. '모바일콘텐츠 시장조사 및 모바일콘텐츠산업 육성전략' 보고서). 이러한 성장 속도를 감안한다면 지난해 2005년에는 모바일 콘텐츠 관련 시장이 총 2조원 규모를 넘어섰을 것이라는 추정도 나오고 있다.

<표 1> 주요 모바일 엔터테인먼트 콘텐츠 시장규모 (단위: 억 원, %)

구분	2001	2002	2003	2002년대비 증감률
게임	358	1,004	1,527	52.1
벨소리 다운로드	461	562	860	53
캐릭터 다운로드	56	200	500	150
통화 연결음	-	531	1,300	144.8
VOD	-	480	700	45.8
계	-	2,777	4,887	76.0

자료: 문화관광부, 2004 문화산업백서.

02 모바일 콘텐츠의 특징

모바일 콘텐츠의 최대특징은 흔히 '확장된 미디어'라고도 불리는 플랫폼이 콘텐츠의 기본적인 유통채널로서 막강한 시장형성자이자 사업조정자로서 관련산업을 주도하고 있다는 데 있다. 이 플랫폼을 중심으로 인터넷 포털, 이통사, CP, 단말기 사업자 등이 각자의 위치에서 전체 모바일콘텐츠 유통시스템을 주도하고 있는 형국이다. 때문에 모바일 콘텐츠 유통시장은 아직 콘텐츠가 아닌 기술, 서비스 중심시장(Technology Driven Market)이라고 봐야 한다. 모바일콘텐츠는 소비자에게 전달되기까지 콘텐츠 제작단계와 솔루션과 콘텐츠가 합쳐서 제품화되는 단계 그리고 포털이나 판매 사이트 등을 통해 판매되는 유통단계를 거치게 될 수밖에 없기 때문이다. 이 때 유통단계는 주체에 따라 구분될 수 있는데 콘텐츠 제작사 중심의 유통과 포털 중심의 유통구조가 중심이 되고 있고 이외에 단말기 회사중심의 유통구조가 부분적으로 존재한다. 유선 인터넷의 경우 독점적 시장점유율을 가진 솔루션을 기반으로 솔루션 회사 중심의 유통구조가 존재하는 경우도 있으나 모바일 인터넷의 경우는 아직까지 그러한 사례가 거의 없다.

(1) 포털 중심 유통구조와 사례

인터넷 포털이 소비자들의 구매창구가 되는 경우로 현재 국내에서는 대부분의 모바일콘텐츠 유통매출이 이동통신사에서 운영하는 포털을 통해 발생하고 있다. 따라서 이 구조가 가장 보편적인 모바일콘텐츠 유통구조라 할 수 있다. 포털중심의 유통구조에서 포털은 판매 사이트의 구축 및 운영, 마케팅, 정산 등의 기본적인 판매업무를 담당하고 있고 이동통신사의 포털의 경우 솔루션 채택과 단말기 기술사항 정의, 네트워크 관리, 과금 등의 업무도 동시에 맡게 된다. 콘텐츠 사업자는 포털중심의 유통구조에서 콘텐츠를 생산하는 업무를 담당하고 있으며, 원천 콘텐츠 사업자와 모바일콘텐츠 사업자로 나뉜다. 이 때 원천 콘텐츠 사업자는 음악의 경우 음반사나 기획사처럼 음원자체를 생산하는 업체를 의미한다. 이들 업체가 곧 벨소리나 통화연결음 또는 주문형 음악 등 여러 분야에 응용하여 사용될 수 있는 원천 콘텐츠를 생산하는 업체이다. 모바일콘텐츠 사업자는 벨소리의 경우처럼 원천 콘텐츠 모바일에 맞게 가공하는 사업자 외에 모바일만의 콘텐츠를 제작하는 업체도 해당된다고 볼 수 있다.

모바일 단말기 사업자는 포털 위주의 콘텐츠 유통구조에서 수입배분을 받는 부분이 없다. 즉 단말기 회사는 이동통신사에 대해 단말기를 판매하는 것으로 시장에서 역할이 끝나 버린다. 물론 콘텐츠를 재생하기 위한 도구로서의 단말기의 역할이나 콘텐츠 재생에 관련된 솔루션 탑재 등의 부분에서의 영향력은 막강하지만, 현재 국내의 유통구조에서는 큰 역할이 없는 편이다.

무선 포털을 통해 제공되는 콘텐츠는 모바일콘텐츠의 모든 종류를 망라하고 있다. 대중적인 무선 포털의 주체인 이동통신사가 단말기와 솔루션 그리

〈표 2〉 모바일콘텐츠의 종류

폰꾸미기		캐릭터, 포토, 3D, 플래쉬, 아바타, 부적 등을 이용한 배경화면 서비스
		벨소리, 노래방, 2일(링투유, 링투미), BGM, 통화연결음 등 벨소리서비스
게임		고스톱, 포커베스트, RPG/시뮬/슈팅, 아케이트/액션, 퀴즈/퍼즐, 스포츠/레저, 보드/오목/정기
메시지		문자메시지, 멀티메일 등
멀티미디어	AOD	국내가요, POP, J-POP 등을 발라드/댄스/록/OST 등 다양한 장르별로 감상 가능
	VOD	영화(영화예고편, 모바일버전 등), 음악(M/V, 노래방 등), TV(드라마, 뉴스, 연예/오락 등), 애니메이션/게임, 스포츠/연예, 교통/웰빙, 성인 등 감상 가능
커뮤니티		블로그, 채팅, 미팅, 부킹 등
위치/교통		친구찾기, 맞춤교통정도, 스타위치 찾기
MP3뮤직		가요, 팝, 영화/드라마/CF 등 장르별 음악 MP3 공개앨범

고 콘텐츠에 대한 제어력을 가지고 있는만큼 음악, 영화, TV, 게임, 채팅, 뉴스, 위치정보 등 다양한 분야의 콘텐츠가 서비스되고 있다. 이처럼 무선포털이 많은 콘텐츠를 서비스하고 있는 데는 이동통신사가 새로운 수익원을 찾기 위해 신규서비스 분야를 개척하는 데 적극적이라는 점과, 현실적으로 무선 인터넷 서비스 대부분의 수익이 무선포털을 통해 발생하기 때문에, 콘텐츠 사업자들이 경쟁적으로 포털에서 새로운 서비스를 개시하고자 하는 점도 큰 이유로 작용하고 있다는 분석이다.

(2) 콘텐츠 사업자 중심구조와 사례

초기 무선인터넷 시장에서 잠시 활성화되었던 유통구조나 멀티미디어 등의 새로운 서비스의 등장을 소화해 내지 못해 매출이 감소하고 있다. 망개방 등의 변수로 인하여 활성화될 수 있는 여지도 있으나 마케팅 능력과 단말기 및 솔루션에 대한 영향력 등의 면을 고려할 때, 포털중심의 유통구조에 비해 경쟁우위를 차지하기는 쉽지 않을 것으로 보인다. 콘텐츠 사업자 중심의 유통구조에서 콘텐츠 사업자는 판매 사이트 구축 및 운영, 마케팅, 정산 등의 기본적인 판매업무를 담당하고 있으며 그 밖에 필요한 과금, 재생 솔루션 등에 대한 부분은 이동통신사의 기존 인프라를 이용하는 경우가 많다.

콘텐츠 사업자는 콘텐츠를 생산하는 업무를 담당하고 있으며 포털 중심의 구조와 콘텐츠 사업자의 역할은 원천 콘텐츠 업체가 직접 시장 참여를 하기에는 규모가 작아서 모바일콘텐츠 사업자 등이 주로 콘텐츠 사업자 중심의 유통구조를 운영하고 있다. 이 때 솔루션 사업자는 콘텐츠 저작과 재생에 관련된 부분에 대해 역할을 담당한다. 벨소리의 경우에는 저작툴과 테스트툴만 구매하면 되고, 캐릭터 서비스의 경우는 저작툴과 수익배분이 필요하다. 콘텐츠 사업자 중심의 유통구조는 무선사이트뿐만 아니라 ARS 형태의 서비스도 일정 비중을 차지하며 이 경우 ARS 전문업체와 협력하는 경우도 수익배분을 하게 된다.

(3) 단말기 사업자 중심의 유통구조

　자본력과 마케팅 능력 측면에서 포털중심의 유통구조와 함께 유망할 것으로 예상되었으나, 현재는 콘텐츠 판매보다 특정회사 단말기 사용자의 충성도 증가를 위한 마케팅 측면에서 운영되고 있다. 장기적으로 이동통신사 포털과 경쟁구조를 가져갈 수도 있으나 일단 이동통신사에 단말기와 네크워크장비 등을 납품해야 하기 때문에 당분간 시장상황을 관망하리라는 관측이 우세하다. 단말기 사업자는 주로 외주의 형태로 사이트의 구축 및 운영, 마케팅, 정산 등의 기본적인 판매업무를 해소하고 있으며 그 외에 필요한 과금, 재생 솔루션 등에 대한 부분은 콘텐츠 사업자 경우와 같이 이동통신사의 인프라를 이용하고 있다.

　이 때 콘텐츠 사업자는 다른 구조와 마찬가지로 콘텐츠를 생산하는 업무를 담당하고 있으며 원천 콘텐츠사업자와 모바일콘텐츠 사업자로 나뉜다. 솔루션 사업자는 콘텐츠 저작과 재생에 관련된 부분에 대해 역할을 담당하고 있고 특정 단말기 회사를 위한 플랫폼을 개발하여 탑재하는 수도 있다. 이러한 유형에서 볼 수 있는 콘텐츠의 종류를 보면, 기존의 포털과 같이 다양한 콘텐츠 서비스가 제공되고 있으나 포털에 비해 멀티미디어 서비스 등이 많이 부족한 편이다. 이 같은 현상의 이유로는 매출이 크지 않기 때문에 CP들의 참여가 저조한 점과 고객이 서비스 이용시 이동통신사에 비해 상대적으로 비싼 패킷요금을 지불해야 한다는 점 등이 거론되고 있다. 현재는 주로 폰 꾸미기 서비스와 게임 등이 서비스되고 있다.

03 모바일 산업의 과제

　국내 모바일 콘텐츠산업이 세계시장에서도 경쟁력을 갖출 수 있을 정도로 성장하기 위해서는 해결해야 할 걸림돌이 많다. 국내 모바일 콘텐츠 사업은 통신 3사 중심의 폐쇄적인 비즈니스 모델을 가지고 있다. 현재 이동통신 3사 중심의 폐쇄적인 정책 때문에 CP 사업자들이 어려움을 겪고 있지만, 차츰 개방적인 정책으로 전환되고 있다. 이동통신사들은 대부분 콘텐츠 부문별로 Master CP를 선정하고 이를 통해 콘텐츠를 구입하고 있다. 소비자들의 통신요금이 비싼 것도 모바일콘텐츠의 대중화에 걸림돌이 되고 있다. 예를 들어 6000~7000원짜리 e-book을 한 권 다운로드받는 데 3000원 정도의 통신비용이 소요된다. 고품질 콘텐츠를 소화할 수 있는 고성능 단말기의 비용이 아직 비싸기 때문에 대중화에 많은 어려움을 가지고 있다. 또한 모바일 콘텐츠 비즈니스의 경우 아직 불합리한 수익배분 구조를 지니고 있는 점도 시급히 개선되어야 할 사항이다. 모바일 환경의 활성화로 통신환경에서 발생하는 수익은 증가하고 있으나 대부분의 수익을 이동통신사업자가 독점하고 있는 상황이라 콘텐츠 서비스 업체들의 불만이 높아가고 있다.

이는 콘텐츠 제공자의 수익성 악화 및 생산성에도 영향을 미침으로써 소비자들에게 선택의 폭을 넓혀주지 못하고 질 높은 콘텐츠를 이용할 수 있는 기회를 박탈한다. 또 결과적으로 이동통신사들이 서비스할 수 있는 콘텐츠 부족현상으로 연결돼 후속투자가 막히게 되는 악순환을 발생시킬 것으로 우려된다. 따라서 현재의 복잡한 수익배분 구조를 개선, 관련업체들의 수익성을 높여 주기 위한 법과 제도의 개선이 필요하다. 또 통신망 개방과 제품 표준화 및 무선인터넷을 기반으로 하는 디지털콘텐츠 유통환경도 재정비되어야 할 것으로 보인다.

모바일콘텐츠 업체가 영세하다는 것도 문제다. 국내 모바일콘텐츠 업체들은 시장이 확대되는 추세임에도 불구하고 대다수가 연간 매출액 5억원 미만의 영세업체라 콘텐츠제작 및 개발인력 운영과 마케팅 프로모션 비용 등을 제대로 감당하지 못하고 있다. 이들 중소업체의 수익성 및 경쟁력 제고를 위해서는 콘텐츠 개발툴과 장비 및 콘텐츠의 네트워크 적합성을 테스트하기 위한 테스트 랩 등 인프라 차원의 지원이 이루어져야 할 것으로 보인다.

■참고도서

김진영 외, 「디지털 전환에 따른 방송재원 연구」, 방송위원회, 2002.
문화관광부, 『문화산업백서』, 2005.
심상민, 『미디어는 콘텐츠다』, 김영사, 2002.
한국소프트웨어진흥원 내부자료, 2002.

■ **심상민**은 현재 성신여자대학교 문화정보학부 문화자원콘텐츠 전공 교수로 재직 중이다. 연세대학교 상경대학 경제학과를 졸업하고 미국 조지 위싱턴 대학교에서 석사(MBA, Finance 전공)를, 연세대학교 대학원 경영학과에서 박사학위를 각각 취득하였다. 주요 관심 분야는 문화콘텐츠 자원 조사 및 관리, 콘텐츠와 창의성, 문화예술이론 및 교육(미디어리터러시 등), 한류 연구, 한국문화의 글로벌화, 문화마케팅, 컴퓨터 미디어와 온라인 커뮤니케이션, 문화산업 원형 및 기술 연구 등이다. CJ인터넷 사외이사로 있고 정부 온라인디지털콘텐츠산업발전법 실무운영위원회 위원 등을 맡고 있다. 저서로는 『문화콘텐츠와 창의성』, 『블루콘텐츠비즈니스』, 『미디어기업 수익다각화 전략』, 『미디어는 콘텐츠다』 등이 있다.
e-mail : ssmin777@empal.com

김민규 | 한국게임산업개발원

01 **게임산업의 현황**

2004년 4조 3000억 원, 2005년 5조 원(추정), 매년 두 자릿수 성장률, 미래 성장 동력 산업 등은 국내 게임산업을 지칭할 때 가장 많이 사용되는 표현들이다. 실제로 국내 게임산업은 양적인 면에서 큰 성장을 하고 있다. 이러한 게임산업의 고성장과 높은 관심은 비단 국내만의 상황은 아니다. 세계 게임산업도 평균적으로 두 자릿수 성장을 하고 있으며, 많은 국가가 자국의 게임산업의 성장을 위해 애쓰고 있다. 세계 게임시장에서 1, 2위인 미국과 일본을 비롯해서, 프랑스, 영국, 독일 등에서도 자국 게임산업의 육성에 큰 관심과 지원정책을 실시하고 있고, 대표적인 후발국인 중국의 경우에도 자국 게임산업을 육성하기 위한 보호정책을 펼치고 있다.

게임이 영화, 음악, 애니메이션 등과 달리 상이한 특성을 가진 것을 통칭하여 게임이라고 하지만, 내용적으로 하나로 일반화시키기 어려울 정도로 성격을 달리 한다. 통상 상이한 특성을 갖고 있는 다섯가지 플랫폼으로 구분하는 것이 일반적이다. 그 다섯가지는 온라인게임, 모바일게임, 비디오게임, PC게임, 아케이드게임이다. 각각은 제작방식, 유통방식, 서비스의 성격, 플레이 성격 등에서 서로 매우 상이해서 게임을 이해하기 위해서는 먼저 다섯가지 플랫폼에 대한 이해가 선행되어야 한다. 물론 최근들어 플랫폼 간의 연동과 컨버전스에 대한 논의와 전망이 있기 때문에 미래에는 이러한 플랫폼 분류가 조정이 될 수 있으나 현재까지 그리고 당분간은 이러한 분류가 적용될 것이다.

게임을 크게 놀이라는 차원에서 접근을 하면 그 역사는 인류의 기원과도 같이 긴 역사적 배경을 갖는다고 할 수 있으나, 현재 우리가 이야기하는 컴퓨터게임의 기원은 1961년 미국 MIT 연구소의 스티브 러셀이 개발한 〈스페이스 워(space war)〉가 최초이다(1958년 오실로스코프스에서 테니스를 연상시키는 게임을 제작했으나 완전한 컴퓨터게임은 아니었음). 그러나 〈스페이스 워〉는 비상업용이었고, 상업적으로 성공한 최초의 컴퓨터게임은 1972년 미국 아타리사의 〈퐁(pong)〉이다. 이렇게 보면 세계 게임산업의 역사는 이제 한 30년이 조금 넘는다고 하겠다. 영화의 탄생이 100년이 훨씬 넘는 등 여타의 문화콘텐츠와 비교할 때 게임은 신생 문화콘텐츠라고 하겠다. 30여 년의 게임산업은 처음에는 아케이드게임을 시작으로 비디오게임, PC게임, 온라인게임, 모바일게임으로 발전하였다.

국내에서도 1970년대에 게임이 도입되어 미국, 일본의 아케이드게임을 중심으로 오락실이 탄생하였고, 〈스페이스 인베이더〉, 〈벽돌깨기〉, 〈갤러그〉, 〈제비우스〉, 〈동키콩〉, 〈팩맨〉, 〈너구리〉, 〈1942〉 등의 게임이 크게 인기를 끌었다. 미국과 일본이 게임개발사를 중심으로 산업으로 성장하고 있었던 것에 비해 국내는 주로 수입에 의존해 있었고, 더욱이 청소년들의 오락거리일 뿐이라는 낮은 평가와 함께 사회적으로 부정적인 인식은 게임의 사회적 위상을 자리매김하는 데 장애요인이 되었다. 1980년대 중후반 이후부터 국내 게임개발이 본격화되기 시작하여, 특히 1990년대 후반 그래픽 온라인게임의 개발(대표게임은 〈바람의 나라〉, 〈리니지〉), 〈스타크래프트〉의 열풍, PC방의 전국적 확산 등과 함께 본격적으로 산업으로 성장하게 되었다. 또한 이 시기에는 정부차원에서 문화산업에 대한 관심이 고조되어 있었고, 그 중에서도 게임산업이 향후 성장가능성이 가장 높은 것으로 평가되었다.

현재 한국 게임산업은 세계시장에서 약 7~8위권에 위치하는 것으로 추정되고 있으며, 특히 온라인게임의 성장이 전체 게임시장의 성장을 주도하고 있다. 2004년을 기준으로 플랫폼별 매출비중을 보면, 온라인게임 61.9%, 아케이드게임 13.7%, 비디오게임 11.3%, 모바일게임 9.8%, PC게임 3.2%를 차지하고 있다. 그런데 세계의 게임시장을 보면, 아케이드게임과 비디오게임이 전체 시장의 약 70~80%를 차지하고 있고, 온라인게임은 성장률은 높지만 현재 비중은 약 7% 내외를 차지하고 있다. 이러한 국내 게임시장과 세계 게임시장 구조의 상이함이 국내 게임산업의 약점으로 지적되기도 한다. 수출에서도 높은 성장세를 유지하고 있는데, 이 역시 온라인게임이 주도하고 있다. 중국, 대만, 태국 등 동남아시아권에서 한국 온라인게임이 차지하는 비중이 매우 높은데, 특히 중국의 게임시장을 형성하는 데 한국 온라인게임이 매우 큰 영향을 미쳤다. 최근 들어서는 게임선진국이라고 할 수 있는 일본, 미주, 유럽 등의 진출이 활발하게 진행되고 있다.

02 게임산업의 특성과 발전

(1) 게임의 특성

게임산업이 1990년대 후반 이후 전세계적으로 높은 관심의 대상이 된 것은 우연의 결과라기보다는 새로운 흐름, 즉 새로운 패러다임의 도래를 의미한다고 하겠다. Pine Ⅱ & Gilmore는 『체험경제』라는 책을 통해서 향후 그리고 이미 진행중인 새로운 경제적 패러다임으로 체험경제를 역설하고 있다. 다른 무엇과 대체할 수 없는 개인에게 맞추어진 상품, 즉 체험이 바로 새로운 경제적 가치를 창출하는 모델이 될 것이라고 한다. 이러한 체험경제를 가장 잘 반영하는 것이 문화산업이라고 할 수 있으며, 문화산업 분야 중에서도 영화, 음악 등 여타의 문화콘텐츠와 다른 특성을 갖고 있는 게임콘텐츠가 단연 성장 속도가 가장 빠르다. 그러면 게임콘텐츠는 어떤 특성을 갖고 있고 그것이 갖는 미래적 함의는 무엇인가?

우선 게임은 상호작용성을 콘텐츠 속성의 본질로 한다. 게임은 아무리 단순한 게임이라도 하더라도, 그것이 게임플레이어와 컴퓨터이건 게임플레이어들간이건 언제나 실시간으로 상호작용을 할 수 있는 대상을 갖는 콘텐츠이다. 이러한 실시간 상호작용은 게임을 하는 동안은 다른 행위를 병행하지 못하게 한다. 그렇기 때문에 게임을 하는 동안 집중력, 몰입도 등이 상당히 높을 수 있다. 또한 게임의 상호작용성은 동일한 플레이어가 동일한 게임을 한다고 하더라도 동일한 흐름의 게임을 할 수 없다는 점이다. 이는 게임플레이에 따라서 다양한 경우의 수가 발생함을 말하며, 게임이 다른 장르에 비해 이용기간이 오래 지속될 수 있는 가능성을 열어 준다. 그리고 게임의 상호작용성은 주어진 질서를 따라가기보다는 상호작용의 과정 속에서 새로운 질서를 만들어가는 과정 속에 플레이어가 위치하게 된다. 이러한 과정은 아래에서 기술할 변형성을 통해 새로운 질서로 회복된다.

그 다음으로 언급할 특성은 체험성이다. 체험성은 실시간 상호작용이 발생하는 곳에서는 언제나 발생가능하지만 게임에서 체험성은 가상의 이야기로 꾸며진 가상현실 속에서 직접 체험을 말한다. 즉 게임 자체가 플레이어의 체험이 구현되는 공간이다. 게임은 일종의 시뮬레이션이기 때문에 다른 어느 장르보다 체험의 정도가 매우 높다고 할 수 있다. 이러한 체험성은 일종의 트레이닝 효과를 자아낸다. 이미 이러한 게임의 체험성을 통해 훈련의 효과를 갖는 게임이 판매되고 있다.

마지막으로 변형성이다. 이 변형성은 상호작용과 체험의 과정을 거친 결과로서 게임플레이를 통해 새로운 게임의 탄생, 새로운 정체성의 획득을 가져오게 하는 특성이다. 변형성은 기존의 질서의 틀로부터 새로운 질서를 만들어가는 동력이자 차별적 주체성에 대한 매우 적극적인 표현이다. 이러한 변형성은 플레이어로 하여금 일상생활의 변화를 꾀할 수 있는 계기를 제공한다.

게임을 플레이하는 것은 문제를 해결하는 것이다. 주어진 문제를 해결해야만 다음 단계로 넘어가서 게임을 지속할 수 있는데, 게임은 배경일 뿐이고 문제해결 방식은 게임플레이어가 스스로 찾아야만 한다. 바로 문제를 해결하는 과정에서 앞서 게임의 특성, 상호작용성, 체험성, 변형성의 가치가 발현된다. 게임의 배경은 플레이어가 활용할 수 있는 자원이 한정되어 있음을 의미하고 플레이어는 주어진 지식(또는 정보)을 조합하고 추론하여 문제를 해결한다. 바로 이러한 과정은 지식이나 정보가 조합능력과 결합할 때 지혜라는 가치로 상승할 수 있다는 것을 체험하게 한다. 이러한 게임의 특성은 온라인게임에서 더욱 극대화되어 그 효과를 발한다.

(2) 게임 문화의 부상

게임이 처음 세상에 등장할 때부터 경제적 부를 창출하는 산업적 측면과 함께 언급되었던 것이 게임이용에 따른 사회적 문제의 발생가능성에 대한 것이다. 게임산업 초창기부터 지금까지 쟁점이 되고, 연구가 진행되고 있는 대표적인 것은 폭력성, 즉 폭력적 게임을 하는 청소년들이 폭력적 성향을 갖게 되는가 하는 것이다. 이에 대한 연구도 영향을 미친다와 인과적 관계가 없다라는 상반된 결과가 동시에 발표되기도 하는 등 아직까지 논란이 되고 있다. 이러한 것은 게임산업과 함께 게임(이용)문화에 대한 관심을 불러일으키게 되었다.

국내에서는 2000년대 초반부터 게임의 역기능을 본격적으로 제기하기 시작했다. 대부분의 기성세대들은 게임이 청소년들의 성장시기에 좋지 않은 영향을 미친다고 인식하고 있다. 일부에서 게임중독이라는 표현처럼 게임에 지나치게 몰입하는 것은 일상성을 유지하는 데 문제를 발생시킨다는 것, 청소년들의 학업에 방해가 된다는 것, 사행심을 조장한다는 것 등을 언급하면서 게임의 역기능을 지적하고 있다.

이러한 게임의 역기능을 예방·해소하고 게임의 순기능을 확대하여 게임을 건전한 여가문화활동으로 자리매김하는 일련의 활동에 대한 사회적 요구가 높아졌고, 이를 통칭하여 게임문화라고 한다. 게임문화는 게이머의 인식과 행위, 게임에 대해 부정적인 시각을 갖고 있는 기성세대(부모세대)의 인식전환, 게임의 사회적·문화적 가치의 제고를 통한 효용성 확대, 역기능 발생요인의 예방 및 해소 등이 포함된다.

(3) 게임의 진화

30여년의 짧은 역사를 갖고 있지만 게임의 진화는 매우 빠르게 진행되어왔다고 할 수 있다. 특히 게임은 다른 문화콘텐츠와 달리 기술(공학적 지식)이차지하는 비중이 상대적으로 높기 때문에 과학기술의 진화와 함께 발달해 왔다. 〈퐁(pong)〉에서 막대기로 재현했던 테니스게임이 지금은 실사와 구별이되지 않을 정도로 매우 뛰어난 그래픽으로 재현되었다.

게임의 진화와 관련하여 자주 언급되는 용어는 네트워크, 포터블, 컨버전스이다. 네트워크는 인터넷의 성장과 함께 어쩌면 아주 자연스러운 진화의수순이라고 할 수 있다. 특히 온라인게임의 등장과 시장에서의 성공은 최근모든 플랫폼에서 네트워크가 적용되기 시작했고, 이는 더욱 확대될 것으로전망되고 있다. 온라인게임의 성공적인 시장진입은 단지 네트워크라는 기술의 발달에 따른 당연한 결과라고 보기는 어렵다. 물론 게임의 플랫폼이 기술의 발달에 상당한 영향을 받는 것은 사실이지만 기술적 문제보다는 인터넷으로 비롯된 온라인(다른 말로 하면 사이버)을 통해 잠재적 욕구를 표출할 수 있었고, 특히 게임이란 콘텐츠가 게이머를 새로운 주체성을 획득하게 하는데 큰매력이 있었다고 할 수 있다. 포터블은 모바일의 확장성에 기반을 하고 있는것으로, 이전에도 있었지만 최근 DMB, WiBro 등의 가시화에 따라 주요한 이슈로 등장하고 있다. 컨버전스는 앞서와도 연계되는 것으로 새로운 컨버전스 디바이스의 출현에 따라 게임이 가장 중요한 콘텐츠로 부상하고 있다. 또한 게임 내부적으로는 각기 상이한 플랫폼 간 연동 서비스가 구체화되고 있다. 이러한 용어를 종합해 보면 결국 유비쿼터스와 맞닿게 된다. 언제 어디서든 게임을 즐길 수 있는 환경에 적합한 게임이 진화의 방향이 된다. 최근에는 IPTV 역시 네트워크를 기반으로 하는 새로운 게임의 플랫폼으로 관심의 대상이 되고 있다. 비록 아직은 초보적인 단계이지만 많은 전문가들은 게임의 진화의 주요한 한 흐름을 형성할 것으로 예상한다.

03 게임산업의 과제

게임이 계속해서 장밋빛 미래를 지속할 수 있을까? 물론 게임이 갖고 있는 첨단의 속성은 향후 사회의 많은 영역에서 활용될 가능성이 매우 높다. 이미 에듀테인먼트라는 용어가 일상적으로 사용되고 있는데, 에듀테인먼트의 주류는 교육과 게임방식의 결합이다. 그 때는 더 이상 게임이란 용어로는 포괄할 수 없을지도 모른다. 그러나 그렇게 되기 위해서는 준비되고 검토되어야 할 것들이 있다. 특히 한국과 같이 이제 세계 게임산업계에 입문하여 성장하려는 단계에서는 더욱 그러하다.

우선은 게임산업이 성장을 했고, 많은 사람들이 게임을 즐기고 있지만 정작 게임에 대한 본원적인 질문은 아직까지 별로 없다. 즉 게임이란 무엇인가? 게임이 가능한 본질적 요인은 무엇인가? 등의 근원적인 질문으로부터 게임의 긍정적·부정적 효과는 무엇인가? 앞서 언급했던 게임의 폭력성의 영향, 게임과다 이용의 영향 등 게임의 이용에 대한 연구들이 미약하다. 특히 온라인 게임의 등장은 기존 게임과 상당히 상이한 성격이 많기 때문에 그에 대한 집중적이고 지속적이고 폭 넓은 연구가 요구됨에도 불구하고 현재까지는 절대량이 부족하다. 또한 게임콘텐츠에 대한 연구도 마찬가지 상황이다. 이러한 게임의 본원적 질문은 게임의 진화에 대한 전망을 제시하고 게임의 사회적 가치를 재정립하는 데 큰 역할을 할 수 있다. 게임의 개발이 주로 공학적 지식의 도움을 받았다면, 이러한 게임의 의미는 인문학적·사회과학적 지식을 근거로 하여야 한다.

게임개발에서 중요한 인력중 하나가 기획인력이다. 국내 게임산업의 약점으로 지적되고 있는 부분이 기획인력의 부족이다. 다양한 지식정보를 바탕으로 창의적인 사고를 할 수 있는 사람이 기획에 필요하다. 국내업계에서는 인문학적 바탕을 갖고 있는 인력들이 게임산업에 참여하여 기획을 담당해주기를 바라고 있다. 게임이 기술의 비중이 높다고 해서 공학인력만 할 수 있는 것은 아니다. 대표적인 예로는 일본 뿐만 아니라 세계 최고의 게임개발자 중 한 사람으로 〈동키콩〉, 〈슈퍼마리오 브라더즈〉, 〈젤다의 전설〉 등을 개발한 미야모토 시게루는 미술 디자이너였다. 게임은 지금까지 인류가 축적해 온 정신, 문화, 기술의 종합일 뿐만 아니라 꿈이 담겨 있는 것이다. 창의적 콘텐츠가 필요한 게임은 인문학적 지식의 활용을 더욱 요구할 것이다.

영화, 음악, 만화 등은 문화콘텐츠산업이면서 동시에 예술적 지위를 갖고 있는 것에 비해 게임은 아직까지 경제적 가치는 인정되지만 문화적 가치에 대해서는 수용되지 않고 있다. 향후에는 게임이 예술, 문화로서 사회적으로 인정을 받게 되겠지만 인문학적인 접근을 통한 다양한 측면에서 게임을 바라보는 적극적인 노력이 필요하다.

■참고도서

김민규, 정의준,『게임환경 변화에 따른 게임몰입(중독)의 추세와 의미』, 한국게임산업개
　　　발원, 2004.

라프 코스터,『재미이론(A Theory of Fun for Game Design)』, 안소현 역, 디지털미디어리
　　　서치, 2005.

러셀 드마리아 조니 L.윌슨,『게임의 역사』, 송기범 역, 제우미디어, 2002.

스티븐 켄트,『게임의 시대』, 이무연 역, 파스칼북스, 2002.

신타쿠 준지로, 다나카 다쯔오, 야나가와 노리유키 편,『게임산업의 경제분석』, 위정현
　　　역저, 플빛미디어, 2004.

한국게임산업개발원,『2005 대한민국 게임백서』, 한국게임산업개발원, 2005.

한국게임산업개발원,『게임산업 Trend』2005년 1/4분기~4/4분기, 한국게임산업개발원,
　　　2005.

■ **김민규**는 고려대학교 사회학과에서 박사학위를 받았고(문화사회학), 90년대 문화운동에서 활동을
하였다. 서울시정개발원, 한국문화정책개발원에서 위촉연구원을 지냈으며, 도시문화정책, 문화정보화정
책 등과 관련한 정책 연구를 수행했다. 한국게임산업개발원 연구위원을 거쳐, 2003년부터 현재까지 한국
게임산업개발원에서 산업정책팀장을 맡고 있다. 주요 관심분야로는 문화콘텐츠산업, CT, 문화연구, 문화
(산업)정책, 미디어 & 커뮤니케이션 기술사, 시간과 공간의 문제 등이다. 주요 저작물로는 〈한국 인디문
화에 대한 사회학적 연구〉, 〈한국 문화소비의 결정요인에 관한 연구〉, 〈에듀게임의 현황과 전망〉, 〈게임환
경 변화에 따른 게임몰입(중독)의 추세와 의미〉, 〈검열과 등급분류 사이-세계 심의제도 현황〉 등이 있다.

백원근 | 한국출판연구소

01 출판의 개념과 특성

출판은 정신활동의 소산인 저작물을 편집·복제하여 배포하는 행위로서, 주로 언어·문자기반의 기록매체(주로 도서, 잡지) 발행을 일컫는다. 인류의 사상·학술·문예·역사의 정수는 책에 담겨 당대에서 공유되고 후세에 전승됨으로써 '집단의 기억'으로 향유되고 발전한다. 때문에 책은 인류문화의 보고(寶庫)이자 결정체라는 것이다.

지식정보사회, 평생학습사회, 문화산업 중심의 신성장동력이 사회적 패러다임 변화의 거시 트렌드로 자리잡고, 미시적인 측면에서는 지식경영, 지식노동자, 지식검색 등의 용어가 일상적으로 사용될 만큼 지식기반 경제가 뿌리내린 데서 알 수 있듯 지식·문화의 기반인 출판의 중요성은 날로 커지고 있다.

출판산업은 가장 오랜 역사를 지닌 전통적인 문화산업 분야이다. 국내에서만 매년 4만 종 안팎의 신간이 발행되고 유통 중인 콘텐츠가 100만 종에 육박할 만큼 가장 방대한 지식·문화콘텐츠가 생산-유통-소비됨으로써 지적 재생산과 다른 문화산업 발전의 토양이 되고 있다. 이는 출판이 한 사회의 문화적 수렴과 확산을 위한 총화이자 지식·정보의 허브기능을 담당하고 있음을 의미한다. 문화콘텐츠의 저수지인 출판에 관심을 가져야 할 이유가 바로 여기에 있다.

출판산업의 일반적 특성으로는 다음을 들 수 있다.

▲지식 집약형 문화산업 : 지식의 사회적 기반(교육, 저자, 유통, 독자)이 필요하며 지식 자체가 상품임

▲정신활동의 기간산업 : 지식(학술서)·교육(교과서·교재)·교양(문학·인문사회)·정보(실용서,잡지)·오락(대중물,만화) 등의 기본 텍스트 역할

▲중소자본 위주의 산업구조 : 자본투자의 효율성이 낮고 확대재생산의 리스크(위험성)가 큼

▲아웃소싱형 산업 : 저작물(저작자), 제작(편집, 인쇄, 제지, 제본), 유통·판매(도·소매 서점) 등 산업기반의 외부의존성이 높음

▲소비재 및 여타 문화콘텐츠와 다른 상품 특성 : 다품종 소량생산, 공공재 기능, 장기간 판매 등

▲독서시장의 특수성 : 소비자인 독자의 언어권 인구수(시장규모), 교육수준(독서능력), 경제수준(개인구매 능력 및 도서관 등의 기관구매 수요), 라이프 스타일(매체 소비형태)이 직접적인 영향을 끼침

한편 한국 출판산업의 특질로는 전통적으로 높은 교육열을 반영해 학습교재와 수험서의 비중이 높고, 출판활동의 서울 편중이 두드러지며, 도서정가제와 반품 조건부 위탁판매제에 의한 유통구조라는 점이다. 또한 정책의 고관여도(高關與度)가 특징적인데, 이는 과거에는 사상과 출판의 자유를 억압했고(역기능) 현재는 출판 및 인쇄 진흥법 시행, 모든 형태의 출판물에 부가가치세 면세, 세계 유일의 파주 출판단지(Book City) 조성, 학술출판 지원 등에 이르기까지(순기능) 정부의 시장 관여도가 외국 및 기타 산업에 비해 매우 높기 때문이다. 아울러 선진국에 비해 문고본 등의 염가도서나 잡지출판의 발전이 지체되어 있는 점도 특징적이다.

02 한국 출판산업 현황

(1) 도서출판

출판산업에는 다양한 분야가 포함될 수 있으나, 여기서는 도서출판으로 제한하여(학습지, 신문·잡지 등 정기간행물, 인쇄산업은 제외) 현황과 변화 추이를 살펴보고자 한다.

먼저 출판물의 발행 주체인 출판사는 1995년에 1만 1,571개이던 것이 2004년 말 현재 2만 2,498개로 1만여 개나 늘어났다. 이는 매년 평균 1천 개 이상의 출판사가 신규 설립되어 10년 동안 2배 수준으로 세포분열하듯 증가했음을 뜻한다. 인구비례로 본 공식출판사 수로는 세계 최고수준이다.

그러나 출판사의 급증이 출판물 생산의 증가로 직결된 것은 아니다. 설립된 출판사 대비 실제 발행실적 추이(해당 연도에 모든 출판사가 도서를 발행했을 때 100%)를 보면 1995년 22.1%에서 2004년 7.6%로 출판사 증가와 반비례하는 발행실적 감소현상이 나타났다. 이는 출판사 설립·폐업 신고나 납본(納本) 등 통계 집계상의 문제도 있겠으나, 출판사의 창업과 설립은 매우 용이한 반면(전형적인 아웃소싱 산업, 소자본 창업 가능) 출판활동이 지속적으로 활발히 영위되기 어려움을 암시한다.

또한 도서 1종당 발행부수 감소도 주목할 만한 현상이다. 즉 1998년 IMF(국제통화기금) 금융지원체제 진입 직전 6000부를 상회하던 평균 발행부수는 2005년에 3000부 미만으로 저하되어 특정도서의 소비력 감소와 함께 수요의 다원화를 보여준다.

연도별 발행부수 및 평균정가에 기초해 산출한 지난 10년간의 도서출판 시장 규모는 2조 5천억 원 안팎에서 형성되어 왔으며, 2005년 시장 규모는 약 2조 7천억 원 규모로 추정된다. 그런데 이러한 수치는 발행통계에 기초한 도서시장의 대체적 추계이며, 회원제 학습지 약 4조 원, 잡지 약 8천억 원, 그리고 인쇄산업, 도서대여점, 전자책 등의 부차적 시장을 모두 합할 경우

출판시장 전체 규모는 약 10조 원대에 이를 것으로 추산되어 국내 문화산업 중 가장 규모가 크다.

(2) 출판무역

출판무역은 인쇄된 책의 수출입과 번역출판을 위한 저작권 수출입으로 대별된다. 먼저 인쇄된 출판물(원서) 수출입 내역을 살펴보면(관세청 수출입 통계), 1995년의 2억 8,096만 달러에서 2004년에는 4억 926만 달러 수준으로 68% 증가했다. 출판물의 수입과 수출이 동반 성장하며 확대되는 양상을 확인할 수 있다.

한편 국제 지식유통이나 문화적 차원에서 중시되는 출판저작권 수출입은 번역서 발행추이를 통해 확인할 수 있다. 전체 신간도서 발행종수 중 번역서의 비중은 1990년대 중반까지만 해도 15%대에 머물렀으나, 이후 점유율이 급격히 높아지면서 최근 수년 사이 30%, 즉 신간 도서 3권 중 1권은 번역서일 만큼 대폭 늘어났다.

2004년에 발행된 총 3만 5,394종의 신간 가운데 번역서는 1만 88종으로 28.5%, 초판(개정판 제외) 발행부수 비중에서는 32%나 차지했다. 학습참고서 등 번역이 불필요한 일부 분야를 제외하고는 출판콘텐츠의 자급자족률이 매우 취약함을 보여 준다. 또한 일부 국가중심의 편식현상도 뚜렷하다. 번역서 발행량이 전례 없이 줄어든 2005년의 원산국별 비중을 보아도, 일본(42%)과 미국(25%)이 번역서 전체의 67%를 차지해 미·일 양국의 절대적 과점양상을 보여준다(〈표1〉 참조). 이어서 영국, 프랑스, 독일의 유럽 3국이 21%를 차지해, 이상 주요 5개국의 번역서 점유율은 88%나 된다.

이에 비해 아직까지 저조한 우리 출판의 저작권 수출은 아동서, 한류에 따른 영화·드라마 관련서, 컴퓨터·어학 실용서를 주축으로 아시아권에서 차츰 증가세를 보이고 있는 단계이다. 전체적으로 출판저작권의 능동적 해외 수출보다는 한류붐과 상대국의 콘텐츠 수요에 의한 피동적 비즈니스에서 벗어나지 못하고 있고, 기획단계부터 수출을 염두에 둔 전략적 출판활동은 극히 맹아적인 단계에 머물러 있다. 하지만 상대적으로 수출이 용이한 영상·비주얼 콘텐츠와 달리 주로 텍스트 매체인 출판물의 해외진출이 본격화되고 있다는 점은 한국문화의 해외전파라는 측면에서 수출액만으로 논할 수 없는 함의를 갖는다. 세계최대의 아동서 전시회인 볼로냐 도서전에서 수상작들이 속출하는 등 일부 장르의 콘텐츠 경쟁력은 이미 세계적 수준에 도달해 있으며, 동아시아 지역에서는 한국도서 번역판이 베스트셀러에 오르는 경우도 종종 나타나고 있다. 언어장벽과 문화적 요인 등에 의해 아직 아시아의 벽을 넘지 못하고 있지만 출판콘텐츠 수출은 날로 확산되는 추세이다.

(3) 출판환경의 디지털화에 따른 변화

디지털 패러다임은 출판산업에도 커다란 영향을 끼치고 있다. 디지털 시대임에도 여전히 유력한 출판의 매체 형태인 종이책의 제작-유통-소비에서 IT는 불가결한 것이 되었으며, 유비쿼터스 시대의 개막과 함께 세계 최초의 U-출판(유비쿼터스 출판)의 개념이 가장 먼저 정립되기 시작했다.

먼저 언급할 것은 인터넷서점의 급성장이다. 미국 아마존닷컴의 비즈니스 모델에 자극을 받아 국내에 첫 인터넷서점이 생긴 것은 1997년이었다.

〈표 1〉 2005년 신간발행 및 번역출판 현황   (단위: 종)

분야	총류	철학	종교	사회과학	순수과학	기술과학	예술	어학	문학	역사	학습참고	아동	만화	계
총발행종수	332	838	2032	5777	849	3660	1632	2246	8261	1300	1919	7146	7593	43,585
번역종수	33	300	319	883	153	289	196	103	1883	244	17	1923	2,644	8,937
번역서비중	10%	36%	16%	15%	18%	8%	12%	5%	23%	19%	0.9%	27%	35%	20.5%
일본도서	3	29	16	259	23	120	28	41	423	35	-	157	2,618	3,752
미국도서	20	69	206	433	68	126	63	22	569	62	8	588	15	2,249

자료 : 대한출판문화협회 납본통계.

그로부터 채 10년이 안된 인터넷서점의 매출 점유율은 종이책 시장의 약 20%나 될 만큼 유력한 판매 경로로 자리잡았다. 전세계 출판시장에서 가장 높은 비율이다.

이와 같이 인터넷서점이 급성장한 데는 발달된 IT 인프라 외에도 도서정가제(도서 재판매가격유지제도)가 파행적으로 운영되고 있기 때문이라는 점을 간과하기 어렵다. 즉 2003년 2월부터 관련법에 의해 도서정가제가 의무화되고 있으나, 일반서점과 달리 인터넷서점의 직·간접 과당 할인판매에는 실질적인 규율이 없어 최고 50% 이상 덤핑판매가 이뤄지고 있는 실정이다. 이로 인해 가격 경쟁력이 취약한 일반서점의 폐업이 줄을 잇고 있다.

다음으로는 전자책(e-book)시대의 개막을 들 수 있다. 디지털출판 분야에서 1990년대의 CD-ROM 등 광전자매체를 대체하며 2000년부터 형성되기 시작한 전자책 시장규모는 2005년 현재 약 500억 원 정도로 추정될 만큼 성장했다(한국전자책컨소시엄 추정액).

한국 전자책시장이 해외 선진국과 다른 중요한 특성은 무엇보다도 B2B(기관판매) 중심이라는 데 있다. 국가적인 정보화정책에 힘입어 각급 학교, 도서관, 관공서 등에서 운영하는 전자도서관의 주요 콘텐츠로 전자책이 공급되면서, 이러한 관급시장이 전자책 시장 전체에서 차지하는 비중은 80% 정도로 추정된다. 따라서 순수한 개인구매 독자를 상대로 한 B2C(개인판매) 영역은 상대적으로 미진한 상황이다.

(4) 출판 트렌드

거시적인 출판경향 내지 판매동향으로는 다음을 들 수 있다.

▲'교양' 중심에서 '생존'(실용) 콘텐츠 중심으로의 시장 체질 변화(어학, 경제경영, 비소설 등에 이르기까지 여러 범주의 매뉴얼 스타일 책들이 득세하는 양상)

▲시장 양극화(소수의 빅셀러(big-seller)와 다수의 논셀러(non-seller)로의 판매량 양극화, 소수 대형 출판사와 다수 영세 출판사로의 양분, 인터넷서점과 대형서점의 약진

대신 중소서점의 퇴출이라는 유통구조 양극화, 다독층(多讀層)과 무독층(無讀層)의 독서인구 양극화 등)

▲공급자 중심(push형)에서 소비자 중심(pull형)으로의 전환

▲동아시아 출판콘텐츠 공유권의 가시화(한·중·일 삼국간 콘텐츠 교호(交互) 및 한류 현상)

▲출판과 여타 미디어간 콘텐츠 컨버전스(TV, 인터넷, 영화, 만화, 게임, 캐릭터 상품 등과의 미디어 믹스) 심화 경향

특히 지효성(遲效性) 교양보다는 생존을 위한 속효성(速效性) 실용 콘텐츠의 확산, 지친 삶을 위무하고 용기를 주는 서사와 논픽션, 불변의 가치에 육박하려는 고전과 과학적 상식의 재발견, 학습만화 및 미디어 믹스 활성화 등은 최근 몇 년간 출판시장의 흐름으로 요약된다. 출판 판매 동향 가운데 TV와 인터넷의 매체 영향력이 증대되면서 '화면 밖으로 복제되어 나온 책'들이 대중매체의 자장력(磁場力)에 기대어 인기를 모으고 외국 번역서가 베스트셀러의 다수를 차지하며 영향력이 증대되는 경향은 산업적으로도 주시해야 할 대목이다. 이는 출판계의 국내 저자 양성에 의한 콘텐츠 경쟁력 제고가 미흡하고, 독자적인 출판분야와 콘텐츠로 승부하거나 신규분야를 발굴하기보다는 기존시장의 리메이크나 영상매체 편승, 유력 해외 저작물로 손쉽게 승부하려는 출판풍토에 따른 것으로 출판계의 총체적 대응력 부족현상을 보여주는 것으로 풀이된다.

03 출판산업의 좌표와 발전방향

한국은 세계 10위권 이내의 출판 강국이다. 하지만 이러한 위상에도 불구하고 우리 출판산업은 지식정보사회를 뒷받침할 핵심 인프라 산업으로서의 역할과 비전을 담보하고 있다고 단언하기 어려운 상황이다. 이는 물론 산업

범주를 넘어선 전체 사회상의 반영이자 그 결과이기도 하다. 예를 들면 공공도서관이 500개 미만이고(인구 비례로 OECD 최하위권) 서점은 3000개 정도인데 비해, 출판시장 발전에 역행하는 도서대여점은 1만여 개나 난립한다. 또 외국에서는 찾아보기 어려운 대학가의 교재 불법복제 만연현상 등은 출판시장의 기초가 철저히 왜곡된 사회시스템을 보여준다.

출판산업 내적으로는, 산업전반의 영세성과 미분화(未分化)가 특징적이다. 삶의 질 이전에 '사느냐 죽느냐'가 문제였던 고난의 20세기 내내 지속된 출판활동 규제는 지식산업의 연쇄적 발전과 문화적 성숙을 지체시켰다. 문민정부 수립(1993년) 이후 10여 년에 걸친 초고속 산업화과정, 그리고 억눌렸던 표현의 자유의 폭발은 양적 팽창의 과도기에 다름 아니었다. 압축성장은 수많은 모순을 동반한다. 또 한꺼번에 밀려든 산업화·정보화·글로벌화의 중첩된 패러다임 변화를 겪으며 다매체 경쟁시대에 진입한 상황이다.

한국 출판산업은 사회환경 변화에 기민한 대응력을 갖추지 못한 채 재래식 재생산구조에 급급해 온 측면이 강하다. 때문에 오늘날 한국출판은 위기와 기회요인의 공존 속에서 어떻게 자생력을 키워나갈 것인가 하는 중대한 국면에 처해 있다. 인터넷 무료정보의 범람과 영상문화 발달 등 독자의 매체 소비환경 변화에 응전력 확보를 위해서는 산업의 부문별 쇄신노력 못지않게 정부의 역할이 크다. 매체환경의 조성, 독서교육과 창의적 지식정보 생산력 배양 등은 산업 주체만이 아닌 국가사회의 주요 과제이기도 하기 때문이다.

21세기 사회발전의 화두는 정보사회의 진화이다. 언제 어디서나 정보 이용이 가능한 유비쿼터스 사회에서 의미있게 가공된 생산적 지식정보 콘텐츠는 그 자체로 고부가가치 상품이고, 나아가 사회발전의 진정한 동력으로 기능한다. 출판은 모든 산업 중 최다 콘텐츠 수, 다양한 상품형태(One-Source Multi-Products)와 다채널 유통이 가능하고, 다원화·고급화·개성화·세계화된 정보수요와 소비패턴에 조응하는 문화산업이자 정보사회의 적자(適者) 산업으로 성장 가능성이 오히려 높아졌다. 출판이 사양산업이라는 예단은 기우에 불과하다.

　이러한 산업 패러다임 변화에서 관건이 되는 것은 출판분야별로 창의적인 전문 콘텐츠의 기획·생산 능력이며, 이를 위한 산업 인프라 구축, 콘텐츠의 다중활용, 독자지향적이고 합리적인 유통·판매시스템 정비가 이뤄질 때 지속적인 성장과 유망산업으로 거듭날 것이다.

■참고도서

김성재, 『출판의 이론과 실제』, 일지사, 2004.
안춘근, 『한국출판문화사대요』, 청림출판, 1991.
임동욱 외, 『현대출판의 이해』, 나남, 1997.
한기호, 『출판 마케팅 입문』, 한국출판마케팅연구소, 2003.
알베르토 망구엘, 정명진 역, 『독서의 역사』, 세종서적, 2000.

■ **백원근**은 중앙대 신문방송대학원 및 일본 조치(上智)대학에서 출판학을 전공했다. 현재 (재)한국출판연구소 책임연구원으로 재직 중이며, 중앙대(신문방송대학원) 및 경희대(언론정보학부)에 출강하고 있다. 출판 및 독서 관련 단체에서 자문위원, 기획위원으로 활동하며 한국의 〈출판저널〉과 일본의 〈문화통신〉 등에 출판 칼럼을 연재하고 있다. 『출판사전』(공저), 『21세기 지식 키워드 100』(공저) 등의 저서가 있다. 관심분야는 출판산업론과 독서사회학이다.
e-mail: bookclub21@korea.com

한창완 | 세종대학교

01 만화란 무엇인가

(1) 만화의 개념

만화는 개인 커뮤니케이션과 집단 커뮤니케이션 사이에서 차별적인 개념 정의의 극한 대립을 보여주는 문화 미디어이다. 일본의 '망가(漫畵)'로부터 전이된 '만화(漫畵)'는 '부질없다'는 뜻의 한자어처럼 국내 대중문화의 변방에서 항상 최하층 장르로 평가되어 왔다.

실제 '만화 같다'라는 표현은, 대부분의 경우 아주 어처구니가 없거나 기상천외한 상황, 또는 유치한 상황에 사용한다. 결국 이러한 상황을 분석해 보면, 사실 다른 일반적인 상황보다도 무척 창의적이고 '크리에이티브'한 상황을 세부적으로 묘사하는 표현이라고 볼 수 있다. '만화 같다'라는 표현은 상상력의 재현을 의미한다.

대개 문화는 오랜 옛날부터 계급성에 기초하여 형성되어 왔다. 즉 그러한 계급성의 문화구조는 고급문화와 대중문화의 간극을 정당화시켜 왔고, 만화는 그러한 문화적 간극 내에서도 가장 마지막 단계의 한계를 묘사하며 위상을 축소시켜 온 독특한 장르이다. 만화는 구체적으로 대중문화(mass culture)와

팝아트(pop art)의 중복지대에 위치하며, 문화상품으로서 역설적인 주목을 받고 있는 장르이기도 하다.

대중문화는 산업혁명 이후 산업사회에서 자본가들이 만들어낸 허위의식을 주된 이데올로기로 구성, 노동자들이 본능적으로 인정해야 하는 문화적 카타르시스를 제공하며, 스스로 주된 이데올로기에 가상적으로 저항할 수 있는 영역을 한정받게 된 문화적 개념을 전제한다. 결국 대중문화를 향유하는 노동자집단에는 실제문화를 창출하고, 유지하며, 새롭게 제시할 인텔리적 계급성과 자본력이 전무했음이 당연하다.

이에 반해 팝아트는 후기 산업사회에서 나타난 예술장르의 형식으로서, 기존의 정형화된 허위의식을 붕괴시키고, 스스로의 계급성과 자본력을 지닌 이데올로기적 자본(Ideology Capital)들의 저항성을 공식화시키며, 대중적인 문화상품을 구성해 내고 형성해 내는 지형을 포함한다. 결국 현재 만화가 지향해야 할 위상적 지형은 기존의 자본가들이 주체가 된 대중문화의 허위의식을 극복하고, 팝아트에서 제시하고 있는 새로운 문화적 저항의 가능성에 기반해야 한다. 이는 곧 만화 자체의 차별적인 계급성의 획득과도 연관되며, 강력한 커뮤니케이션 기능과도 연계된다.

만화에 대한 여러 학자들의 정의를 종합해 보면, '만화는 도상적 텍스트인 그림과 문자적 텍스트인 대사가 변증법적으로 총합된 이야기 구조(storytelling)의 유형'으로 볼 수 있다. 결국 이러한 이야기 구조의 변증법적 결합이 다양한 가능성을 내재하고 있기 때문에 후기 산업사회의 포스트 모던 한 예술 상황에서 만화에 대한 가능성이 실험성으로 전환되며, 여러 인근 미디어 장르에 응용되고 적용되는 것이다. 이러한 만화의 전통적인 개념은 디지털미디어시대에 통용되는 새로운 형태로의 재개념화를 요구받게 된다.

(2) 만화연구의 필요성

'만화'가 내재하고 있는 개념의 한계는 항상 대중적인 상품으로서의 일반화에 예술로서의 차별성이 객관적으로 인정되지 않는 몰개념화로부터 출발한다. 또한 이러한 몰개념화가 학문적 연구에 따른 체계화로 진화되지 못한 채 오랜 시간 반복적으로 유지되고 있다는 데 그 문제점이 더 증폭된다. 결국 몰개념화의 역사성은 연구성과의 낙후성에 기인하며, 만화에 대한 본격적인 연구가 현재에도 체계적으로 이루어지지 못하고 있음을 반증한다.

대개 현재까지의 만화연구는 학제 간 연구가 주종을 이루고 있다. 즉 만화 자체에 대한 근본적인 탐구와 '만화'에 대한 기본적인 연구가 장르 중심적으로 이루어지지 못하고 있으며, 사회학과 역사학 등의 방법론을 응용한 커뮤니케이션 연구에서 만화에 대한 간접적 연구가 수용자론이나 미디어효과론 차원으로 이루어지고 있다.

미국의 경우 만화가에 의한 만화연구가 본격적으로 시도되어 왔고, 문화연구전통의 유럽에서도 연구자에 의해 만화는 항상 새로운 미디어로 해석되어 왔다. 그럼에도 불구하고 국내에서는 가장 친근하고 가장 쉽게 접할 수 있는 미디어장르이면서도 가장 저급한 장르로 취급되어 정확한 개념정의와 다른 문화장르와의 상관관계 등을 기반으로 한 연구성과가 미흡한 것이 만화이다.

이론화 및 계량화 되지 못한 장르연구는 연구성과의 미흡에 의해 학문체계를 사회로부터 인정받지 못하게 되며, 이러한 성과축적의 미흡은 학문적 분석대상으로의 장르적 위상을 격하시키고 가장 일상적인 대중상품으로서의 수준만을 반복시키게 된다. 결국 이러한 과정을 반복하는 문화장르는 항상 대안 없는 미디어상품으로 전락하고 만다.

역설적으로 해석해 보면, 만화연구의 현실이 항상 만화의 장르적 확대와 만화분석의 연구틀을 모호하게 함으로써 만화의 장르적 발전을 위한 토대를 구체화시키지 못했음을 인식하는 것에서부터 만화의 근미래적 비전은 시작된다고 할 수 있다. 대개 대중문화상품으로서의 미디어장르는 구체적인 장르연구와 분석의 학문적 틀이 구체화되면서 그 토대의 객관성을 인정받게 되었으며, 그러한 토대 위에서 보다 전위적인 형태의 장르가 실험되고, 비판되고,

진화되는 일련의 역사적 확대를 진행하게 된다. 회화와 음악이 그러한 과정을 오래전부터 거쳐 왔으며, 20세기에는 영화와 방송이 그러한 학문적 체계를 갖게 되었다.

급변하는 디지털문화시대에 만화는 대중문화의 비상구로서, 항상 새로운 가능성과 내러티브의 탈출을 가장 대중적인 방식으로 실험하고 있으며, 만화의 성공적인 사례는 여러 단계의 검색과 각색의 과정을 통해 애니메이션, 게임, 영화, 드라마, 뮤지컬 등으로 전환된다. 결국 만화의 학문적 틀 만들기는 다양한 사회적 미디어장르의 대중적 기호와 경향을 예측하고 판단할 수 있도록 하는 정교하게 축소된 디지털 미디어의 로드맵을 작성하는 것이다.

02 만화산업의 특징

만화는 동일한 원작(原作)의 표현양식을 다양한 매체형태로 응용하여, 매체간의 수직적 변형체계(vertical transformation system)를 연관상품의 수평적 체계(horizontal system of related commodities)로 단선화(單線化)시키는 커뮤니케이션을 수행할 수 있기 때문에 생산성으로 판단할 때 매체산업으로의 개념 확장이 가능하다. 이는 만화가(漫畵家)의 초판원고(初版原稿)에 이어 잡지, 단행본, TV용·극장용·비디오용 만화영화, 전자오락 게임기, 캐릭터산업, 팬시산업, 광고, 홍보, 선전, 이벤트산업에 이르기까지 새로운 소비시장 창출과 생산비(生産費)에 대한 산출물의 고부가가치성(高附加價値性)으로 인해 산업연관 및 확장이 동일한 원고만으로도 가능하게 되는 상품의 특성을 의미한다. 또한 만화는 인쇄매체와 영상매체 간의 간격을 평면으로 분할(分割)하여 수용자의 사고(思考)체계에 상상의 공간(space of imagination)을 제공하는 방법을 이용한다. 이와 같이 독특한 특성을 분석해 보면, 대중매체로서 하드웨어의 역할을 극소화시킬 수 있다는 점에서 만화상품은 소프트웨어 지향의 문화상품으로도 평가할 수 있다. 이처럼 3차원의 세계를 2차원으로 단순화시킨다는 것은 입체를 평면화시킴으로써 생산비를 반감시키고, 시간과 공간적인 한계를 극복하며, 주제의 범위를 확산시켜 응용과 사용한계의 무한대를 추구하게 하는 속성을 동시에 내재(內在)한다는 것이다.

이러한 만화산업 특유의 생산성과 문화상품으로의 시장성에도 불구하고, 현재 국내 만화산업은 사회의식구조 내에 존재하는 만화에 대한 패러다임의 저급성(低級性)으로 인하여 극도의 영세성을 반복하고 있다. 또한 하드웨어의 사회적 진보(進步) 내에서도 소프트웨어의 탄력적인 공급은 만화산업 구조에 의해 자체 통제되고 있는 기존의 메커니즘으로 인하여 민감하게 반응하지 못하고 있으며, 미약하게나마 본격화되고 있는 정부의 정책지원이 그나마 새로운 대안으로 제시되고 있다.

현재 한국만화산업의 개념에는 다음과 같은 시장현황의 기본조건이 전제된다. ① 현재 만화 패러다임은 사회의식 구조 내에 저급한 것으로 설정되어 있다. 그로 인해 현재 본격적인 연구대상으로의 이론화 작업조차도 미비한 상태이다. 또한 기존의 만화에 대한 진보적인 논의들도 예술비평의 한 분야로만 한정되어, 그 영역의 한계성을 보이고 있다. ② 만화산업의 생산조직은 그 생산체계가 미비하고, 유통구조의 비공식성이 일반화되어 있으며, 모든 경제적 통계처리가 이루어지지 않고 있다. ③ 만화산업 행위자는 개별적으로 연관된 분야의 미시적 구조만 인식하고 있으며, 거시적인 전체 메커니즘에 대해서는 전반적으로 인지하지 못하는 상태이다. ④ 만화상품 생산자 자체가 연관산업으로의 유기적인 연결가능성과 산업의 확장개념에 대해 수동적인 입장을 견지하여 만화산업 내 자본의 유입을 저해하고 있다. 그러므로 만화상품의 규모의 경제는 연관 부수시장으로의 상품확대가 전제될 때 가능하다.

현재 국내 만화산업의 지속적인 영세성은 경제적 요인으로 재생산되고 있다. 구체적인 경제적 요인으로는 ① 시장테스트 구조의 미비, ② 거대 양성자본의 투자율 저조, ③ 수용자 접근방식의 이중성 등으로 분석된다.

(1) 시장 테스트 구조의 미비

극장, TV, 비디오용 등의 애니메이션을 통해 부수 시장화되는 캐릭터상품들은 우선적으로 시장 테스트 메커니즘을 만화시장에서 시행한다. 이는 스토리의 구성과 캐릭터가 소구대상층의 정서적 차원과 일치되는가를 최소의 비용으로 사전 측정해 보는 것이다. 그렇기 때문에 불확실성이 최소이고, 비용수준이 저렴한 인쇄매체시장에서 시장테스트를 시도하는 것이다. 거시적으로 볼 때는 인쇄매체시장이 시장테스트의 기제이나, 미시적으로 볼 때는 인쇄매체 시장내에서 만화 잡지시장이 최초의 시장테스트 기능을 수행한다. 만화잡지사는 제작단가와 동일한 광고수익을 유지하면서도 잡지사를 운영한다. 만화잡지사는 잡지 자체보다도 단행본 시장을 최종목표로 하고 있기 때문이다. 국내 만화시장은 수요초기부터 최근까지 서점용 단행본이 시장테스트 기재가 아니었고, 대본소 및 책대여점 시장이 유일한 시장테스트 기재였다. 그러므로 과학적인 통계가 전무(全無)하여 공신력 있는 시장테스트 시스템이 형성되지 않았던 것이 거대 양성자본의 투자가 미흡했던 직접적인 원인으로 제공되었다. 이러한 자본의 유입이 저조하게 되어 연속적인 만화산업의 영세성은 반복되어 왔다.

(2) 거대양성자본의 투자율 저조

만화는 원판 생산비용, 즉 초판원고(first copy) 생산 비용이 최저인 특수한 매체상품이다. 생산비용이 최저인 만화원고는 확대된 시장에서 상품화가 되기 위해서 수많은 포장과 홍보가 필요하다. 그러한 고부가가치의 영상매체와 연관부수 산업의 시장기반 형성을 위하여 인쇄매체의 시장 테스트 기재는 필수적이며, 그러한 구조는 결론적으로 생산구조를 강화시키는 영향도 창출시킨다. 그러므로 인쇄매체 만화상품이 2차적인 가공(加工)상품화가 되기 위해서는 인쇄매체시장으로의 자본유입 및 거래량의 총계가 극대화 되어야 한다. 거시적으로 보면, 유입되는 자본의 총량이 전체 연관산업의 수직계열화 차원의 초판 생산비용(first copy cost)이 되기 때문이다. 그러나 국내 만화산업의 반복적 영세성은 초판 생산비용의 총계를 극대화하는 데 역기능적인 메커니즘이 작동하고 있는 현실에 기인한다. 그러한 메커니즘은 사유재 속성을 창구효과에 의해 희석화시켜 버리는 공공재적 성격의 대본소 및 책대여점 체제인 것이다. 전체 연관산업 시장에서 생산성을 판단하기 위해 시장테스트를 거치는 인쇄매체 시장에 자본의 유입이 최소화되고, 초판 생산비용이 한계생산 비용 이상으로 계정되지 않으면, 거대 양성자본의 기업화 투자가 미흡하게 되어 계속적인 산업의 영세성은 이 지점에서 발생하게 된다. 이는 만화상품의 생산구조가 팀워크(team work)에 의한 것이 아니고, 독자적인 1인 작업에 기인한다는 상품의 속성에 의한다. 생산구조의 단일화가 생산구조의 기업화로 연계된다는 것은 기본적으로 초판원고 생산자에게 그러한 상품의 질(만화상품의 질을 정의하는 조건으로는 상품의 시장점유율, 캐릭터의 독창성, 스토리의 구성도, 주제의 다양성, 연관산업으로의 확대가능성 등이 있다)에 대한 공식적인 평가로서 자본의 환원구조가 공정하게 형성되어야 함을 전제로 한다. 이러한 자본흐름의 공정성은 곧 만화상품의 질에 의한 사회적 공익성으로 연결되므로, 이러한 흐름에 역기능적인 메커니즘은 만화산업 전체의 발전을 저해한다는 것이다. 그러나 현재 국내 만화산업은 역기능적 메커니즘의 반복적인 작용에 의해 초판 생산비용의 계정체계가 원활하게 작동되지 못함에 따라 자본의 임차제도가 매체의 변형경계선에서 비공식적인 담합하에 이루어지는 현실이다. 그러므로 이러한 체제의 비효율성이 초판원고 생산자에게는 반복되는 경제적 영세성으로 나타나게 되고, 생산구조의 영세성은 전체 산업의 경제적 효용성을 저하시키는 직접적 원인으로 작용하게 된다.

(3) 수용자 접근방식의 이중성

인쇄매체 만화상품의 수용자 접근방식은 임대시장과 판매시장으로 분류된다. 기존의 대부분의 만화독자를 독점하던 임대시장 체제에서 판매시장으로 접근방식이 진화되기 시작한 것은 1986년 및 1988년 올림픽을 거치면서 전체 국민소득이 상승하고, 일본 수입만화의 초인기 스테디셀러(드래곤볼, 슬램덩크 등) 등이 수입되면서부터이다.

지속적인 일본만화의 수입 및 국내 만화잡지시장이 활성화되면서, 만화도서를 직접 구매하고 수집하는 마니아층이 확대되어, 만화산업규모가 판매시장체제로 본격화되는 시점에 출판유통이 복합적으로 부도사태에 직면하게 된 IMF시대가 도래한다. 이 시점에서 만화도서 전문대여점이라는 새로운 형태의 프랜차이즈사업이 구조조정으로 사회에 밀려나온 조기은퇴 및 명예퇴직자본과 합류되면서 기형적인 임대시장체제는 새롭게 재구조화되기 시작한다. 이러한 시장구조의 고착화는 2000년대를 지나면서도 임대시장체제와 판매시장체제의 이중구조를 그대로 답습해 오고 있다.

03 인문학적 과제 및 발전방향

만화산업에 대한 인문학적 과제는 만화장르의 인문학적 분석연구 및 만화시나리오의 직접적인 개발이다. 만화작품 및 작가에 대한 기호학적 분석 및 철학적 연구는 작품에 대한 깊은 성찰과 작가연구를 중장기적으로 촉발시킬 수 있으며, 이러한 과정을 통해 만화작품에 임하는 작가적 위상의 확립을 객관화시킬 수 있게 된다.

만화산업이 지닌 시장구조의 기형성은 만화장르의 차별적 위상이 확립되지 못한 연구성과의 미흡에서 반복되고 있다. 인문학 연구분야의 다양한 만화장르적 접근이 필요한 이유도 이러한 연구성과의 다양한 축적이 우선되어야 하기 때문이다. 결국 이러한 인문학적 연구의 성과는 만화시나리오의 풍요로움으로 연계된다.

일본 만화의 세계시장 점령은 만화시나리오의 다양화에서 비롯되었다.

탐정만화, 스포츠만화, 요리만화, 역사만화 등 전문분야의 특별한 지식들이 만화소재로 차용되고, 실제 현업의 전문가들 또한 만화텍스트에서 지속적으로 지식을 습득하고 있음이 검증되는 사회가 일본 만화왕국의 현실이다.

인문학적 연구방법론의 만화장르 연구본격화와 이에 연계된 각 전문분야의 실재적인 시나리오 연구가 뒷받침되어야 한다. 인문학적 상상력이 만화산업과 통합되어 수직상승할 수 있는 지점은 이러한 기초분야에서부터 시작된다.

■참고도서

한창완, 『한국 만화 산업 연구』, 글논그림밭, 1996.

한창완, 『애니메이션 경제학 2004』, 커뮤니케이션북스, 2004.

스콧 매클루드, 『만화의 미래』, 시공사, 2001.

박석환, 『잘가라 종이 만화』, 시공사, 2001.

한국문화콘텐츠진흥원 편, 『만화 콘텐츠 비즈니스』, 2005.

한국문화콘텐츠진흥원 편, 『캐릭터산업 백서』, 2005.

한국문화콘텐츠진흥원 편, 『애니메이션 산업 백서』, 2005.

■ **한창완**은 서강대학교에서 신문방송학(미디어경제학)을 전공하였으며(학부/석사/박사), 전공분야는 만화애니메이션 이론 및 산업구조분석, 정책기획론, 영상미학 등이다. 현재 세종대학교 만화애니메이션학과 부교수로 학과장을 맡고 있으며, 2000년부터 학내연구소인 만화애니메이션산업연구소장과 학내기업(만화/애니메이션/게임 제작사)인 (주)세종에듀테인먼트의 대표이사를 맡고 있다. 1995년 국내최초 만화관련 페스티벌인 서울국제만화애니메이션페스티벌(SICAF)의 사무국장 및 수석큐레이터를 시작으로 부천국제학생애니메이션페스티벌(PISAF)의 사무국장을 역임했다. 만화 및 애니메이션관련 정부 및 지방자치단체의 정책자문 및 관련기업컨설팅을 진행하고 있으며, 문화관련 방송프로그램에 1995년부터 만화코너를 진행해 오고 있다. 저서로는 『한국만화산업연구』, 『애니메이션경제학』, 『애니메이션 용어사전』, 『저패니메이션과 디즈니메이션의 영상전략』 등이 있고, 역서로는 『애니메이터 서바이벌키트』, 『저패니메이션 하드코어』, 『애니메틱스』 등 10여권이 있다. 관심분야는 차세대 만화, 게임, 캐릭터, 애니메이션산업의 융합 현상을 기반으로 한 산업구조연구이다. e-mail: htank@chol.com

김시범 | 캐릭터라인

01 캐릭터란 무엇인가

(1) 캐릭터의 정의

캐릭터산업을 조망하기 위하여 우선 '캐릭터'라는 용어를 어떻게 정의하고 사용할 것인가에 대한 사전 전제가 필요하다. 왜냐하면 이 용어는 지금 다루고 있는 문화콘텐츠분야가 아닌 다른 산업계에서도 폭넓게 쓰이고 있는 용어이며 또한 문화콘텐츠 업계 내에서도 서로 다른 의미로 사용하고 있기 때문이다.

영한사전에서는 'character'를 특성, 성질, 인격, 성격, 평판, 명성, 신분, 자격, 유명한 사람, 인물, 문자, 기호, 추천장, 등장인물, 세례, 영적인 감명 등 다양한 의미를 내포하고 있는 단어로 설명하고 있다.

사전적 정의에서도 알 수 있듯이 다양한 의미를 지니고 있는 이 용어를 축소하여 살펴보면, 만화, 애니메이션, 게임, 영화, 드라마 등에 등장하는 주인공을 형상화한 이미지라고 볼 수 있다. 이 등장인물이 사람, 동물, 식물, 로봇, 외계인 등의 형태로 나타나며 때로는 그 형태가 사람과 동물의 복합체 또는 현실적으로 존재할 수 없는 상상의 형태로 표현되기도 한다.

한편 우리나라에서 캐릭터산업이라고 통칭되고 있는 부분은 외국에서는 '라이센싱산업'이라고 볼 수 있다. '라이센싱'이라는 용어 또한 그 의미가 다양하고 쓰임새가 광범위하기 때문에 또 다른 정의와 전제가 필요하기에 부연설명을 하려고 한다. 라이센싱이라고 하면, 기술적인 분야와 의약제품에서도 사용되고 있으며, 문화콘텐츠와 관련된 분야로는 브랜드, 출판, 음반 등에 사용되고 있다. 따라서 캐릭터라는 용어를 확대해서 정의하면, 라이센싱의 대상이 되는 기술, 의약, 브랜드, 서적, 음반 등 모든 지적재산권이 캐릭터라는 용어에 포함될 수도 있다.

실제로 캐릭터산업에 종사하는 업체들이 사용하는 '캐릭터'라는 용어도 아직 완전한 합의를 본 것은 없다. 위에서 언급한 '협의의 캐릭터'에 집중하여 사업을 하는 업체들도 있으며, '광의의 캐릭터'쪽으로 확대해서 사업영역을 넓혀 나가는 업체도 있다. 다만 라이센싱의 대상이 문화콘텐츠의 영역이 아닌 기술과 의약 등은 제외하는 것에 이견이 없으며, 서적이나 음반도 본래의 사업영역에 해당되는 부분은 제외하고 라이센싱을 통한 부가사업의 대상이 되는 경우를 주로 캐릭터의 범주에 포함시키는 것이 일반적이라고 생각된다. 이러한 의견을 바탕으로 캐릭터에 대한 정의를 다음과 같이 해 본다. "캐릭터는 정체성을 지닌 것으로, 차별화된 창작물의 정형화된 이미지이다."

(2) 캐릭터의 중요성

소재의 다양성 캐릭터는 위에서 언급한 바와 같이 매우 다양한 분야에서 발굴할 수 있다. 만화, 애니메이션, 영화, 드라마, 소설, 게임 뿐만 아니라, 예술, 역사, 신화, 음악, 인물이나 주위에 항상 존재하는 모든 것이 캐릭터임을 명심해야 한다. 눈에 우연히 들어온 쥐를 가지고 만든 월트 디즈니의 '미키 마우스'뿐만 아니라 스펀지를 캐릭터화한 '스펀지 밥', 자신의 딸을 모델로 창작한 '모니카' 등 우리의 주위에는 관심을 기울이면 좋은 캐릭터가 될 만한 소재가 너무 많이 있으며, 이러한 소재를 어떻게 캐릭터로 개발할 것인가가

과제일 것이다.

사용의 다양성 캐릭터를 개발하면 그 캐릭터의 사용은 무궁무진하다고 할 수 있다. 기본적으로 '머천다이징'이라고 불리는 일반 상품에 적용할 수 있는 것은 물론이며, 캐릭터는 대회를 상징하는 마스코트, 협회를 홍보하는 홍보대사, 어린이를 교육시키는 강사, 뮤지컬에 출연하는 배우 등의 역할을 하기도 한다.

또한 2D로 개발된 캐릭터가 3D 및 디지털로 변형되어 인터넷, 모바일, 게임 등에 사용되기도 한다.

오랜 생명력 일단 개발에 성공하고 관리가 제대로 된 캐릭터는 그 생명력이 매우 높아서 오랜 기간 사업이 가능하다. 우리나라의 경우에는 아직 산업의 역사가 짧은 탓에 장수한 캐릭터가 많지 않지만 외국의 경우에는 70년이 넘은 '미키 마우스'를 비롯하여 40년이 넘은 '골목대장 모니카' 등 캐릭터는 다른 문화콘텐츠와 비교할 때 상당히 오랜 기간 생명력을 가지고 있음을 알 수 있다. 우리나라에서는 '둘리'가 20년이 넘게 지속적인 활동을 하고 있어 주목을 받고 있다.

국제성 국제적으로 이해의 폭이 넓은 것 중의 하나가 캐릭터이며, 이러한 국제적인 이해가 가능하기에 캐릭터산업시장이 우리나라에 국한될 필요가 없으며 세계적인 캐릭터를 만들 수 있고 현재 그 가능성은 매우 높다. 한류가 거품으로 끝나지 않고 지속적인 문화보급 및 공유를 하는 데 캐릭터는 매우 중요한 역할을 한다.

사업성 캐릭터는 문화콘텐츠에서 마무리되는 것이 아니라, 그 캐릭터를 사용하는 다른 분야의 산업과 연계하여 수익을 창출하는 중요한 역할을 하고 있다. 특히 추가적인 투자비가 많이 필요하지 않으면서 새로운 사업영역을 발굴하고 이를 통한 추가수익을 만들어 낸다는 면에서 사업적 가치가 매우 크다고 할 수 있다.

02 캐릭터산업의 이해

캐릭터는 개발-관리-사용을 통해서 사업화되고 있다. 따라서 캐릭터산업은 이들 캐릭터가 어떻게 개발되고 누구에 의해 관리되고 어떤 분야에서 사용되는지를 살펴보면 캐릭터산업의 전반적인 흐름을 이해할 수 있다.

(1) 캐릭터산업의 분야

'캐릭터산업'이라는 용어 역시 '캐릭터'만큼이나 다양하게 사용되고 있으며, 따라서 산업의 규모, 인력구조, 유통망, 앞으로의 전망 등을 논의할 때에 어떤 산업을 대상으로 하는가에 따라 그 내용은 매우 다르다. 마치 장님이 코끼리를 만지고 평가하는 우화를 생각나게 하는 부분이다.

캐릭터 개발 우선 캐릭터를 개발하는 분야가 있다. 협의의 캐릭터로 정의된 경우에는 만화, 애니메이션, 게임 등에 등장하는 주인공들의 이미지를 형상화하는 작업을 의미한다. 이 작업에서 개발자는 그 이미지를 통하여 주인공의 심리상태, 사회적 위치, 개인의 성격, 이야기 속에서 차지하는 역할 등을 적절하게 표현할 수 있어야 한다.

최근의 흐름에 맞추어 보면 이러한 협의의 캐릭터뿐만이 아니라 보다 적극적인 캐릭터 개발이 필요하며 가능하다. 예를 들어 인터넷을 통하여 인기를 끌었던 엽기한자를 플래시 애니메이션으로 이미지화하는 것도 새로운 캐릭터 개발에 포함될 수 있다. 세계적인 건축 거장 안토니오 가우디의 건축패

턴을 정형화하는 것도 새로운 캐릭터 개발이 된다. 이러한 개발작업은 디자인을 하는 능력도 중요하지만 시장의 흐름을 파악하고 사업화가 가능한 주제를 찾아내는 마케팅과 인문학적인 능력을 통해서 가능해진다.

많은 사람들이 캐릭터 개발을 하려면 그림을 잘 그리고 디자인에 소질이 있어야 하며, photoshop이나 illustrator와 같은 소프트웨어를 능숙하게 다루어야 한다고 생각을 한다. 물론 이러한 재능을 가지고 있는 것이 단점이 될 수는 없지만, 이러한 재능만 가지고 있는 경우에는 좋은 캐릭터 개발이 힘들어진다. 역사 속의 인물에서도 좋은 캐릭터 개발은 가능하며, 설화, 신화, 민담, 동요에서도 좋은 소재를 찾아내서 캐릭터사업을 할 수 있다.

캐릭터 관리 엄마가 9개월에 걸쳐서 아이를 낳는 과정이 캐릭터 개발이라고 하면, 이렇게 힘들게 탄생된 아이를 양육하는 과정이 필요한데 이것을 캐릭터 관리라고 한다. 갓 태어난 아이에게 태어나자마자 바로 말도 하고 걷고 돈도 벌어 오라고 하는 부모는 없을 것이다. 캐릭터도 개발이 되면 계속적으로 그 캐릭터의 이미지에 맞는 새로운 콘텐츠를 만들어서 그 캐릭터를 발전시켜 나가야 한다. 어쩌다 유명해진 가수가 후속 노래를 발표하지 못하면 사람들의 관심에서 멀어져 간다.

때로는 개발된 캐릭터의 이름을 바꾸거나, 얼굴, 의상 등을 변경하기도 한다. 새로운 친구를 만들어서 신선함을 주기도 하고, 설정된 배경을 과거, 미래 또는 상상의 세계를 추가하여 풍부한 이야기를 만들어 나가기도 한다.

해외에 소개되기 위해서는 여러 가지 검토해야 할 내용이 많다. 특히 캐릭터의 이름이 현지 언어로 번역될 때 예기치 못했던 의미가 되는 경우뿐만 아니라, 해외에서는 전혀 발음이 되지 않는 경우도 있다. 또한 정서적으로 쉽게 이해가 되었던 이야기의 전개와 언어의 유희가 외국에서는 이해가 되지 않는 부분이 발생가기도 한다.

따라서 캐릭터를 소개하려는 지역의 언어, 감성, 역사, 문화 등을 제대로 이해하고 이에 적합한 관리를 해 나가는 것이 매우 중요하다. 이러한 업무를 진행하는 주체를 라이센싱 에이전트(Licensing Agent)라고 한다.

캐릭터 사용 캐릭터의 개발 및 관리는 최종적으로 어떻게 사용되는지에 따라 평가받는다. 아무리 멋있는 캐릭터를 개발했다고 하더라도 사용되지 않으면 후대에 인정받는 예술품은 될 수 있지만, 좋은 캐릭터로 인정받지 못한다. 또한 순간적인 인기를 누려서 금전적인 수익을 얻었다고 해도 그것이 단기간에 끝난 경우에는 제대로 관리가 되었다고 인정받을 수 없다.

어떤 곳에 개발된 캐릭터를 사용할 것인가, 언제부터 사용하는 것이 바람직할 것인가 등은 매우 중요한 사항이다. 캐릭터는 사전적 정의에서 나타나듯이 차별화된 특성이 있어야 하는데, 너무 일반화되는 경우에는 그 매력을 잃어버릴 수도 있으며, 그 특성을 시장에서 제대로 인식하지 못하는 경우에는 존재의 의미를 상실할 수도 있기 때문이다.

캐릭터를 사용하는 주체에는 상품을 생산하여 판매하는 업체(라이센시)가 있다. 이 업체들은 캐릭터가 가지고 있는 인지도, 특성, 디자인 등이 자신의 상품의 홍보 및 매출증대에 도움이 된다고 판단하여 일정한 보상(금전 및 물품)을 하고 사용한다. 이러한 사용이 제대로 이루어지기 위해서 법적인 문제를 정리한 계약서, 사업적인 판단이 요구되는 마케팅, 캐릭터를 상품에 적용시키기 위한 상품기획 및 생산관리 등에 대한 지식과 경험이 필요하다.

광의의 캐릭터를 사용하는 경우에는 다른 문화콘텐츠 및 사회흐름에 대한 이해와 분석이 선행되어야 캐릭터를 제대로 사용할 수 있다.

(2) 캐릭터산업과 라이센싱 산업

캐릭터와 캐릭터산업의 정의에서 설명한 바와 같이 용어에 대한 이해가 서로 다르게 나타나고 있다. 이를 제대로 정리해 보기 위하여, 세계시장의 대부분을 차지하고 있는 미국의 경우를 보면 라이센싱 산업(Licensing

Industry)이라는 분야에 다음과 같은 사업을 포함시켜 놓고 있다.

- Corporate Trademark and Brand Licensing
- Character and Entertainment Licensing
- Sports Licensing
- Fashion Licensing
- Art Licensing
- Celebrity and Estate Licensing
- Toy and Game Licensing
- Music Licensing
- Publishing Licensing
- Not-for-profit Licensing

여기에서 알 수 있듯이 캐릭터산업을 협의의 정의에 의하여 설명하면 그 분야는 매우 제한될 수 있으나, 미국처럼 모든 분야를 포괄하는 라이센싱산업으로 이해하여야 이 산업을 정확히 파악할 수 있다.

위에서 언급한 라이센싱의 대상이 되는 지적재산들을 프로퍼티(Property) 또는 IP(Intellectual Property)라고 하며, 이런 프로퍼티를 개발하여 소유하고 있는 주체를 라이센서(Licensor), 이 프로퍼티를 관리하고 사업화하는 주체를 라이센싱 에이전트(Licensing Agent), 그리고 이 프로퍼티를 상품이나 서비스에 사용하여 소비자에게 제공하는 주체를 라이센시(Licensee)라고 말한다. 이러한 주체들이 각각 개발하고 관리하며 사용하는데서 발생하는 일련의 과정을 라이센싱이라고 하며, 이 과정에서 라이센시가 프로퍼티의 사용에 대한 보상으로 지급하는 것을 로열티(Royalty)라고 말한다.

(3) 성공하는 캐릭터의 요소분석

캐릭터가 성공하기 위하여 다음과 같이 성공하는 캐릭터의 11대 요소가 충분히 검토되어야 한다.

상징성(Symbol) 캐릭터는 상징성이 매우 뛰어나기 때문에 많은 단체들이 마스코트를 만들어 사용하거나, 올림픽이나 월드컵같은 스포츠대회에서도 대회를 상징하는 마스코트를 개발하여 라이센싱사업을 진행하여 홍보효과뿐만 아니라 많은 수익도 거두고 있다. 그래서 많은 사람들이 캐릭터와 마스코트를 동일하게 생각하는 경우도 있다. 상징성에 중점을 둔 마스코트도 좋은 캐릭터가 될 수 있지만, 상징성만 존재한다고 지속적으로 성공하는 캐릭터가 되기는 어렵다.

이야기(Story) 캐릭터를 통하여 어떤 이야기를 전달할 수 있는지가 성공하는 캐릭터의 가장 중요한 요소라고 생각된다. 사람들이 듣고 알고 느끼고자 하는 이야기가 캐릭터라는 매개체를 통하여 효율적으로 전달될 수 있어야 한다. 즉 이야기가 없는 캐릭터는 생명력이 없는 캐릭터가 된다.

정체성(Identity) 아기가 부모의 유전자를 가지고 태어나고 그 부모에 의해 양육되면서 한 사람의 인격체를 형성하는 것처럼 캐릭터도 정체성을 가지고 있어야 한다. 캐릭터가 상황에 따라 의상도 바꾸어 입을 수는 있지만 그 캐릭터만이 가지고 있는 정체성을 잃어버릴 경우에는 DNA가 뒤죽박죽이 되어버린 아기와 같은 존재가 되어버린다.

브랜드(Brand) 사람마다 이름이 있고 그 사람의 외모나 성격을 특정 낱말로 표현하는 별명이 있다. 별명이 없는 사람은 특징이 없고 오랜 기간 기억되기 어렵다. 학창시절의 친구나 선생님들의 이름은 기억하지 못하지만 별명은 오래 기억된다. 캐릭터도 정체성에 적합한 이름과 별칭을 만들어야 한다. '미친 네 살 뚱'의 경우처럼 뚱한 이미지의 이름과 '미친 네 살'이라는 별칭으로 캐릭터의 성격을 확실하게 표출하여야 한다.

차별성(Uniqueness) 사전적 정의에서도 언급되었듯이 캐릭터는 다른 것과 차별적인 특성이 존재하여야 한다. 기존에 있었던 것과 동일하거나 유사한 것은 정상적인 캐릭터로 인정받지 못할 뿐만 아니라, 표절되었거나 2류의 캐릭터로 취급된다. 따라서 이미 개발된 캐릭터에 대한 정보와 지식이 없으면 곤란하다.

정형화(Manual) 우연히 쥐를 보고 그린 '미키 마우스'나 딸이 가지고 놀던 인형놀이를 보고 개발한 '바비 인형', 자신의 딸을 모델로 개발한 '골목대장 모니카'처럼 개발은 자연스럽게 할 수 있다. 하지만 이러한 캐릭터를 성공적인 사업으로 이끌기 위해서는 그 캐릭터를 정형화한 매뉴얼이 필요하다. 1년 또는 2년정도 주목을 받고 인기를 끌었지만 곧 사람들의 관심에서 멀어지는 캐릭터는 훌륭한 창작물임에도 불구하고 사업화에 필요한 매뉴얼작업에 성공하지 못한 경우가 많다.

지식(Knowledge) 캐릭터가 단순한 그림으로 취급되어서는 곤란하다. 캐릭터가 가지고 있는 정체성과 차별성을 바탕으로 전달되는 이야기에는 의미있는 지식이 내포되어 있어야 한다. 이 지식은 학문적인 것일 수도 있으며 세태를 반영하는 의견일 수도 있다.

이미지(Image) 시각적인 측면뿐만 아니라 청각, 촉각, 미각 등 캐릭터를 통하여 사람이 느끼고 상상할 수 있는 이미지 전달이 가능하여야 한다. 〈대장금〉의 캐릭터를 통하여 풍성하고 전통적인 미각을 전달하여야 할 뿐만 아니라, 성실하고 거짓이 없는 인간상을 전달하여야 한다.

매니아(Mania) 어떤 특정 캐릭터를 모든 사람들이 좋아하고 사랑한다면 이미 그 캐릭터는 더 이상 캐릭터로서의 매력을 상실할 가능성이 매우 높다. 광범위하게 일반화가 되고 나면 그 캐릭터는 식상하게 되기 쉽다. 짧은 기간은 모든 사람이 좋아할 수 있지만 그 기간은 새로운 계기가 마련되지 않는다면 오래 지속되기 힘들다. 캐릭터는 모든 사람을 위한 것이 아니라 그 캐릭터의 매니아를 위한 것이 되어야 지속적인 성장을 할 수 있다.

시장성(Market) 매니아를 위한 것이라고 하여 몇 명의 매니아를 위한 캐릭터라면 사업적으로 성공할 수 없는 것은 너무나 당연한 일이다. 일정 규모 이상의 시장이 형성되어야 하며, 그 시장이 사회에서 받아들여지는 정상적인 시장이어야 한다. 불법이거나 정서적으로 용납되지 않는 폭력성이나 선정성을 지닌 캐릭터는 특정 매니아들이 분명히 존재하지만 시장성이 높지 않다.

미디어(Media) 캐릭터는 그 정체성과 차별성을 표출하여 시장으로부터 인정받아야 사업적인 성공이 가능하며, 캐릭터의 표출은 여러 형태의 미디어를 통하여 이루어진다. 캐릭터를 사용한 만화나 애니메이션이 만들어져도 신문에 연재가 되지 않고 단행본으로 발간되지 않거나 TV 또는 인터넷 등을 통해 방영되지 않는다면 아무도 그 캐릭터의 존재를 알 수 없을 것이다. 그렇지만 캐릭터의 무차별적인 미디어 노출 또한 바람직하지 않다. 캐릭터의 성격을 잘 표현할 수 있고 이미지 전달이 가능한 미디어의 선택이 중요하다.

03 캐릭터산업의 과제

(1) 지적재산권의 인정 여부

　요즈음 인터넷과 관련하여 많은 논의가 되고 있는 것이 지적재산권에 대한 논란이다. 지적재산권을 의미하는 copyright에 반대하는 copyleft 개념도 나타나기 시작했다. 이미 개발된 지적재산권은 더욱 많은 사람들이 공유하여 더욱 발전된 문명사회를 만들 수 있다는 논리에 일리가 있는 것도 사실이다. 그러나 특정 기술이나 노하우(know-how)를 독점함으로써 발생하는 부작용이 있는 것도 간과할 수 없다.

　기술이나 의약분야와 같이 이미 개발된 것보다 진보된 내용이 있어야 하는 지적재산의 분야는 이미 개발된 내용이 더 많은 사람에게 공유되어 더 진보된 기술이나 신약개발이 필요할 것이다. 하지만 캐릭터는 진보성과는 상관없이 기존의 다른 것과의 차별화된 특성을 지닌 것이어야만 한다는 점에서 보면, 기존에 개발된 캐릭터가 공유되지 않는다고 해서 다른 분야의 발전에 저해가 되는 부분은 없다고 본다.

　그럼에도 불구하고, 인정되어야 할 권리의 존재 여부 자체가 인식되지 않거나 불분명하여 보호받지 못하는 경우가 비일비재한 것이 현실이다. 이는 캐릭터를 개발하는 주체들이 자신의 권리를 분명하게 표시하고 주장하여야 하며, 이러한 관리업무를 수행하기 어려운 경우에는 에이전트를 통하여 권리확보에 만전을 기해야 할 것이다. 이렇게 되어야 라이센시도 자신이 지불한 로열티 이상의 효과를 기대할 수 있다.

(2) 인재양성과 네트워크 형성

　위에서 언급한 캐릭터의 개발-관리-사용의 일련의 과정을 총체적으로 볼 수 있는 인력의 양성이 필요하며 각 분야의 인재들이 협력할 수 있는 네트워크 형성의 장이 필요하다.

현재 캐릭터의 개발을 시각적인 분야와 기술적인 분야에 치중되어 진행되어 왔다. 즉, 캐릭터의 성공요소 11가지 중에서 첫 번째인 '상징성'과 마지막인 '미디어'라는 분야가 큰 축을 이루고 나머지 9가지는 매우 소홀하게 다루어져 왔다. 캐릭터산업에서 매우 중요한 '이야기', '정체성', '차별성', '시장성' 등에 대한 검토 없이 개발되고 관리되는 캐릭터는 사업적으로 사용되기 힘들다.

따라서 시각적인 재능과 기술적인 능력을 가진 인재를 키우는 것과 함께 철학적 사고를 가지고 '정체성'을 정리할 수 있고, 사학적인 관점과 인문학적인 소양으로 '이야기'를 전개해 나갈 수 있으며, 마케팅에 대한 지식과 경험을 가지고 캐릭터의 '시장성'을 판단하고 개척해 나갈 수 있는 인재양성이 매우 중요하며, 이러한 분야의 상호교류와 인적 네트워크를 형성해 나가야 한다.

■참고도서

김시범, 「디지털사회에서 성공하는 캐릭터」, 제 6회 디지털콘텐츠 컨퍼런스, 정보통신부 (2005. 12. 9 발표).

김시범, 「치치도 모른다. 라이센싱 통통통」, 월간 아이러브 캐릭터, 2005년 9월호~2006년 1월호.

앨 리버만 외, 조윤장 옮김, 『엔터테인먼트 마케팅 혁명』, 아침이슬, 2003.

후쿠이 겐사쿠 외, 김원중 옮김, 『엔터테인먼트 계약의 함정』, (주)새빛컬쳐, 2004.

■ **김시범**은 연세대학교에서 경영학을 공부하고 미국 Hofstra대학교 경영대학원에서 MBA과정(국제경영학)을 마친 후 삼성물산에서 근무하였다. (주)보규라는 무역회사를 경영하고 그 후 (주)캐릭터라인이라는 지적재산권 마케팅 회사를 운영하고 있다. 캐릭터를 비롯한 다양한 지적재산권의 부가수익사업을 하는 라이센싱 에이전트인 그는 현재 인문콘텐츠학회 산학이사, 한국문화콘텐츠진흥원 평가위원, KOTRA 문화콘텐츠 수출 자문위원, (재)한국청년정책연구소 운영위원, 대한루지봅슬레이경기연맹 국제이사 등으로 활동하고 있다.

e-mail: ayap@characterline.com

문화콘텐츠산업_10 이러닝

고기정 | Bitzro Learning Design

01 이러닝이란 무엇인가

e-Learning은 일반적으로 정보통신 기술을 기반으로 전자적인 형태의 학습환경에서 이루어지는 학습을 총칭한다. e-Learning은 원격교육, 사이버교육, 웹기반교육이라고 불리기도 하며, 교수자와 학습자, 학습자원 등이 모두 분산되어 있는 상황에서 학습자를 중심으로 이루어지는 학습이라고 하여 분산학습(Distributed Learning)이라고 불리기도 한다. e-Learning의 기본 인프라는 정보통신 기술의 발전에 따라 빠르게 변화하는데, 최근에는 유비쿼터스 기술환경에 대한 논의가 이루어지면서 U-Learning으로 이해되기도 한다.

e-Learning은 인적자원을 중시하는 21세기 지식사회(Knowledge-based Society)의 화두이다. 지식사회는 지식을 개인과 기업, 국가의 경쟁력을 결정짓는 핵심요소로 생각하여 지식생산과 활용의 주체가 되는 사람을 중요시한다. 인적자원이 중요시된다는 것은 교육이 그 어느 시대보다도 개인의 삶이나 국가발전에 지대한 영향을 미치게 된다는 것을 의미한다. 미국의 유명한 다국적 회사인 시스코사의 존 쳄버 회장은 21세기의 삶을 형성할 가장 중요

한 두 가지 요소로 '인터넷'과 '교육'을 꼽고 있고, 영국의 블레어 총리는 '교육이 21세기의 경제 정책'이라고까지 말할 정도이다.

그런데 지식사회에서의 교육은 학교교육이 전부가 아니다. 새로운 지식과 정보가 매우 빠른 속도로 증가하기 때문에 정규교육을 통해 습득한 지식을 계속 업그레이드해 주어야 새로운 사회변화에 능동적으로 대처하며 살 수 있다. 이런 점에서 배움은 생애의 일정 기간 공식적으로 이루어지는 특별한 행위가 아니라 인간의 일생에 거쳐 이루어지는 일상적인 삶의 일부로서 하나의 문화적인 현상이 될 것이다. 학습문화가 형성되기 위해서는 누구든지 원하는 시간과 장소에서 쉽고 편리하게 학습할 수 있는 여건이 갖추어져야 한다. e-Learning은 아날로그시대의 학교중심 교육체제에서 벗어나 평생교육의 이념을 구현해 줄 수 있는 현실적인 교육방법이 될 수 있다. 국내외에서 활발하게 이루어지고 있는 일련의 차세대 정보통신기술 개발노력은 e-Learning의 기술인프라를 공고히 하여 향후 e-Learning의 저변확대에 기여할 것으로 보인다.

02 **이러닝 콘텐츠**

(1) **이러닝의 특성**

e-Learning은 정해진 시간과 장소에서 교수자와 학습자가 모여서 이루어지는 교실중심의 전통적인 면대면 교육과 많이 다르다. 현재는 주로 인터넷을 기반으로 하기 때문에 컴퓨터와 네트워크 시설이 갖추어져 있으면 언제, 어디에서나 원하는 사람은 교육을 받을 수 있다. 따라서 시간부족이나 장소이동의 어려움 등으로 특정 장소에 모여 이루어지는 교육에 참여하지 못했던 직장인이나 주부, 물리적 · 신체적 장애 등의 여러 가지 이유로 교육에의 접근이 제한되었던 교육 소외계층도 쉽게 교육에 접할 수 있다.

e-Learning은 급변하는 지식경제시대의 산업현장에서 근무하는 직업종사자에게 특히 중요한 의미를 갖는다. 시간과 공간의 제약에서 비교적 자유롭게 학습이 이루어질 수 있다는 특성 때문에 직장 근무자들은 현업에 종사하면서도 e-Learning으로 교육을 받을 수 있다. 소집형 교육에서 문제가 되는 교육기회비용과 업무공백의 부담감을 줄이면서도 현장에서 필요한 새로운 교육을 즉시 받을 수 있게 된 것이다.

e-Learning 환경에서는 최고의 교육내용과 다양한 교육자료에 접근할 수 있으며, 정보의 수정·보완이 용이한 컴퓨터 특성을 활용하여 항상 최신의 내용을 학습할 수 있다. e-Learning은 새로운 지식이나 기술의 신속한 학습을 지원하여 개별 학습자인 사회구성원과 사회현장에서 요구하는 지식 및 기술 간의 갭을 줄이는데 기여할 수 있으며, 많은 사람이 동시에 학습활동에 참여할 수 있기 때문에 양적인 측면에서도 오프라인 교육에 비해 상대적으로 경쟁력이 있다. 또한 네트워크상에서 이루어지는 커뮤니티 활동을 통해 다양한 유형의 전문가들로부터 풍부한 현장경험과 새로운 정보를 접할 수 있어 빠른 속도로 변화·발전하는 정보 습득이 필요한 분야에서는 e-Learning이 특히 중요하다.

이와 같은 특성을 가지는 e-Learning은 교육의 새로운 관점을 전제로 하고 있다. 전통적인 '교수'의 의미 보다 '학습'의 의미가 강조되고 있으며, 교육을 제공하는 기관보다는 학습자 중심으로 교육이 이루어진다. 개인의 교육적 필요와 요구, 학습 스타일, 학습여건 등을 고려한 맞춤형 교육을 강조하며, 언제, 어디서나, 누구나 필요한 시기에 필요한 정보에 접근하여 자율적·자기주도적인 학습활동을 하는 것을 이상으로 여긴다. 따라서 단순히 강의나 지식전달만을 의미하는 것이 아니라 온라인을 통해 접근할 수 있는 모든 유형·무형의 지식이나 정보, 사람들 간의 네트워킹 등을 이용하여 문제를 해결하고 새로운 지식이나 정보를 생성하는 과정을 중시한다.

e-Learning 환경에서 효과적인 학습을 기대하려면 무엇보다도 학습자

가 학습 과정에 능동적으로 참여해야 한다. 스스로 학습하려는 자율적인 의지와 적절한 학습기술을 가지고 있지 못하다면 아무리 좋은 내용과 기회가 제공된다 하여도 기대하는 학습효과를 얻을 수 없다. 한편, e-Learning 환경에서 교수자는 지식의 전달자가 아니라 학습의 보조자 또는 촉진자의 역할을 할 수 있어야 학습자의 학습활동을 제대로 지원할 수 있다. 교수자는 학습자에게 학습방향을 안내하고 필요한 과제를 부여하며, 학습이 제대로 이루어질 수 있도록 관련 교육정보를 제공하고 지속적으로 학습과정을 관리해 주어야 한다.

e-Learning이 지식사회의 의미있는 교육방식이 되기 위해서는 이와같은 e-Learning의 특성이 적극적으로 활용되어야 한다. 다양한 정보통신 기술 인프라를 바탕으로 이전과는 다른, 또는 이전에는 가능하지 않았던 새로운 교육적 경험을 가능하게 하는 교육환경을 제공하는 것이 중요하다.

(2) 이러닝 콘텐츠의 개발

e-Learning이 기존의 교육방식을 획기적으로 변화·개선시킬 것이라는 점에는 모두 동의하지만, 실제 e-Learning이 현장에서 적용되고 있는 현실은 아직 이러한 기대에 크게 미치지 못하는 것 같다. 유아 및 아동, 청소년 대상의 학교교육에서부터 대학과 기업교육을 중심으로 하는 성인교육에 이르기까지 모든 교육영역에서 e-Learning을 활용하고자 하는 노력이 국가적인 차원에서 진행되고 있는데, e-Learning의 교육적 실효성과 교육효과에 대한 논란은 시간이 가면서 오히려 커지고 있는 것으로 보인다. 이것은 e-Learning 환경에서 학습효과에 가장 큰 영향을 미치는 두 요소 - 학습 콘텐츠의 질과 학습자의 적극적인 학습과정 참여를 통한 실질적인 학습이 기대 수준에 미치지 못하고 있다는 것을 의미한다.

e-Learning환경에서 학습이 효과적으로 이루어지기 위해서는 e-Learning의 교육적 특성을 기반으로 하는 양질의 학습 콘텐츠 개발이 무

엇보다도 중요하다. 질적으로 우수한 학습내용 및 자료를 확보하고, 인터넷의 교육적 특성을 활용하는 새로운 교육방식을 도입하여 개별 학습자의 교육적 요구에 맞는 학습이 이루어질 수 있도록 지원하는 e-Learning 콘텐츠가 개발되어야 한다. 그런데 사회적 요구에 따라 e-Learning시장이 급격히 확대되고, e-Learning 환경의 기반이 되는 기술적 요소는 빠르게 발전하고 있지만, 학습효과에 절대적인 영향을 미치는 요소인 콘텐츠의 질적인 수준은 이러한 변화를 따라가지 못하고 있다. 우선 내용적인 면에서 다양성이 확보되지 못하고 있고, 기초적인 수준의 강좌가 대부분이어서 아직은 전문적이거나 심도있는 학습이 체계적으로 이루어지지 못하고 있다.

　　학습 방법적인 면에서 볼 때, 대부분의 e-Learning 콘텐츠는 시간과 공간으로부터 자유롭게 학습을 할 수 있다는 e-Learning의 특성을 기반으로 하고 있지만, 학습과 관련된 웹의 교육적 가능성은 제대로 활용하지 못하고 있다. e-Learning 콘텐츠는 교사중심의 전통적인 교실수업 방식과 유사한 형태로 만들어지고 있는 경우가 많다. 이를 통해서 '지식 전달'이라는 소기의 목적을 달성하는 데 기여하고 있으나, 학습자의 적극적인 학습참여를 유도하고, 학습결과를 내면화하며, 이를 실제 현장에 적용하여 학습의 효과나 유용성을 극대화하는 일련의 과정에 이르게 하는 데에는 한계가 있는 것으로 보인다.

　　이와 같은 문제는 온라인상에서 이루어지는 새로운 교수·학습환경에 대한 이해 부족, e-Learning 콘텐츠 개발의 경험 및 지식부족, 그리고 이에 따른 부적절한 학습 콘텐츠 및 수업설계와 운영 등에서 기인한다. e-Learning의 질적인 향상을 도모하기 위해서는 교수·학습을 위한 교육활동의 설계와 개발, 운영, 평가, 등 기존의 교육체제를 구성하는 제반요소가 모두 새로운 시각에서 재조명되어야 한다. 특히 학습자의 학습동기 유발과 학습참여를 유도하기 위한 설계기법에 대한 논의가 좀더 활발히 이루어져야 한다. 오락적인 요소를 적극 도입하거나 게임기법의 활용, 스토리텔링이나 시뮬레이션 등의 기법을 활용하여 좀더 자연스럽고 실제적인 상황에서 학습자의 몰입을 적극 유도할 수 있는 방안들에 대한 논의가 e-Learning 콘텐츠 개발과 관련하여 적극적으로 이루어져야 할 필요가 있다.

03 이러닝의 과제

e-Learning 환경에서는 교육의 목적과 학습자 특성, 교육여건, 교과내용의 특성 등에 따라 다양한 방식으로 학습활동의 전개가 가능하다. 의미있는 학습이 보다 효과적으로 이루어지기 위해서는 e-Learning 환경을 통해서 접할 수 있는 또는 활용될 수 있는 교육자원의 구성과 제공이 학습자의 관점에서 사용하기 편리하도록 마련되어야 한다. 특히 e-Learning 의 교육적 효과를 제고하기 위해서는 교육현장에서 실제 투입되고 있는 교수·학습의 조건들에 주목할 필요가 있다. 질적으로 우수한 교수·학습 콘텐츠 자원을 확보하여 교육경험의 내용과 깊이를 풍부하게 하고 내실있는 학습이 이루어질 수 있도록 하는 것이 필요하다. 바람직한 학습 경험을 학습자들에게 제공하기 위하여 어떻게 학습경험을 설계하고 운영해야 하는가를 생각해야 할 시점이다.

e-Learning 학습의 효과에 영향을 주는 요인은 다양하지만, 교수·학습의 상황이나 학습자의 특성에 따라 달라질 수 있다. 특히 가상공간에서의 학습활동에 대한 이해가 부족하거나 학습자 통제권을 제대로 활용하지 못하는 자기조절 학습능력이 부족한 학습자, 컴퓨터 통신이나 인터넷 등에 대한 사전경험이 낮은 학습자 등 학습자 특성에 따라 이들의 학습을 유발하고 이를 지속시킬 수 있는 방안은 무엇인지, 개인적으로 상이한 특성을 가지는 학습자가 각자에 알맞은 방식으로 학습을 할 수 있도록 하는 방안은 있는지 하는 점들에 대한 연구가 있어야 할 것으로 생각된다. 또한 e-Learning은 학교교

육과 같은 공식적인 교육의 상황에서뿐 아니라 비형식적으로 이루어지는 일상적인 삶의 현장에서도 쉽게 활용될 수 있는 교육방식이라는 점에서 의도하지 않은 교육경험, 또는 에듀테인먼트적인 특성에도 관심을 기울여 학습이 좀더 즐겁게 이루어질 수 있는 방안에 대한 실질적인 연구가 많이 이루어져야 할 것이다.

e-Learning이 아무리 지식정보사회의 새로운 교육방식으로 관심을 끌고 있다고 하여도 우리 사회의 모든 문제를 해결할 수 있는 만능해결사는 아니다. 또 e-Learning이 전통적인 면대면의 소집형 교육체제를 완전히 대체하지도 않을 것이다. 그러나 e-Learning은 사회구성원들이 지식기반 경제에서 필요로 하는 지식과 기술을 지속적으로 학습하는 데 있어서 핵심적인 역할을 담당할 것이다. 다양한 교육방식이 공존하면서 교육기회는 더 많아질 것이고, 이를 이용한 지속적인 학습활동을 통해서 지식사회의 구성원들은 더욱 생산적이고 의미있는 직업활동을 할 수 있을 것이다. 다양한 자아계발과 개인의 역량증진을 통해 삶의 질 향상을 가져올 수 있을 것이며, 이것은 궁극적으로 개인과 가정, 기업과 사회발전에 기여할 것이다.

■참고도서

김진우, 『HCI 개론』, 안그라픽스, 2005.

조미헌 외 4인, 『e-Learning 콘텐츠 설계』, 교육과학사, 2004.

조은순, 『최상의 학습성과를 위한 e-러닝의 활용』, 한국능률협회, 2002.

한국사이버교육학회, 『이러닝 백서』, 산업자원부, 2005.

Murray, J. H., 『Hamlet on the Holodeck: The Future of Narrative in Cyberspace』, MIT Press, 1997.

Prensky, M, 『Digital Game-based Learning』, New York: McGraw-Hill, 2001.

■ **고기정**은 학부에서 영문학과 신문방송학(부전공)을 공부하고, 미국 컬럼비아대학교 교육대학원에서 교육공학을 전공하였으며, 전공분야는 뉴미디어와 교육 커뮤니케이션이다. 한국교육개발원의 컴퓨터교육연구센터에서 연구활동을 하였으며, 명지대학교 연구교수를 거쳐 현재 Bitzro Learning Design의 소장으로 재직 중이다. 노동부 위탁으로 한국직업능력개발원에서 운영하고 있는 e-Learning 심사위원회 위원이며, 한국문화콘텐츠학회, 미디어경영학회 등의 이사로 활동하고 있다. 주요 관심분야는 e-Learning 콘텐츠 개발과 평가, 첨단매체의 교육적 활용, game-based learning 등이며, 문화콘텐츠 분야의 전문 인력 양성 프로그램에 관한 일련의 연구를 수행 중에 있다. e-mail: kjko@korea.com

01 **디지털박물관이란**

(1) 전통적 박물관의 개념

　　박물관(Museum)은 시대와 더불어 그 내용과 기능, 정의를 달리하며 발전해 왔다. 국제박물관협회(International Council of Museum, ICOM)의 정의에 의하면, 박물관이란 "인류와 그 환경의 물질적 증거물을 연구, 교육, 향유하기 위해 수집, 보존, 연구, 소통, 전시하며, 사회에 봉사하고 그 발전에 기여하는, 대중에 개방된 영구적 비영리 기관(1989)"을 말한다. 즉 박물관이란 인류가 이룩한 역사적 유형의 축적물로서 남겨진 것 또는 파악, 수집된 것을 보존하고, 연구하고, 전시하고, 교육하는 공공의 장소를 말한다고 할 수 있다.

　　우리나라의 경우, 경제 사회 수준의 향상에 따른 공급 능력의 확대와 수요의 점증하는 요구, 지자체의 발달에 따른 역사 문화적 정체성에 입각한 다양한 문화시설의 건립 붐 등의 내외부적 환경 요인에 의하여, 전국적으로 각종 박물관 건립이 줄을 잇고 있다. 현재 문화관광부에 등록된 전국 각종 박물관의 숫자가 360여개 관에 이르지만, 이는 전체 박물관의 일부로서, 미등록 박물관이나 특수 박물관, 현재 건립 과정에 있거나 계획을 추진 중인 박물관까지 합치면 앞으로 10년 이내에 전국 박물관의 숫자가 1000여 관을 넘을 것으로 예상되고 있는 실정이다. 이 박물관은 설립주체에 따라 국립, 공립, 대학, 사립박물관으로, 전시영역에 따라 종합박물관, 전문박물관으로, 또 성격에 따라 고고, 역사, 자연과학계 박물관으로 크게 나눌 수 있는데, 규모면에서도 매우 다양한 편차를 보이고 있다.

박물관이 수행하는 기능은 ICOM의 정의에도 있지만 박물관에 통용되는 또다른 정의에 의하면, 박물관이란 역사적 자료와 정신적·물질적 문화의 흔적인 예술품·수집품·자연물의 표본을 수집·보존하고 전시·연구·교육하는 기관이라고 할 수 있다. 따라서 박물관 활동이라고 할 경우, 기능적인 측면에서 볼 때 박물관 자료의 수집, 보존, 연구, 전시, 교육, 홍보 영역으로 구분할 수 있는데, 이를 다시 크게 분류해 보면 ① 조사연구영역, ② 보존관리 영역, ③ 커뮤니케이션 영역으로 구분할 수 있다. 즉 조사연구를 바탕으로 한편에서는 보존을 위한 활동이, 그리고 다른 한편에서는 공개와 활용을 위한 활동이 주된 박물관의 활동영역인 것이다.

(2) 디지털박물관의 개념

디지털박물관이란 디지털 기술을 활용한 박물관이라는 뜻으로서, 박물관 활동의 여러 고유한 영역에서 점차 정보기술의 활용이 확대되어 가는 추세에 맞추어 정보기술을 디지털 기술의 체계 속에서 통합적으로 구축하고 나아가 디지털화된 유물정보를 적극적으로 활용하는 미래형 박물관으로 구상한 것이 그 시작이라고 할 수 있다. 즉 현대 박물관에서 디지털 기술을 통합한 미래 박물관 구상이 디지털박물관 구상이라고 할 수 있으며, 21세기형 박물관의 개념은 순수정보 공간인 가상박물관(Virtual Museum)과 실제자료를 전시하는 물리공간인 실제 박물관(Real Museum)을 디지털 기술(Digital Technology)를 이용하여 상호 보완적인 관계가 되도록 유기적으로 통합하는 개념인 것이다.

우리가 흔히 전자적인 형태로 구축한 박물관 명칭과 관련하여 사이버 박물관(Cyber Museum), 가상현실 박물관(Virtual Reality Museum, VR Museum), 웹 박물관(Web Museum), 온라인 박물관(On-line Museum), 인터넷 박물관(Internet Museum), 디지털박물관(Digital Museum), 전자 박물관(Electronic

〈그림 1〉 사이버 박물관 사례 - 국립중앙박물관 사이버 전시실

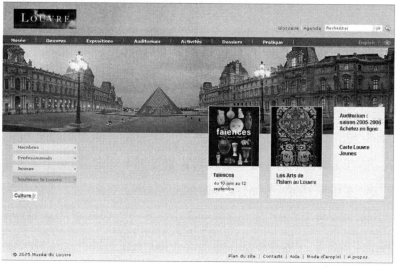

〈그림 2〉 외국 박물관 웹 사이트 사례 - 프랑스 루브르 박물관

Museum, e-museum), 유비쿼터스 박물관(Ubiquitous Museum) 등의 용어를 다양하게 쓰는데, 이들 용어는 각기 디지털 기술의 특징적인 한 면을 취하거나 아니면 상대적인 관점에서 용어를 만든 것으로 큰 틀에서 보면 디지털 기술을 활용한 박물관으로서 '디지털 박물관'이라는 용어 개념으로 수렴할 수 있다.

02 디지털박물관의 모델

디지털박물관이라는 용어를 처음 도입한 것은 일본 도쿄대의 사카무라 켄(坂村鍵) 교수가 이끄는 디지털연구종합박물관 프로젝트인데, 이 프로젝트는 디지털 기술을 보조적, 제한적으로 도입한 것이 아니라 처음부터 디지털 기술과 박물관을 접목하여 공간 아키텍처, 디지털 정보에 의한 유물의 복원 및 전시, 이용자와의 인터랙션이 가능한 시스템 아키텍처와 콘텐츠를 개발 구현함으로써, 미래 박물관의 시도로서 시작된 프로젝트였다. 즉 전통적인 박물관 활동 특히 전시영역에서 디지털 기술을 활용하여 다양하고 깊이 있는 박물관 체험이 가능하도록 콘텐츠와 커뮤니케이션 시스템을 구축한 것이다.

이 연구 프로젝트를 통하여, 문자정보의 처리기술(코드 및 폰트 문제, 특히 동양권 문자 정보 처리 기술과 관련하여 국제 표준인 유니코드와 다른 문자셋을 구현), 유물의 3차원 정보 처리 기술, 2D 영상 복제 구현기술, 동영상 디지털화 기술, 음성 정보 구현기술, 가상 전시관 아바타 구현기술, 모바일 유물 정보 검색 기술, 박물관 전시영상패널 구현기술, 박물관 패널 편집 제작 기술, PDA를 응용한 박물관 전시안내용 PDA(PDMA, Personal Digital Museum Assistant) 개발 구현, 칩을 식재한 박물관 ID 카드를 이용한 이용자 속성 정보 인식 및 정보 네트워킹 기술, 강화현실 구현기술(AR, Augmented Reality), HMD(Head Mounted Display)을 이용한 가상현실 구현기술, 모바일 유물 정보 검색 및 열람 기술

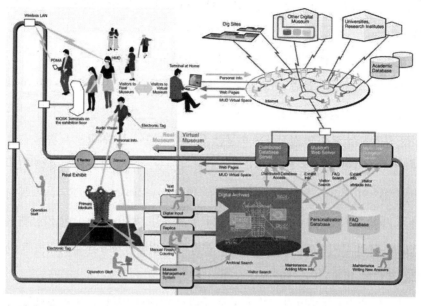

〈그림 3〉 일본 도쿄대 연구종합박물관 디지털박물관 프로젝트 디지털박물관 구상도

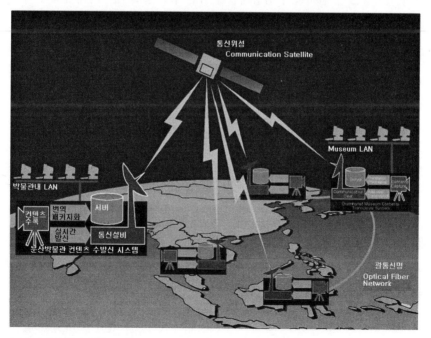

〈그림 4〉 글로벌 통신망을 이용한 인터 뮤지엄(Inter Museum) 구상도

x

등인데, 크게 나누어 보면 유물 정보 데이터베이스 및 아카이빙 구축 영역, 유물정보 검색 열람 등 전시안내 시스템 부분, 정보 네트워크 부분, 가상현실 구현영역에서 관련 기술의 축적이 주로 이루어져 왔다.

이러한 디지털박물관 구상은 오프라인 박물관을 대체한다는 개념이 아니고 오프라인 박물관을 보완하는 개념이 강하다. 즉 기존 박물관에서 늘 당면하는 문제로서 보존과 전시라는 박물관 요구에 의하여 늘 위험에 노출될 수밖에 없는 유물의 훼손을 유물 정보를 3차원 정보로 디지털화하여 활용할 경우 원본 훼손의 위험을 현저히 줄일 수 있을 뿐만 아니라, 적극적으로 원본 복제품을 개발 전시에 활용함으로써 유물의 실제적인 재현(리플리카)이 가능해짐으로써 터치 뮤지엄(touch-museum) 등 공감각적 커뮤니케이션의 확대를 통한 오감체험형 박물관이 가능해지는 것이다.

또 서책이나 두루마리처럼 원본의 물리적 형태로 인하여 전체 정보의 열람이 불가능했던 전시물이 영상패널을 통한 유물정보 데이터베이스의 자유로운 전체 내용의 열람이 가능해짐으로써 박물관 이용자의 요구에 적극적으로 대응할 수 있게 되는 것이다. 이 점은 전통적인 박물관의 한계를 넘어 이용자들의 요구를 크게 충족시키는 전시안내 서비스가 되는 것이다.

03 디지털박물관 구현기술

디지털 정보기술은 전통적인 박물관에 많은 새로운 가능성을 열어주고 있다. 자료의 조사연구, 수집 보존, 전시, 교육, 홍보 등 박물관 활동의 전분야에서 디지털 정보기술의 활용이 확대되고 있는 실정인데, 그 중에서도 특히 자료의 정보처리와 데이터베이스 구축, 유물의 전산적 관리 시스템 구축, 디지털 전시 안내와 콘텐츠 구축, 웹 등의 네트워크를 활용한 박물관 홍보 및 커뮤니티 구축 등 부분적인 분야에서는 디지털 기술의 활용이 급속하게 진행되고 있다. 더욱이 온라인 상에서만 존재하는 박물관, 디지털 정보로만 구축된 오프라인 박물관 등 디지털 기술에 기반한 전혀 새로운 형태의 박물관도 속속 소개되고 있는 실정이다.

이러한 박물관 디지털 기술은 역사성, 의미성, 소통성의 세 가지 전략적 요소를 구현해야 하는데, 이는 각기 다음의 기술적 내용을 포함한다.

▲역사성
- 유물 정보 관리
- Database & Archives System

▲의미성
- 전시 안내 시스템
- Digital Contents

▲소통성
- 커뮤니케이션 네트워크
- Museum Communication Technology & Network
  → Inter-museum

또 디지털박물관은 시스템의 구성요소로서 다음과 같은 세부적인 요소를 고려하여야 한다. 또 이러한 부문별 시스템 요건은 설계단계부터 박물관 경영정보 시스템과의 통합적 운영체계를 고려하여 구축됨으로써 최적의 운용성을 확보할 수 있다.

▲박물관 정보 시스템 일반 조건
- 기능성: 효율적인 고성능 정보 시스템 구축 및 운용
- 안정성: 장애 대응 및 백업 시스템 구축 및 운용

- 확장성: 새로운 요구에 대응한 시스템 구축 및 운용
- 보안성: 보안 관련 리스크 통합 관리 시스템
- 유연성: 타 시스템과의 연동성 고려
- 표준화: 정보 시스템 표준 프로토콜 및 데이터 표준안 준수

▲박물관 정보 시스템 특수조건

- 박물관 자료의 특성(역사계 박물관, 고고미술박물관 등 분야별 고려)
- 비구조적인 자료의 처리 방안(XML Shema 기반 Meta DB구축 방안 등)
- 서지 및 멀티미디어 DB구축(Doubline Core 서지 표준, DOI, UCI, COI 등 논의
  가 진행 중인 멀티미디어 관리 저작권 체계)
- 고문헌 문자정보 처리 및 고문헌 이미지 브라우징 솔루션(code 체계, 비표
  준 신출문자 및 이체자 정보 처리와 font 문제 등)

▲유물 정보 관리

- 유물 정보 통합 관리 시스템
- 데이터베이스(Database) & 아카이브(Archives)
- 모바일 기반 데이터베이스 관리(Mobile Datebase Management) 시스템
  연계

▲콘텐츠 및 전시 안내 시스템

- 인터랙션 디지털 전시 안내 시스템 구현
  - 박물관 이용자 속성 반영(어린이, 성인, 전문연구자, 외국인, 장애인 등)
  - 영상 패널, Kiosk, PDP, Mobile, PDA, PDMA, PMP 등
  - 비접촉식 인터랙션 신기술 매체(홍체 인식 반응 기술 등 다양한 비접촉 반응
    기술)
- 박물관 가상현실 기술 솔루션
- 디지털 콘텐츠(Digital Contents)

국내 정보기술은 전산화 단계(업무 영역별 단위 업무 전산화 단계, 1980년대 초까지), 정보화 단계(이용자 중심의 통합적 컴퓨팅 단계, 1990년대 중반까지), 지식경영 단계(축적된 정보의 유통 및 소통 단계, 현재)로 발전을 거듭해 오고 있다. 즉 사용자 중심의 통합적 시스템으로 변화되어 왔으며, 향후 가장 큰 변화가 예상되는 부분은 유비쿼터스 컴퓨팅(Ubiqoitous Computing, 1988년 제록스의 팔토알토연구소의 Mark Weiser가 처음 명명) 환경으로의 변화라고 할 수 있다.

〈그림 5〉
박물관 전용 PDA인
PDMA(Personal Digital
Museum Assistant)
개발 모델(일본)

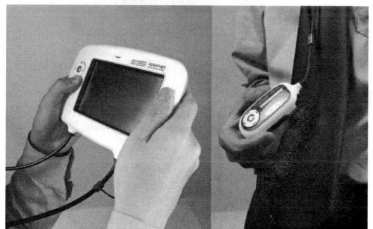

〈그림 6〉 2005년 10월 개관한 국립중앙박물관 전시안내단말기(PDA, MP3)

〈그림 7〉
디지털박물관 인텔리전트 스마트 카드
(Intelligent Smart Card)

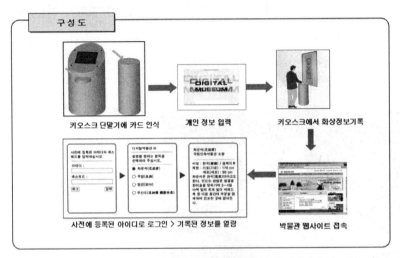

〈그림 8〉 인텔리전트 스마트 카드를 활용한 이용자 맞춤 정보 커뮤니케이션 시스템

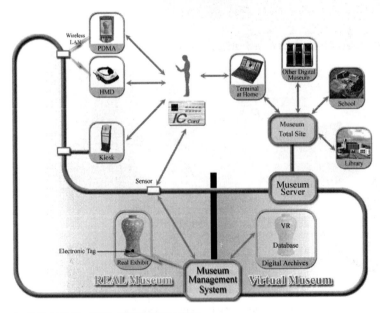

〈그림 9〉 USN을 활용한 디지털박물관 개념도

문화콘텐츠입문 | 산업

유비쿼터스 컴퓨팅은 PC 중심의 컴퓨팅 패러다임을 인간 중심의 컴퓨팅으로 전도시킨 개념이다. '언제', '어디서나', '누구나' 컴퓨터가 식재된 사물과 인터랙션하는 지능형 휴먼 네트워킹을 말한다. 특히 이러한 변화가 가장 먼저 시도되고 있는 분야 중의 하나가 박물관, 미술관, 이벤트 등의 전시공간으로 예상되며, 국내에서도 이미 RFID(Radio Frequency Identification) 태그를 활용한 USN(Ubiqoitous Sensor Network) 기반의 전시 안내시스템이 구축 중이다.

04 문화콘텐츠와 박물관의 만남

우리가 문화콘텐츠(Culture Contents)와 박물관을 연결하여 하나의 산업적 사례로서 언급하려는 맥락은, 하나는 "문화"(Culture)라는 용어의 다양한 정의와 해석에도 불구하고, 위에 언급한 "인류의 역사적 유무형의 자산"이라는 말을 환언하면 곧 "문화"라는 용어의 한 정의가 되기 때문이다. 즉 박물관은 유무형의 수집된 문화 저장소인 것이다.

또 다른 하나의 맥락은 "콘텐츠"(Contents)라는 용어와의 관련성인데, 이 콘텐츠라는 용어는 정확한 독법으로는 디지털 콘텐츠(Digital Contents)로서, 현대 박물관에서 점차 디지털 기술의 활용이 늘어가는 추세를 반영하는 맥락이다. 즉 디지털 기술에 의하여 박물관에서의 정보기술의 활용이 확대되는 과정에서, 전통적인 박물관, 오프라인 박물관뿐만 아니라, 사이버 상에서만 존재하는 박물관, 디지털 정보만을 바탕으로 건립 운영되는 디지털박물관 등 그 양상이 다양하게 나타나고 있는 실정이라는 것이다.

디지털박물관의 가장 중요한 장점은 개인들의 다양한 요구를 맞춤 형태로 제공하는 길이 가능해지기 때문에 박물관 이용의 만족도가 크게 향상되는 데에 있다. 디지털박물관 구상은 선진국의 초대형 박물관에 경쟁할 수 있는 한국형 디지털박물관 추진을 통한 경쟁력 강화와 문화관광, 문화산업 자원으로서 뿐만 아니라 지식, 기술, 교육 자원으로 박물관 위상을 높이는 데 큰 역할을 할 것으로 기대된다. 즉 박물관이 디지털 기술을 활용하여 문화콘텐츠와의 행복한 만남의 일상적 체험의 장소로 거듭 태어나고 있는 것이다.

■참고도서

게리 에드슨·데이비드 딘, 『21세기 박물관 경영』, 시공사, 2001.
박신의 외, 『문화예술 경영 이론과 실제』, 생각의 나무, 2002.
사카무라 켄, 『21세기 디지털뮤지엄』, 동경대연구총합박물관, 2001.
사카무라 켄, 최운식 역, 『유비쿼터스 컴퓨팅 혁명』, 동방미디어, 2002.
세계박물관협회 편. 하태완 역, 『박물관과 미술관의 새로운 경영』, 궁리, 2001.
이보아, 『성공한 박물관 성공한 마케팅』, 역사넷, 2003.
조지 엘리스 버코 저. 양지연 역, 『큐레이터를 위한 박물관학』, 김영사, 2001.

■ **한문희**는 홍익대학교에서 역사학(동양사)을 전공하였으며, 세종대왕기념사업회 사업부장, 문화관광부 '새천년한글날특별전'(1999) 전시기획위원, 21세기 세종계획 '한국글꼴개발원' 책임연구원, 동방미디어(주) 콘텐츠 및 디지털박물관 사업부 상무이사, 한국디지털박물관연구원 사무국장을 지냈으며, 현재는 (주)누리미디어 상무이사로 있다. 인문콘텐츠학회 산학이사, 경기문화재단 경기실학현양위원, 한국어세계화재단 디지털한글박물관추진위원이며, 홍익대학교에서 '디지털문화론'과 '동양고전'을 강의하고 있다. 다수의 한국학 및 문화콘텐츠를 기획 제작하는 한편, 우리 고전을 새롭게 기획하여 『아버지의 편지』, 『한글의 슬기와 세종대왕』(문화관광부 우수교양도서, 2005) 등을 펴낸 바 있다. 종이책 출판과 디지털을 넘나드는 콘텐츠 크리에이터와 미래형 신개념의 박물관 디지털 아키텍처를 꿈꾼다.
e-mail: hanmh9@hanmail.net

문화콘텐츠산업_12 **테마파크**

이형주 | 이마주

01 **테마파크의 현황**

테마파크(Theme Park)는 테마가 있는 모든 놀이공원(Amusement park)을 총칭하는데 전세계적으로 수천 개에 이르고 있다.

어드벤처 파크(Adventure park), 엔터테인먼트 파크(Entertainment park), 재미나라(Fun park), 동화나라(Fairytale park), 영화마을(Movie park), 게임천국(Computer park, Play park), 워터파크(Water park), 수족관(Aqua park), 해양공원(Sea world park), 동물원(Animal park, Safari park), 가족공원(Family Fun park, Happy land park, Dreamland park) 등으로 알려진 대표적인 테마파크만 꼽아도 100여개 정도이며 그 중의 절반은 미국에 있다. 특히 세계적으로 손꼽는 테마파크는 디즈니랜드가 처음 들어선 캘리포니아에 12개 그리고 올랜도 디즈니랜드가 세워진 플로리다에 8개 등 두 지역에 집중되어 있는 것이 특징이다.

여기서 주목해야 할 것은 그 많은 테마파크가 대부분 1955년 디즈니랜드가 처음 오픈한 이후에 만들어졌다는 점이다. 즉 월트 디즈니가 만화영화(Animation)에서 보여주었던 재미(fun)와 오락성(Entertainment)을 건축물

(Architecture)에 도입하여 만들어 낸 것이 디즈니랜드인데, 이것이 전세계 놀이공원(Amusement park)의 표준처럼 자리 잡았고 그 이후에 생겨나는 거의 모든 테마파크의 효시가 되었던 것이다.

02 테마파크의 발전

(1) 테마파크의 원형(Prototype)

1955년 디즈니랜드가 문을 열기 전의 놀이공원은 무질서와 환락, 타락의 장소로서 단순한 유원지에 불과했다. 디즈니는 이러한 유원지 개념의 놀이공원을 '지상에서 가장 행복함을 느낄 수 있는 완벽한 장소'라는 개념의 테마파크로 완전히 바꾸어 놓게 되는데 그것이 바로 디즈니랜드의 탄생을 가져왔다.

디즈니랜드의 성공으로 그와 유사한 놀이공원이 전세계적으로 확산되기 시작했다. 그럼으로써 디즈니랜드는 테마파크의 원형(Prototype)으로 여겨졌고 현대의 미국 문화와 엔터테인먼트 분야에서 미국의 주도권, 그리고 현실과 허구의 경계를 무너뜨린 상징으로 자리 잡았다.

테마파크의 원형(Prototype)으로서 디즈니랜드의 구조적 뼈대는 애니메이팅 아키텍처(Animating Architecture), 완벽한 세부묘사(perfect detail), 감동의 요소(Emotion factor) 등 세 가지 특징으로 설명할 수 있다.

애니메이팅 아키텍처(Animating Architecture)

타고난 이야기꾼(storyteller)이었던 월트 디즈니는 디즈니랜드 프로젝트와 관련해서 "나는 꿈을 건설하고 있습니다. 그리고 우리는 마치 만화영화를 제작하는 것과 똑같이 작업에 임했습니다"라고 말한다. 그는 만화영화 캐릭터를 통해 보여 주었던 주도면밀한 노력을 놀이공원 건설에도 똑같이 적용했다.

그 결과로 디즈니는 기존에는 없었던 전혀 새로운 세계(Theme Park)를 창조해 냈는데 이것이 바로 건축물과 이야기가 결합한 형태의 놀이공원인 것이다. 디즈니는 이야기를 들려 주는 매체로서 건축이란 장르를 선택했고 애니메이션에서의 시각적 체험을 3차원의 현실로 실현해 냄으로써 애니메이팅 아키텍처(Animating Architecture)라는 새로운 경향을 만들어낸다.

완벽한 세부묘사(perfect detail)

디즈니랜드는 질서 있게 통제되는, 사람들에게 위안을 주는 장소로 인식되었다. 이야기 속에 등장하는 무시무시한 악당들은 대부분 명랑하고 유쾌하고 즐거운 성격으로 그려졌다. 악마(evil)마저도 완벽하고 세심한 묘사를 통해 뭔가 즐거운 느낌을 주는 존재로 탈바꿈시켰다. 애니메이션에서 그랬듯이 "선한 자는 언제나 악한 자를 물리친다"는 메시지를 테마파크에도 똑같이 적용하였다. 디즈니랜드에 가면 오래 줄을 서도 그 끝에는 반드시 재미난 일이 기다리고 있다는 마치 종교와 유사한 믿음이 사람들에게 생겨났다. 대부분의 관람객들은 이 인공의 낙원이 가져다 주는 풍요로움과 완벽함에 압도당해 모든 현실의 시간적, 공간적 개념을 망각하게 되는 것이다.

감동의 요소(Emotion factor)

말이 없어도 통하는 그 세계에서는 사람들에게 전혀 다른 세계로 들어가는 느낌을 맛볼 수 있도록 했다. 지구상에 존재하는 여타의 예술형태들과는 다르게 관람객들이 오로지 감동의 요소로 가져갈 수 있는 재미와 기쁨, 행복감까지도 건축물에 도입한 것이다. 심지어 디즈니랜드에서 관람객과 운영자의 관계는 한편의 애니메이션에 등장하는 주연과 그를 돕는 출연자(Guest & Cast)의 개념을 갖고 있다. 운영자(Cast)는 이야기의 클라이맥스에서 관람객(Guest)에게 마치 자신이 주인공이 된 듯한 감동을 최고로 누릴 수 있도록 옆에서 조연을 담당하는 것이다.

(2) 테마파크의 유형

전 세계 거의 모든 테마파크는 디즈니가 제시한 위와 같은 기본구조 위에서 출발하고 있다. 놀이공원에서뿐만 아니라 테마 박물관, 테마도시, 테마스트리트, 테마쇼핑센터, 등 디즈니 모델의 발전과 진화는 다양하게 일어나고 있는데 그 유형은 크게 4가지로 구분할 수 있다.

〈표1〉 테마파크의 유형

구 분	Theme Park	Main Architecture	기대효과
Entertainment	디즈니랜드, 유니버설스튜디오	Attraction	Fun
Environment	에덴 프로젝트	Nature	Sustainability
Education	테마 박물관, Ecopt	Contents	Creativity
City &Town	라스베가스, 오다이바	Game, Show &Shopping	Desire

Entertainment형 테마파크

가장 일반적이며 가장 대표적인 놀이형 테마파크로서 디즈니랜드가 그 원형을 만들어낸 형태이다. 이 곳의 메인구성은 관람객의 흥미와 관심을 유발할 수 있는 스토리가 담긴 시설물(Attraction)로 구성되어 있고 관람객에게는 재미(Fun)를 선사하는 것을 지상최대의 목표로 삼고 있다. 대표적인 테마파크로 디즈니랜드와 유니버설스튜디오를 꼽을 수 있다.

Environment형 테마파크

21세기 들어와서 그 중요성이 더욱 커진 지구환경과 인간의 삶이라는 테마를 화두로 만들어진 자연친화적 테마파크를 말한다. 인간의 삶과 자연의 중요성을 깨닫게 함으로써 지속가능한 삶의 환경을 만들어 나가는데 그 목적을 두고 있으며 기존의 식물원, 동물보호구역 또는 폐광이나 불모지와 같은 지역과 시설물들을 이용하여 테마파크를 이루기도 한다, 대표적인 것으로는 일본의 허브농원, 영국의 에덴프로젝트를 꼽을 수 있다.

Education형 테마파크

교육형 테마파크는 기존 박물관의 고정된 이미지를 탈피하고 보다 적극적이고 창의적인 전시를 고민하면서 테마파크적인 구성과 구조를 건축과 전시에 도입한 박물관형 테마파크를 말한다. 이러한 박물관형 테마파크는 기존의 정통적인 유물박물관에서의 기능과 역할보다는 원리와 창조적인 응용의 세계를 끌어내기 위해 이야기와 흥미로운 요소를 도입하는 데에 큰 중점을 두고 있다.

대표적인 것으로 과학과 엔터테인먼트를 접합시킨 올랜도의 엡콧(Epcot)센터를 꼽을 수 있으며, 수많은 어린이박물관, 과학관, 자연사박물관 등은 이미 오래 전부터 독자적인 방법들을 모색해 오고 있다. 최근에는 역사박물관의 형태도 기존의 유물박물관 개념에서 테마박물관 형태로 발전(진화)하고 있음을 알 수 있다.

Economy형 테마파크

쇼핑과 문화의 만남을 지향하는 도시형 테마파크는 테마파크가 인간의 현대생활에 어떤 영향을 끼쳤으며, 오늘날 모든 도시건축물이 예전과 다르게 그 형태가 왜 점점 더 개념화되어 가고 있는지를 알 수 있게 한다.

도시의 기능성이 확대되면서 도시는 그 외곽에 있던 테마파크를 도시 속으로 끌어들여 상품화시켰다. 미래도시 건설은 도시 전체를 테마파크로 만들어가는 것과 같다. 또한 기존의 낙후된 거리가 현대 속의 전통, 또는 전통이 살아있는 미래라는 슬로건 속에서 도시형 테마파크로 탈바꿈하고 있다.

도시형 테마파크의 원조는 미국의 라스베이거스이며, 일본의 오다이바, 우리나라의 인사동거리도 그 한 예가 될 수 있다.

03 테마파크의 확산

오늘날 테마파크는 디즈니가 처음 제시했던 탈도시, 미지의 섬으로의 탐험과 같은 감춰진 놀이공원의 개념을 넘어서 급속히 도시 속으로 파고들고 사람들의 일상적인 거리로 스며들고 있다.

전 세계적으로 개인의 행복감과 미각을 만족시켜 주는 사업이 붐을 이루고, 외식이나 쇼핑, 놀이공원 등의 개별적인 목적을 하나로 묶어 종합적인 여가시간을 보내고 싶어하는 사람들의 욕구를 간파함으로써 도시는 '쇼핑몰 문화'라는 것을 디즈니 모델로부터 찾아내고 있다. 즉 디즈니가 제시했던 테마파크의 원형(Prototype)이 이른바 물건을 사는 것은 물론 재미난 경험까지 즐길 수 있는 새로운 형태의 '쇼핑몰 문화'를 선도하는 방향으로 도시의 발달과 함께 진화한 것이다.

공항이나 기차, 지하철역과 같은 곳도 어느덧 단순한 여행을 위한 장소개념을 넘어섰고 백화점, 관광용 건축물(tourist architecture), 대중수영장, 극장, 박물관, 심지어 은행건물에도 디즈니 모델에서 진화된 쇼핑몰 문화가 도입되고 있다. 다시 말해 어떤 형태의 거리를 하나 조성한다 했을 때, 뭔가 생동감을 주는 건축물 하나 없이는 이제 그 자체가 의미를 상실하는 시대가 도래한 것이다.

우리나라의 크고 작은 모든 도시들이 앞 다투어 개발과 리모델링에 열을 올리고 있는 오늘날의 시점에서 테마파크에 대한 올바른 이해와 심층적인 연구는 21세기형의 경쟁력 있는 도시를 설계하고 만들어 갈 수 있는 새로운 관점과 방향을 찾는다는 점에서 매우 중요하다. 그럼으로써 우리의 도시는 인간의 행복과 꿈, 인공의 낙원을 제공해 줄 수 있는 미래에 대한 보다 강력한 무기(leisure machine)로서 미래형 테마파크의 탄생을 예고한다.

■참고도서

가미지카 요시쿠니, 박석희 외 옮김, 『미래도시를 여는 테마파크』, 일신사, 1998.

네모토 유우지 지음, 박석희 외 옮김, 『포스트 테마파크』, 일신사, 2000.

톰 코넬란, 『디즈니월드 성공에 감춰진 7가지 비밀』, 영언문화사, 2001.

David koenig 외, 서민수 옮김, 『애니메이션의 천재 디즈니의 비밀』, 현대미디어, 2000.

Stephen M. Fjellman, 『디즈니와 놀이문화의 혁명』, 일신사, 1994.

■ **이형주**는 광운대학교 전자공학과를 졸업하고, 한국영화아카데미에서 영화연출을 전공하였다. 전시관련 특수영상과 단편영화감독으로 활동을 했고 서울역사박물관을 비롯한 많은 박물관과 테마파크, 엔터테인먼트 관련 프로젝트의 전시기획과 설계에 참여했다. 현재는 박물관전시콘텐츠 전문기획회사인 (주)이마주의 대표이며, 인문콘텐츠학회 산학이사를 맡고 있다.

e-mail: kidali40@hanmail.net

축제와 이벤트

안이영노 | 기분좋은트렌드하우스 QX

01 현 황

1990년대 한국사회에서 지방자치체가 실시된 이후, 부산영화제, 광주비엔날레를 비롯, 제작운영비 100억 원에 달하는 국제적 규모의 메가이벤트, 그리고 춘천마임축제를 위시한 지역축제, 작은 규모의 지역문화예술행사, 사라져 가는 것을 복원한 전통민속축제, 관광의 목적을 지닌 문화행사 등 공공자원이 투입되는 다양한 지역이벤트가 전국적으로 5000개 넘게 양산되었다. 이중에서 문화관련 축제만도 500개가 넘는다. 성장잠재력이 크거나 10여 년 가까운 전통을 갖고 규모를 키우거나 체제를 마련한 지역행사로서 문화예술적 가치를 지닌 것은 50여 개를 문화관광부 등에서 선정하고 있다.

이벤트는 더 다양한 분야에서 벌어지는데, 이벤트의 대부분은 문화적 표현과 대중예술적 소재를 쓴다는 점에서 문화이벤트다. 광고와 관광을 비롯, 수조 원에 이르며 현재 증가하는 엔터테인먼트 시장을 고려할 때 이벤트의 규모는 지역축제보다 더 크다. 이벤트가 지니는 문화산업적 잠재력은 지역축제가 촉진하는 관광산업, 산업박람회 및 엑스포, 국제 컨퍼런스와 컨벤션행사 등이 갖는 산업적 요구, 아트페어, 비엔날레, 전시회, 공예견본시, 예술제가 촉진하는 예술산업, 호텔, 여행, 식음료서비스 등 호스피텔리티 산업 전반에서 발생하는 이벤트의 창출기회, 또 클럽 등 도시의 유흥문화와 파티시장, 디지털네트워크 및 위성, 공중파, 지상파, 케이블 등 방송시장 연계사업을 모두 고려할 때 그 자체로 다양한 문화상품을 양산한다. 나아가 지역경제 활성화효과, 고용창출효과, 부가가치 창출 등 다변적인 산업연관효과를 드러낸다.

현대사회는 다양한 집단이 다양한 표현을 전달하기 위해 집회, 행사 등을 가지며 이 중 문화예술적 표현을 구사하는 축제와 이벤트가 존재한다. 시장에서 상품을 알리는 경쟁은 현대사회에서 치열하기 그지없는데, 대중소비자를 상대로 주목과 선전효과를 보기 위한 목적으로 이벤트가 실시된다. 홍보, 판촉의 목적을 가진 광고마케팅산업 분야의 이벤트가 아니라 하더라도, 이벤트는 방송과 온라인미디어에 버금하는 대중적 의사소통기능으로 자리잡고 있다.

지역축제는 지방자치제가 실시된 이후 양산되었고, 경쟁을 통해 운영이 양호하고 경제성이 있는 것을 중심으로 살아남는 경향이 있다. 이러한 구조조정 속에서 상업적 이윤을 기대하기 힘들지만 문화적·인문학적·역사적 가치를 갖기 때문에 존속·보존해야 하는 작은 축제들은 정부의 공적 지원을 통해 유지될 것이다. 하지만 한정된 자치구역 속에서 지역축제는 일정한 규모를 유지할 것이며, 다만 외지 및 해외관광객을 끌어들이는 개성이 강한 중대형의 브랜드 행사를 중심으로 축제분야의 문화콘텐츠가 지속적으로 성장할 것으로 보인다. 한편 이벤트산업은 방송연예산업, 인터넷과 모바일, 위성 등에 연계된 온라인통신산업, 광고마케팅산업, 위락관광산업, 국제컨벤션 및 산업전시, 문화예술 페어, 영화, 대중음악, 만화, 게임 등 대중문화산업의 부대행사 등 몇 가지 분야에서 가파른 속도로 성장하고 있다.

02 축제와 이벤트의 특성

축제와 이벤트의 구분은 다양한 접근이 가능하다. 하지만 축제와 이벤트가 하나의 분류기준에 따라 나뉘는 것이 아니며, 이 둘은 비교가능한 동수준의 분류유형을 구성하고 있는 것이 아니다. 그렇다면 축제와 이벤트의 구분보다는 축제와 이벤트의 관계를 보는 것이 의미가 크다.

이벤트는 축제의 상을 이상형으로 삼고 있다. 한편으로 현대적인 축제는 이벤트의 효율적인 제작방식과 정보의 전달-수용에 이르는 전략적인 커뮤니케이션 과정을 차용한다. 지역공동체의 전통과 민속이 살아 숨쉬는 작고 자연스러운 지역축제는 없어지거나 문화행사로 거듭나고, 한편 이벤트는 점차 무대와 객석의 구분을 넘어서는 다양한 시도를 하고 있다. 역설적으로 축제이벤트가 발전하는 동시에, 이벤트는 페스티벌을 타이틀로 내거는 시대가 도래하였다.

이벤트가 축제를 원형으로 삼고 모사한다는 동일기원의 관점과 달리, 축제와 다른 기원을 갖는다는 입장도 있다. 이벤트는 현대사회에서 지역개발 및 관광전략, 기업 및 제품홍보, 대중문화산업, 국제적 박람회 수요 등의 기능에 따라 만들어진 현대적 산물이라는 것이다. 오늘날은 합리적인 제작공정을 차용하는 재래축제 변형현상도 급속히 나타난다는 점에서 축제가 오히려 이벤트를 모사한다는 점을 생각해볼 수도 있다. 이는 이벤트 지배론의 시각이다. 아무튼 이벤트는 현대사회에서 대중을 한 자리에 모아놓고, 엔터테인먼트와 예술, 과학적인 정보전달 등을 시도한다는 점에서 문화적 구현보다는 효과적인 커뮤니케이션 수단으로 발달되어 왔으며, 현장성을 중시하는 다양한 행사는 모두 이러한 이벤트 제작메카니즘을 따르면서 산업적 속성을 갖춰가고 있다.

03 인류가 발명한 독특한 미디어

축제와 이벤트는 문화예술의 다양한 소재와 현대사회의 생활문화가 집약적으로 녹아 있는 인류의 발명품이다. 축제는 제의와 관습, 지역특산물, 그 산업 및 창조와 관련된 전문지식과 학술적 관심, 예술적 표현을 다루는 인력의 참여, 놀이문화, 관람객과 참여자가 보여주는 문화적인 습속 등이 두루 들어가 있다. 성주참외축제, 함평나비축제, 무주반딧불축제, 보령머드축제, 봉평메밀꽃축제, 제주들풀축제, 지평선축제, 허수아비축제 같은 지역특산물 외에도 임실필봉의 정월대보름축제 같은 마을의 전래민속행사, 전북서예비엔날레 같은 문예학술적 기능을 가진 문화제, 부산영화제 같은 산업적 기능 등은 다양한 요소 중 특정부분이 강조되고 있다. 이벤트 역시 음악, 전시, 춤, 연기 등의 장르별 예술이나 대중문화, 오락기능을 차용하고 이종융합을 거쳐 관객에게 오락과 위락을 주는 아이템을 개발하고 있다는 점에서도 다양한 삶과 인문적 요소가 결합되어 있다.

축제와 이벤트는 공통점이 있다. 상징성을 지닌 특정 현장에서 이루어지는 집중적인 커뮤니케이션이라는 점이다. 도시의 이벤트는 독특한 공간을 설치하는 축제현장 만들기나 무대작업 등을 통해 고유한 장소성을 스스로 만들어내기도 한다. 디지털문화콘텐츠가 갖고 있는 동영상, 시각이미지, 글과 말의 기록물인 문헌자료 등 텍스트의 성격과 달리 직접 보고, 사람들이 만나서 공동으로 이루어내며, 한날 한자리에서 다양한 문화예술적 요소가 뒤섞인다. 종합예술이라 일컫듯 음악, 전시, 연기, 연희, 춤, 조명, 의상 등이 어우러진다. 연극이나 무용, 음악공연 등과 같은 실연의 속성이 있어, 현장에서 공연과 행위로 드러난다.

축제는 연례행사처럼 일정한 시기에 반복되는 주기의례이며, 스페셜 이벤트는 한사람의 인생 중 기념할 만한 사건에 집중하는 통과의례와 흡사하다. 아무튼 집약적으로 특정한 시기에 모든 에너지를 공동으로 투여하는 성질을 갖는 것이 축제와 이벤트다.

축제와 이벤트는 무선네트워크나 유선의 커뮤니케이션을 중심으로 볼 때 흔히 오프라인(off-line)이라고 부르는 소통의 매개체(medium)이다. 축제와 이벤트도 문화콘텐츠를 실어 나르는 하나의 미디어라고 할 수 있지만, 디지털 미디어와 다른 전달력을 갖는다.

축제와 이벤트는 쌍방향 소통이라는 점에서는 온라인 커뮤니케이션의 특성과 부분적으로 비슷한 데가 있다. 순차적인 쌍방향 소통이 아니라 실황, 즉 실시간의 동시적인 상호연결이 이루어진다. 하나의 미디어로서 축제공간과 이벤트의 구성요소는 특정한 시기의 한순간에 한 자리에서 구현되어 그곳에 모인 사람들 모두에게 다가간다. 또 그 축제현장 및 이벤트 장소 안으로 들어온 참여자 및 관람객 사이에, 그리고 축제를 만들고 이벤트의 무대에 선 사람들과 이들 관람객 사이에 상호적인 교감뿐 아니라 구체적인 신체적·시각적·언어적 표현과 반응이라는 실시간 쌍방향 소통이 일어나는 것이다. 이는 우리의 일상생활과 비슷하지만, 집중적인 시간대에 특정한 장소에 가지 않으면 느낄 수 없는 현장감과 박진감을 전달한다. 그 축제의 연희자 및 그 이벤트의 공연자가 전달하는 메시지를 통해 참여자와 관람객이 반응하는 것이 그 현장을 가득 채우는 방식으로, 말하자면 실시간으로 의미와 행동의 상호교환이 집중적으로 일어나는 미디어라 하겠다.

04 문화콘텐츠로서의 성질

문화콘텐츠는 예술뿐 아니라 현대인의 생활세계에서 일어나는 다양한 문화적 표현을 포함한다. 인터넷이나 모바일에서 발산되는 다양한 정보는 잠재적으로 문화콘텐츠의 자료(data)다. 인터넷과 모바일에서는 상업적 목적으로 가공된 문화콘텐츠가 전달되며 이를 제작, 가공하는 디지털 문화산업은

2000년을 전후, 한국을 중심으로 빠르게 성장해 왔다. 유무선의 온라인 커뮤니케이션은 비상업적이면서도 실용적인 기능을 하는 통신을 넘어서 문화적으로 자신의 생각과 느낌을 표현하고 전달하는 장이 되어 가는데, 그 예는 이모티콘이나 디카로 만든 작품을 올리는 것 같은 간단한 예로부터 아마추어 아티스트의 작품이 교류되는 것에 이르기까지 다양하다. 이처럼 온라인 미디어는 가공된 문화콘텐츠, 문화적 표현으로 현재화된 정보가 발신·수신되는 곳이다.

축제와 이벤트가 보유하는 문화콘텐츠들 역시 이런 성질이 있다. 영화, 대중음반, 애니메이션, 만화출판 등 문화콘텐츠산업이나 라디오, 케이블, 텔레비전 등 방송미디어는 상업적·실용적 소통의 목적으로 지식과 노동, 재원을 집약적으로 투입하여 문화콘텐츠를 제작하고 대중에게 전달한다. 반면 모바일의 유저나 인터넷의 네티즌이 제작하고 송출하는 정보들은 그 자체로 직접적인 문화콘텐츠 제작의 목적을 갖지 않는 것이 많다. 가공을 거쳐야만 상품이나 지식으로서의 문화콘텐츠가 되는, '날 것'으로서의 자료가 많다.

물론 인터넷 사이트와 각종 웹페이지에 오르는 정보 중에는 디자이너, 작가, 영상연출가 등이 만들어 낸 작품도 많고, 모바일 역시 동영상을 비롯한 문화콘텐츠를 유무상의 서비스로 제공하고 있다는 점에서 새로운 미디어로서 방송기능을 맡고 있다. 하지만 대부분의 온라인 미디어는 일반인이 수신자를 넘어선 참여자가 되어 잠재적인 문화콘텐츠를 직접 만들어내거나, 전체가 참여하여 커뮤니티 콘텐츠를 형성하는 과정에 있는 것이다.

축제와 이벤트는 문화콘텐츠의 성질로 이와 유사한 면이 있다. 축제의 공연무대와 이벤트 메인 무대에는 축제의 제작자, 공연기획자와 이벤트 연출가 등이 구상하고 제작한 순도 높은 문화콘텐츠가 송출된다. 이는 전시회에서도 예외가 아니라 커미셔너, 큐레이터 등이 작품을 전문적으로 배열·배치한다. 공연예술제와 영상제에서는 프로그래머가 시간적으로 작품의 배치를 담당하는데, 이는 방송프로그램의 편성과 기능이 같다. 공연의 무대감독과 축제의 현장연출은 기술적인 사전준비를 통해 이러한 콘텐츠를 편집하는 면에서 영상편집과 같다.

축제와 이벤트는 이처럼 정제적 문화콘텐츠(fine arts)를 제공하는 한편으로 의도하지 않은 연희와 예기치 않은 놀이를 통해 판타지를 만들어내기도 한다. 축제와 카니발은 굿과 같은 본성을 추구하기 때문에 축제현장에서 혼이 나가는 트랜스(trance)를 지향한다. 이벤트 역시 객석과 소통하는 사회자 및 무대출연자의 기교, 놀이, 체험프로그램 등을 통해 시간적 순서 속에서 하이라이트에 함께 교감하고 어우러지는 마당(또는 floor)을 마련하여, 축제의 이상형을 취하고자 한다.

결국 축제와 이벤트가 만들어 내는 문화콘텐츠는 한편으로 행사의 마루(또는 stage)라고 할 수 있는, 이른바 제작자가 의도한 공연이나 주요 무대작품, 주요전시 만이 아니다. 관객 및 참가자가 함께 어우러져 보여주는 축제현장 및 이벤트 객석 그 자체도 해당한다. 참가자의 다양한 반응이나 함께 만들어 내는 난장 등이 바로 콘텐츠를 구성하는 요소들이다. 그런 점에서 축제와 이벤트는 온라인의 커뮤니티와 마찬가지의 열린 장을 유도하기 위해 특별한 주제와 무대의 주요 아이템을 제공하는 것인데, 이는 잔치의 속성과 같다. 잔치는 주최자가 벌이지만, 기념하고 축하할 하객이 없다면 무의미하다. 하객이 만들어낼 소통의 행동들과 이에서 비롯되는 여흥을 위해서 주최자가 음식과 인사를 준비하는 것은, 바로 축제의 공연과 주요전시의 정제된 문화콘텐츠 제작에 해당하는 것이다.

연등축제에 몰려나와 퍼레이드를 수행하는 긴 연등행렬, 예술벼룩시장에 참가한 사람들의 수많은 가판들, 그리고 테크노페스티발의 춤추는 참가자들의 큰 물결, 월드컵 응원단의 붉은 티셔츠, 촛불시위의 축제를 구성하는 수많은 간이촛불들은 바로 참가자들이 직접적으로 문화콘텐츠를 구성하는 극단적인 예로, 축제가 지닌 실시간 쌍방향 교감의 특성을 잘 보여준다.

05 문화산업적 특성과 잠재력

축제와 이벤트의 문화콘텐츠는 달걀의 노른자와 흰자에 비유할 수 있다. 무대와 주요 전시아이템은 노른자, 참가자가 출연자와 함께 구성하는 축제의 실시간 현장은 흰자에 해당한다. 노른자는 영양소가 많지만, 운동하는 사람이 근육을 키울 때 먹는 것은 흰자다. 축제프로그램과 이벤트 소프트웨어만이 문화콘텐츠가 아니라, 이러한 행사가 실시간으로 만들어지는 과정에서 참가자들이 함께 만들어내는 제연들이 바로 잠재적인 문화콘텐츠라고 할 수 있다. 잠재적인 문화콘텐츠는 가공의 여지가 있으며, 파생상품을 만들어 내는 원천자원으로 쓰이게 된다.

이벤트는 제작 자체로 문화산업의 고용창출과 같은 직접연관 효과를 보여준다. 지역축제의 제작은 간접적으로 예술산업의 토양을 만들고, 문화상품을 개발하며, 이의 바탕이 되는 지역문화의 다양한 자원들을 공적으로 지원하는 효과를 보여준다. 이벤트와 축제를 만들기 위해 투여되는 재원은 출연자, 기획자, 연출가, 영상과 웹 등 각종 문화콘텐츠 개발인력을 위해 쓰이므로, 장기적으로 예술산업과 문화산업의 공급 능력을 배가시킨다. 이벤트와 축제는 그 자체가 문화산업의 한 영역이지만, 동시에 문화산업을 지지하는 배후기능을 하고 있는 것이다.

한편으로 다양한 예술창작의 소산을 묶어 내는 것이 예술축제이고, 장르별로 분야예술의 문화콘텐츠를 한자리에 모으는 효과를 지닌 것이 지역축제다. 문화이벤트 역시 각종 문화예술의 산물들 중에서 정제된 것을 선정하여 특정한 관객과 참여자에게 제공한다. 그런 점에서 이벤트와 축제는 문화예술콘텐츠의 소산을 보여주는 견본시, 발표장, 모집과 선정의 기능을 한다. 그 사회에서 배출되는 문화콘텐츠를 대중과 수용자에게 전달하는 권위와 기능을 가진 것은 방송 미디어만이 아닌 것이다.

끝으로 축제와 이벤트가 지닌 복합예술의 총체적 기능 때문에, 행사가 끝난 후에는 다양한 자료가 남게 된다. 더구나 참가자와 관객이 함께 어우러져 일정시간 한 공간을 점유하면서 특정한 행위를 지속하기 때문에, 축제와 이벤트의 현장 그 자체로 잠재적인 콘텐츠가 발생한다. 축제가 끝난 후에는 문헌자료, 영상자료 및 시각이미지, 관람객의 리스트, 조사데이터 등 다양한 정보가 남는다. 이는 재가공을 통해 파생상품이 될 수 있는데, 사후에 제작되는 영상제작물이나 전시된 작품을 모은 화보집 형태의 사전제작물 도록 등이 전형적인 예다. 이 밖에도 조사를 통해 그 문화분야의 소비자가 갖는 특성을 파악하는 마케팅 데이터가 만들어질 수도 있어, 문화의 트렌드를 분석하는 데 더 없이 유용하다.

만일 그 문화예술분야의 콘텐츠개발이나 문화상품 제작을 염두에 두고, 행사제작 전에 파생상품이나 판권을 설정할 수 있는 저작물을 만들 계획을 세운다면 축제와 이벤트의 사후 다른 유형의 문화콘텐츠가 개발되는 원소스 멀티유즈(One-source Multi-use)가 가능하다. 이는 축제와 이벤트 같은 오프라인 콘텐츠가 디지털문화콘텐츠로 전환하는 관계의 큰 밑그림이다. 축제와 이벤트가 멀티소스원유즈(Multi-source One-use)를 통해 한날 한자리에 문화예술의 정제된 콘텐츠를 집대성하여 하나의 문화상품으로 제시하는 것이기에, 하나로 융합된 복합적인 콘텐츠를 다시 해체하여 재가공하는 것이 가능한 것이며 새로운 문화콘텐츠 또는 문화정보를 얻기 위한 원천자료로서 충분한 기능을 한다고 보겠다.

06 문제제기

(1) 시사점과 과제

축제와 이벤트는 자체로 문화콘텐츠일 뿐 아니라 다양한 문화콘텐츠를 바탕으로 제작된다. 축제와 이벤트의 주요 행사아이템은 특히 순도 높은 문화예술콘텐츠가 많으며, 행사 후에 다양한 판권설정, 파생상품 제작 등이 뒤를 잇는 잠재력이 크다. 영상시대, 온라인미디어시대를 맞이하면서 점차 이러한 디지털매체를 활용한 이벤트가 늘어나고 있으며 공연무대에 영상을 부착하는 것은 이미 지배적 추세가 되었다.

앞으로 실시간 인터렉티브 이벤트나 모바일, PMP, 노트북 등 단말기를 사용한 참가자 네트워크형 행사가 빈번하게 시도되고 결국 이런 장치는 축제 등에서 상용화될 것이다. 하지만 이에 비해 디지털 문화콘텐츠와 축제, 이벤트 간의 관계를 파헤치는 시도는 추상적인 논의를 넘어 진척되지 못하였다. 나아가 축제와 이벤트가 문화콘텐츠 개발에 미치는 다양한 잠재력과 영향력에 대한 분석도 요원하다. 이 점에서 축제와 이벤트에 대한 연구가 절실히 필요하다.

축제와 이벤트가 전문성과 고도의 합리화된 공정, 산업적 기능을 갖게 될수록 이를 문화콘텐츠를 형성하는 미디어, 문화콘텐츠를 전달하는 매체, 문화콘텐츠를 수용하는 채널로 중요하게 다루어야 한다.

이를 위해서는 경제학과 산업적 분석, 제작 매카니즘과 경영조직의 연구가 인문학과 미학, 예술학적 차원의 문화콘텐츠 연구를 선행해야 한다. 사회적 파급효과 등을 고려할 때 사회학, 커뮤니케이션 연구, 문화분석 등 사회과학적 연구 역시 이를 보강해야 한다.

(2) 발전방향

축제와 이벤트의 연구는 문화기획, 연출론, 문화마케팅 실무, 프로덕션 같은 고유한 제작과정의 훈련 및 실용적 연구, 예술경영 및 문화산업의 접근, 디지털콘텐츠와 연관된 테크놀러지 연구, 무대 및 디자인, 안무와 의상 같은 시각적 조형적 표현연구, 기초연구로서 문화예술콘텐츠의 개발, 문화인류학과 사회학적 관점에서 생활문화를 진단하는 능력 등의 개발을 세부전공으로 개척할 수 있다.

인문학과 출신의 인력양성은 이를 위한 기본적인 준비에 해당한다. 다만 문헌학, 역사학, 철학, 미학, 문학 등을 바탕으로 한 교육과정은 인문학적 차원의 콘텐츠개발론에 머물거나 단순한 디지털미디어 및 IT기술교육 수준에 머물지 않아야 한다. 기획, 제작, 마케팅, 경영관리 실무를 병행하는 커리큘럼이 더 전문적으로 개발되어야 하겠으며, 한편으로는 디자인, 연기론, 무대제작실습 등 제작기술보다는 예술적 감수성을 기르는 창작과정이 병행된다면 학부수준에서도 충분한 전문교육수행이 가능한 분야다.

■ 참고도서

김춘식, 남치호, 『세계 축제경영』, 김영사, 2002.

안경모, 『페스티발스페셜이벤트 경영』, 백산, 2003.

조 제프 골드블래트, 우진영편역, 『스페셜 이벤트』, 김영사, 1995.

조현호, 『문화이벤트기획론』, 대왕사, 2004.

TOW 이벤트플래너즈스쿨, 최기상 외역, 『이벤트의 천재들』, 커뮤니케이션북스, 2003.

■ **안이영노**는 사회학·예술학·미학을 전공한 후 연세대 사회학과 박사과정을 수료했으며, 전공분야는 문화학 및 문화전문인력 양성, 청년문화 등이다. 한겨레문화기획학교 교장으로 문화기획, 문화콘텐츠개발, 문화마케팅 예비인력을 위한 커리큘럼을 개발해왔으며, 사단법인 한국문화정책연구소 이사로 문화정책의 연구와 리서치를 수행하고 있다. 대학과 예술경영대학원에서 문화기획, 문화콘텐츠 개발론, 전략기획론, 발상법, 문화마케팅, 트렌드분석 등을 강의하고 있다. 현재 문화컨설팅회사 기분좋은트렌드하우스 QX 대표로, 기업과 정부, 문화예술분야를 위해 트렌드분석, 크리에이티브 개발, 마케팅리서치, 문화교육과정 개발 등의 일을 하고 있다. 문화관광부 문화의달 행사 추진위원, 청주공예비엔날레 실무기획위원, 광주비엔날레 축제프로그래머 등 공공행사를 기획 추진해왔고, 한국문화예술위원회 다원예술심의위원, 전주전통문화중심도시 TF위원 등 문화관광부의 전문위원으로 활동해왔다. 인문콘텐츠학회 교육이사를 맡고 있다.

e-mail: amanima@naver.com

문 화 콘 텐 츠 입 문

III

기획·제작·기술·분석

■ 발상법의 이론과 실제

■ 원천자료 채취방법

■ 영상자료 채취방법

■ 다큐멘터리 기획제작론

 ■ 하이퍼텍스트 구현기술

■ 멀티미디어콘텐츠 제작기술

 디지털 콘텐츠 팩토리

인문학적 시각에서의 문화콘텐츠 분석

발상법의 이론과 실제

김교빈 | 호서대학교

01 발상의 전환

1993년 삼성그룹 이건희 회장은 '자식과 마누라만 빼고 다 바꾸자'는 말로 세상을 놀라게 하였다. 이 말은 새로운 경영방식 신드롬을 일으켰으며, 그로부터 10여 년 동안 삼성은 거듭나기 위한 노력을 기울였다. 그 결과 2000년대에 들어와 삼성전자가 매년 수조 원 대의 순이익을 거두면서 IT분야 세계최고의 기업으로 올라설 수 있었다. 삼성전자의 주력인 삼성반도체의 모체는 1974년 남들이 거들 떠 보지 않을 때 이회장이 직접 인수했던 한국반도체 부천공장이었다. '경영이란 보이지 않는 것을 보는 것'이라는 이회장의 철학이 결실을 본 것이다.

'자식과 마누라만 빼고 다 바꾸자'는 말은 당연히 의식주의 도구나 자동차 같은 것을 새 것으로 바꾸자는 뜻이 아니다. 이제까지와 다른 눈으로 사물을 보고 다른 관점에서 생각하는 발상의 전환을 뜻한다. 매일 다람쥐 쳇 바퀴 돌 듯 같은 일상에서 같은 생각, 같은 행동으로 사는 것이 가장 편하게 사는 방법일 수 있다. 그리고 그런 일상을 바꾸는 일은 불편을 가져올 것이다. 하지만 그런 불편이 창의적 사고를 통해 새로운 성과를 만들어 낼 수 있는 길이다.

사물을 다른 눈으로 보면 다르게 보이고, 관습처럼 일상적으로 받아들이던 것에 '왜?'라는 질문을 던져 보면 다른 답을 얻을 수 있는 것이다.

사물을 다른 눈으로 보는 좋은 예는 영화감상이다. 대부분의 사람들은 주인공의 입장에서 영화를 본다. 주인공이 울면 같이 울고 주인공이 웃으면 같이 웃는다. 주인공의 움직임을 보며 손에 땀을 쥐기도 하고, 주인공을 괴롭히는 인물을 비난하기도 한다. 하지만 주인공이 아니라 조연의 입장에서 영화를 보면 어떨까? 또는 감독의 입장에서, 카메라맨의 입장에서 영화를 보면 어떻게 보일까? 그래서 영화를 제대로 보는 사람들은 한 번으로 그치지 않는다. 여러 차례 관점을 바꾸어가며 반복해서 보는 연습을 한다.

『장자』「소요유(逍遙遊)」에는 다음과 같은 우화가 나온다. '북쪽 검푸른 바다에 곤(鯤)이라는 물고기가 있는데 그 크기가 몇천 리나 되는지 알 수 없다. 그 물고기가 변해서 붕(鵬)이라는 새가 된다. 붕의 등도 넓이가 몇천 리나 되는지 알지 못한다. 온 힘을 다 해 날면 활짝 펼친 날개가 하늘 가득 드리운 구름 같다. 이 새는 바다가 움직이기 시작하면 남쪽 검푸른 바다로 날아가려 한다. 남쪽 바다로 날아가려고 날갯짓을 할 때면 물살이 3천 리나 튄다. 회오리바람을 타고 9만 리를 곧장 올라간 다음 남쪽 바다를 향해 날아가는데 여섯 달을 날아간 뒤에야 한 번 숨을 크게 내 쉰다'

여기에 나오는 '곤'이라는 글자는 본래 눈에 안 보일 정도로 작은 물고기 알의 명칭이었다. 그런데 장자가 느닷없이 엄청나게 큰 물고기 이름으로 바꾼 것이다. 작은 알을 가리키는 명칭이 어떻게 갑자기 큰 물고기의 이름이 될 수 있을까? 그리고 물고기가 어떻게 새가 될 수 있고, 그 새가 얼마나 크기에 날갯짓 한 번에 물살이 3천리나 튄단 말인가? 더구나 회오리바람을 타고 곧장 위로 9만 리를 올라간 다음 6개월을 쉬지 않고 날아간 뒤에야 숨한 번 내 쉰다는 이야기는 무엇일까?

이 편의 이름인 「소요유(逍遙遊)」는 한가롭게 거닐며 논다는 뜻이다. 그렇다면 어떻게 노는 것이 가장 잘 노는 것일까? 아무런 구애 없이 제멋대로 노는 것이 가장 잘 노는 것이며, 이것이 가장 자유롭게 노는 것이다. 자유란 어떤 것에도 구속받지 않는 것이다. 따라서 크고 작은 구분, 물고기 이름과 물고기 알 이름이라는 구분, 물고기와 새라는 구분, 넓으니 거리니 시간이니 공간이니 하는 구분에 얽매여서는 참 자유를 누릴 수 없다. 장자에 나오는 붕새 우화는 이런 구분을 모두 버린 참 자유의 상징이며 발상의 전환을 보여 주는 대표 사례이다. 아무 것도 거리낄 것 없는 자유로운 사고는 얽매이지 않는 눈과 고정되지 않은 생각을 줄 수 있다.

02 발상법 연습

　　남처럼 해서는 남을 넘어설 수 없다. 남과 다른 눈으로 보고 남과 다른 생각을 할 때 비로소 남을 앞 설 수 있다. 우리 주변에는 발상의 전환을 통해 성공한 사례가 얼마든지 있다. 하지만 그런 소재들은 특별한 발명품이 아닌 다음에는 대부분 우리가 아무렇지도 않게 보아 넘기는 일상 속에 들어 있다. 인터넷 커뮤니티 사이트의 사이월드가 한 예이다. 사이월드의 성공비결은 1촌 맺기와 도토리라는 제도에 있었다. 형제 없이 혼자 자라는 신세대들 사이에서, 익명으로 만나는 사이버 공간에서, 형제애를 느낄 수 있게 하는 1촌 맺기는 우리의 오랜 정서를 관계망으로 끌어들인 것이다.

　　또 다른 예로 남성전용 미장원이 있다. 1970년대 이후부터 남자들이 미용실을 이용하기 시작하였고 이용자 수는 해가 갈수록 늘어났지만, 여자들이 주로 이용하는 미용실에서 남성이 겪는 불편은 한두 가지가 아니었다. 이런 점을 보완한 것이 남자전용 미용실인 블루클럽이다. 왜 남자들을 위한 미용실은 없느냐는 소박한 물음이 새로운 프랜차이즈점을 탄생시킨 것이다.

　　새로운 생각을 쉴 새 없이 끌어내기 위해서는 여러 가지 방법이 필요하다. 그 가운데 평소에 할 수 있는 좋은 방법은 시집을 읽는 것이다. 시는 소설과 달리 언어의 축약이다. 따라서 시어들은 많은 함축을 담고 있으며, 그렇기 때문에 상상력을 자극한다. 이 같은 상상력의 자극은 시를 읽는 것 이외에도 동심의 세계와 가장 가까운데서 찾을 수 있다. 애니메이션, 게임, 만화, 영화 등이 모두 상상력을 불러내는 좋은 도구가 된다.

다음으로 필요한 것은 작은 일까지도 새로운 생각이 날 때, 또는 새로운 것을 보았을 때 반드시 기록하는 버릇을 가져야 한다. 기자들이 안 주머니에 딱 들어가는 긴 수첩을 가지고 다니듯이 언제 어디서나 바로 기록할 수 있는 도구들을 준비해 두어야 한다. 이렇게 메모하는 습관은 뒷날 새로운 아이디어를 끌어낼 수 있는 가장 중요한 보물창고가 될 수 있다.

그 밖에 아이디어를 창출하는 훈련방법이 여러 가지 있지만 여기서는 브레인스토밍, 마인드맵, 사물과의 대화, 그리고 자기관리 연습 등을 소개한다.

(1) 브레인스토밍

브레인스토밍(Brainstorming)은 뇌를 폭풍처럼 활용하여 머리 속에 들어 있는 작은 생각까지도 모두 꺼내게 만드는 자유연상법이다. 1941년 미국 광고회사의 부사장이었던 오즈번(Allex F. Osborn)이 광고에서의 참신한 아이디어를 얻기 위해 고안한 일종의 회의방식이었으며, 그가 쓴『독창력을 신장하라』(1953)를 통해 널리 알려졌다.

이 기법은 평가와 분리된 아이디어의 자유로운 발상을 생명으로 삼는다. 따라서 제안된 아이디어에 대한 비판 대신 '열린 마음' 또는 '자유로운 사고'를 강조한다. 특히 팀에 참여하는 구성원 모두의 집단토론을 통해 문제해결을 위한 아이디어를 끌어내는 방식으로 진행되는데, 집단이라는 환경이 제안된 아이디어들 사이의 연쇄반응을 불러일으키면서 자유롭고 다양한 많은 아이디어를 산출해 냄으로써 아이디어의 양적 변화가 내용의 질적 비약을 불러오는 방식이다.

브레인스토밍에서는 토의를 이끄는 리더의 역할이 매우 중요하다. 리더는 첫째로 자유로운 발상이 가능한 분위기를 제공해 주어야 한다. 가급적이면 사무실을 벗어나는 것이 좋으며, 무엇보다도 창의적 사고가 나올 수 있는 장소의 선택이 필요하다. 많이 웃을 수 있는 재미가 제공되는 곳, 예를 들어 성인용 오락장이나 음악이 있는 카페, 자유스러운 분위기의 맥주집도 좋다. 먹으면서 회의를 할 수 있을 정도로 회의형식에 얽매이지 않는 것이 좋다. 복장은 정장이 아닌 자유로운 복장이 좋으며, 주변에 잡지, 장난감, 그림처럼 흥미를 유발할 수 있는 소도구들이 있는 것이 좋다. 또한 문제해결에 전혀 도움이 될 것 같지 않은 사람들도 초대하여 이야기를 들어 보는 방식도 가능하다.

리더는 다음과 같은 역할을 수행해야 한다. 가장 먼저는 해결해야 할 문제를 설명하고 브레인스토밍의 진행방식과 규칙을 설명한다. 아울러 규칙이 잘 지켜지는지를 주시하면서 모든 구성원이 문제해결을 위한 아이디어 창출에 전념할 수 있도록 도우며, 자신은 제기되는 아이디어들을 기록할 뿐 직접 아이디어를 내는 일에 참여하지는 않는다. 다만 논의가 다른 방향으로 간다고 판단될 때는 방향을 전환시키는 역할을 해야 하며, 제안이 몇 사람에 국한되지 않도록 모든 사람에게 제안의 기회를 주는 것도 리더의 몫이다.

광범위하거나 여러 문제가 얽힌 복합적인 문제는 브레인스토밍 방법을 적용하기에 적합하지 않다. 이런 문제는 오히려 예상되는 문제들을 하나하나 기록해 놓고 그 가능성을 점검한 후 지워가는 체크리스트법을 쓰는 것이 좋다.

팀이 브레인스토밍을 효과적으로 실행하기 위해서는 사전점검을 통해 필요한 준비물이 갖추어져야 한다. 제안사항을 적어나갈 메모용 종이, 자유로운 생각들을 적어 벽에 붙일 수 있는 전지 크기의 용지와 테이프, 앞에 나가서 그림 등을 그리면서 설명할 수 있는 보드와 펜, 기타 논의에 필요한 소도구들이 있어야 한다.

팀 구성원은 10명 정도가 좋다. 너무 많으면 구성원 모두의 적극적인 참여가 어렵기 때문이다. 팀이 구성되면 그 가운데 논의를 이끌어 갈 리더와 기록자를 선발한다. 이 경우 리더가 기록자 역할을 같이 맡을 수 있다. 리더는 브레인스토밍 회의를 시작하기 전에 구성원들에게 문제를 알려 주고 이를 차트나 보드에 기록한다. 그리고 브레인스토밍 회의방식에 대한 설명과 함께 중요 규칙들을 알려 준다. 브레인스토밍에서 구성원들이 지켜야 할 중요 규칙은 다음과 같다.

▲**비판은 절대 금물이다.** 아무리 우스꽝스러운 제안이 나와도 비판이나 평가를 해서는 안 된다. 제안에 대한 즉각적인 평가는 더 이상 새로운 아이디어의 창출을 가로막는 역할을 하게 된다.

▲**자유로운 분위기와 자유로운 생각** 현실성이 없는 제안도 좋으며, 엉뚱한 아이디어일수록 환영이다. 회의장 분위기부터 회의방식, 발언태도 등이 자유로울수록 창의적인 발상이 가능해진다.

▲**양적 확산에서 질적 비약으로** 수준 낮은 아이디어라도 많으면 많을수록 좋다. 아이디어가 많아지면 훌륭한 아이디어가 나올 가능성이 높아지며, 앞에서 제시한 아이디어를 응용한 질적 비약이 가능해지기 때문이다.

▲**아이디어의 조합과 개선** 구성원은 자신의 아이디어만 제시하는 것이 아니라 다른 사람이 낸 아이디어를 힌트 삼아 더 좋은 아이디어를 내어 놓을수도 있고, 이미 제시된 여러 개의 아이디어를 결합하여 제3의 아이디어를 제시할 수도 있다.

구성원들은 위의 규칙을 지키면서 회의를 진행하고, 기록자는 아이디어가 제시될 때마다 즉시 차트에 기록한다. 리더는 구성원들에게 자극을 줄만한 아이디어라면 전지에 쓰게하여 여기저기 붙여서 분위기를 고조시킬 수도 있다. 아이디어가 충분히 나오면 잠시 휴식을 취한 뒤에 아이디어를 평가한다. 위의 전과정을 진행하는 동안 한 두 사람이 발언 기회를 독식하지 않도록 하는 것도 리더의 중요한 임무 가운데 하나이다.

(2) 마인드맵

마인드맵은 보고, 듣고, 읽고, 분석하고, 기억하는 모든 것을 머리 속에 지도를 그리듯 연상 작용을 통해 사고하는 훈련법이다. 마인드 맵은 1971년 영국의 토니 부잔이 창시했으며, 인간의 두뇌를 연구하는 세계적인 학자들로부터 객관적이고 과학적인 검증과정을 거친 두뇌활용 극대화를 위한 사고법 및 학습방법이다.

마인드맵 이론에 따르면 대부분의 사람들은 기억을 위하여 기록을 남긴다. 하지만 지금까지 가장 일반적으로 쓰이는 기록방식은 문장, 구절, 목록, 숫자에 의존한 직선식 노트법이다. 이 방식은 사물을 보는 시야를 좁게 만들며, 특히 인간두뇌의 종합적 사고를 가로막는다고 한다.

앞에서 언급한 기존의 직선식 노트법은 모두 좌뇌에 의존하는 것이었다.

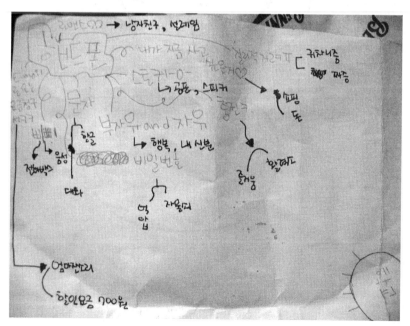

〈그림 1〉 마인드맵 실습사례 1

하지만 마인드맵은 좌뇌와 우뇌의 서로 다른 기능을 통합하여 두뇌이용의 효율성을 높이고 나아가 기억력과 창의적 사고를 극대화 시키는 '사고력 중심의 두뇌개발법'이다. 이제까지 연구된 뇌의 기능을 보면 좌뇌는 주로 논리와 어휘력을 관장하는 인식능력의 영역이며, 우뇌는 주로 색깔과 형태를 관장하는 감성능력의 영역이다. 이 두 영역을 통합적으로 활용하는 것이 마인드맵인 것이다.

마인드맵은 두뇌가 가진 무한한 잠재능력과 기억용량을 최대한 활용할 수 있는 방법으로서 단어, 이미지, 숫자, 논리, 리듬, 컬러, 입체감 등 어떤

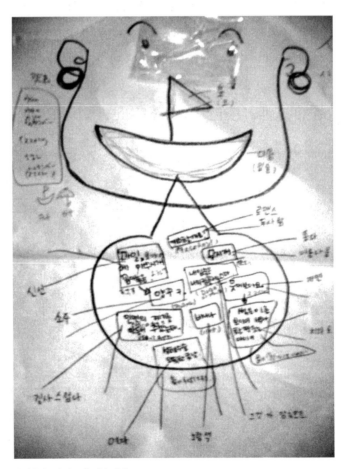

〈그림 2〉 마인드맵 실습사례 2

소재든 표현도구로 삼을 수 있다. 특히 모든 사람이 백지와 펜만 있으면 이 방법에 참여할 수 있다. 브레인스토밍처럼 팀 회의 방식으로 진행하며 인원은 10명 내외가 좋다.

진행과정을 보면 다음과 같다. 팀 구성원들에게 백지와 쓸 도구들을 제공한다. 쓸 도구는 종류나 색깔 등에서 다양할수록 좋다. 리더가 언어, 그림, 기호 등을 이용하여 핵심개념을 자유롭게 제시한다. 팀원들은 선정된 개념이나 이미지에서 연상되는 단어, 이미지, 색깔, 기호, 심볼 등을 자유롭게 다양한 방법으로 방사형 가지를 치면서 10가지를 적는다. 적는 순서는 없으며, 오래 생각하지말고 떠오르는대로 적어나가는 것이 좋다. 특히 다차원적인 층위를 보여 줄수록 생각이 자유롭다는 증거이다.

10가지를 다 적고나면 옆 사람에게 종이를 넘긴다. 종이를 받은 옆 사람은 10가지를 보고 연상되는 개념이나 이미지 등을 각각 2가지씩 방사선 방식으로 가지를 쳐 나간다. 이 단계를 마치면 앞서와 같이 다시 옆 사람에게 넘긴다. 이 방식은 수 십 단계라도 한 없이 계속될 수 있다.

어느 정도 진행된 뒤에는 팀별로 둘러 앉아 자신은 어떻게 생각했으며 왜 이런 단어나 기호를 붙였는지를 함께 설명해 본다. 그 과정에서 비슷한 내용의 연상들을 묶어 범주로 나눌 수 있다.

이런 과정을 거치면서 만들 수 있는 것들은 상품광고, 홍보 등에 적합하다. 기발한 착상들을 모아 홍보 카피를 만들 수도 있고, 많이 나온 연상 개념들을 중심으로 스토리보드를 만들 수도 있다.

(3) 사물과의 대화

우리는 평소 많은 사람을 만나고 많은 사물을 접하지만 대부분 별생각 없이 일상적이고 단세포적인 방식으로 반응할 뿐이다. 밥을 먹으면서, 가방을 싸면서, 이를 닦으면서 '왜'라는 질문을 던지지 않는다. 길에서 숱하게 많은 돌을 보지만 발끝에 돌이 채여도 무심코 지나치고 만다. 징검다리로 놓인

돌을 밟고 내를 건너면서도 아무런 감흥을 느끼기 어려우며, 들 섶이나 담 밑에 피인 꽃에 대해서도 무심하게 지나치기 쉽다. 이처럼 일상 속에서 아무런 생각 없이 지나치는 사물이나 개념들에 대해 왜 그럴까 하는 의문을 품어 보는 것은 새로운 생각을 끌어내는 가장 좋은 방법이다.

사물에 대해 그 이면을 깊이 있게 생각해 보고 '왜 그럴까?' 하는 의심을 제기해 보는 작업은 틀에 박힌 우리의 평범한 일상을 깨는 작업이다. 일상은 변화를 요구하지 않는다. 따라서 날마다 같은 패턴, 같은 방식으로 이어지는 삶의 방식에서는 창의성이 나오기 어렵다. 바람은 왜 부는가? 왜 똑같은 땅인데 어떤 곳에서는 온천이 나오고 어떤 곳에서는 찬물이 나오는가? 이 같은 의문들이 오늘 우리가 누리는 과학의 발전을 가져왔다. 하지만 '왜'라는 문제의식이 과학의 영역에만 국한된 것이 아니다. 우리 가까이에 있어서 늘 만나고 대하면서도 무심코 지나치던 것들을 뒤집어 생각해 보면 사물의 이면에 있는 것들이 드러나 보이는 것이다. 그리고 그 결과가 우리에게 새로운 아이디어를 제공하는 원천이 된다.

사물과의 대화는 6~9명을 한 팀으로 묶어 주제를 주고 토론식으로 진행한다. 너무 인원이 많아지면 편한 분위기에서 대다수의 참여를 끌어내기가 쉽지 않다. 대부분의 경우는 주제를 받고나서도 선뜻 이야기가 시작되지 않는다. 그 까닭은 매일 지나치던 사물이라도 평소 그 사물에 대해 별로 생각해 보지 않았기 때문이다. 하지만 지도자나 전체 논의의 진행을 맡은 사람이 개입해서는 안 된다. 5분이든 10분이든 이야기가 나올 때까지 끈기를 가지고 기다리는 것이 필요하다. 지도자가 할 일은 이야기의 물꼬를 터 주는 일일 뿐이다.

예를 들어 '돌멩이'를 주제로 주었다고 해 보자. 대부분의 구성원들은 평소 늘 보면서도 그냥 지나치던 돌이기 때문에 어떤 이야기를 해야 할지 막막할 뿐이다. 혹시 어떤 팀원이 "돌 가지고 무슨 얘기를 해요?"라고 물으면, "저 친구 돌 같은 소리 하네." 정도의 반응을 보이면 될 것이다. 하지만 이것이 이미 돌을 주제로 이야기를 시작한 셈이 된다.

이야기의 진행이 처음부터 일관된 주제로 모아지지 않아도 걱정할 필요가 없다. 이야기가 자연스럽게 이어지는 것이 오히려 바람직하다. 하지만 어느 정도 시간이 지나고 나면 오히려 하고 싶은 이야기는 한 없이 많은데 이야기 할 시간이 부족해지는 상황이 벌어질 것이다. 그리고 거의 예외 없이 '돌멩이'를 가지고 말하고 있지만 실제 주고받는 내용은 돌멩이에 빗대어 사람 이야기를 하는 경우가 대부분이다.

지도자는 논의를 다 마치고 난 뒤 팀별로 스스로 평가하는 시간을 갖게 하는 것도 좋은 방법이다. 어떤 사물에 대해 어떤 개념이 많이 이야기되었는지 등을 따져 볼 수 있을 것이다. 또는 지금까지 나온 이야기들을 토대로 작은 스토리보드를 만들도록 유도할 수도 있다. 팀에 따라서는 공익광고가 나올 수도 있고, 상품광고나 게임, 애니메이션 등의 스토리보드가 나올 수도 있을 것이다.

이 같은 훈련은 평소 대부분의 사람들이 그냥 지나쳐 버리는 사물들을 다른 눈으로 보는 연습을 하는 것이며, 창의적 사고를 일상화하는 경험을 가져보는 것이다. 창의적 사고의 소재는 멀리 있는 것이 아니다. 그리고 소재의 문제라기보다는 소재를 보는 눈의 문제인 것이다.

(4) 자기관리

이 프로그램은 평소 자신의 스케줄을 관리하는 훈련이다. 창의적 사고는 주어진 일정에 쫓겨 사는 사람에게서는 나오기가 어렵다. 자신의 시간을 스스로 관리 장악할 수 있는 사람만이 시간의 여유와 함께 생각의 여유를 가질 수 있다. 자신의 시간을 관리할 수 있다는 것은 사실 자신을 관리하는 일이기 때문이다.

물리적인 시간은 누구에게나 같은 양으로 있기 때문에 차이가 나지 않는다. 하지만 효율적으로 쓰느냐 그렇지 않느냐에 따라 24시간을 5~6시간처럼 사는 사람도 있고 30시간처럼 사용하는 사람도 있다. 시간관리는 곧 시간 계획이며 자신의 일정관리에 머무는 것이 아니라 삶의 관리인 것이다.

이 프로그램의 실행은 1주일 또는 10일 단위로 한다. 언제부터 언제까지 시간관리를 점검해 볼 것인지의 일정이 잡히면 그 날 아침에 일어나면서 시작하여 큰일부터 작은 일까지 하나도 빠짐없이 기록한다. 화장실에 앉아 있던 시간, 세수하는 데 걸린 시간, 아침식사, 출근 또는 등교, 친구와 핸드폰, 또는 만나서 수다 떤 시간, 점심식사, 학교나 집에서 공부한 시간, 음악 들은 시간, 게임한 시간, 과제한 시간, 차 마신 시간, 저녁식사, 잠잔 시간 등을 모두 세밀하게 기록한다.

정해진 기간이 다 끝나면 시간기록을 항목별로 합산한다. 예를 들어 식사, 화장실, 친구, 게임, 과제, 잠 등으로 나누어 1주일 동안 걸린 시간을 모두 합한다. 시간계산을 다 하고 나면 시간관리 기록 결과에 대한 느낌이나 자신의 시간관리 시스템의 문제점을 파악하여 적는다. 이렇게 작성한 타임테이블과 느낌을 개인별로 앞에 나와 발표하고 친구들의 조언을 들을 수도 있고, 팀 별로 자신의 시간소비에 대해 발표하고 지적을 받는 것도 방법이다. 그리고 발표 및 토론을 바탕으로 앞으로 자신관리를 어떻게 할 것인지를 담은 자신의 시간활용 테이블을 만든다.

03 과제와 시사점

발상의 전환을 위해서는 무엇보다도 임하는 자세가 달라져야 한다. 기존의 관점을 답습하고 따라가는 것이 아니라 새로운 눈으로 보고 새로운 관점으로 생각하겠다는 마음가짐이 있어야 한다. 그리고 이를 이루기 위해 많은 실험과 노력이 필요하다. 비록 그러한 노력이 많은 시행착오를 겪더라도 자신의 경험만큼 사람을 달라지게 만드는 것은 없기 때문이다.

1학년 학생들이 직접 실험을 해 보고 발표한 다음의 경우를 보자. 학생 4명이 한 조가 되어 여의도 광장에서 삶은 달걀을 팔아 보기로 하였다. 착안은 여의도 광장이 자전거와 인라인스케이트 등을 이용해서 운동을 하는 사람이 많이 모이는 곳이며, 이들 대부분이 먹을 것을 준비해 오기는 어려운 상황이고 더구나 부근에 식사를 제대로 할 수 있는 시설이 없기 때문에 달걀과 같은 간단하면서도 영양보충이 가능한 간식이 잘 팔릴 것이라는 예상이었다. 실험이었으므로 광장 내 매점과의 마찰을 피하기 위하여 부근 매점에 양해를 구하고 매점에서 달걀을 구입하여 파는 방식을 취하였다.

여학생 2명은 판매를 맡았고 남학생 1명이 촬영을 담당했으며 또 다른 남학생 1명이 보조 역할을 하였다. 처음에는 광장을 돌아다니면서 사람 많은 곳을 찾아가 달걀을 팔았지만 결과는 15분 동안 1개를 팔았을 뿐이다. 15분 뒤 여학생 2명이 귀신분장을 하였다. 분장 기술을 지닌 여학생이 본인과 친구의 얼굴에 피 흘리는 모습을 포함한 분장을 하고, 검은 코트를 어깨에 걸친 모습으로 판매에 나섰다. 이제는 찾아가기보다 오히려 많은 사람이 주변으로 몰려들었고, 촬영하는 학생에게 다가와 뭐 찍느냐고 묻기도 하였다. 15분이 경과했을 때 12개의 달걀을 팔 수 있었다.

위의 사례는 간단한 실험이지만 많은 시사점을 준다. 우리는 대부분 물건을 팔 때에는 그 파는 물건에만 신경을 쓰기 쉽다. 하지만 물건은 그대로 두고 파는 방식만 조금 바꾸었을 뿐인데도 많은 변화가 생겼다. 사물을 볼 때 다른 사람의 입장에서 생각해 보기, 일상에 매몰되는 것이 아니라 '왜'를 물어 보기. 이런 것들이 모두 새로운 아이디어를 끌어내는 방법이다. 대부분의 창업이나 아이디어 회의의 경우는 아이템도 중요하지만 그 아이템을 포장하는 방식도 매우 중요하다. 발상의 전환이 경영, 디자인, 광고홍보 등에서 중시되는 까닭도 그런 이유 때문이다.

■참고도서

야마네 타카시, 손대현 옮김, 『놀이가 낳은 현대의 히트전략(엔터테인먼트의 발상)』, 백산
　　　출판사, 2005.
제이슨 리치, 정명진 옮김, 『브레인스토밍 100배 잘하기』, 21세기 북스, 2003.
커트 행크스, 『발상과 표현기법』, 아키그램, 2005.
한국부잔센터, 『반갑다 마인드맵』, 사계절, 2002.

■ **김교빈**은 성균관대학교에서 한국철학을 전공하였으며(Ph. D.), 현재 호서대학교 문화기획학과 교수
이다. 한국철학사상연구회 회장, 인문콘텐츠학회 회장, 학술단체협의회 상임대표를 역임하였다. 저서로
는 〈동양철학에세이〉(공저), 〈한국철학에세이〉, 〈기학의 모험〉 등이 있다. 관심분야는 기철학, 문화비교
론 등이다. e-mail: kkb@office.hoseo.ac.kr

원천자료 채취방법

이윤선 | 목포대학교

01 원천자료 채취란?

원천자료 채취는 문화콘텐츠 기획에서 기초적이면서도 핵심적인 부분이라고 할 수 있다. 문화콘텐츠 작품기획이 발상에서부터 비롯되기는 하지만, 원천자료의 확보 여부에 따라 발상의 구체화가 규정되는 까닭이다. 따라서 원천자료 확보는 앞 단계의 발상을 구체화시키는 작업이며 뒷단계의 구성에 토대가 되는 작업이라고 할 수 있다. 또한 자료채취 단계에 따라서 기획단계에 채취될 원천자료와 콘텐츠 구성 또는 제작단계 이전에 채취될 자료로 나뉘게 된다. 물론 목적하는 콘텐츠의 유형에 따라 채취의 대상과 방법이 달라지는 것은 당연하다. 이를 두 가지로 나누어 보면 아래와 같다.

▲ 구상과 발상단계에서 필요한 원천자료 채취
▲ 구성과 제작단계에서 필요한 원천자료 채취

원천자료라 함은 앞장에서 거론된 문화산업에서 사용되거나 응용될 수 있는 토대가 되는 자료를 말한다. 따라서 기획단계에서 발상된 무형의 자원을 유형의 자원으로 바꾸어 주는 역할체인 셈이다. 일반적으로 콘텐츠 작품을 하나의 집이라고 하면 그 건물을 이루는 각종 부품과 기자재가 원천자료가 되는 것으로 인식되고 있다. 이 부품들이 준비되지 않고서는 집을 완성할 수 없을 뿐 아니라 공사 자체를 시작할 수 없기 때문이다. 그러나 문화콘텐츠 기획에서 보다 근본이 되는 것은 그 자료를 구성하고 있는 철학을 포함하는 개념으로 이해할 필요가 있다. 다시 말해 자료가 가지는 현상적인 측면보다는 그 내면에 자리하고 있는 본성 즉 문화원형성에 초점을 두어야 한다는 점이다.

그러나 현재의 원천자료 채취의 대부분은 비교적 현상적인 측면에 비중을 두고 있다고 볼 수 있다. 이 이유는 다양하게 분석될 수 있지만 대개 원천자료의 중요함에 대한인식 부족에서 비롯된 현상으로 보인다. 현상적인 부분에 집착해 거의 쓸모없는 자료들을 모아 놓는 경우나 콘텐츠가 단순히 IT라는 그릇 속에 담기는 소스에 불과하다는 생각을 갖고 있는 경우가 이에 해당한다. 또 콘텐츠 제작일정과 예산의 불일치도 양질의 원천자료 채취를 근본적으로 방해하는 요소로 볼 수 있다. 이는 필연적으로 질적 수준이 낮은 콘텐츠들을 양산하는 악순환으로 이어지게 된다. 결국 상업적 목적이든 공익적 목적이든 콘텐츠 제작의 예산낭비로 이어지게 되는 셈이다.

사실 발상단계에서는 번뜩이는 직감과 감각에 의해 아이디어가 창출되는 경우가 많다. 그러나 대부분의 아이디어는 원천자료의 유무를 전제하는 것이 아닌 까닭에 발상과 원천자료 채취 진행은 병행되는 것이 바람직하다. 아무리 좋은 아이디어라도 해당 원천자료가 존재하지 않으면 실현불가능하기 때문이다. 결국 발상은 크리에이티브의 단서인 것이고, 실제 기획단계로 이행해 나가기 위해서는 그 발상을 구현시킬 수 있는 원천자료 채집이 필수적인 과정이 되는 셈이다. 따라서 원천자료 채취는 해당 콘텐츠 제작에 주어진 제 여건을 감안하여 더욱 계획적이고 치밀하게 진행될 필요가 있다.

경우에 따라서는 발상단계를 거치지 않고 기존의 자료를 섭렵하는 과정에서 원천자료가 확정될 수도 있다. 원천자료가 전제된 제 활동 중에 아이디어가 생기는 경우를 말한다. 이 경우에도 마찬가지로 재고 또는 삼고의 과정을 거쳐 원천자료가 수정될 필요가 있다. 물론 어떤 경우라도 전문가의 조언과 자문의 과정을 거쳐 확정하는 것이 옳다. 때때로 리메이크되는 콘텐츠 작품은 기왕의 완성된 콘텐츠가 원천자료로 기능할 수도 있다. 그러나 이 경우에도 재창조의 과정을 거쳐야 하는 까닭에 새로운 발상과 기획컨셉트를 중심으로 다시 새로운 원천자료가 수집되는 과정을 반복하게 된다.

대개의 원천자료 채취는 인터넷 검색 사이트나 문헌자료 등을 기본으로 검색하여 해당 전문 자료로 확대해 나가는 것이 보통이다. 특히 지금은 기본적으로 인터넷 검색을 전제하는 경우가 많아졌다. 콘텐츠 자체가 디지털시대의 산물임을 나타내 주는 현상이라고 볼 수 있다. 그러나 정해진 시간과 공간 속에서 원천자료를 무한정 수집하기는 불가능하다. 더구나 전방위적으로 모은 방대한 자료는 무용지물이 될 가능성이 매우 높다. 곧, 채취과정의 순발력이나 방계자료의 인식은 필수적이지만, 계획성 부족한 즉흥적 채취는 바람직하지 못하다는 것이다. 따라서 일정한 방법론에 의해 원천자료를 채취하는 것이 합리적이다. 특히 민속학, 인류학, 사회학 등의 자료 수집론은 콘텐츠 원천자료 채취에서도 매우 유효하다.

02 원천자료 채취의 분류

(1) 조사유형에 따른 분류

조사 유형에 따라서 기초자료 조사, 전문자료 조사, 심화자료 조사 등으로 단계를 설정할 수 있다. 그러나 콘텐츠 유형에 따른 분류와 연결하게 되면 각각의 영역들이 겹치는 경우들이 발생한다. 따라서 조사유형에 따라서는 크게 기존자료 조사와 현장자료 조사로 나눌 수 있고, 기존자료 조사를 보다 기초적인 자료를 조사하는 단계와 전문적인 자료를 조사하는 단계로 다시 분류할 수 있다.

❶ 단계별 조사 분류

1단계: 사전조사: 원천자료 채취의 범주를 결정하고 기초정보를 채취하는 단계
  - 예 인터넷 검색, 현지조사시의 사전조사, 이미지자료 조사, 문헌목록 및 색인조사, 전화조사, 이메일조사, 서신조사 등

2단계: 전문조사: 설정된 원천자료 범주 내에서 직접적이고 전문적인 자료를 채취하는 단계
  - 예 해당 콘텐츠 관련논문, 서적, 동영상 자료, 박물관 등의 전문기관 자료 등

3단계: 심화조사: 전문조사로 충족되지 못한 심층자료를 채취하는 단계
  - 예 해당 콘텐츠 관련 전문가 인터뷰, 고문헌 자료, 특수자료, 해외자료 등

❷ 유형별 조사 분류

기초자료 조사 기초자료조사는 기본적으로 원천자료가 될 만한 각종 자료를 검색하는 단계로 볼 수 있다. 이 단계에서는 주로 어디에 어떤 자료가 있는가의 문제에 초점을 두고 해당 원천자료의 단서가 검색된다. 지금은 검색전문 포털 사이트가 발달해 있으므로 손쉽게 많은 자료들을 검색할 수 있다. 검색된 자료는 대개 뉴스기사, 잡지의 기고문, 이미지, 동영상 기타 모든 유형이 포함된다. 여기서는 문헌목록과 가능한 범위 내에서의 목차까지 검색하는 것이 좋다. 이미지자료 또한 실제 소장자 또는 원본자료의 출처 등을 검색해야 하고, 필요한 경우에는 현장자료 조사시에 채취할 수 있도록 한다.

또 박물관, 방송사, 콘텐츠 회사(영화, 애니메이션, 만화 등), 해당 전문

학과나 전공이 있는 대학교, 연구소, 개인 연구자 또는 전문가 등이 소장 또는 소지하고 있는 기초자료를 조사한다. 모든 자료의 출처가 웹사이트에서 검색되는 것은 아니므로 오프라인 작업 또한 필수적으로 병행해야 하고 이 때는 주로 전화나 이메일 등을 통해서 진행하도록 한다. 그러나 이 자료는 대부분 1차 자료에 제한되는 경우가 많고 또 전문가의 고증을 거치지 않은 단계이므로 설사 전문적인 자료라 할지라도 기초자료로 우선 분류해 놓아야 한다. 현장조사가 필요한 것은 심화단계의 조사이지만, 사전조사를 나갈 필요가 있다면 이것도 기초자료 조사에 해당된다.

문헌자료 및 전문자료 조사 대개 문헌자료 조사는 해당 콘텐츠 관련 전문서적을 중심으로 논문, 일반서적 등을 검색하거나 채취하는 것을 말한다. 물론 보다 전문적인 이미지, 동영상, 사운드, 고문헌, 실물자료 등의 조사도 포함되는 개념이다. 특히 기록된 구술자료를 포함하여 영상자료, 녹음자료 등은 전문자료 중에서도 무엇보다 중요시해야 할 필요가 있다. 왜냐하면 현장조사가 불가능한 경우의 원천자료일 가능성이 매우 높기 때문이다. 해당 콘텐츠의 유형에 따라 다르기는 하지만 이 경우에는 대개 원본자료의 구입이나 대여를 통한 원천자료 확보가 어렵다. 따라서 원본 텍스트나 원본 이미지, 원본 동영상을 채취하는 것을 기본으로 하되, 구입 및 대여가 어려울 경우에는 복사, 스캔, 캡처, 타이핑 등의 기술을 병행해서 채취하도록 한다. 어쨌든 본과정은 기초자료 조사에서 얻은 출처 등을 추적하여 본격적으로 자료를 채취하는 과정이다.

현장자료 조사 현장조사는 특히 민속학, 인류학, 사회학 등에서 '필드워크'라는 가장 기초적이고 본원적인 조사를 말한다. 콘텐츠 원천자료 중에서도 비교적 직접적이고 선명한 자료에 해당된다. 대개 위치추적의 기초자료조사를 끝내고 문헌 및 전문자료 조사를 마치고 나더라도 직접 현장을 방문하거나 전문가 인터뷰가 필요할 경우에 수행한다. 아무리 리얼한 동영상이나 이미지라고 할지라도 기획자나 콘텐츠 제작자가 직접 현장을 보고 느끼는 것에는 미치지 못하기 때문이며, 실제 콘텐츠 제작에서 현장자료가 요구되는 경우에 해당된다. 이 경우에 민속학이나 사회학 등에서 구현되고 현지조사법에 의해 조사를 실시하는 것이 유용하다. 또 과거의 녹음기술이나 동영상기술이 점점 발달해 저장기술이 획기적으로 발달한 지금은 첨단장비를 사용해 현장조사가 이뤄지기도 한다. 나아가 IT 기술이 발달하는 속도와 비례해 현장자료 조사의 기술도 변해갈 것으로 보인다.

현장조사에서는 주로 전문가 인터뷰를 통해 해당 콘텐츠에 대한 정보를 채취하기도 하고, 현장상황을 참여관찰 또는 비참여관찰을 통해 사운드 또는 동영상으로 기록하는 작업이 진행된다. 인터뷰는 직접인터뷰와 간접인터뷰로 나눌 수 있다. 여기서 간접인터뷰는 직접대상이 아닌 간접대상과의 인터뷰를 말하는 것으로 연행현장의 직접기록이 아닌 연행 관련 인터뷰라든가, 당사자가 아닌 제3자의 인터뷰 등이 해당된다. 또 현장기록으로는 참여관찰기록과 비참여관찰기록 등으로 나눌 수 있는데, 각각의 장단점이 있으므로 해당 콘텐츠 유형이 요구하는 성향에 따라 조사방법을 결정하면 된다.

(2) 콘텐츠 유형에 따른 분류

❶ 문자자료

도래하는 디지털시대에는 혹시 영상자료나 이미지자료가 문자자료보다 더 광범위하게 구축될 수 있을지는 모르겠지만 현재까지는 원천자료 중에서 가장 범위가 넓고 분량이 많은 자료라고 할 수 있다. 문자로 된 모든 것을 포함하는 까닭이다. 사전적 풀이에 의하면 숫자를 제외한 글자를 통칭하는데, 콘텐츠 자료에서만큼은 숫자까지를 포함하는 개념으로 이해되는 것이 타당하다. 주로 텍스트로 구성되어 있기 때문에 한글 또는 MS word 등의 언어를 다루는 프로그램에 의해서 저장되어 있는 파일을 비롯해 기존의 문서, 서적류를 총괄한다. 즉, 시간적으로는 고형 문자시대에서부터 인터넷 문자를 포함한 미래의 문자까지 그리고 공간적으로는 서적을 포함한 페이퍼에서부터 화상으로 기록된 문자 이미지까지를 포함한다고 볼 수 있다. 물론 콘텐츠의 유형에 따라 화상 속의 문자는 이미지로 분류하는 것이 타당할 수도 있다.

❷ 이미지 자료

일반적으로 화상자료라고도 한다. 원래 이미지는 마음속에 그려지는 사물의 감각적 영상 즉, 심상을 뜻하는 용어다. 그러나 통상 동영상을 제외한 화상자료라는 의미로 이해되고 있다. 이는 화상이란 용어가 텔레비전 수상기의 화면에 나타나는 상까지를 포함한 넓은 개념으로 사용되는 것에 대해 변별성을 갖기 위해 선택된 것으로 보인다. 따라서 대개의 경우 정지영상을 포함한 그림 자료를 통칭하는 개념으로 이해할 수 있다.

❸ 영상(사운드)자료

동영상은 문자 그대로 움직이는 영상을 말한다. 통상 텔레비전이나 컴퓨터의 모니터 상에 나타나는 화상을 뜻한다. 그러나 여기서는 사운드자료를 포함한 포괄적 개념으로 이해하는 것이 필요하다. 자료는 각각 테이프에 저장된 형태로 제공된다. 사운드나 동영상 저장은 영상기술의 발달에 따라 최첨단의 설비가 활용되기도 한다.

❹ 구술자료

원천자료를 유형에 따라 문자, 이미지, 동영상 등으로 나누는 일반적인 분류와 등가적으로 구분되는 자료라고 할 수는 없다. 그러나 민속학, 인류학, 사회학 등에서 현장조사를 통해 획득하는 자료 중에 가장 중요시되는 자료이기 때문에 분류항목에 포함시키는 것도 타당하다. 구술자료는 문자 그대로 사람의 입을 통해 녹음이나 동영상 또는 필기에 의해 기록되기 때문에 사람의 육성을 사실에 가깝게 저장할 수 있다는 장점이 있다. 그러나 구술자가 매우 주관적일 수도 있는 까닭에 적어도 원천자료 분석단계에서 재해석될 필요가 있다.

기존 구술자료는 통상 홈페이지에 구축되어 있거나 공개된 자료 보다는 개인 연구자가 소장하고 있는 자료가 훨씬 많다고 봐야 한다. 결국 소장자나 관련전문가를 찾아내는 것이 구술자료 수집에서 큰 비중을 차지하게 된다. 물론 신규원천자료로 구술자료가 요구되는 경우에는 현지조사와 인터뷰를 통해 채취하게 된다.

03 **원천자료 채취의 방법**

원천자료는 기본적으로 해당 콘텐츠 기획단계에서부터 이루어지는 것이고 또 단계별 조사에 의해 실행된다. 대개 기초조사와 전문조사 등이 기획단계에서 병행조사될 단계에 속하는 것이고, 콘텐츠 구성 또는 제작단계 이전에는 전문조사 및 심화조사 또는 현지조사 등이 병행되게 된다.

보통 원천자료 채취나 정리에 있어 개별적으로 작업하는 경우는 거의 없다. 왜냐하면 하나의 콘텐츠에 대한 프로젝트 또는 공동 작업자가 모여서 팀워크를 이루어 작업하는 경우가 대부분이기 때문이다. 특히 거대한 프로젝트일수록 맡은 바 역할이 세분화되고 그 전문성들이 강조됨에 유의할 필요가 있다. 이것은 참여역할이 정해져 있지 않은 경우라도 대개 전공이나 성향에 따라 분야가 나뉘게 됨을 의미한다. 어쨌든 콘텐츠의 복합적 특성상 산학연의 전문가나 그러한 성향의 담당자가 역할분담을 하게 되는데, 일반적으로 인문학적 성향의 참여자들이 원천자료 채취역할을 맡는 것이 양질의 콘텐츠를 생산해내는 데 유용하다.

한편, 전 단계에서 원천자료를 추출해서 완료시켰다고 할지라도 콘텐츠의 유형에 따라 추가 원천자료가 필요하게 될 수도 있다. 이 경우에는 원천자료 추가채취의 과정을 밟게 된다. 이것은 구성단계뿐 아니라 콘텐츠 완성까지, 전반의 시스템이 함께 맞물려 돌아가야 된다는 뜻이기도 하다. 또 소규모의 팀원으로 제한되어 개발할 콘텐츠의 경우라면 원천자료 채취자가 다시 콘텐츠 개발의 다른 역할을 겸하게 될 수도 있기 때문에 주어진 여건과 환경에 따라 적절하게 역할분담을 하는 것이 필요하다. 결국 메인 컨셉을 건드리지 않은 범위 내에서 원천자료 채취는 지속적으로 반복될 개연성을 가지고 있는 셈이다.

원천자료 채취는 우선 해당 콘텐츠에 대한 일정한 범주를 설정하는 것에서부터 출발한다. 카테고리 설정이 전제되지 않으면 불필요한 자료까지 취합하여 버리게 되는 악순환을 겪게 되기 때문이다. 물론 콘텐츠의 유형이나 맥락에 따라 다르게 설정되어야 하지만 대개 단일 콘텐츠냐 복합 콘텐츠냐에 따라 자료채취의 방법도 달라질 필요가 있다. 예를 들어 단일 콘텐츠일 경우에는, 해당 콘텐츠에 대한 메인 영역 설정과 서브영역 설정을 통해 어디까지 자료를 채취할 것인가를 결정하게 된다. 콘텐츠별 상황이 매우 유동적일 것이기 때문에 메인뿐 아니라 서브 영역이 확대되거나 축소될 수 있음은 물론이다. 또 다양한 소재를 통해 구현해야 되는 복합콘텐츠일 경우에는, 메인콘텐츠에 대한 자료영역을 먼저 설정하고 난 다음 서브콘텐츠에 대한 영역을 설정하게 된다. 채취의 시작은 각각 메인 콘텐츠 영역 즉, 상위콘텐츠 영역부터 시작해서 서브콘텐츠 영역 즉, 하위콘텐츠 영역으로 옮겨가며 실행하게 된다. 시간과 공간의 제약을 염두에 두고 실시하되, 부득이 채취된 자료를 제거해야 될 경우에는 하위콘텐츠의 마지막 자료에서부터 제거해 나가면 된다. 대상에 따른 콘텐츠 채취영역을 구분해 보면 아래와 같이 나타낼 수 있다.

채취범주

❶ 한 유형의 콘텐츠만을 대상으로 하는 채취

　　예 이미지자료, 영상자료, 구술자료, 텍스트자료 등

❷ 한 장르의 콘텐츠만을 대상으로 하는 채취

　　　　　예　고기잡이 방식과 전통어로 문화원형 콘텐츠 원천자료 등
　　❸ 다수의 유형과 장르를 대상으로 하는 채취
　　　　예 이미지자료와 영상자료 및 텍스트 자료 등을 포함한 애니메이션
　　　　　원천자료 등
　　❹ 구술자료, 영상자료 등 콘텐츠 유형별 전 영역을 대상으로 하는 채취
　　　　예 이미지 자료 전반, 영상자료 전반, 구술자료 전반 등

　이렇게 콘텐츠별 대상에 따라서 채취범주를 정한다. 여기서 〈라〉의 경우에는 콘텐츠 학술조사에서나 가능한 범주이지 일반 콘텐츠 제작에서까지 고려될 필요는 없다. 이미 콘텐츠의 컨셉 및 주제가 결정되어 있을 것이기 때문이다. 대개의 경우 원천자료 채취는 다수의 유형과 장르를 필요로 하게 된다. 콘텐츠 자체가 적어도 하나 이상의 장르를 포함하고 있는 까닭이다. 예를 들어 게임 하나를 제작하기 위해서는 시나리오 집필 전 단계에서부터 관련된 제 유형의 다양한 자료를 채취해야 한다.

　현단계의 원천자료 채취에서 가장 유용하게 응용할 수 있는 방법론은 기존의 민속학, 인류학, 사회학 등에서 다루어 오던 자료수집 방법론이다. 여기에 콘텐츠의 특성에 따라 인터넷 검색을 가장 기본적인 것으로 삼는 것은 재론의 여지가 없다. 콘텐츠 연출이 기왕의 오프라인 연출의 기법을 응용하는 것처럼 원천자료 채취 또한 기존의 채취방법론을 응용할 필요가 있기 때문이다. 포털 검색 사이트로는 구글, 네이버, 다음, 야후, 엠파스 등이 현재 주로 활용되고 있으나, 디지털시대임을 감안하면 언제든지 새로운 검색 사이트가 등장할 개연성은 충분해 보인다. 이상의 내용을 간략하게 정리해 보면 다음과 같다. 여기서 분석결과에 따라 각각의 과정은 다시 상위단계와의 순환과정을 거쳐 최종 원천자료가 완성된다.

원천자료 채취과정

❶ 인터넷 검색(검색 전문 포털 사이트, 해당 콘텐츠 관련 전문 사이트, 해당 정부기관 및 산하연구기관, 해당전문가 홈피 등)

❷ 관련자료 소장처 물색

　　온라인 소장처(전문사이트 공개자료, 관련자료 색인, 관련자료 목록, 주소 등)

　　오프라인 소장처(관련전문가, 전문연구소, 박물관, 해당대학 및 정부기관 등)

❸ 자료확보

　　구입(판매가 가능한 원천자료일 경우)

　　대여(구입이 불가능한 원천자료이나 현물이 필요할 경우)

　　복사 및 스캔 또는 캡처(구입이 불가능하거나 원천자료의 텍스트, 이미지가 필요한 경우)

　　촬영(원본자료의 이미지나 동영상을 원형과 가깝게 보존하거나 모사해야 할 필요가 있는 경우)

❹ 관련전문가 조사 및 탐방(사전조사, 현장조사 및 인터뷰 병행, 추가조사 등)

❺ 자료분석 및 정리(원천자료 분석, 분류표 작성, 콘텐츠별 항목화 등)

❻ 자료보완(추가조사, 심화조사, 확대조사 등)

❼ 원천자료 확정(최종확정 후 구성단계로 이관)

원천자료 채취기술

❶ 촬영(영상, 이미지) / 녹음

❷ 캡처 / 스캔

❸ 타이핑 / 기록

❹ 복사 / 구입

원천자료 정리

자료는 대체로 DB검색이 가능하도록 도표화시키는 것이 바람직하다. 콘텐츠 유형에 따라서는 메타데이터를 작성해야 할 필요도 있다. 어떤 경우든 비주얼한 구조도를 통해 쉽게 선별되고 선택할 수 있도록 즉, 구성과 제작이 용이하도록 구성되어야 한다. 대개 DB화와 도표는 기획단계에서 구상한 방법론과 연결되기 때문에 발상단계를 참고하면 된다.

04 채취자료의 분석 및 확정

실제적인 채취에서 가장 중요한 것은 해당 콘텐츠에 어떻게 접근하고 그 원천자료의 대상을 어떻게 다룰 것이냐는 문제에 있다. 이 문제의식이 곧 해당 콘텐츠의 질을 결정할 것이기 때문이다. 예를 들어 감각적인 발상을 통해 캐릭터 이미지 하나가 구상되었다면 그와 관련된 역사적·문화적·사회적 원천자료들을 검색하고 정리하는 단계로 진입하게 되는데, 이때 접근하는 방식에 따라 원천자료의 범위와 깊이가 정해지고 이에 따라 완성될 콘텐츠의 질 또한 정해지는 까닭이다. 다시 말하면 원천자료의 질에 따라 기획컨셉이 살기도 하고 죽기도 한다.

특히 콘텐츠 원천자료 채취에서 필수적인 사항은 시간적, 공간적 제약사항이다. 여기에는 당연히 관련예산이 포함된다. 쉽게 말해 예산에 비해 질적 양적으로 확대된 원천자료를 구비하기는 어렵다는 뜻이다. 또 해당 콘텐츠의 전체 예산에 비해 원천자료 채취비용이 적정한 것이라는 점이 전제되어야 한다. 양질의 원천자료를 다량 확보하는 것은 좋은 일이지만 기타의 프로세스와 적절하게 분담되지 않으면 전체 콘텐츠 제작에 차질을 빚게 된다.

채취자료의 분석은 이 같은 전제사항을 염두에 두고 실시된다. 따라서 채취자료 분석에서 가장 중요시되어야 할 점은 해당 콘텐츠 기획에 알맞게 원천자료가 채취되었는가 하는 것이다. 이 분석에서 부족한 점은 다시 원천자료 채취과정을 반복하거나 순환하면서 확정하게 되고 이 확정과정을 거치면 콘텐츠 구성 및 제작단계로 돌입하게 된다. 따라서 상위 단계에서 채취된 원천자료에 대한 가장 이상적인 분석 및 해석은 대체로 다음 네 가지의 요건들을 충족시키는 선에서 채취되어야 한다. 첫째, 해당 콘텐츠와 관련된 가장 폭넓은 범주를 포괄했는가? 둘째, 가장 정밀한 조사를 바탕으로 채취되었는가? 셋째, 가장 많은 자료 중에서 엄선된 엑기스 자료인가? 넷째, 분석 및 해석이 주제와 관련되어 가장 적절한가? 결국 이 분석이 충족된다면 원천자료는 해당 콘텐츠에 가장 적절한 자료라고 판단할 수 있다. 이상을 정리해 보면 다음 다섯 가지로 압축할 수 있다.

❶ **원천자료의 객관성**: 원천자료를 믿을 수 있는가? 증거는 확실한가? 관련전문가의 검증을 획득했는가?

❷ **원천자료의 주제성**: 기획컨셉과 맞아 떨어지는가? 해당 유형의 콘텐츠 주제와 소통하는가?

❸ **원천자료의 충실성**: 자료는 완전한가? 조사자의 주관적 의견이 삽입되지는 않았는가?

❹ **원천자료의 다양성**: 메인자료와 서브자료 간의 소통은 가능한가? 서로 비교하여 메인원천자료가 추출될 수 있는가?

❺ **원천자료의 편의성**: 정리가 잘 되어 사용하기 편한가? 구성과 제작에 유용한 형태로 채취되었는가?

콘텐츠 분석방법은 해당 콘텐츠의 유형에 따라 다양하게 나타날 수 있다. 그러나 보편적으로 이 다섯 가지의 요건을 충족시키는 즉, 공통적인 분모만을 감안하는 방법론을 든다면, 정량분석과 내용분석을 들 수 있다. 정량분석은 단순집계, 교차집계, 중회귀분석, 다변량 해석, 데이터 마이닝 등의 방법론을 응용하고, 내용분석은 문장구성 해석, 의미해법, 텍스트 마이닝 등의 방법론을 응용하여 진행하게 된다. 여기서 정량분석은 원천자료의 기준에 부합하는가, 용량이나 개수는 적당한가, 주제 간의 관계성은 적당한가 등의 양적 내용을 분석하는 단계다. 내용분석은 흔히 정성분석이라고도 하는데, 기획단계에서 도입된 도표 등을 통해 유형화 또는 도안화시키고 이를 텍스트, 사운드, 이미지, 동영상 등으로 구분하여 그 내용을 분석하는 단계라고 보면 된다. 이 과정에서 결격사유가 발생하면 다시 채취과정을 순환반복하면서 최종적으로 원천자료를 확정하게 된다.

■참고도서

김열규 외 공저, 『민담학개론』, 일조각, 1997.

김웅렬, 『사회조사방법론의 이해』, 고려대학교 출판부, 2001.

장덕순 외 공저, 『구비문학개설』, 일조각, 1999.

리처드 M. 도슨 편저, 나경수 역, 『민속조사방법론』, 전남대학교 출판부, 1995.

크레인·앙그로시노 공저, 한경구·김성례 공역, 『문화인류학 현지조사 방법』, 일조각, 2002.

James P. Spradley, 이희봉 역, 『참여관찰방법』, 대한교과서주식회사, 1996.

■ **이윤선**은 전남대학교에서 국악(기악)을 전공하였으며, 목포대학교 대학원에서 박사학위를 받았다. 전공분야는 민속학과 문화콘텐츠학이다. 목포대학교 도서문화연구소 연구원을 거쳐 연구교수로 재직중이다. 한국민요학회 정보이사, 한국무속학회 지역이사 등 주로 예능민속 관련 활동과 연구를 하고 있으며, 진도군립민속예술단 초대 연출단장을 역임하였다. 단독 저서로는 『도서·해양민속의 변화와 문화콘텐츠 시대의 지향성』, 『진도구술민속음악사1』 등이 있고, 이외 몇 편의 공저가 있다. 관심분야는 예능민속을 중심으로 한 도서·해양민속과 문화콘텐츠 분야이다.

e-mail: seaculture@hanmail.net

영상자료 채취방법

임영상 | 한국외국어대학교, **조관연** | 한신대학교

01 영상자료 채취란?

십여 년 전 당시 잘 나가던 어느 무당의 대감굿을 동영상으로 기록한 적이 있다. 처음 의뢰인이 와서 대감굿을 부탁하는 장면에서부터, 굿을 준비하고, 끝나고 나서 음식물이 분배되는 장면까지를 담을 예정이었다. 이 중에서 촬영에 가장 신경을 쓴 부분은 약 세 시간 동안의 대감굿 장면이었다. 사전조사를 통해 어떻게 진행될지 대충 알고는 있었지만. 막상 굿이 벌어지자 즉흥적으로 일어나는 일이 많았다. 세 명의 무당이 번갈아가며 벌이는 굿판에서 물어보거나 재연을 부탁할 수도 없었기 때문에 촬영의 상당부분은 감에 의존할 수밖에 없었다. 촬영은 하였지만, 각 행동의 의미나 무당들의 당시 생각이나 느낌은 대부분 정확히 알 수가 없었다. 그래서 촬영상태가 안 좋은 장면을 약간 편집한 후 참여했던 무당과 연구자 2명을 집으로 초청해서 영상물을 같이 시청했다. 이 영상물을 보자 무당은 신이 나서 장식품, 소도구, 각 행동의 의미에 대해서 설명해 주었을 뿐만 아니라 주요한 장면에서 느꼈던 감정과 생각에 대해서도 말해주었다. 비디오테이프의 일시정지와 되감기로 인해 시청시간이 매우 길어졌지만, 다른 어떤 조사방법도 이같이 심층적이고 다양한

정보를 얻기 힘들 것이다. 영상자료는 문헌자료와는 속성이 다르며, 이 둘은 적대적 또는 대체적 관계가 아니라 상호보완적인 관계에 있다.

현대문화에 대해서 이야기할 때 디지털정보기술이 빠지기 힘들게 되었다. 장인의 영역이었던 사진과 동영상 제작에도 이 기술이 빠르게 수용되고 있다. 기술이 쉬워짐에 따라 일반인 누구나 거의 전문가 수준으로 사진과 동영상을 제작하는 것이 가능해진 것 같은 느낌을 갖게 된다. 또한 젊은이들은 어려서부터 많은 영상물들을 보면서 자랐기 때문에 당연히 여기서 본 영상언어들을 활용해서 영상물을 손쉽게 제작할 수 있을 것이라고 생각하기 쉽다. 하지만 실상은 꼭 그런 것만은 아니다. 신세대를 영상세대라고 하지만, 이는 영상물을 많이 보고 자랐다는 것이지, 영상언어를 주체적으로 구사할 수 있다는 의미는 아닐 것이다. 말을 듣고 남의 생각을 이해할 수 있다고, 자기 생각을 말이나 글로 표현할 수 있는 능력을 갖췄다고 주장할 수는 없을 것이다. 말과 글을 사용해서 타인과 의사소통을 원활하게 하기 위해서는 당연히 말하는 법과 글 쓰는 법을 따로 배워야 한다. 영상자료 채취도 역시 그러하다. 혼자 보고 즐길 것이 아니라면 영상의 기술적인 측면에서부터 영상언어 그리고 미학에 이르기까지 배워야 한다. 그렇지 않으면 영상자료는 타인을 향해 지르는 외로운 독백이 될 가능성이 높다. 이 글은 정지화상과 동영상 자료 채취방법을 함께 다루고자 한다.

02 채취시 유의할 기본사항들

카메라는 연장된 인간의 눈이며, 카메라로 찍힌 것은 모두 진실이라고 믿는 사람이 있다. 이들은 자기가 사용하는 기기를 충직한 반려자처럼 전폭적으로 신뢰하기 때문에 기기의 특성에는 별다른 관심을 보이지 않는다. 이런 경향은 디지털카메라 기술이 발전하면서 더 확산되고 있는 추세이다. 하지만 디지털카메라와 필름카메라 모두 거의 동일한 원리로 작동하며, 광학적 특성과 효과 역시 거의 동일하다. 기기의 사용이 편리해진 것은 사실이지만, 새로운 '멋진 신세계'는 아직 완전히 열리지 않았다. 그러나 이 세계는 얼마든지 자기 능력으로 만들 수 있다. 영상자료를 자기 의도대로 정확하게 채취하고 활용하기 위해서는 아날로그 시대의 지식이 상당부분 아직도 유용하며, 이 지식은 대부분의 정지화상과 동영상 채취에 공통으로 적용된다.

(1) 카메라는 투명인간인가?

촬영을 하려면 찍을 대상을 선택하고, 프레이밍을 해야 하기 때문에 평소보다 더 많은 집중력과 시간이 필요하다. 카메라 앞에서 완전히 다른 모습을 보이는 사람들도 적지 않다. 처한 환경이나 개인적인 성향에 따라서 피사체는 카메라를 흉기로 여기기도 하고, 마음을 터놓고 하소연할 수 있는 친한 친구로 생각하기도 한다. 카메라는 투명인간이 아니며, 카메라가 포착하는 것은 '제2의 현실'이다.

몇년 전 쾰른에서 로마네스크 양식의 건축물들을 촬영하러 다닌 적이 있다. 이 때 시내에서 초라한 행색에 배낭을 메고 신문을 파는 젊은이를 우연히 발견하였다. 가까이 가서 손에 든 신문을 보니 노숙자들이 자신들의 처지를 알리기 위해 자체적으로 발행하는 신문이었다. 현재 독일의 경제적 양극화 현상을 상징적으로 보여주는 모습이라 판단하고 이를 사진에 담고 싶었다. 하지만 이 젊은이가 어떤 반응을 보일지는 예측하기 힘들었다. 우선 그에게 다가가서 내용이 무엇인지 물어보고 주장을 들어보았다. 그 다음에 2,000원 정도를 주고 신문을 한 부 산 다음, 내 자신을 간단히 소개하였다. 목적을 밝히고 사진을 찍어도 되냐고 묻자 그 청년은 너무나 선선히 응해 주었다. 나에게 어디서 찍는 것이 좋은지, 그리고 배낭을 어떻게 하면 좋은지 등등을 물어왔다. 당신이 가진 것이라곤 신문과 배낭뿐이니 이것을 들고, 메고 찍는 게 좋을 것 같고, 오페라 관람하러 가는 고급정장 차림의 사람들을 배경으로 하면 더 좋을 것 같다고 내 생각을 밝혔다. 그는 우수에 찬 표정을 지어보이면서, 나의 다양한 요구를 인내심을 갖고 충실히 따라 주었다. 촬영 후에도 그는 자신들이 처한 상황과 구멍 난 독일의 복지정책을 자세히 설명해 주었다. 나는 세계화로 인해 변화하는 독일의 복지정책을 노숙자의 입장에서 잠시 살펴볼 수 있었다. 소외된 사람에게 카메라는 상처 난 마음을 달랠 수 있는 좋은 파트너가 될 수 있다. 하지만 카메라로 촬영하다 봉변을 당한 이야기를 열거하기 시작하면 끝이 없다. 또한 카메라가 있기 때문에 쉽게 얻을 수 있는 정보조차도 얻지 못하는 경우도 많았다.

(2) 기기선택

너무 당연한 이야기이지만 모든 경우에 적합한 이상적인 기기는 없으며, 용도와 목적에 따라 가장 적당한 기기는 달라진다. 둔황의 명사산을 비교적 고급기종인 디지털비디오카메라, Sony PD 150으로 촬영하였는데, 후에 출판을 위해 이 사진이 필요하게 되었다. 하지만 이 비디오카메라는 약 100만 화소로 동영상을 기록하기 때문에 캡처받은 정지화면은 출판용으로 부적합하였다. 비디오카메라와 스틸카메라는 용도가 서로 다르다. 또한 가장 비싸고 좋은 성능을 가진 기기가 이상적인 촬영을 보장하지 않지만, 조건이 허락한다면 가장 성능이 좋은 전문가용 기기를 사용하는 것이 좋다. 왜냐하면 영상과 음향의 질은 매우 중요한데, 이 장비들은 물리적인 특성과 다양한 기능으로 인해 질을 높여 주기 때문이다. 좋은 장비는 권위를 부여해 주기도 한다. 이 기기로 인해 보통사람에게는 접근이 제한된 지역으로 들어갈 수 있고, 피사체의 적극적인 참여를 유도하기도 한다. 약 3년 전 부천 루미나리에에서 유명 지휘자의 오케스트라 연주회가 있었다. 이를 촬영하고 싶었지만 사람이 너무 많아서 가까이 접근하는 것조차 불가능하였다. 뒤를 돌아다보니 중계카메라를 위한 단상이 있었고, 그 위에는 몇몇 카메라맨만이 있었다. 카메라를 들고 그냥 그곳을 올라갔지만, 아무도 제지하지 않았다. 이를 보고 다른 사람들이 연주회를 구경하기 위해 올라오려고 했지만, 통제요원은 이들을 강력하게 제지하였다. 하지만 카메라가 좋고 크다고 항상 좋은 것만은 아니다. 이로 인해 촬영에 부담을 느끼는 사람도 많고, 촬영 자체가 무산되는 경우도 많다. 만일 노숙자를 촬영하는 데 스틸카메라가 아니라 고급비디오카메라였다면 어떤 일이 벌어졌을까?

(3) 가상선

인간은 카메라와는 다르게 사물을 인식하고 재현해 내기도 한다. 우선 인간은 필요한 것만을 선택적으로 보고 듣는다. 시끄러운 시장에서 다른 사람과 대화를 나눌 때 듣고 이해하는데 큰 어려움을 느끼지 못할 것이다. 하지만 이 장면을 촬영하면 소리를 전혀 알아들을 수 없는 경우가 종종 발생한다. 카메라는 선택적으로 소리를 포착하지 못하기 때문에 발생하는 현상이다. 또한 인간은 3차원으로 세상을 인식하지만, 카메라는 이차원으로 밖에 표현할 수 없다. 또한 프레임이 작기 때문에 카메라는 대상이나 사건을 분절해서 단계적이고, 체계적으로 보여 주어야 한다. 이를 극복하기 위해 감독은 초점 심도를 조절함으로써 선택적으로 보여주고, 조명, 무대 장치, 구도 등을 통해 입체감과 원근감을 만든다. 분절화해서 촬영하다 보면 가끔 대상의 위치가 이해할 수 없이 바뀌는 경우가 발생한다. 한 무리의 사람들이 행진할 경우 A라는 지점에서 촬영을 하면 오른쪽 방향으로 가는 모습으로 촬영된다고 가정하자. 그러나 행진중간에 이 행렬을 건너뛰어 반대편인 B지점에서 촬영하면 이 행렬은 갑자기 반대방향인 왼쪽 방향으로 가는 모습으로 촬영될 것이다. 이 두 화면을 이어 붙이면 관객들은 혼란에 빠진다. 왜냐하면 행진하던 무리들이 같은 시공간에서 오른쪽으로 갔다가 왼쪽으로 가기 때문이다. 이 같은 현상은 인물촬영에서도 일어난다. 이런 일은 가상선 또는 이미지 라인을 넘어갔기 때문에 일어난다. 이를 방지하기 위해서는 가까운 대상을 축으로 연결한 선을 넘어가지 말거나 설정화면이나 커트 어웨이 쇼트를 충분히 찍어두어야 한다. 그렇지 않으면 매우 혼란스런 장면이 될 것이다.

(4) 렌즈, 조리개 그리고 셔터 스피드

렌즈는 초점거리와 조리개의 크기를 기준으로 구분한다. 우선 초점거리에 따라 광각렌즈, 표준렌즈 그리고 망원렌즈로 구별된다. 각 렌즈는 나름대로의 광학적 특성이 있는데, 예를 들어 광각렌즈는 화각만 넓은 것이 아니라 피사체 간의 거리가 실제보다 멀리 떨어져 보이게 하고, 가까이 있는 피사체를 실제크기보다 더 크게 보이게 만들고, 사건을 더 역동적으로 보이게 만든다(광각왜곡효과). 망원렌즈는 대체적으로 광각렌즈와 반대되는 효과를 보인다. 표준렌즈는 인간의 눈과 가장 비슷한 화각을 가지고 있으며, 광학적 왜곡도 가장 적다(35mm 필름카메라에서 표준렌즈는 초점거리 50mm이지만, 디지털카메라에서는 CCD의 크기에 따라 달라진다.). 이런 광학적 특성을 무시하고, 단순히 편리하다는 이유 하나만으로 렌즈를 선택해서는 안 된다.

조리개는 카메라로 들어오는 빛의 양을 조절하는 역할만을 하는 것이 아니다. 조리개의 개방 정도에 따라 초점이 맞는 공간의 깊이가 달라지며, 이 차이는 사진의 분위기뿐 만 아니라 메시지까지도 변화시킨다. 셔터스피드는 피사체의 운동감을 강조하는 데 주로 쓰이는데, 이런 특성을 고려하지 않고 촬영을 한다면 '틀린' 사진이 되는 것이다. 렌즈, 조리개, 셔터스피드의 고유한 특성을 염두에 두고 사진촬영하는 것은 기본 중의 기본이다.

(5) 화이트 밸런스

인간의 눈은 태양광, 형광등 또는 백열등에 상관없이 흰색을 흰색으로 인식한다. 그러나 카메라는 어떤 종류의 빛이냐에 따라서 색을 다르게 재현해낸다. 그래서 형광등 밑에서 찍은 사진은 푸른색, 백열등 밑에서 찍은 사진은 황색이 두드러지게 나온다. 광원의 종류에 상관없이 흰색을 흰색으로 재현해내기 위해서는 카메라의 화이트 밸런스를 맞춰야 한다. 거의 모든 디지털카메라에는 이 기능이 내장되어 있다(필름카메라에서는 다양한 색을 가진 필터를 사용해서 색온도를 맞춰줘야 했는데, 화이트 밸런스를 정확히 맞추는 일은 상당한 노하우가 필요하다). 극영화 〈중경산림〉에서는 도시의 우울하고 삭막한 분위기를 전달하기 위해 푸른색 필터를 많이 사용했다. 만일 이와 같이 특정한 느낌을 예술적으로 강조하는 것이 아니라면 화이트 밸런스를 꼭 맞추어서 촬영해야 한다.

(6) 삼각대

삼각대를 사용해서 촬영을 하면 카메라가 어떤 방향으로 팬, 틸트 그리고 줌인을 해도 언제나 같은 지점을 향하기 때문에 투시법이 언제나 동일하다. 삼각대를 사용하면 카메라 이동이 제한을 받기 때문에 촬영위치를 바꾸거나 다양한 종류의 쇼트를 촬영하기가 불편하다. 하지만 삼각대를 사용하면 흔들림이 없는 안정된 장면을 얻을 수 있는데, 이 장점은 나머지 단점을 상쇄하고도 충분히 남는다(이유 없이 계속 흔들리는 영상을 보는 것처럼 힘든 일은 없다). 따라서 특별한 미학이나 철학을 추구하는 것이 아니라면 삼각대 위에서 촬영하는 것이 기본이다. 이에 반해 핸드헬드 카메라(카메라를 들고 찍기)는 움직임이 있기 때문에 투시법이 자주 변한다. 또한 들고 찍으면 자유롭게 활동할 수 있기 때문에 촬영 위치를 자유롭게 바꿀 수 있고, 다양한 종류의 쇼트를 촬영하기에 편하다. 이런 영상은 거칠고 자연발생적인 느낌을 전달하는 데 좋다. 또한 대담하면서 즉흥적이거나, 빠르게 펼쳐지는 사건을 그려내는 데도 적합하다. 하지만 들고 찍기 촬영법을 잘 활용하기 위해서는 오랜 기간 동안의 숙련이 필요하다. 그럼에도 불구하고 노력만으로 극복하기 힘든 또 다른 난관이 있다. 핸드헬드와 삼각대 촬영의 장점을 모두 얻기 위해 고가의 첨단장비인 스테디캠이 사용되기도 한다. 이 장비를 사용하면 촬영위치를 자유롭게 바꿔도 화면이 불필요하게 흔들리는 것을 막고, 운동감 있게 장면을 촬영을 할 수 있다. 스테디캠 촬영이 높은 비용 때문에 현실적으로 어렵다면, 무겁더라도 삼각대를 들고 다니는 것이 좋다.

(7) 기타: 마이크, 플래시, 감도, 충전지와 저장매체

흔들리는 영상은 어느 정도 참고 볼 수 있지만, 잡음이 많고 제대로 들리지 않는 소리를 참고 듣기는 매우 힘들다. 때문에 대부분의 관객은 아무리 주제와 영상미학이 뛰어나도 소리가 제대로 잡히지 않은 영상물을 보려고 하지 않는다. 소리를 제대로 잡기 위해서는 세심한 관심과 기술 그리고 이에 적당한 장비가 필요하다. 어떤 경우에도 캠코더에 기본적으로 장착되어 있는 마이크로는 소리를 제대로 잡을 수 없다. 지향성 외부 마이크나 무선마이크를 활용하면 좋은 결과를 얻을 수 있다. 어두운 곳에서 촬영하기 위해서 플래시가 꼭 필요한 것은 아니다. 플래시를 사용하면 피사체가 긴장을 하게 되고, 배경과 인물의 고유한 분위기와 입체감이 사라지는 경우가 많다. 감도(ISO)와 조리개 수치를 조절하면 대부분의 경우 플래시 없이 촬영이 가능하다. 또한 태양빛이 강한 야외에서 촬영할 때도 플래시를 사용하면 의외로 좋은 영상을 얻을 수도 있다. 카메라에 내장된 플래시보다는 전문회사 제품이 좋다. 배터리와 저장매체는 다다익선이다. 촬영 나가서 이 두 가지가 부족해서 중요한 순간을 놓친 경우를 어느 누구나 당해 보았을 것이다.

03 영상자료 채취하기

소렌슨과 자블룽코는 사진을 이용한 자료 채취방식을 기회적 표본 추출, 프로그램된 표본 추출, 탈선적 탐색의 세 가지로 나누고 있다. 기회적 표본 추출은 특별한 목적이나 의도 없이 '재미있는 일이 일어나면 사진기로 찍는' 자유로운 발상법이다. 여기서 재미있는 일이란 연구나 조사와 관련해서 특정한 의미나 가치가 있을 것 같은 사건이나 행동을 의미한다. 이 방법을 통해 분석자는 예상외나 아직 제대로 이해하지 못한 사건들을 발생한대로 기록할 수 있다. 프로그램된 표본 추출이란 미리 결정된 계획에 따라 촬영하는 것이다. 무엇을, 언제, 어디서 촬영할 것인가를 구체적으로 미리 정하고 촬영에 들어가는 것이다. 선택하는 기준은 조사자가 갖고 있는 사전지식과 이에 대한 중요성 정도에 의한다. 이를 위해서는 충실한 사전조사가 필수적이지만, 이 방법은 현장에서 일어나는 수많은 즉흥적인 부분을 놓치기 쉽다. 구성과 편집에서 시간을 아낄 수 있기 때문에 상업방송국이 주로 사용하는 방법이다. 잘못하면 제작자의 편견이나 선입견을 확인하는 수단으로 전락할 수 있다. 이와 같은 문제점을 부분적으로 보완할 수 있는 것은 탈선적 탐색이다. 이미 잘 알려져 있거나, 중요하게 여겨지는 대상이나 사건으로부터 눈을 돌려 이외의 다른 것들 중에서 자료나 정보를 추출해 내는 방식이다. 시간과 노력도 많이 들며, 충실한 사전조사와 통찰력 있는 안목이 필수적이다. 각각의 채집 방법은 나름대로의 장단점이 있다. 이 모든 방법을 서로 보완적으로 활용하면 총체적이고 심층적인 정보를 채취할 수 있을 것이다.

(1) 사전조사와 확정단계

영상자료와 문헌자료의 채취과정은 상당히 비슷한 점이 많다. 촬영에 들어가기 전까지의 단계를 정리했는데, 주제와 외부 여건에 따라 항목들은 조정될 수 있다.

▲ 현재 시점에서 무엇을, 어떤 점에서 영상으로 기록을 채취할 필요가 있는지, 그리고 이 자료가 어떤 분야에서 어떻게 활용될 수 있는지를 고려해서 주제를 정한다.

▲ 주제를 정하는 데 관련된 문헌자료와 영상물들을 검토하고, 어떻게 차별화할 것인지 방향성을 정립한다.

▲ 주제의 가설을 세우고 접근한다. 가설은 자료수집 중 기본적인 방향을 제시하며, 기준점이 된다. 자료수집 중 가설은 언제나 바뀔 수 있다.

▲ 계획이 실현가능한지 점검한다. 내용은 촬영 가능한지, 관련된 사람

이 촬영여건을 받아들이고 이에 흥미를 느끼는지, 특정장소의 촬영허가를 받을 수 있는지, 그리고 예산은 감당가능한지 점검한다.

▲ 기존의 문헌과 영상물 자료를 면밀하게 검토한다. 기본적인 채집목록을 작성하고. 사전조사를 통해 확대발전시켜 나간다. 피해야 할 부분이 무엇인지 아는 것도 중요하다.

▲ 현장에 뛰어 들어가서 참여관찰을 하라. 어디서, 무엇을 누구를 통해 영상자료를 채취할 것인지 그들의 일상생활의 리듬에서 파악한다. 참여관찰 기간이 길수록 더 많은 것을 알게 된다. 이 기간 의도를 밝히고, 동기를 신뢰하고 관심을 유지하지 할 수 있도록 신뢰관계를 형성한다.

▲ 전문가의 의견과 조언을 열린 마음으로 청취한다. 이 단계를 소홀히 하면 내용에 문제가 많거나 중요하지 않은 자료들을 채취할 수 있다.

▲ 촬영이 가능한지 책임자로부터 가능하면 문서로 허락을 받아둔다.

▲ 참여관찰을 통해 획득한 정보를 바탕으로 가설과 접근방법 그리고 세부목록을 다시 점검한다. 이 때 현장에서 가능한 것과 불가능한 것은 무엇인지 최종적으로 파악한다.

▲ 대상을 사전에 촬영해서 문제점은 무엇이고, 반응은 어떤지를 살펴본다. 이를 극복하기 위해 어떤 전략과 장비가 더 필요한지 점검한다. 원하는 질이 담보되지 않으면 대상을 교체할 수도 있다.

▲ 세부항목이 포함된 최종기획안을 최대한 자세하면서도 일목요연하게 작성하고, 전문가 자문과 내부토의를 거쳐 확정한다. 가능하면 범위를 좁히고, 내용은 깊이 있게 다룬다. 시퀀스의 목록 그리고 이의 내용과 역할 이외에도 각 예상 쇼트의 목록과 구체적인 내용과 형식에 대해서 기술한다. 필요한 장비와 인력 그리고 촬영 스타일도 여기에 포함된다.

▲ 촬영스태프를 확보하고, 촬영일정을 느슨하게 잡는다. 이 단계 전까지 예산이 확보되지 않으면 계획을 실행에 옮기기 어렵다.

이와 같은 단계를 거쳐 촬영에 들어가는데, 구체적인 방법은 다음과 같다.

(2) 촬영방법

자동카메라에 모든 것을 맡기고 촬영하는 경향이 있지만, 카메라의 수동기능을 활용해야만 원하는 영상자료를 채취할 수 있는 경우가 많다. 수동기능을 배우는 것은 그다지 어렵지 않지만, 대부분의 사람들은 처음부터 이 기술과 마음의 벽을 쌓는다. 시간과 공을 많이 들이면 대개 양질의 영상자료를 채취할 수 있다. 충분한 시간과 심리적 여유를 갖는 것이 중요하며, 기기를 능수능란하게 다룰 수 있는 능력도 필수적이다. 위대한 사진작가, 까르띠에 브레송은 결정적인 순간을 놓치지 않기 위해 말년에도 흔들리는 침대에서 수동카메라 렌즈의 초점과 조리개를 빨리 맞추는 연습을 했다고 한다. 스틸카메라로 사진자료를 채취하는 단계별 방법은 다음과 같다.

육안으로 파악하기

❶ 뷰파인더는 작아서 많은 것을 자세히 볼 수 없기 때문에, 우선 육안으로 내용을 파악하는 것이 좋다.

❷ 이 중에서 무엇을 프레임 안에 넣고 뺄지 그리고 이를 어떻게 부각시킬 것인지 결정한다.

❸ 빛과 원근감을 고려해서 대충 구도를 잡는다.

카메라 뷰파인더를 보고,

❹ 육안으로 본 것이 적당한지 확인하고 필요하면 수정한다.

❺ 렌즈의 초점을 맞춘다.

❻ 초점심도를 정하고 이에 따라 조리개 수치를 맞춘다.

❼ 항목 6)에 따라 셔터 스피드를 정한다. 움직임이 있는 물체의 경우 6)번과 7)번을 교체한다.

❽ 광량이 적은 경우와 같이 필요하면 감도(ISO)를 높인다.

❾ 결정적인 순간이 나오면 힘을 빼고 셔터를 부드럽게 누른다.

정지화상 자료를 채취하는 데 필요한 요령은 다음과 같다:

❶ 미래를 위해 영상자료는 가능한 한 최고의 질로 기록한다.

❷ 쇼트의 크기, 촬영방향과 높이 그리고 노출을 다양하게 해서 여러 장 찍는다.

❸ 프레임에서 필요 없는 것을 최대한 제거한다. 영상은 뺄셈의 미학이다.

❹ LCD창이 아니라 뷰파인더를 보고 찍는다. LCD창으로는 수평과 수직이 어긋났는지, 초점이 정확히 맞았는지를 제대로 확인하기 어렵다.

❺ 빛을 항상 주의깊게 관찰하고, 최대한 이용한다. 영상은 빛의 예술이라는 사실을 잊어서는 안 된다.

❻ 입체감과 공간감을 살린다. 3차원의 세계를 이차원에서 재현하고 있다는 사실을 잊어서는 안 된다.

❼ 내용의 진정성을 해치지 않는 선에서 필요하면 연출한다. 우연히 그 자리에 놓인 쓰레기조차도 사실적 기록을 위해 치우려 하지 않는 벽창호가 꽤나 많다.

❽ 오래 된 관행적인 영상미학을 지킨다. 예를 들면 각 쇼트에는 나름대로의 의미와 역할이 있다.

❾ 사진에는 맥락이나 상황을 전달해 주는 요소가 있어야 하며, 이 부분은 가능한 한 초점을 흐리게 한다.

❿ 예술적인 상상력을 발휘한다. 사실에만 집착하지 말고, 진실을 전달하려고 노력한다. 시도 인간의 마음을 진실하게 표현하는 좋은 수단이며, 슬픈 감정은 눈물로만 표현할 수 있는 것은 아니다.

동영상 촬영시에는 다음과 같은 사항들을 추가로 고려한다.

❶ 소리(대사, 현장음, 배경음악 등)를 제대로 잡는 것에 각별히 신경을 쓴다. 소리가 제대로 잡히지 않으면 죽은 동영상이다.

❷ 동영상은 피사체와 카메라의 움직임 그리고 소리에 의해서 이야기가 만들어진다. 이 부분을 주도면밀하게 활용해야 좋은 동영상이 된다.

❸ 가상선을 지키고, 불가능할 경우 설정쇼트를 찍어 둔다.

❹ 커트 어웨이 쇼트를 충분히 찍어 둔다. 이 장면은 시공간을 압축하기 위해서뿐만 아니라 주변분위기나 대상의 내적 심리상태를 표현하기 위해서도 사용될 수 있다. 이것을 잘 찾아내기 위해서는 예술적 감수성이 필요하다.

❺ 편집을 염두에 두고 촬영한다. 아무리 명장면이라도 다른 장면과 융화되지 못한다면 그다지 쓸모없다.

그렇다면 이 기술을 가지고 대상을 어떻게 찍을까? 몇몇 사람이 모여서 웅성거리는 낯선 공간에 들어갔다고 가정하자. 그러면 이 상황을 시각적으로 어떻게 파악할까? 아마 우선 낯선 공간을 전체적으로 볼 것이다. 다음에는 사람에게 눈을 돌려 전체적으로 볼 것이고, 다음으로는 한 사람씩 파악하려고 할 것이다. 사람의 모습과 관계가 어느 정도 파악되면 그 중에서 주요한 대상을 선정해 집중적으로 관찰할 것이다. 그 사람의 얼굴표정, 손짓과 몸짓 등을 통해 그 사람의 성격뿐 만 아니라 주변상황과 다른 사람과의 관계를 파악하려고 할 것이다. 그리고 나서 시야를 확대해서 전체적인 맥락 속에서 정보를 다시 종합해보려고 할 것이다. 사람은 이렇게 사건을 분절화하고 종합하는 과정을 반복하면서 인식한다.

영상물도 사건이나 상황을 모든 부분까지 다 보여줄 수 없고, 시간과 공간을 압축해야 하고, 중요한 것만을 취사선택하고 중요한 것을 부각시켜야 한다. 그리고 사전지식이 별로 없는 관객도 이해할 수 있는 형태로 제시해야 한다. 때문에 모든 영상은 사건이나 행위를 작은 단위로 쪼개고, 이들을 논리적인 인과관계를 통해 이야기나 메시지를 전달한다. 영상자료 채취는 이런 원칙을 고려해서 해야 한다. 어떻게 세분화해서 촬영할지를 궁리하는 것을 구성, 촬영된 것들을 유기적이고 논리적인 이야기로 만드는 것을 편집이라고 한다. 구성과 촬영 그리고 편집은 모여서 하나의 몸체를 이루며, 어떤 것도 각기 독립적으로 존재할 수 없다. 또한 영상자료 채취는 앞으로 어떻게 활용될지에 대한 뚜렷한 목적의식과 각 부분이 어디서, 어떻게 사용될지에 대한 예측 하에서 이루어져야 한다.

(3) 인터뷰

영상자료 채취에서 중요한 부분을 차지하고 있는 것이 인터뷰이다. 온갖 미디어를 통해 일상적으로 많이 접하고 있지만, 학생이 가장 어려워하는 과제 중의 하나도 인터뷰다. 인터뷰를 잘하기 위해서는 주제를 전반적으로 이해하는 지식뿐만 아니라 문제의 핵심을 찾아내는 날카로운 관찰력과 통찰력 그리고 순발력이 필요하다. 인터뷰는 심도 있는 질문을 통해 사실을 조사하고, 들어주고, 반응하는 것이며, 인터뷰 대상이 삶을 표현하도록 도와 주는 것이다. 어떤 경우에도 구체적인 정보만을 이끌어내는 데 만족해서는 안 되고, 진실을 밝혀 내는 도구가 되어야 한다.

종류 개별적 인터뷰 이외에도 집단인터뷰와 거리인터뷰 등이 있다. 집단 인터뷰는 논쟁의 여지가 많은 경우 사용되는데, 참여자들끼리 이야기를 하도록 유도하는 방식과 말하고 싶은 사람 중에서 발언자를 고르는 방식 등이 있다. 거리 인터뷰는 일반인의 생각이 어떤지를 알아보기 위해 사용된다. 거리 인터뷰의 한 종류인 폭스 팝은 많은 사람에게 몇 가지 질문을 하고 그 답변을 빠르고 연속적으로 보여 주는 것이다. 이 방법은 사람들의 의견이 일치함 또는 다양함을 보여 주는 데 유용하다.

대상과 장소 어떤 사람이 인터뷰 대상자로 적합할까? 우선 인터뷰 내용과 관련해서 풍부한 지식을 많이 가지고 있는 사람이 좋다. 하지만 어느 누구나 카메라 앞에서 이야기하는 것에 항상 협조적이지 않으며, 이런 사람들과는 좋은 결과를 기대하기 힘들다(협조적으로 만드는 것도 능력이다). 좋은 인터뷰 대상자는 진실을 말하려는 준비가 되어있고, 연대하고 싶은 감정이 느껴지는 사람이다. 한 명의 인터뷰 대상자가 다양한 시각에서 모든 내용을 다 이야기해 줄 수 없기 때문에, 인터뷰 대상자는 주제와 내용과 관련해서 각자 나름대로의 역할을 분담해야 한다.

인간은 환경의 지배를 받는다. 각기 다른 환경은 인터뷰 대상에게 각기 다른 자아를 불러일으켜 다소 다른 반응을 불러일으킨다. 인터뷰 장소로는 상대가 편하게 느끼는 장소가 좋은데, 이는 마음을 터놓고 좀 더 깊이 있고 솔직한 반응을 할 가능성이 높기 때문이다. 하지만 편하게 느끼는 장소라고 다 좋은 것은 아니고, 인터뷰 내용과 상징적인 연관성이 있어야 한다.

내용 해당 주제를 얼마나 충실하게 자료조사를 하였느냐에 따라 인터뷰의 질이 상당부분 결정된다. 사전 자료조사가 구체적이고 정확하기 때문에 인터뷰 대상자와 교감을 이루면서 충실하게 진행되는 인터뷰가 있는 반면에, 자료조사가 충분치 않아서 대상자의 정보에 전적으로 의존하는 수동적인 인터뷰도 있다. 사전조사를 통해 작성된 질문항목은 무엇을 밝히려는지 목적이 분명해야 하고, 내용은 직접적이고 구체적이어야 한다. 질문항목과 내용이 결정되면 오해의 소지가 있는지를 점검하기 위해 스스로 큰 소리로 읽어 보고, 다른 뜻으로 해석해 보려고 의도적으로 노력하는 것이 좋다. 질문은 쉽게 이해할 수 있도록 구어체로 작성하며, 한 가지 질문에는 한 가지 문제만 다루는 것이 기본이다. 아무리 사전조사가 충실하더라도 질문항목에 따라서만 인터뷰를 해서는 안 된다. 대답 중에서 더 캐 볼 가치가 있는 것을 놓쳐서는 안 된다. 그리고 내용에 대해 사전 지식이 없는 관객도 듣고 이해할 수 있어야 한다. 질문을 최종 화면에 넣을 것인지 뺄 것인지를 결정하고 이에 따라 촬영하는 것이 중요하다. 질문을 빼고 편집할 예정이라면 질문이 답변에 포함되어야 관객이 맥락을 이해할 수 있다.

질문순서 인터뷰 대상자에게 어떻게 질문해야 가장 이해하기 편하고 답변하기 좋은지가 질문순서를 정하는 데 기준이 된다. 대체적으로 처음에는 인터뷰 상대의 마음을 편하게 하는 사실을 확인하는 질문이 좋고, 그 다음으로는 상대가 잘 알고 있고 편하게 대답할 수 있는 질문을 하는 것이 좋다. 대답하기 부담스럽거나 쟁점이 되는 질문은 2/3 정도에서 한다. 감정을 묻는 인터뷰는 신뢰와 편안한 마음상태를 필요로 하기 때문에 상대가 상황에 익숙해져서 그 상황을 즐길 수 있는 맨 나중에 하는 것이 좋다. 어떤 경우에도 의도적인 질문으로 결론까지 내려고 해서는 안 되는데, 관객은 내용을 듣고 사리판단을 못할 정도로 바보가 아니기 때문이다. 인터뷰하는 중간에 그 때까지의 진행상황을 인터뷰 대상에게 간략하게 알려 주면, 앞으로 나갈 방향에 대해서 오해가 적어진다. 인터뷰 중 대상이 말하기를 꺼려 하는 부분이 있을 경우 침묵을 활용하는 것도 좋다. 침묵이 흐르면 인터뷰 대상자는 말해야 한다는 압박을 강하게 느끼게 되기 때문이다.

촬영 인터뷰 촬영에는 대체적인 관습이 있다. 질문을 할 때에는 풀 쇼트, 답변이 진행 중 일 때에는 미디엄 쇼트, 특히 내적 감정이나 의견 등을 강하게 드러내 보이고 싶을 때는 클로즈업을 주로 쓴다. 주제의 변화가 있을 때는 미디엄 쇼트로 변화를 주며, 주제의 변화가 또 다시 있으면 풀 쇼트로 바꾼다. 인터뷰 대상이 답변을 반복할 경우에는 화면의 크기를 바꾸어서 장면을 압축하거나 바꿀 때 이어서 쓴다. 인터뷰할 때 질문자의 위치를 어디로 잡을 것인지도 사전에 결정해야 한다. 질문자의 위치에 따라 인터뷰 대상자의 시선이 달라지며, 영상의 느낌이나 스타일도 변하기 때문이다. 모든 답변의 앞

뒤로는 2~3초 정도의 여유가 있어야 편집할 때 편리하다. 따라서 인터뷰 대상자에게 2~3초 정도의 여유를 갖고 시작할 것과, 답변이 끝난 후 다음 질문이 이어질 때까지 역시 같은 여유를 갖고 그대로 있어줄 것을 사전에 요청한다. 대답이 구체적이지 않거나 말이 엉킬 때는 요구사항을 정확히 다시 전달하고, 재촬영에 들어간다. 이러기 위해서는 촬영 전에 인터뷰 대상자에게 그 이유를 충분히 설명하고, 동의를 미리 구해 놓아야 한다.

마무리 인터뷰 대상자에게 개인적으로 불이익이 돌아가는 일이 없도록 자료가 활용될 것임을 약속하며, 이 약속은 실제로 엄격히 지켜져야 한다. 감사의 말로 인터뷰를 매듭을 지으며, 약간의 사례비와 촬영한 화면을 공개적으로 사용할 수 있도록 서명을 받아둔다. 인터뷰 장소의 현장음을 촬영해 두면 편집에서 소리에 문제가 생겼을 경우 유용하게 사용할 수 있다.

(4) 문헌적 보충자료

영상자료는 원전으로서 많은 장점을 가지고 있지만, 이 자료만으로 정보를 전달하는 데 한계가 있다. 또한 내용을 심층적으로 이해하거나, 해석을 검증하기 위해서도 문헌적 보충이 필수적이다. 문헌적 보충자료에는 다음과 같은 사항이 기재되는 것이 좋다.

- 영상물 제작과 관련된 참고문헌과 영상물 목록 그리고 이의 질적 평가 내용
- 제작영상물 주제와 관련된 학술적 토대
- 촬영기자재, 카메라의 종류와 수량, 카메라렌즈와 필름의 종류 조리개와 셔터스피드 수치, 촬영횟수, 조명 등과 같은 기술적 제원(디지털카메라의 경우 사진과 함께 대부분 이 자료들이 기록된다)
- 장소, 시간, 날짜, 기상조건 등과 같은 촬영제원
- 사회집단이 살고 있는 지리적 정보

- 등장인물의 인적사항, 등장인물 간의 관계, 사회적 · 경제적 거시환
  경 등
- 주제를 선택하게 된 동기
- 피사체와 접촉하게 된 동기와 과정
- 촬영에 들어가게 된 과정
- 사건별로 기술된 촬영내용과 커트별로 중요한 세부사항
- 이외에 촬영상 불가피하게 발생하는 변화에 대한 정보

이와 같은 정보를 기록으로 남기기 위해서는 적지 않은 시간과 노력이 필요하다. 하지만 문헌적 보충으로 인해 영상물의 활용가능성과 자료로서의 가치는 매우 높아진다.

04 **자료 채취가 질을 결정한다!**

미국의 인류학자인 **티모시 애시**(Timothy Asch)는 자신의 경험을 통해 카메라의 존재가 상황을 얼마나 변화시키는지 소개하고 있다. 애시는 어느 날 아마존 강 유역에 살고 있는 야노마미 부족의 경제생활을 촬영하기로 결정했다. 그는 농작물을 수확하는 장면을 촬영하기 위해 마을 남자들과 함께 경작지를 향해 떠났다. 경작지는 마을에서 멀리 떨어져 있었는데, 날이 무덥고 후덥지근해서 중간에 휴식을 하게 되었다. 잠시 휴식을 하던 중 남자들이 갑자기 일어서서 광란의 춤을 추기 시작했다. 애시는 추수감사나 풍년을 기원하는 의례쯤으로 추측하고 급히 촬영을 시작하였다. 10여 분 동안 춤을 춘 후 남자들은 탈진한 상태로 쓰러졌다. 잠시 후 애시는 이게 무슨 춤이냐고 물었는데, 한 남자는 "이게 바로 당신이 원하는 것이 아니냐? 고 의아한 표정으로 되물었다. 원주민들은 애시가 원하는 것이 무엇인지 나름대로 추측하고, 찍기 좋

은 것을 자발적으로 연출해 준 것이다. 아마 16mm무비카메라가 없었다면 이런 상황은 벌어지지 않았을 것이다. 카메라를 들고 자료를 채취하는 작업은 생각보다 어렵고 지루하다. 원하는 결과가 잘 나오지 않을 경우 불순한 유혹에 빠지기 쉽다. 하지만 치밀한 사전조사와 예리한 관찰력과 통찰력만 있다면 영상자료 채취는 매우 매력적인 '예술활동'이다.

이런 매력과 정보통신기술의 발전으로 인해 영상에 관심을 가진 사람들이 급격히 늘고 있다. 영상물 제작의 민주화시대가 이미 도래했다고 말하는 사람들이 있지만, 이는 절반의 진실이다. 제작기술이 쉬워지면서 문화에 대한 영상물의 제작편수는 급격히 늘고는 있지만, 관객이 관심을 갖고 보는 편수는 그다지 크게 늘어나지 않고 있다. 또한 전세계적으로 문화를 다루는 영상물의 시장규모가 커지고 있기는 하지만, 경쟁력이 뛰어난 몇몇 메이저급 제작사들이 이를 독과점하고 있다. 이 제작사들은 뛰어난 배급과 유통망만을 갖춘 것이 아니다. 뛰어난 기획력과 자료조사 능력 그리고 다양한 원천자료가 이들이 갖고 있는 경쟁력의 진정한 원천이다. 특히 기획력과 자료조사 능력은 타의 추종을 불허한다. 한국의 영상물 제작사가 이들과 경쟁하는 것이 다윗과 골리앗의 싸움처럼 보인다. 하지만 이 메이저 제작사들이 제시하는 기준에 어느 정도 부응하는 영상물을 제작하려는 노력은 계속되어야 한다. 왜냐하면 유통이 전세계적으로 점차 단일화 되면서 세계인의 눈이 점점 더 이 기준에 맞춰지고 있기 때문이다. 이들이 제시하는 기준이 점차 새로운 글로벌 스탠더드가 되고 있다.

이런 기준에 걸맞은 치밀한 자료조사와 체계적인 자료채취 능력은 절대로 단기간에 만들어지지 않지만, 이 능력을 갖추는 것이 아예 불가능한 것도 아니다. 잘된 작품들을 선별해서 그 안에 담겨있는 조사와 채취 방법론을 치밀하게 분석해 내고, 이를 어떻게 활용할 것인지, 이 방법론이 가지고 있는 문제점은 무엇인지, 그리고 또 다른 대안은 무엇인지에 대해 비판적으로 성찰하는 것도 좋은 방법이다. 이 외에도 여러 가지 다양한 방법이 있는데, 무엇보다

자기만의 고유한 영상자료 채취방법론을 만들어 나가는 것이 가장 중요하다. 높은 산은 높기 때문에 도전할 가치가 있으며, 높기 때문에 정복한 다음의 희열도 그만큼 크다.

■참고도서

마이클 래비거, 조재홍/홍현숙역, 『다큐멘터리』, 지호, 1997.

임영상·방일권, 「고려인 연구와 영상물, 영상아카이브」, 『인문콘텐츠』 4, 2004.

임영상, 「고려인 연구와 '문화원형 디지털콘텐츠화'」, 『러시아연구』 15-2, 2005.

조관연, 「민족지영화 도끼싸움(Ax-Fight)에 대한 비판적 고찰」, 『역사민속학』 16, 2003.

조관연, 「민족지영화 사냥꾼들(Ax-Fight)의 제작과정과 유산」, 『한국문화인류학』 36집 2호, 2003.

조관연, 「독일 IWF(학술영화연구소)의 방법론 형성과 변천」, 『역사문화연구』 16, 2002.

줄리아 크레인 & 마이클 앙그로시노, 한경구·김성례 역, 『문화인류학 현지조사 방법론』, 일조각, 1963.

Collier, John & Collier Malcolm. *Visual Anthropology: Photography As a Research Method.* University of New Mexico Press. 1986.

Prosser, Jon. *Image-based Research: A Sourcebook for Qualitative Researchers.* Falmer Press. 1998.

영상자료 채취방법 | 임영상·조관연

■ **임영상**은 서울대학교에서 서양사(러시아사)를 전공했으며, 19세기 후반 러시아 지식인(K.D. Kavelin)을 주제로 문학박사학위를 받았다(1988). 1982년 3월부터 한국외국어대학교(사학과)에 재직중이며, 일반대학원 문화콘텐츠학과(2002.3)와 학부 문화콘텐츠학 연계전공(2004. 8)의 설립과 운영에 참여하고 있다. 인문콘텐츠학회 부회장 및 전국대학문화콘텐츠학과협의회 회장으로 활동 중이다. 최근 공저로는 『소련 해체 이후 고려인 사회의 변화와 한민족』(2005.5)이 있으며, '롤 모델'이 될 만한 원로 한인(특히, 고려인)들의 구술생애사 서술과 해외한인문화를 콘텐츠화하는 일에도 관심을 갖고 연구와 개발을 수행하고 있다. 2004 추경 문화원형과제로 〈고려인의 러시아 140년 이주개척사〉 콘텐츠를 개발한 바 있다.(http://kosa.culturecontent.com/)
e-mail: ysun222@hanmail.net

■ **조관연**은 퀼른대학교에서 민족학(문화인류학)을 전공하였으며(Ph. D.), 전공분야는 영상인류학과 문화변동이다. 한국외대 외국학종합연구센터 영상문화실에서 책임연구원으로 재직했으며(1999-2004), 현재 한신대학교 디지털문화콘텐츠 전공 초빙교수로 재직 중이다. 유럽영상인류학회 회원이며, 인문콘텐츠학회 연구이사, 문화콘텐츠진흥원 전문위원으로 활동중이다. 저서로는 『영화 속의 동서양 문화』(공저), 「민족지영화 〈도끼싸움〉(Ax-Fight)에 대한 비판적 고찰」, 「민족지영화 〈사냥꾼들〉(The Hunters)의 제작과정과 유산」, 「퀼쉬맥주의 지역 정체성 형성과정」등이 있다. 관심분야는 영상 속의 문화 읽기와 세계화시대의 문화변동이다.
e-mail: ethnocho@hanmail.net

다큐멘터리 기획제작론

박성미 | 다큐코리아

01 **영상기획제작 실습의 중요성**

문화콘텐츠 기획 및 제작과정은 비록 기본 공통사항들도 많지만, 산업별로 차이가 크다. 그러나 어떠한 산업분야라 하더라도 영상을 찍고 편집하고 해석하는 것은 이제 기본이 되어야 한다. 따라서 다큐멘터리 기획제작과정은 그 자체로 하나의 산업분야 기획제작론이기도 하지만, 사실상 앞으로 문화콘텐츠를 전공하고자 하는 학도들에게는 공통적으로 습득해야 하는 방법론이기도 하다고 생각한다. 이에 본 글에서는 현장실무 위주로 서술하였다.

02 **다큐멘터리 제작과정의 기본지침**

다큐멘터리 제작과정에 있어 지침과도 같이 알아두어야 할 사항들은 다음과 같다.

첫째, 다큐멘터리는 사실적인 주제를 심층적으로 조사해야 한다. 단순히 보여주는데 그치지 말고 주제에 대한 해석이 있어야한다. 또한 주제에 대해 단순한 정보를 제공하는 것이 아니라, 시청자가 좀더 깊은 사고와 이해를 가질 수 있는 시각을 제시해야 한다.

둘째, 다큐멘터리는 스튜디오에서의 토론을 통한 간접적인 방법이 아니라, 다루고자 하는 사실이 존재하는 현장에 카메라를 놓고 직접 사실을 비추는 직접적인 방법으로 주제를 제시해야 한다.

셋째, 다큐멘터리는 창조적이어야 한다. 이런 창조적 의무는 기획자나 연출자가 최종적인 책임을 진다. 그런 점에서 기획자와 연출자는 작가나 마찬가지로 프로그램의 창조자라고 할 수 있다. 창조적 임무의 완수를 위해 기획자, 연출자, 작가간의 공조체제를 갖추는 것이 바람직하다.

넷째, 다큐멘터리 프로그램의 연출자는 뉴스나 시사프로그램 연출자와 달리 충분한 시간적 여유를 갖고 제작에 임해야한다. 한 사람의 다큐멘터리 연출자가 1년에 제작할 수 있는 프로그램은 통상 50분짜리 다큐멘터리 두편 정도면 적당하다. 이는 프로그램 제작을 위한 사전조사와 편집에 충분한 시간을 들여야 한다는 것을 의미한다. 다큐멘터리의 기획자나 연출자는 그 프로그램이 제작되는 동안에는 프로그램 주제에 관한한 최고의 권위자가 되어야 한다.

다섯째, 다큐멘터리는 매거진 프로그램형식의 짧은 프로그램에서부터 몇 시간짜리 다큐멘터리에 이르기까지 다양하다. 주제도 폭이 넓어 현재의 사건을 다룰 수도 있고 과거의 역사적 사건을 다룰 수도 있으며 미래의 발전을 예측하는 프로그램도 제작할 수 있다.

여섯째, 다큐멘터리는 논의의 여지가 없는 사실뿐만 아니라, 다양한 이견이 있는 주제를 다룰 수도 있다. 하지만 어떤 경우라도 허구적 사실을 이용해서는 안된다.

일곱째, 다큐멘터리 연출자는 다큐멘터리의 본질을 해치지 않는 한 시청자의 관심을 끌기위해 그들의 감정에 호소하는 방법을 사용할 수 있다. 이를 위해 영화적 기법이나 저널리스트적인 접근, 나아가 드라마기법까지 활용할 수 있다.

03 **시청자 선택**

　모든 프로그램은 전체 편성에서 적당한 위치가 있다. 이 위치는 프로그램이 방송되는 시간대 뿐만 아니라 프로그램의 목적, 대상 등의 차별적인 위상에 의해 결정된다. 이 중에서 특히 누가 그 프로그램을 볼 것인가 하는 문제는 그 프로그램의 위상을 이야기할 때 흔히 간과하기 쉬운 대목이지만, 반드시 짚고 넘어가야 하는 중요한 문제다. 따라서 이는 제작과정에서 맨 먼저 고려해야 한다. 특히 다큐멘터리 프로그램의 시청자는 제작자가 생각하는 것보다 더 예민하고 프로그램이 이야기하고자 하는 내용에 대해 잘 알고 있으며 비평의 눈까지 갖고 있다.

　제작자들은 다음과 같은 기준이 프로그램에 제대로 반영이 됐는지 확인해야 한다.

▲특정 시청자층을 비난하는 내용이 들어 있는가.

▲그런 내용이 포함되어 있다면 왜 그래야만 하며, 그 시청자층과 프로그램은 어떤 연관이 있는가.

▲건전하지 못한 언어가 프로그램에 들어있는가.

▲그렇다면 그런 언어가 프로그램에 절대 필요한 것인가. 프로그램 전체의 맥락과 관련성이 있는가.

▲선정적이고 폭력적인 장면이 노출되는가.

▲왜 그런 장면을 삽입해야 하는가.

▲그런 장면을 포함해야 하는 근거는 무엇인가.

▲프로그램의 특정한 내용이나 장면 등이 법적인 문제를 일으킬 소지가

있는 것은 아닌가.

▲ 만일 그럴 여지가 있다면 그에 대한 대비책은 따로 있는가.

04 주제 설정

다큐멘터리 프로그램은 먼저 기획단계에서부터 다음과 같은 기본적인 질문에 대한 대답을 할 수 있어야 한다.

▲ 프로그램의 주제는 새로운 것인가.

▲ 누군가 이미 이런 주제의 프로그램을 만들지 않았나.

▲ 먼저 만든 프로그램이 있다면 그 프로그램에 대해서는 어떤 평가가 내려져 있는가.

▲ 먼저 만든 프로그램이 있다면 이들 프로그램들에 대한 분석을 제대로 했는가.

▲ 누군가가 먼저 다루었다면 이번에는 어떤 내용으로 어떤 방법으로 차별성을 보일 것인가.

▲ 프로그램 제작기간은 얼마나 긴가.

▲ 충분한 예산을 확보할 수 있는가.

▲ 제작스태프등 제작을 위한 각종 자원들은 어떻게 마련할 것인가.

▲ 이 프로그램은 과연 우리가 다룰 수 있는 프로그램인가, 다른 조직에서 다루어야 하는 것은 아닌가.

▲ 현재의 제작진으로 감당할 수 있는 주제인가.

이런 과정을 거치면서 처음의 주제는 훨씬 정교해지고 실제제작이 가능한 형태로 다듬어지며, 이렇게 얻어진 최종적인 주제는 다음과 같은 물음에 대한 대답을 제공해야 한다. 즉 '이야기하고자 하는 것은 무엇인가'하는 질문과 '어떻게 그것을 이야기할 것인가'라는 질문이 그것이다. 여기에는 주제가 어떤 가치를 갖는지에 대한 대답도 있어야한다.

05 기획안 작성과 예산

목표시청자와 주제, 방법론이 결정되면 이를 토대로 기획안을 작성해야 한다. 프로그램 기획안은 프로그램 제작을 위한 기본계획이기도 하지만 방송사 내부의 의사결정을 위한 자료이기도 하다. 따라서 만들고자 하는 프로그램이 어떤 것이며 어떻게 만들려고 한다는 것을 누가 봐도 쉽게 알 수 있도록, 객관적이고 정확하게 작성해야 한다. 기획의 첫단계에서 제출해야 할 것들은 기획안, 구성안, 기본예산안이다.

06 조 사

조사는 다큐멘터리장르의 가장 특징적인 부분이다. 프로그램 제작의 바탕이 되는 자료를 수집하고 이 자료들을 종합하면서 프로그램의 제작방향을 결정하는 과정이 조사작업이다. 다큐멘터리 프로그램이 성공할 수 있는 관건은 '사실'에 대한 기본적인 조사 및 연구조사가 얼마나 제대로 이루어졌느냐에 달렸다고 해도 과언이 아니다. 각종 소스들을 통해 정보를 수집하는 방법과 초기조사를 거쳐 정밀조사에 이르기까지 조사과정에서 빠뜨려서는 안되는 주의사항은 다음과 같다.

(1) 소 스

조사의 초기단계에서는 주제와 관련이 있을 것 같은 어떤 정보라도 가치가 있다고 생각하고 접근할 필요가 있다. 초기조사를 위해 동원할 수 있는 4가지 유용한 소스가 있다.

첫째는 주제와 관련이 있는 인물들과의 인터뷰이다.

둘째는 참고자료들이다. 여기에는 신문기사 스크랩, 백과사전 및 각종 정보다이제스트들이 있다.

셋째는 도서관의 목록들이다. 도서관을 조사할 때 주의해야 할 것 중에 하나는 특수도서관을 철저히 조사해야 한다는 것이다. 대학도서관처럼 종합도서관이 아니라 의학도서관이나 자선단체의 자료관, 박물관 자료관 등도 훌륭한 정보원이다.

넷째는 비슷한 주제를 다룬 다른 텔리비전 프로그램이나 영화들이다. 같은 주제 또는 비슷한 주제를 다룬 기존의 프로그램을 자세히 조사하는 것은 주제에 대한 접근뿐만 아니라 앞으로의 구체적이고 보다 심층적인 조사를 어떤 식으로 진행해야 할지를 검토하는 데 큰 도움이 된다.

(2) 정밀조사

정밀조사는 위의 각종 소스들에 대한 전반적인 검토가 끝난 뒤 보다 심층적으로 주제와 관련된 자료들을 파고 드는 단계이다. 이 단계에서는 주제가 확정된 상태로서 실제 제작과정의 확실한 제작기간을 염두에 두고 조사가 이루어진다. 즉 제작일정에 따른 세부조사라고 할 수 있다. 주제가 어떤 것이든 간에 정밀조사를 위해 활용할 소스들은 대단히 많다. 다음은 기본적으로 조사를 해야 하는 대상들이다.

❶ **기록보관소 자료**: 영화나 기록필름 도서관, 녹음자료들, 참고목록자료, 박물관, 신문기사 스크랩, 사적 기록, 공문서, 각종 사진자료,

미술관 등의 자료들

❷ **사람들**: 저널리스트, 정치인, 학자, 그리고 주제와 관련된 사건에 직접 관련이 있는 일반인들

❸ **각종 기구**: 기업가, 각종 협회, 노동조합, 지방정부기구, 공공기구, 자선단체, 사회지도층의 사교모임

❹ **다른 제작자들**: 그들이 이전에 프로그램을 제작할 당시에 가졌던 정보들 가운데 프로그램에 반영하지 않은 단편적이지만 독특한 정보들

조사결과를 얼마나 많이 실제 프로그램의 내용에 반영하는가도 중요하지만 충분한 조사자를 확보하고 있다는 것은 아주 중요한 일이다. 조사단계에서는 직접 주제와 관계가 없을 것같은 자료들도 실제 제작과정에서는 뜻하지 않게 필요하게 되는 경우가 많기 때문이다. 이를 위해 연출자는 반드시 자료목록을 요약해서 가지고 있어야 한다. 만일 연출자가 전문조사자들을 고용할 경우 조사과정은 물론 조사된 자료들의 구체적이고 자세한 내용을 기록한 목록과 자료의 출처들을 기록한 목록을 반드시 작성해 놓고 지시해야 한다. 물론 조사자는 자신이 조사한 자료들을 누구나 알기 쉽게 정리해서 연출자에게 내놓아야 한다. 연출자는 이렇게 각종 자료들을 한데 요약해 놓은 요약노트를 실제 프로그램 제작과정에 반드시 지니고 다녀야 한다.

한편 다큐멘터리 프로그램의 조사자는 다음과 같은 수칙을 반드시 지켜야 한다.

▲ 어떤 자료, 어떤 사람, 어떤 장소가 주제와 관련이 있는지 알아내야 한다.

▲ 사전조사를 하는 과정에서부터 최종조사를 끝날 때까지 연출자에게 필요한 정보를 수시로 알려야 한다.

▲ 연출자에게 가능한 제작방법에 대해 조언을 할 수 있어야 한다. 이때

는 일어날 수 있는 문제가 어떤 것이며 핵심적인 사항은 어떤 것인지 간략한 메모의 형태로 연출자에게 제공해야 한다.

▲ 제작과정에서 새롭게 일어날 수 있는 사항이나 돌발적으로 등장할 수 있는 상황에 대비한 자료들에 대해 미리 예측을 해야 한다. 또 이런 돌발상황이나 새로운 변화에 연출자가 즉각 대처할 수 있는 방법들이 어떤 것들인지에 대한 이해를 갖고 조사에 임해야 한다.

▲ 주제와 관련된 모든 아이디어들을 한데 체계적으로 묶기 위해 예상 제작현장과 주제가 어떤 연관성을 가지는지에 특히 주목해야 한다.

07 구성안 작성

구성안작성은 프로그램 골격을 세우는 일이나 마찬가지다. 프로그램의 골격이란 전체 프로그램의 틀을 의미한다. 즉 어떻게 제작을 시작해야 하며 무엇이 가장 중요한 시퀀스이며, 그것은 어떻게 끝을 맺어야 하는가 등등의 프로그램의 윤곽이 이 대본을 통해 드러나는 것이다.

다큐멘터리의 구성안 작성은 대학에서 연구리포트를 작성하는 작업처럼 임해야 한다. 리포트가 서론 본론 결론의 구조를 갖고 있어야 하듯이 구성안에서도 이같은 구조는 반드시 구축되어야 한다. 그러나 하나의 프로그램에서 주제와 관련된 중요한 아이디어들은 5, 6개 이상 등장시키지 말아야 한다. 이보다 더 많은 아이디어들이 등장하면 프로그램이 전달하고자 하는 주제가 희미해져 버리기 때문이다. 주제와 관련된 아이디어들은 상세하게 설명되어야 하고 여러 가지 방법과 시각을 통해 접근해야 한다. 주제와 직결되는 내용들을 가려야 하며 새로운 내용에 대해서는 주제와 어떤 관련이 있는지 분명하게 보여주어야 한다. 다큐멘터리 프로그램은 여러 가지 논쟁들과 다양한 의견들을 창출해낼 수 있도록 주제에 천착하는 것이 중요하기 때문에, 굳이 새로운 사실들이나 모든 정보들을 다 드러낼 필요는 없다.

08 섭 외

(1) 촬영장소 섭외

촬영대상지 물색에 대한 정보는 정밀조사과정에서 많이 확보할 수 있다. 그러나 장소에 대한 정보가 있고 특정한 장소에 대한 섭외가 성사됐다고 해서 끝나는 것이 아니다. 막상 현장에 가보면 조사에서 확인한 내용과 다를 수도 있고 또 그 보다 더 나은 장소가 다른 곳에 있다는 것이 발견되기도 한다. 이때는 당연히 다른 장소를 찾아야 한다. 즉 장소섭외는 한번으로 해결될 수 있다는 기대를 해서는 안된다는 것이다.

명심해야 할 것은 주제가 논란이 클수록, 또 심층적인 탐사조사가 많이 필요한 주제일수록 섭외에 있어 문제가 생길 가능성은 많으며 촬영과정 내내 이같은 문제가 계속 발생할 수 있다. 그러나 제작비와 제작기간은 정해져 있다. 때문에 이처럼 항상 일어날 수 있는 상황에 대비하지 않으면 안된다. 그렇다고 해서 촬영현장의 섭외에 있어 '다른 장소로 가자, 여기는 적당하지 않은 것같다'는 생각을 함부로 해서는 안된다. 이는 연출자가 프로그램 전반의 흐름에 대해 확신한 자신감을 갖고 있지 못하다는 말이나 마찬가지다.

(2) 출연자 섭외

조사기간동안 어떤 종류의 사람들이 프로그램에 출연해야 하는지에 대한 충분한 계획이 마련되어야 한다. 출연자는 학자에서부터 관련분야 전문가, 심지어는 일반인에 이르기까지 다양하게 구성할 수 있다. 어떤 사람은 미리 섭외할 수도 있지만, 어떤 경우에는 제작이 진행되는 도중에 섭외가 될 수도 있다. BBC는 출연자 섭외를 위해 촬영장소 섭외의 경우처럼 가이드라인을 연출자에게 제시하고 있다.

연출자가 편지로 출연이 가능한 인물과 접촉할 시간여유가 있다면 제작할 프로그램이 어떤 내용을 담고 있으며 어떤 형식으로 제작될 것이라는 점에 대해 정확하게 알려줄 필요가 있다. 또 누가 이 프로그램의 책임자이며 방송시기와 방송시간, 길이는 어느 정도이며 연출자가 어떤 입장에서 프로그램의 주제에 접근할 것인가에 대해서도 알려주어야 한다. 그런 정보를 미리 알려준 다음 인터뷰에서 어떤 질문을 할 것이며 어떤 내용의 증언을 해주어야 하는지를 알려준다. 이같은 기본원칙은 전화로 섭외를 할 때도 지켜야 한다. 절대 프로그램의 내용에 관해 출연대상자에게 숨기거나 속이려 해서는 안된다. 프로그램에 대한 내용을 제대로 알려주어야 인터뷰 대상자들이 쉽게 인터뷰에 응하며, 연출자가 원하는 내용의 질문에 명쾌한 대답을 내놓을 수 있다. 구설수에 오른 인물이나 독특한 입장을 가진 사람의 경우 대개 왜 자신이 이 프로그램에 출연할 것을 요청받는지 충분히 알고 있게 마련이며, 그 프로그램에서 자신이 어떤 입장을 밝혀야하는지도 잘 안다. 만일 자신이 프로그램에서 불공평하게 다루어질지도 모른다고 의심을 한다면 출연을 거부할 것이다. 만일 이런 사람의 출연이 반드시 필요하다면 연출자는 그 사람의 입장에 대해 객관적으로 접근하겠다는 것을 확신시켜야한다.

출연자 섭외에서 어떤 일을 먼저하고 어떤 일을 뒤에 해야한다는 철칙은 없다. 그러나 어떤 출연자들은 연출자의 의도를 의도적으로 왜곡해 악용하려는 사람도 있다. 이런 가능성이 있는 출연자들은 신중하게 가려내야 한다.

섭외대상이 출연을 거부할 때는 왜 그 사람의 인터뷰가 프로그램에서 필요하며, 얼마나 중요한 의미를 가지며 나아가 흥미로운 사실을 알려줄 수 있는지에 대해 충분히 다시 설명해주어야 한다. 출연을 거부한다고 해서 그 사람을 협박한다거나 다른 비정상적인 방법을 사용하는 일은 없어야 한다. 사실 제작진 입장에서는 알게 모르게 출연자를 압박하는 수단을 동원하는 일이 가끔 생긴다. 또 겉으로는 방송출연에 자신감을 보이는 사람일지라도 막상 카메라 앞에서 서면 제대로 말을 못하는 사람도 있고, 또 자기만의 생각에 집착해 카메라 앞에서 오버액션을 하는 사람도 있다. 이런 사람들을 사전에 가려내거나 제대로 인터뷰를 할 수 있도록 안정시켜 주는 것이 필요하다.

인터뷰 경험이 전혀 없는 사람의 경우 비록 인터뷰에 자신감을 보이더라도 막상 카메라 앞에 서면 한마디도 말을 못하는 사람이 있다. 이런 경우는 인터뷰를 포기해야 한다. 출연예정자와 만날 때는 그 사람이 텔레비전 출연에 적합한 목소리와 외모를 갖추었는지도 유심히 지켜봐야 한다. 톤이 높은 목소리나 날카로운 목소리나 안면경련이 있을 경우 화면에서 그런 특징은 더 두드러지게 나타난다는 사실을 알아야한다. 이럴 때는 인터뷰에서 목소리만 녹음해서 사용하는 것이 바람직하다.

인터뷰대상자에게 인터뷰한 내용들이 반드시 프로그램에 사용될 것이라고 약속해서는 안 된다. 가능한 모든 증언을 담겠다는 정도로 이야기하되 추후 편집에서 변화가 있을 수 있다는 점을 반드시 알려주어야 한다.

거리의 시민의 인터뷰를 담을 경우, 예를 들어 어떤 특정한 주제에 대한 즉각적인 반응을 담을 때는 카메라가 돌아가기 전에 잠시라도 방송에서 원하는 내용이 뭔가를 알려주어야 한다. 그리고 질문은 아주 짧게 해야한다. 예를 들어 "~에 대해서 어떻게 생각하느냐" "왜 당신은 그렇게 생각하느냐" 정도로 짧게 물어야 한다.

출연자들을 다룰 때는 그들이 인터뷰경험이 많은 사람이든 처음인 사람이든 간에 항상 정중하게 대해야 하며 인내심을 갖고 출연자들을 편안하게 만들어야 한다. 제작시간이 촉박하다든지 하는 등의 이유로 종종 출연자에게 지나친 요구를 하는 경우가 있는데 이는 출연자가 무시당한다는 느낌을 갖게 만들 수 있다. 이런 경우라도 출연자와 잠시 농담을 나누면서 긴장을 풀도록 해야한다. 또한 제작진들도 편안하게 대해야 한다.

인터뷰장면 촬영에 앞서 출연자를 만날 때 특별한 자료를 요구하는 것이 아니라는 사실을 분명히 밝혀야 한다. 이것은 출연자와의 신뢰관계를 형성하는데 중요하다. 이렇게 함으로써 비록 출연자들이 전적으로 제작진의 제작방향이나 스타일에 동의하지 않는다 하더라도 제작진의 입장을 이해할 수 있게 된다. 제작진의 태도가 정직할수록 그리고 사전준비에 충실했다는 점을 출연진에게 이해시킬수록 제작진은 출연자에 대한 통제력을 가질 수 있다.

언제라도 출연자에게 감사의 편지를 쓰는 습관을 길러야 한다. 그들이 누구이고 프로그램에 아무리 적은 기여를 했다고 하더라도 반드시 감사의 인사를 하는 습관을 가져야 한다. 그러한 태도가 나중에 다른 프로그램을 위한 바탕이 된다.

09 촬 영

(1) 촬영대본

촬영대본의 가장 중요한 기능은 영상과 대사가 프로그램에서 어떻게 진행되는가를 한눈에 볼 수 있도록 해주는 것이다. 이런 작업은 초보자에게는 결코 쉬운 일이 아니지만 반드시 필요하다. 만일 연출자가 자기가 연출한 결과를 보고 의도대로 이루어진 것이 아니라는 생각이 든다면, 이는 그만큼 자신이 프로그램 전체를 통제하고 이끌어가지 못하고 있는 것이라는 것을 의미한다. 촬영대본을 충실하게 만들어 놓으면 이런 일은 없을 것이다. 다큐멘터리 연출자의 촬영목표는 자신이 의도했던 대로 촬영된 편집용 프린트를 갖고 편집실에 들어가는 것이다. 만일 편집자가 그 편집용 프린트를 보고 '잘라낼 장면이 마땅치 않다'거나 '클로즈 업 장면이 적다'거나 등의 불평을 늘어놓는다면 이는 촬영과정에서 자기의 의도를 제작스태프들이 제대로 받아들여주지 않았다는 것을 의미한다. 경우에 따라서는 카메라맨이 연출자의 지시를 무시하고 자기마음대로 촬영을 했을 수도 있다. 이런 문제를 사전에 방지하기 위해서도 연출자는 자신의 연출의도를 분명하게 드러내주는 촬영대본을 갖고 있어야 한다.

(2) 제작스태프

　연출자는 제작에 참여하는 모든 스태프들에 대해 책임을 진다. 물론 프로그램의 제작과정 전체를 통해 발생하는 모든 일에 대해서도 책임을 진다. 그러나 연출자가 경험이 부족한 경우에는 대개 카메라맨이 전체 스태프들의 리더역할을 하기도 한다. 그러나 프로그램 전체의 맥을 짚어 이끌어 가는 사람은 당연히 연출자이므로 연출자는 프로그램 제작과정의 통제력을 잃어버려서는 안된다. '누가 언제 무엇을 해야 하는가'하는 현장촬영의 메카니즘과 각 촬영단계간의 연계성을 갖추는 일, 그리고 실제 카메라를 작동시켜 촬영하는 일 등은 촬영대본에 매뉴얼 형태로 갖추어져 있어야 한다. 그러나 촬영현장에서는 항상 새로운 상황이 발생하기 때문에 고정된 룰을 적용할 수는 없다. 제작스태프들이 촬영현장에서 지켜야 할 기본적인 작업규칙은 다음과 같다.

　▲ 실제 촬영에 들어가는 시각 전에 반드시 촬영현장에 도착해야 한다. 자기가 해야할 일을 다른 스태프들에게 맡기지 말아야 한다. 연출자는 모든 스태프들이 현장에 도착하는 즉시 자기에게 먼저 도착을 알리도록 해야 한다. 물론 연출자는 스태프들의 이름을 반드시 기억해야 한다.

　▲ 카메라 스태프들은 연중 수 많은 종류의 프로그램제작에 참여한다. 연출자에게는 자기 프로그램이 제일 중요하지만 이들에게는 또 다른 프로그램 제작에 참여하는 것뿐일 수 있다. 때문에 연출자만큼 흥미를 느낄 수 없을 수도 있는 것이다. 따라서 스태프들을 제작에 몰입토록 하기 위해서, 연출자는 자기 프로그램 제작의도나 제작에 대한 열정을 스태프들에게 충분하게 이야기해야 한다. 또한 연출자가 자신이 해야 할 일을 철저히 하고 있다는 것을 스태프들에게 보여주어야 한다.

▲ 스태프들과의 대화는 스태프들의 진정한 도움을 구할 수 있는 방법이다. 연출자는 스태프들 모두가 촬영에 반드시 필요한 몫을 갖고있다는 점을 충분히 확신시켜 주어야 한다. 특히 독특한 촬영작업 조건이나 먼 여행이 필요한 촬영의 경우 그에 대한 충분한 정보를 주어야 한다. 물론 이때는 사전에 반드시 준비해야 할 특수장비 등의 준비물들에 대해 자세하게 설명해 주어야 한다. 또 특수한 상황을 촬영해야 할 경우, 촬영에 들어가기 전에 모든 스태프들이 참석하는 전체회의에서 미리 간단하게 설명해 주는 것도 좋다. 요컨대 연출자는 스태프들에게 자신이 하려고 하는 작업에 대해 간단하고 직접적으로 설명해 주어야 하는 것이다. 또한 연출자는 스태프들에게 언제든지 프로그램제작과 관련한 조언을 할 수 있도록 분위기를 조성하는 것이 바람직하다.

▲ 일반적으로 드라마나 오락프로그램의 제작에서처럼 대사가 있는 촬영이 아닐 경우 카메라맨이나 녹음담당 스태프들은 자세한 촬영대본을 보려고 하지 않는다. 그러나 모든 스태프들에게 가장 중요한 것은 확실하게 정해진 촬영일정을 인지해야 한다는 것이다. 이 촬영일정은 어떤 장면을 언제 어디에서 촬영할 것인지에서부터 누가 어떤 작업에 참여하는가에 이르기까지 포함하고 있기 때문이다. 이같은 기본적인 제작에 관한 정보는 자신이 참여하지 않는 부분에서도 다른 스태프들을 지원할 수 있는 것이 무엇인지 알 수 있게 해준다.

▲ 모든 스태프들은 자신이 맡은 부분뿐만 아니라 프로그램 전체의 틀과 흐름에 대해서 확실하게 알고 있어야 한다. 이를 위해 연출자는 촬영에 들어가기 전에 이에 대한 설명을 해야 한다. 그래야 스태프들이 자신이나 다른 스태프들이 참여하는 작업단계에 대해 혼동이 없다. 그리고 연출자는 스태프들에게 작업과정을 설명할 때 결코 너무 장황하거나 어설프게 설명하려고 해서는 안된다. 각 담당분야에 정확하게 적용할 수 있는 정보를 분명하게 설명해 주어야 한다. 예를 들어 '이

장면을 촬영하고 나서 A도시로 현장촬영을 가서 B라는 사람을 인터뷰할 계획이다'라는 식의 설명은 카메라맨들에게는 아무런 도움이 안된다. 카메라맨은 어떤 특정한 장면을 어떤 시점에 어떤 앵글로 잡아야 하는가가 제일 중요한 정보다. 이런 정보를 주지 않으면 결국 카메라맨은 연출자의 통제에서 벗어나 자기식의 접근을 하려고 한다.

▲ 연출자는 촬영 전에 각 시퀀스마다 카메라맨과 자세하게 상의하는 것이 좋다. 이때 연출자는 자신이 원하는 화면이 어떤 것인가 분명하게 전달해야 한다. 즉 카메라맨이 연출자의 의도를 충분히 이해할 수 있도록 어떤 상황에서 카메라가 어느 위치에 있어야 하고 어떤 크기의 화면을 잡아야 하고 화면 안에 어떤 피사체들이 담겨져야 한다는 등 가능한 자세히 설명을 해야 한다는 것이다.

▲ 주요한 장면을 촬영할 때 연출자는 반드시 카메라 뷰파인더로 화면을 확인하는 습관을 길러야 한다. 대부분의 카메라맨은 연출자가 자신이 잡은 화면을 확인하는 것을 좋아하지 않는다. 카메라는 자신의 영역이라는 고집때문이다. 그러나 카메라 뷰파인더를 통해 촬영상황을 확인하는 것은 연출자가 어떤 장면에 대한 영상을 머릿속에서 미리 그려보는데 큰 도움을 준다. 때문에 비록 카메라맨이 싫어한다 하더라도 잘 설득해서 반드시 화면을 확인해야 한다.

▲ 연출자는 카메라맨에게 했던 것처럼 오디오맨과도 충분한 대화를 해야 한다. 어떤 다큐멘터리 프로그램의 경우에는 음향은 아주 중요한 역할을 한다. 다큐멘터리 프로그램의 제작경험이 적은 연출자는 음향의 중요성에 대해서는 간과하기 쉽다. 다른 장르에 있어서 음향은 단지 프로그램의 배경역할만 하지만 다큐멘터리에서는 음향자체가 하나의 사실기능을 하며 중요한 정보를 제시하는 역할을 하는 경우가 많다는 점을 명심해야 한다. 어떤 소리를 어떤 장면에 반드시 담아야 하는지에 대해 녹음스태프와 항상 토론을 해야 한다. 특히 소음이 심

한 상황에서 연설이나 인터뷰를 녹음할 때는 녹음스태프에게 그 녹음이 어떤 의미에서 중요한지에 대해 분명하게 설명을 해주어야 한다. 물론 녹음상황도 그 자리에서 테이프를 되돌려 확인해야 한다는 것도 잊어서는 안 된다. 특히 배경음으로서의 잡음은 그 장면의 상황을 표현해주는 것이기 때문에 녹음을 확인할 때 주의 깊게 체크해야 한다. 녹음은 반드시 동시녹음을 하도록 해야 한다. 녹음은 쉽게 지워질 수 있지만 다시 추가하기는 어렵다는 점을 명심해야 한다.

▲ 연출자는 어떤 장비가 어떤 장면에 사용되며 그 장비의 이름이 뭔가에 대해서는 빨리 익혀야 한다. '장비에 관해서는 기술스태프들에게 맡긴다'는 식의 태도는 스태프들로부터 오히려 신뢰감을 얻지 못하는 태도임을 알아야 한다.

▲ 무엇보다도 연출자는 자기가 모르는 것에 대해 스태프들에게 아는 것처럼 보이려고 해서는 안된다. 스태프들이 연출자가 뭔가 숨기고 허세를 부린다는 것을 눈치채면 연출자에 대한 신뢰는 일시에 무너지고 당연히 제작과정은 힘들어지게 된다. '이 대목은 어떻게 촬영을 해야 좋은가' 고민해도 정확한 그림이 떠오르지 않으면 카메라맨과 녹음스태프들에게 조언을 구하는 것이 좋다. 스태프들은 자기 분야에 관한 전문적인 조언을 해줄 수 있다. 이런 조언들을 모으면 프로그램 전체의 흐름에서 생겨나는 이상징후 뿐 아니라 고민을 해결하는 방법도 떠오를 수 있다. 만일 다큐멘터리 제작에 경험이 적다면 자신의 고민을 솔직히 털어놓고 스태프들로부터 배우겠다는 자세를 갖는 것이 좋다.

(3) 출연자 및 장소협찬

연출자는 출연자에 대해서 독단적인 요구를 한다거나 촬영을 위해 임대한 장소에서 독단적으로 행동해서는 안된다. 이는 지극히 기본적인 것이지만 일단 카메라가 돌아가고 제작이 본궤도에 오르면 연출자는 프로그램제작에 필요한 일이라면 뭐든지 하려 들기 때문에 이런 주의사항은 종종 무시되고 만다. 특히 주의해야 할 점은 출연자나 촬영을 위해 장소를 빌려준 사람이 사전에 전제조건으로 제시한 사항에 대해서는 반드시 지켜주어야 한다는 것이다. 또한 이들에게 제작진이 언제 도착하고 제작은 어떻게 진행될 것이며 제작시간은 얼마나 걸릴 것인지 등에 대해 사전에 정확하게 통보해 주어야 한다. 촬영 때문에 촬영현장 인근의 주민들에게 방해를 주어서는 안되며, 장소사용에 있어 의문이 있으면 촬영에 들어가기 전에 장소를 임대해준 사람에게 물어보는 것이 나중에 문제가 일어날 수 있는 소지를 없애는 길이다.

(4) 촬영비율과 전체 방영시간

어떤 시퀀스를 위해 얼마 정도의 현장촬영을 해야할 것인지를 결정하는 것은 결코 쉬운 일이 아니다. 대부분의 경우 시퀀스를 구성하는 각각의 숏들이 연출자가 원하는 내용을 제대로 담아냈는지 또는 인터뷰가 좋은 내용을 담고 있는지 등에 따라 길이가 결정된다.

현재 촬영중인 숏이 아무리 좋은 내용을 담고 있다고 하더라도 어느 선에선가 끝을 내야하며 그렇게 끝을 낼 때는 논리적인 판단을 해야만 한다. 애초 촬영계획에서 5분 정도로 예상한 시퀀스를 제작한다고 가정하자. 촬영대본에 의하면 해설 장면, 현장묘사 장면, 5명의 인터뷰 등을 포함토록 되어 있다. 그러나 이 정도의 촬영내용이면 5분을 훨씬 넘는다. 촬영계획은 연출자가 나중에 선택할 수 있도록 충분한 양을 제작하도록 짜여지게 마련이다. 그렇다고 무작정 길게 촬영한다면 나중에 연출자가 어느 인터뷰를 택하고 어느 인터뷰를 포기할 것인가 결정하기 어렵게 될 수도 있으며, 제작비는 물론 제작시간을 지나치게 많이 투입하는 낭비를 초래하고 만다.

프로그램 내용에 대한 욕심 때문에 무리한 촬영계획을 세우는 일은 흔한 일이지만 촬영을 많이 한다고 해서 연출자의 욕심이 채워지는 것은 아니다.

따라서 촬영과정에서는 각 부분에 대한 정확한 계획과 필요한 부분에 대한 확실한 판단이 반드시 필요한 것이다. 그러나 최대 촬영비율을 확정적으로 잡아서는 안 된다. 통상 다큐멘터리의 촬영양은 전체방영시간과 비교해 8:1 정도이다.

(5) 홍보용 스틸촬영

스틸사진작가를 고용해 현장촬영이나 제작과정에서 홍보용 사진을 촬영해 두는 것이 필요하다. 이런 경우 스틸사진작가는 제작진과 함께 현장촬영에 같이 참여해 프로그램의 특징을 단적으로 드러내줄 수 있는 장면들을 촬영하게 된다. 스틸사진은 동영상화면에서 얻을 수 없는 좋은 화면을 잡을 수 있기 때문에 홍보를 위해서는 반드시 필요하다.

10 편 집

편집작업은 '소리와 영상을 일치시킨다'는 의미에서 '동조작업'이라고 불린다. 편집과정을 거쳐 최종적으로 완성된 프로그램의 길이는 촬영과 각종 자료화면 등을 포함한 전체 제작분량의 10%정도밖에 안된다. 어떤 경우에는 25%정도까지 되기도 하지만 또 경우에 따라서 5%에 지나지 않는 것도 있다. 그만큼 다큐멘터리 프로그램은 제작과정에서 충분한 양을 제작해야 하며 또한 편집과정에서 엄청난 양의 테이프들을 잘라내야 한다는 것을 의미한다. 다른 한편으로 이는 편집과정에서 중요한 결정을 해야 하는 일이 많다는 것을 의미하기도 하다. 편집은 그만큼 중요한 작업인 것이다.

거의 대부분은 어느 화면이 더 나은가 하는 '선택'에 의해 잘려 나간다. 이런 선택을 위해 연출자와 편집자는 기본적인 판단을 해야 한다. 다큐멘터리 프로그램의 편집을 위해 제시한 선택기준들은 다음과 같은 것들이다.

▲어느 화면이 흥미롭고 어느 화면이 지루한가.

▲인터뷰는 간단하고 명확하게 이루어졌는가.

▲인터뷰의 요지가 혼란스럽거나 일관성이 없지 않은가.

▲숏들이 다루는 사건들을 실제 있었던 그대로를 사실적으로 표현하고 있
   는가.

▲숏들이 다루는 사건들에 대해 잘못된 인식을 심어 주지는 않는가.

▲숏들이 생동감이 있는가.

▲숏들이 너무 과장되게 표현되지 않았나.

▲인터뷰가 자유로운 분위기에서 이루어졌는가.

▲인터뷰가 부자연스럽고 억지스럽게 이루진 부분은 없는가.

▲프로그램 전체의 구조와 어떤 관련을 갖고 있는가.

11 마무리: 자료정리의 중요성

이외에도 영상기록제작과 관련해서 여러 가지 고려해야 할 요소들이 있으
나, 더 자세한 사항은 생략한다. 다만 마지막으로 강조할 것은 모든 기획제작
과정은 파일 및 관련자료들을 잘 챙겨두어야 한다는 점이다. 즉 자료정리가
중요하다. 이러한 자료정리 및 보관은 대상 프로그램 제작이 완료된 뒤에도
마찬가지이다. 참고로 하나의 작품 제작과정에서 완성후 정리해서 보관되어
야 할 자료집의 목차 사례를 제시해 둔다. 이것은 KBS 영상제작의 사례이다.

목   차

■참고도서

김균 외, 『다큐멘터리와 역사』, 한울, 2003.

마릭바누, 『세계다큐멘터리영화사』, 다락방, 2000.

빌니콜스, 이선화옮김, 『다큐멘터리입문』, 한울, 2005.

박성미, 『나는다큐멘터리로 세상을 바꾸고 싶었다』, 백산서당, 2004.

알렌로젠탈, 안정임옮김, 『다큐멘터리제작론』, 커뮤니케이션북스, 2005.

장해랑 외, 『TV다큐멘터리, 세상을 말하다』, 샘터사, 2004.

최양목, 『텔레비젼 다큐멘터리 제작론』, 한울, 2003.

한소진, 『방송구성작가실기론』, 나남출판, 2000.

■ 필자소개는 방송편 참조

하이퍼텍스트 구현기술

김 현 | 한국학중앙연구원

01 하이퍼텍스트란 무엇인가

(1) 하이퍼텍스트의 개념

하이퍼텍스트(Hyper Text)란 "문서 내의 중요한 키워드마다 다른 문서 또는 유관한 시청각자료로 연결되는 통로를 만들어 여러 개의 문서가 하나의 문서인 것처럼 보여 주는 문서형식"을 말한다. 인문지식 콘텐츠를 개발할 때 "하이퍼텍스트"를 고려해야 하는 이유는 무엇인가? 하이퍼텍스트는 인터넷이라는 새로운 지식유통의 환경에서 가장 강력한 영향력을 발휘하는 정보구성형태이기 때문이다.

컴퓨터가 숫자를 다루던 기계에서 벗어나 문자와 영상, 음향 등을 저장하고 전송할 수 있게 되면서, '책'이라는 매체에 담겨 있는 다양한 종류의 지식이 전자적인 매체로 옮겨 가게 되었다. 과거 종이에 기록되었던 정보를 컴퓨터를 통해 처음 접할 수 있게 되었을 때, 그 새로운 책의 장점으로 주목받았던 것은 저장공간의 획기적 절감, 데이터 접근의 신속성, 텍스트와 멀티미디어 데이터의 복합적 활용 가능성, 정보검색의 효율성 등이었다. 전자책의 이러한 장점들은 지식전달과 활용측면에서 종이 책의 한계를 극복한 커다란 변화로 인식되었다. 그러나 전자매체가 가져 온 더 큰 변화는 단순히 지식유통의 편의성을 증진시킨 데 있는 것이 아니라, 지식의 기술형태를 변화시키고 나아가 그 내용마저도 과거와는 다른 것을 지향하게 만든 데 있다고 할 수 있다.

종이 책은 그 내용을 이루는 지식요소가 고정되어 있을 뿐 아니라, 그 요소들의 나열순서가 저자의 기획에 따라 일정하게 확립되어 있어서, 독자는 그 정해진 순서에 따라 책 속의 지식과 정보를 전수하게 된다. 설사 독자가 저자의 의도와는 달리 그 책의 이 부분 저 부분을 임의로 읽어 간다 해도 그것은 저자가 미리 일정한 틀 속에 담아 놓은 지식을 부분적으로 탐색하는 것에 지나지 않는다. 반면 하이퍼텍스트의 세계에서는 독자의 관심이 어디를 향하느냐에 따라 그가 얻게 될 지식과 정보내용이 판이하게 달라질 수 있다.

(2) 하이퍼텍스트의 특성

하이퍼텍스트의 특성을 이해하기 위해 다음의 예시를 보기로 하자.

〈그림 1〉의 도표는 '청계산'에 관한 기사에 담긴 내용요소와 그 각각의 요소와 관련이 있는 정보의 관계를 도시한 것이다. 만일 이 기사의 저자가 위에 나열한 모든 요소를 자기 글 속에 포함시키고자 한다면 그 결과물은 원고지 수십매에 달하는 방대한 분량이 될 것이다. 하지만 위에 나열된 유관 정보들의 기사가 이미 어디엔가 존재하고 있고, 그것들을 쉽게 연결해서 볼 수 있다면, '청계산'에 대한 기사는 원고지 1~2매의 분량으로도 충분할 수 있다. 또한 후자의 경우, 독자들은 그의 개인적 관심이 모아지는 방향에 따라 상이한 줄거리의 지식을 접할 수도 있다. 똑같이 '청계산'을 출발점으로 삼았다 하더라도, 어떤 경우에는 '청계산의 주봉인 망경대' → '망경대라는 이름을 낳게 한 조견' → '조견의 형 조준' → '조준이 주도한 고려말의 전제개혁' → '이성계의 역성혁명'의 경로를 따라 여말선초(麗末鮮初)의 역사를 탐구할 수 있고, 또 다른 경우에는 '루도비코 유적지' → '루도비코 볼리외 신부'→ '병인박해' → '대원군'으로 이어지는 연결고리를 좇아 조선 말기의 동서교섭사(東西

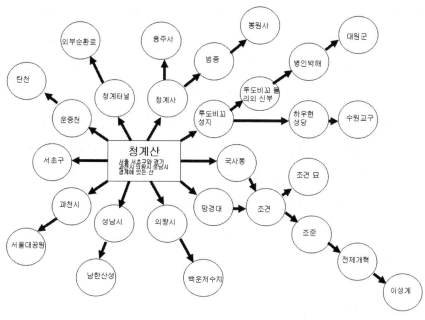

〈그림 1〉 관련 정보의 연결 고리

交涉史)를 공부할 수도 있다.

　　지식과 정보는 유통목적에 따라 그 내용요소의 조직을 일정하게 유지할
필요도 있고, 자유로운 조합을 허용할 필요도 있다. 종래의 '종이 책'은 전자
에 적합한 매체였다. 우리가 새롭게 '하이퍼텍스트'에 주목하는 이유는 그것
이 과거의 정보매체에서는 구현하기 어려웠던 후자의 기능을 열어 주고 있기
때문이다.

02 하이퍼텍스트 기술의 발전

　　'관계가 있으면 연결한다'는 하이퍼텍스트의 취지는 컴퓨터를 통해서만
현실화할 수 있다. 물론 종이매체를 이용한 백과사전이나 도서관 목록카드

가 '참조: ……' 또는 '……도 보라'라는 식으로 유관한 정보를 안내해 주는 기능을 포함하기도 하였다. 그러나 종이매체상에서는 참조지시를 받을 때마다 페이지를 넘겨 유관자료를 찾아가는 것이 결코 쉬운 일이 아니며, 그 관련성의 범위도 지극히 제한적일 수밖에 없다. 하이퍼텍스트는 '관련정보로의 순간적인 이동'이 가능한 경우에만 효용성을 발휘한다. 특정정보에 대한 기록을 빠르고 정확하게 찾아내고자 하는 과제는 전자매체를 사용하는 컴퓨터 시스템을 통해 그 해결책을 찾게 되었고, 그것이 오늘날의 '하이퍼텍스트로 짜여진 거대한 정보의 세계'-월드 와이드 웹(World Wide Web)을 출현시킨 배경이 되었다. 이러한 점에서 진정한 하이퍼텍스트의 역사는 컴퓨터 발전의 역사와 궤적을 같이 한다고 할 수 있다.

(1) 배니버 부시의 메멕스

하이퍼텍스트의 개념을 처음으로 제안한 사람은 제2차 세계대전 당시 미국의 대통령 과학 자문위원이었던 배니버 부시(Vanevar Bush, 1890-1974)였다. 당시 미국은 전쟁에서 이기기 위해 그와 관련된 제분야의 생산성을 고도화하는 데 총력을 기울여야 하는 상황이었으며, 부시는 그러한 전시체제하에서 미국의 과학기술연구역량을 집결시키는 구심점 역할을 하는 인물이었다. 전쟁이 막바지로 치닫던 1945년 부시는 「마치 우리가 생각하는 것처럼…(As we may think)」이라는 제목의 글을 통해 '기억확장기'(Memory Extender, 줄여서 Memex)라고 이름붙인 문서관리장치를 제안하였다. 그는 그 시대에 이미 지식이 양이 폭발적으로 증가한 사실에 주목하였고, 종래의 문서관리 체계 - 수 많은 자료를 한 두 가지 체계에 의해 분류하고 색인을 부여한 후, 그 색인을 이용하여 필요한 자료를 찾게 하는 방법 - 로는 그 방대한 규모의 지식을 제대로 활용할 수 없다고 하는 사실을 직시하였다. 그는 인간의 사고방식이, 머리 속에 일정한 체계의 색인을 만들어 놓고 매번 그 색인을 참조하면서 생각을 전개시켜 나아가는 것이 아니며, 한 가지 생각 속에서 순간적

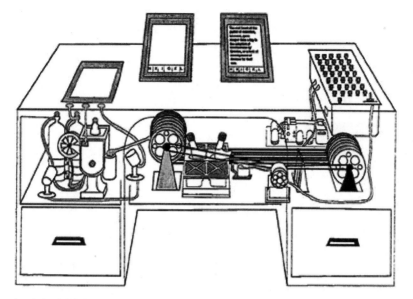

〈그림 2〉 배니버 부시가 구상한 메멕스의 모습

으로 다른 생각으로 이어지는 실마리를 찾아가는 것이라도 보았다. 인간의
두뇌 밖에 있는 자료를 이용할 때에도 '마치 인간이 생각하는 것처럼' 즉각적
인 연상의 실마리를 좇아 지식과 정보를 찾아갈 수 있다면 얼마나 효과적일
까? 부시는 어떠한 기계적 장치가 자신의 꿈을 현실화할 수 있을 것으로 기
대하였다.

(2) 테드 넬슨의 하이퍼텍스트

부쉬가 '메멕스'라는 이름으로 제안한 유연한 문서관리체계는 그로부터
약 20년이 지나 테드 넬슨(Ted Nelson)에 의해서 '하이퍼텍스트'라는 이름을
얻게 되었다. 넬슨은 1965년 그의 저서 『리터러리 머신(Literary Machines)』에
서 재나두(Xanadu)라는 이름의 거대한 프로젝트를 제안하였다.

〈그림 3〉
테드 넬슨의 『리터러리 머신』 표지

　재나두는 전세계의 수많은 사람들이 남긴 기록들이 망라되어 등재된 거대한 문서의 세계이다. 이곳에 있는 각종 문서들은 그 내부에 다른 유관문서로 연결될 수 있는 고리를 갖는다. 재나두를 방문한 독자들은 그 연결고리를 따라 자유롭게 다양한 기록들을 탐색할 수 있고, 또 그 스스로 또 다른 기록의 저자가 되어 지식과 정보의 새로운 경로를 만들어 낼 수도 있다. 오늘날의 월드 와이드 웹(World Wide Web)을 더욱 이상적으로 묘사한 듯한 이 가상 세계

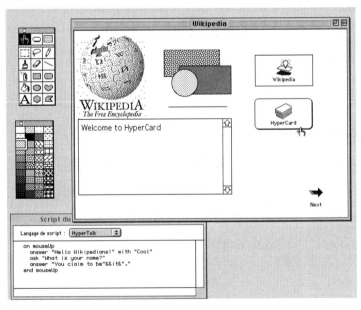

〈그림 4〉 애플사의 하이퍼카드

의 중심개념이 바로 하이퍼텍스트이다. 넬슨은 '하이퍼텍스트'를 '비순차적인 글쓰기(non-sequential writing)'라고 정의하였다. 그 자체로는 순서 없이 존재하는 여러 개의 텍스트 조각(text chunk)이지만, 그 안에는 다른 조각으로 이어지는 다양한 연줄(link)이 있어서 독자의 선택에 따라 이렇게 이어지기도 하고 저렇게 이어지기도 하는 것을 하이퍼텍스트라고 이름 붙인 것이다.

(3) 애플사의 하이퍼카드

배니버 부시가 창안하고, 테드 넬슨이 이름을 붙인 '하이퍼 텍스트'는 1960년 대 후반부터 실제로 컴퓨터 상에서 구현되기 시작하였지만, 연구·개발의 차원을 넘어서서 실용화되기 시작한 것은 1980년대 중반을 지나면서 부터였다. 1987년 미국의 애플사(Apple Computer, Inc.)는 자사의 매킨토시 시스템에서 사용되는 하이퍼텍스트 응용 상품 하이퍼카드(HyperCard™)를 출시했는데, 이는 사용자들의 폭발적인 호응을 얻었다. 하이퍼카드의 성공요인은 그것이 매킨토시 컴퓨터의 운영체제와 함께 제공되는 무료 소프트웨어 패키지였다는 점, 그리고 텍스트뿐 아니라 소리와 이미지로의 링크를 제공하여 컴퓨터의 멀티미디어적 편리성을 부각시켰다는 점이다. 하이퍼카드처럼 멀티미디어 기능을 가진 하이퍼텍스트 시스템을 '하이퍼미디어(Hyper Media)' 시스템이라고 한다.

애플사의 하이퍼카드는 하이퍼텍스트의 편리성을 널리 인식시키는 데 기여하였지만, 그것은 두 가지 점에서 명백한 한계를 갖는 것이었다. 첫째는 텍스트 조각의 연결이 '텍스트'라기보다 '카드' 단위로 이루어지도록 되었기 때문에 정보를 유연하게 다룰 수 없었던 점, 둘째는 서로 연결할 수 있는 자료의 범위가 하이퍼카드 소프트웨어의 데이터에만 한정되었다는 점이다. 그 두 번째 문제점은 상업적인 목적으로 개발된 신기술이 공통적으로 안고 있는 한계이다. 이윤을 극대화하기 위해 '독점'을 지향하고, 그로 인해 자기 것이 아닌 것에는 폐쇄적인 입장을 취하기 때문이다.

(4) 월드 와이드 웹의 탄생

하이퍼텍스트를 모든 곳의 자료가 자유롭게 연결되는 길로 열어 놓은 것은 출발 단계에서부터 비영리적인 목적을 취한 작은 연구 프로젝트에서 비롯되었다. 1980년대 초부터 개인적으로 하이퍼텍스트를 연구하던 팀 버너즈리(Tim BernersLee)는 스위스 제네바에 있는 유럽 소립자물리학연구소(Conseil Européen pour la Recherche Nucléaire, CERN)에 취직한 후, 그 연구소에 쌓인 엄청난 양의 자료를 세계 각처의 관련 연구자에게 효과적으로 제공할 수 있는 방법을 고민하기 시작하였다. 이 때 그가 주목한 것은 애플사의 하이퍼카드가 입증한 '하이퍼텍스트'의 편리성, 그리고 전세계의 컴퓨터를 하나의 네트워크로 연결하고 있는 '인터넷'의 개방성이었다. 1989년 버너즈리는 하이퍼텍스트와 인터넷을 결합시키는 프로젝트를 제안했고, 네트워크 전문가 카일리아우(Robert Cailliau)의 협조로 온라인 서비스상에서의 하이퍼텍스트 개념을 정립하였다. 이로써 이용자의 관심이 끌리는 대로 읽어 갈 수 있는 정보조각들의 거대한 거미줄 망(WEB)이 탄생하게 되었으며, 그 이름은 '월드 와이드 웹(World Wide Web, WWW)'으로 지어졌다. 1991년 12월 버너즈리는 미국의 샌앤토니오에서 열린 Hypertext '91 학술회의에서 월드 와이드 웹을 세계에 소개하였다.

03 하이퍼 텍스트 구현기술

우리가 '월드 와이드 웹'이라고 부르는 것의 정의는 '하이퍼 텍스트 문서를 지원하는 인터넷 서버들의 범세계적인 집합'(the global collection of Internet servers which support hypertext documents)이다. 그리고 여기서 말하는 '하이퍼 텍스트 문서'의 기술적 의미는 'HTML로 쓰여지고, HTTP를 통해 전송되는 전자 텍스트'를 말한다. HTML은 '하이퍼텍스트 표기 언어'(Hypertext

Markup Language), HTTP는 '하이퍼텍스트 전송 규약'(Hypertext Transfer Protocol)의 약어이다. HTML로 쓰여져서 인터넷 서버에 저장된 전자 문서를 우리는 통상적으로 '웹 문서' 또는 '웹 페이지'라고 부른다. 하이퍼텍스트의 구현을 위해 우리가 먼저 알아야 할 것은 이러한 맥락의 '웹 문서'의 제작 방법일 것이다.

컴퓨터 프로그래밍 기술을 가지고 있는 사람이라면 월드 와이드 웹 환경을 떠나서도 얼마든지 개인적인 용도의 하이퍼텍스트를 구현할 수 있다. 한동안 폭발적인 인기를 모았던 애플사의 '하이퍼카드'도 웹 환경과는 무관한 것이었다. 그러나 '월드 와이드 웹'이 '인터넷'과 동일시될 만큼 큰 영향력을 발휘하는 오늘날, 웹에서 운영될 수 있는 전자문서를 제작하는 것은 곧 세계의 모든 자원과 소통할 수 있는 하이퍼텍스트 콘텐츠를 제작한다는 의미를 지니게 된다. 웹문서를 제작하는 인구도 무수하리만큼 많기 때문에 그 편의성을 도모하기 위한 장치도 뛰어나다. 웹문서의 제작이 하이퍼텍스트 콘텐츠 제작의 유일한 길은 아니지만, 가장 영향력 있고 손쉬운 길임은 부인할 수 없다.

(1) 하이퍼링크와 HTTP

하이퍼텍스트를 이루는 텍스트 조각들 사이의 연결을 '하이퍼링크(Hyper Link)'라고 한다. 〈그림 5〉는 월드 와이드 웹 환경에서 개별적인 웹문서 사이의 하이퍼링크가 구현되는 과정을 개념적으로 도시한 것이다.

월드 와이드 웹을 구성하는 인터넷 서버 머신은 다른 웹문서로의 연결고리를 포함하는 여러 개의 웹문서를 저장하고 있다. 인터넷 세계의 정보를 탐색하고자 하는 이용자는 '웹 브라우저(Web Browser)'라고 하는 소프트웨어를 이용하여 첫 번째 웹문서를 호출한다. 요즈음 많은 사람들이 웹검색을 위해 사용하는 '인터넷 익스플로러(Internet Explorer™)'나 그 이전에 쓰이던 '넷스케이프(Netscape™)', '모자이크(Mosaic™)' 등이 모두 '웹 브라우저'에 해당한다. 이

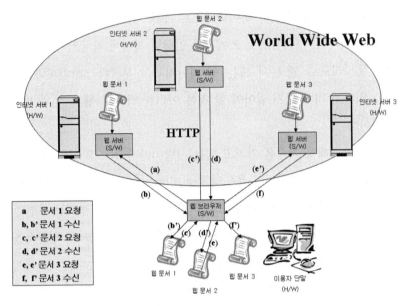

〈그림 5〉 월드 와이드 웹의 하이퍼링크

용자 단말기에서 운영되는 '웹 브라우저'는 인터넷 서버 머신에서 운영되는 '웹 서버' 프로그램과 메시지를 주고받으면서 서버 머신에 저장된 웹문서를 이용자 단말기로 불러오는 기능을 수행한다. 이 때 웹 브라우저와 웹 서버 두 소프트웨어가 주고받는 신호에 대한 약속이 이른바 '하이퍼텍스트 전송 규약', 즉 HTTP이다. 이 약속이 있음으로써 이용자 쪽의 웹 브라우저와 서버 쪽의 웹 서버가 웹문서의 요청과 전송을 정확하게 수행할 수 있는 것이다.

첫 번째 문서를 성공적으로 불러오게 되면, 이용자는 그 문서에 포함되어 있는 다른 문서로의 연결 고리(Hypertext Link Node)를 선택함으로써 내용적 연관성이 있는 다른 문서를 호출할 수 있다. 웹 브라우저는 또 다시 HTTP에 따른 요청신호를 해당 웹 서버로 보내고, 그 신호를 받은 웹 서버는 자기 쪽 컴퓨터에 수록된 두 번째 웹문서를 요청자에게 전송한다.

(2) HTML

월드 와이드 웹의 플랫폼은 이미 확립되어 있고, 또 그것은 누구나 참여할 수 있도록 개방되어 있으므로, 새로운 콘텐츠의 제작을 위해서 우리가 해야 할 일은 월드 와이드 웹에서 통용될 수 있는 형식의 '전자 문서'를 만드는 일이다. 이 말은 바꿔 말해, '웹 브라우저'와 '웹 서버'가 읽을 수 있는 형태의 문서를 만드는 것이라고 할 수 있으며, 더 구체적으로는 HTML로 쓰여진 문서를 만드는 것이라고 할 수 있다.

HTML은 월드 와이드 웹에서 통용되는 하이퍼텍스트 문서를 만드는 수단이다. HTML은 문서의 내용을 다양한 형태로 이용자에게 보여줄 수 있는 기능을 지원하는데, 정보 요소의 시작과 끝 부분에 '태그(Tag)'라고 불리는 표시를 부가하는 형식을 취한다. HTML 문서에서 태그로 둘러싸인 부분은 웹 브라우저 상에서 표시될 때, 그 태그가 지시하는 바에 따라 특별한 모양으로 표시된다.

〈b〉나팔꽃〈/b〉　　　　　　　　⇒ **나팔꽃**

〈font color="red"〉붉은 장미〈/font〉　⇒ 붉은 장미

HTML 태그의 대부분은 이처럼 문서의 모양을 꾸미는 기능을 지원하지만 그러한 태그들은 사실상 '하이퍼텍스트'의 본령과는 무관한 것이다. HTML 태그 가운데 HTTP에 기반한 문서간 연결을 가능케 하는 태그는 '닻'(anchor)이라는 이름을 가진, '〈a〉 …… 〈/a〉'라는 형태의 태그이다.

〈a href="http://www.classicflute.com/guide.html"〉..... 〈/a〉

HTML의 '앵커'(〈a〉) 요소는 반드시 'href'라는 이름의 속성을 갖는다. 'href'는 '하이퍼텍스트 참조(Hypertext Reference)'를 의미하며, 그 속성 값으

로 하이퍼링크 목적지의 주소를 기입하게 되어 있다.

하이퍼링크 목적지의 주소, 즉 웹 어드레스는 '하이퍼텍스트 전송 규약 (HTTP)'에 의해 월드 와이드 웹 상에서 통용되는 웹문서의 소재 정보이다. 이러한 주소 체계를 'URL(Uniform Resource Locator)'이라고 하는데, 그 구성 요소는 다음과 같이 나눌 수 있다.

① 서버에게 요청하는 서비스의 종류

② 서버장비의 인터넷 주소

③ 찾고자 하는 웹문서의 파일이름

HTML에서 하이퍼링크를 위한 연결 고리를 '앵커(anchor)', 즉 '닻'이라고 부르는 이유는 '월드 와이드 웹'의 세계에서 이 문서를 읽다가 저 문서로 옮겨 가는 행위를 마치 대양을 항해하는 배가 이 항구에 들렀다가 다시 저 항구에 정박하는 것에 비유한 데서 비롯된다. '앵커'는 웹의 세계를 항해하는 (Navigate) 배가 앞으로 '닻'을 내려야 할 곳을 지목한다. 하나의 웹문서 속에 여러 개의 '앵커'가 포함되어 있다면, 그 항해의 다음 기착지를 여러 곳으로 제안하는 것이다. 그 중 어느 곳으로 갈지는 이용자가 선택할 것이다.

(3) XML

XML(eXtensible Mark-up Language)은 문서의 구조적인 형식과 내용 요소 들이 컴퓨터가 식별할 수 있는 명시적 정보로 기술될 수 있도록 하기 위한 전자문서 마크업 언어이다. 월드 와이드 웹의 표준화를 주도하고 있는 W3C(World Wide Web Consortium)는 1998년 최초의 XML 권장안을 제시하 였으며, 최근에 이르기까지 여러 단계의 개선안과 함께 다양한 응용기술의 표준화방안을 제공하고 있다.

하이퍼텍스트와 인터넷의 만남에서 파생된 것이 HTML이라면, XML은 HTML과 '구조적인 지식 콘텐츠'의 결합을 위해 태어난 것이라고 할 수 있다.

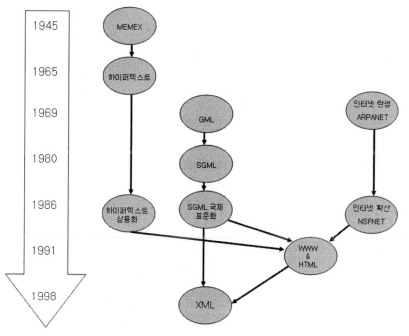

〈그림 6〉 XML의 탄생배경

〈그림 6〉에서와 같이 XML은 HTML과 SGML(Standard Generalized Markup Language)의 결합으로 만들어졌다. 보다 정확하게 말하면, HTML이 약화시켰던 SGML의 중요한 목적을 XML이 다시 회복시킨 것이다. SGML은 문서에 담긴 정보 요소와 그 요소들간의 관계를 컴퓨터가 이해할 수 있도록 만든 마크업 언어인데, 1969년 미국의 IBM사의 찰스 골드파브(Charles Goldfarb)와 그 동료들이 GML(Generalized Markup Language)이라는 이름으로 처음 만들었고, 그 후 지속적으로 발전하여 1986년 국제표준기구에 의해

구조적 데이터 표현의 표준안(ISO 8876)으로 인증되었다.

XML 문서의 가장 대표적은 특성은 문서를 '문서의 구조', '문서의 내용', '문서의 모양' 3가지로 분리한다는 것이다. 다음에 예시한 간단한 편지를 HTML로 만들었을 때와 XML로 만들었을 때를 비교하여 보자.

```
영이에게

당신을 사랑합니다.

    2006. 3. 1
                철 수
```

HTML: 문서의 내용과 모양을 한꺼번에 취급

```
<html>
<head>
        <title>편지<title>
</head>
<body>
        <font color="green">영이에게</font><br/>
        <font color="black">
                당신을 사랑합니다.<br/>
        </font>
        <font color="magenta"><table align="center">2006. 3. 1</table></font>
        <font color="blue"><table align="right">철수</table></font>
</body>
</html>
```

XML: 문서의 내용

```
<?xml version="1.0" encoding="euc-kr"?>
<?xml-stylesheet type="text/xsl" href="letter.xsl"?>
<!DOCTYPE 편지 SYSTEM "letter.dtd">

<편지>
        <수신>영이에게</수신>
        <본문>
                <문단>당신을 사랑합니다.</문단>
        </본문>
        <날짜>2006. 3. 1</날짜>
        <발신>철수</발신>
</편지>
```

DTD: 문서의 구조

```
<?xml version="1.0" encoding="euc-kr"?>

<!ELEMENT 편지 (수신, 본문,  날짜, 발신)>
<!ELEMENT 수신 (#PCDATA)>
<!ELEMENT 본문 (문단+)>
<!ELEMENT 문단 (#PCDATA)>
<!ELEMENT 날짜 (#PCDATA)>
<!ELEMENT 발신 (#PCDATA)>
```

XSL: 문서의 모양

```
<?xml version="1.0" encoding="euc-kr" ?>
<xsl:stylesheet xmlns:xsl="http://www.w3.org/TR/WD-xsl">

<xsl:template match="/">
        <HTML>
                <HEAD>
                                <TITLE>Letter Display</TITLE>
                </HEAD>
                <BODY>
                                <xsl:apply-templates/>
                </BODY>
        </HTML>
</xsl:template>

<xsl:template match="편지">
        <xsl:apply-templates/>
</xsl:template>

<xsl:template match="본문">
        <xsl:apply-templates/>
</xsl:template>
<xsl:template match="수신">
        <FONT COLOR="green">
                <xsl:value-of /><br/>
        </FONT>
</xsl:template>
<xsl:template match="문단">
        <FONT COLOR="black">
                <xsl:value-of /><br/>
        </FONT>
</xsl:template>

<xsl:template match="날짜">
        <FONT COLOR="magenta">
                <table align="center"><xsl:value-of /></table>
        </FONT>
</xsl:template>
```

```
<xsl:template match="발신">
        <FONT COLOR="blue">
                    <table align="right"><xsl:value-of /></table>
        </FONT>
</xsl:template>

</xsl:stylesheet>
```

위의 비교에서 알 수 있듯이 XML은 HTML이 표현하지 못하는 문서의 구조와 내용요소의 성격을 명확하게 드러내 준다. 문서의 내용과 모양을 구분함으로써, 내용을 그대로 두고 모양만을 바꾼다거나, 모양에 손대지 않은 채 내용을 확장하고 수정할 수 있는 유연성을 높인 것도 XML 문서의 특징이다.

문서를 '내용', '구조', '모양'으로 구분하여 그 각각의 독립성과 유연성을 추구한 것은 XML의 전신인 SGML의 기본사상이었다. HTML도 기본적으로는 SGML을 기반으로 만들어진 것이지만 그 기본사상에는 충실하지 않았다. 대신 '하이퍼텍스트'라는 SGML에는 없던 개념이 HTML에 도입되었고, 그것에 의해 월드 와이드 웹이 탄생하게 된 것이다. SGML을 차용하되, SGML에 얽매이지 않는 것이 HTML의 성공요인이 되었지만, SGML에 추구한 목표의 중요성이 월드 와이드 웹의 세계에서 끝까지 무시될 수는 없었다. XML은 인터넷과 하이퍼텍스트가 결합한 곳에서 텍스트의 구조와 정보요소까지 드러내고자 하는 취지에서 개발된 것이다.

XML의 이러한 특성 때문에 HTML로 구현된 하이퍼텍스트와 XML로 구현된 하이퍼텍스트는 큰 차이를 갖는다. 전자는 '텍스트'와 '텍스트'의 연결을 가능하게 하지만 그 텍스트 조각이 어떠한 특성을 가지고 있으며, 어떠한 의미 맥락 속에 있는 것인지는 관심을 두지 않는다. XML에 의한 하이퍼텍스트는 하이퍼링크의 노드 하나하나가 정보요소로서의 성격을 명시적으로 드러내기 때문에 그 성격에 합당한 방법으로 다양한 형태의 하이퍼링크를 구현할 수 있다. 다음의 예시는 텍스트 속의 정보요소가 자신의 여러 가지 성격에 따라 그와 관련이 있는 외부 자원으로 링크되도록 한 것이다.

XML:

> <참조 자원="남한산성"><시청각 자원="남한산성 남문"><공간 유형="유적" 식별자="남한산성 전역"><지명 유형="유적">남한산성</지명></공간></시청각></참조>은 <지명 유형="유적">북한산성</지명>과 함께 도성을 지키던 남부의 산성으로, 1636년 <시간 유형="사건" 식별자="병자호란 발생">병자호란</시간> 당시 <인명 유형="왕명" 식별자="인조|仁祖|1595-1469">인조</인명>가 45일간 항전하던 곳이다.

웹 브라우저 상에서의 표현 및 하이퍼링크:

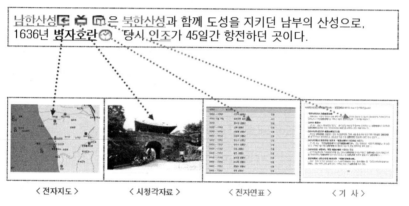

〈그림 7〉 XML 문서에서 구현한 하이퍼링크

XML기반의 하이퍼텍스트 전자문서를 제작하기 위해서는 XML의 문법, 구조정의, 표현기법 등에 관한 다양한 기술을 습득해야 한다. XML 문서의 구조는 SGML에서부터 유래한 DTD(Document Type Definition)를 통해 정의하는 방법과 더욱 정교한 데이터처리를 위해 새롭게 개발된 XML 스키마(Schema)를 사용하는 방법이 있다. XML 문서의 내용을 컴퓨터상에서 시각적으로 표현하기 위해서는 XML 구조를 HTML이나 다른 언어의 구조로 변환해 주는 XSLT(Extensible Stylesheet Language Transformation)기술을 적용한다. XML 문서 내의 특정 부분을 찾아가기 위해 사용되는 경로표기언어인

XPath(XML Path Language)는 XML 데이터의 조작을 위해 필수적으로 알아 두어야 할 사항이다. XML 문서를 컴퓨터가 구조적인 정보로 취급할 수 있게 하는 DOM(Document Object Model), HTML의 앵커요소보다 발전된 하이퍼 링크 기능을 지원하는 XLink(XML Linking Language), XML 문서검색기능의 표준화를 추구하는 XQuery(XML Query Language) 등도 XML 기반의 정보시 스템을 개발하는 데 필요한 기술들이다.

(4) 하이퍼텍스트와 응용프로그램의 결합

하이퍼텍스트를 구성하는 자료가 독립적인 파일 형태로만 존재한다면, 그 파일 이름을 포함한 URL을 지정함으로써 하이퍼링크를 구현할 수 있다. 그러나 상호 참조되어야 할 정보의 규모가 방대하여 그 각각을 독립적인 데이 터파일로 유지할 수 없을 경우, 데이터베이스에 그 정보를 수록하여 활용하 는 방법을 강구해야만 한다.

데이터베이스란 '다수의 응용 시스템들이 사용할 수 있도록 통합하여 관 리되는, 상호 관련성이 높은 데이터의 집합'이다. 데이터베이스에 수록된 데 이터는 '데이터베이스 관리 시스템(Database Management System, DBMS)'이라 는 소프트웨어를 통해서, 또는 DBMS와 연동하는 응용프로그램을 통해서 조작할 수 있다. 따라서 데이터베이스에 수록된 정보를 하이퍼텍스트의 구성 요소로 삼고자 한다면, DBMS나 응용프로그램을 움직일 수 있는 명령을 하 이퍼링크 속에 담아야 한다.

다음의 예문에서 하이퍼텍스트와 응용프로그램을 결합시킨 사례를 보기 로 한다.

원균[📄]의 패배 소식이 조정에 알려지자 조야(朝野)가 놀라서 어찌 할 바를 몰랐고, 다시 이순신[📄]을 통제사[📄]로 기용하게 되었다.

콘텐츠 제작자는 이 문장에 포함된 세 가지 정보요소, '원균', '이순신'이라는 두 명의 인물이름과 '통제사'라는 용어를 하이퍼링크 노드로 삼고자 한다. 그런데 이 세 요소에 연결될 정보는 독립된 웹문서 파일로 존재하는 것이 아니라 수 만 건 이상의 데이터가 종합적으로 수록된 '인명 데이터베이스'와 '관직명 데이터베이스' 안에 들어 있다. 관련 데이터베이스의 참조를 고려한 세 가지 요소의 XML 태깅은 다음과 같다.

```
<인명 유형="성명" 식별자="원균|元均|1540-1597|무인">원균</인명>
<인명 유형="성명" 식별자="이순신|李舜臣|1545-1598|무인">이순신</인명>
<관직 식별자="조선|통제사|統制使">통제사</관직>
```

각각의 요소 속에 '식별자' 속성으로 기입된 내용은 데이터베이스 상에서 해당 정보를 검색할 때 사용할 키워드이다. 이러한 형태로 만들어진 XML 데이터는 웹 브라우저 상에서 이용자가 볼 때 스타일 시트에 지정한 바에 따라 다음과 같이 변환된다.

```
<a title="인물:원균" onfocus="blur();" href="Javascript:indexLink_PPL('원균_元均_1540_1597_무인');"><span class="con_person">원균</span></a>
<a title="인물:이순신" onfocus="blur();" href="Javascript:indexLink_PPL('이순신_李舜臣_1545_1598_무인');"><span class="con_person">이순신</span></a>
<a title="관직:통제사" onfocus="blur();" href="Javascript:indexLink_POS('조선_통제사_統制使');"><span class="con_post">통제사</span></a>
```

XML에서 HTML로 변환된 데이터상에서 각각의 하이퍼링크 노드는 데이터베이스를 조작하는 응용프로그램을 호출할 수 있는 명령으로 변환되었다. 이용자가 웹 브라우저에 표시된 인명 또는 관직명을 클릭하면 웹서버와 연동하는 응용프로그램이 지정된 데이터베이스에서 검색기능을 수행하여

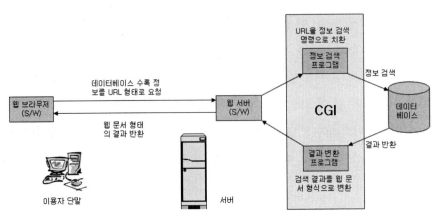

〈그림 8〉 CGI를 이용한 동적 하이퍼텍스트의 구현 모델

관련정보를 찾아내고 그 결과를 웹문서 형태로 만들어 이용자에게 전송할
것이다.

　　이용자 웹 브라우저 상에서 URL형태로 전송한 요청을 받아들여 그것을
별도의 외부 프로그램에 넘겨 처리하고, 그 결과에 따라 응답을 해 주는 기능
을 '공통 관문 인터페이스(Common Gateway Interface, CGI)'라고 한다.

　　CGI는 서버쪽에서 운영되는 소프트웨어이지만 시스템의 목적에 따라 기
능이 달라지는 일종의 응용프로그램이므로 콘텐츠의 개발자가 설계·구현해
야 한다. PHP(Professional HTML Preprocessor), JSP(Java Server Pages),
ASP(Active Server Pages) 등은 CGI 구현을 위한 기술이다. 콘텐츠 개발자가
데이터베이스 수록 정보를 활용하는 동적 하이퍼텍스트를 구현하기 위해서
는 스스로 이러한 기술을 습득하거나, 적어도 그 기술을 전문적으로 지원하
는 정보기술자와 자유롭게 의견을 교환할 수 있는 수준의 지식을 배양할 필요
가 있다.

04 하이퍼텍스트 기획의 유의점

인문분야의 디지털콘텐츠가 반드시 '하이퍼텍스트'적이어야 할 필요는 없다. 하지만 이것은 디지털 세계에서 지식과 정보의 무한한 확장을 가능하게 하는 효과적인 방법이기 때문에, 종래의 아나로그 콘텐츠와 차별화된 저작물을 만들고자 하는 사람은 이것의 응용을 고려하지 않을 수 없다.

인문지식을 소재로 하는 하이퍼텍스트를 구현할 때 가장 먼저 유념해야 할 사실은 우리가 만들고자 하는 콘텐츠의 성격에 따라 하이퍼텍스트에 대한 의존도를 달리 가져가야 한다는 것이다. 만일 콘텐츠의 소재가 이미 일정한 줄거리를 갖고 있거나, 변화할 수 없는 계층적 체계 속에 담겨야 하는 것이라면, 하이퍼텍스트의 적용은 본문에 주석문의 참조나 관련 자료로의 연결 또는 목차와 본문의 연결 등에 국한되게 될 것이다. 이에 반해 콘텐츠의 줄거리를 독자가 만들어가도록 하는 '비순차적 글쓰기'의 도구로서 하이퍼텍스트를 이용하고자 한다면 본문텍스트 그 자체를 여러 개의 텍스트 조각으로 나누고 그 각각에 다양한 경로로의 연결고리를 부여하는 방법을 추구해야 할 것이다.

하이퍼링크의 범위를 자기 저작물 내에 한정할 것인가, 아니면 월드 와이드 웹의 세계에 무수히 산포되어 있는 외부자원으로의 길도 열어 놓을 것인가 하는 것도 고심해야 할 문제이다. 또한 하이퍼링크의 대상을 정적인 자원에 한정할 것인가, 동적으로 개방할 것인가, 다시 말해 확실하게 존재하는 특정 문서만을 찾아가게 할 것인지, 언제든 새로운 문서가 생기면 그것으로도 갈 수 있게 할 것인지를 결정하는 것도 중요한 일이다.

이 모든 문제의 의사결정은 콘텐츠의 내용과 기획의도, 활용목적에 따라 달라질 것이다. 어떠한 소재를 다루든, 활용성이 높은 양질의 디지털 콘텐츠를 만들고자 한다면 다양한 형태의 하이퍼링크를 자유롭게 구사할 수 있는 기술을 습득해야 한다. '인문콘텐츠'는 인문 지식과 정보기술의 학제적 결합을 통해 만들어진다는 사실에 유념하면서, 인문지식의 디지털화에 도움이 되는 정보기술적 요소들에 대한 이해폭을 넓혀가야 할 것이다.

▓참고 도서

김성수, 『PHP 기초에서 CGI 활용까지』, 혜지원.

배식한, 『인터넷, 하이퍼텍스트 그리고 책의 종말』, 책세상.

제니퍼 니더스트, 최범균 옮김, 『HTML 포켓 레퍼런스』, 한빛미디어.

팀 버너스리, 네띠앙, 우종근 옮김, 『월드와이드 웹 (당신이 꿈꾸는 인터넷 세상)』, 한국경
　　　제신문.

David Hunter 외, 안성욱 외 옮김, 『Beginning XML』, 정보문화사.

Jayson Falkner 외, 최현호 옮김, 『Beginning JSP Web Development』, 정보문화사.

John Kauffman, 『Beginning ASP Databases』, 정보문화사.

▓ **김현**은 고려대학교 철학과를 졸업하고 같은 대학 대학원에서 박사학위를 받았다. 한국과학기술원 (KIST) 시스템공학연구소(SERI) 뉴미디어정보시스템연구실장, 서울시스템(주) 한국학데이터베이스 연구소장, 미국 하버드대학 방문연구원, 한국과학기술정보연구원(KISTI) 정보시스템부장을 역임하였고, 현재 한국학중앙연구원 한국학대학원 인문정보학 담당교수로 재직하고 있다. 1995년 『국역 조선왕조실록 데이터베이스 CD-ROM』간행을 비롯하여 현재의 『한국향토문화전자대전』 편찬사업에 이르기까지 인문지식자원을 소재로 한 다수의 대형 정보시스템 개발 사업을 주도하였으며, 인문과학과 정보과학의 학제적 교섭을 지향하는 '인문정보학'의 이론적 토대를 마련하는 연구를 수행하고 있다. e-mail: hyeon@aks.ac.kr

문화콘텐츠입문—기획·제작·기술·분석

멀티미디어콘텐츠 제작기술

김진용 | 한서대학교

01 멀티미디어란 무엇인가?

멀티미디어(Multimedia)란 문자·음성·화상·동화 등 여러 가지 다른 미디어의 콘텐츠를 한 대의 컴퓨터에서 조합하여 전달하는 기술 또는 시스템을 말하며, 독자적으로 발전해 온 문자·음성·음악·그림·사진·비디오 등을 단순히 합하는 것이 아니라 새로운 표현 및 저장기능을 갖게 한 것을 말한다.

멀티미디어 시스템은 콘텐츠를 제작하기 위해 필요한 하드웨어, 소프트웨어로 구성되어 있다. 또한 멀티미디어 제작 소프트웨어는 크게 그림, 사진, 동영상, 사운드 등과 같이 각 미디어를 생성·편집하는 소프트웨어와 편집된 각 미디어를 통합하여 멀티미디어콘텐츠를 구성하는 멀티미디어 저작 도구로 구분할 수 있다. 이 장에서는 멀티미디어 제작 소프트웨어의 기능과 활용 방법을 각 분야의 대표적인 소프트웨어에 대한 설명을 통해 소개하고자 한다.

〈표 1〉 멀티미디어 시스템구성 요소

시스템	분류			기능
멀티미디어 시스템	소프트웨어	시스템 소프트웨어	운영체제	멀티미디어자원관리운영
			장치드라이버	하드웨어입출력처리
			데이타베이스	멀티미디어자료저장, 관리
		제작 소프트웨어	미디어편집S/W	미디어생성, 편집
			저작도구	미디어통합 콘텐츠제작
	하드웨어	프로세서		멀티미디어컴퓨터, 워크스테이션
		미디어처리		그래픽가속보드, 비디오보드, 사운드카드
		입력장치		디지털카메라, 스캐너, 디지털캠코더, 타블릿
		출력장치		CRT, LCD, 프린터, PDP, 프로젝터, HMD
		저장장치		하드디스크, CD, DVD, RAID

〈표 2〉 멀티미디어 제작 소프트웨어 분류

소프트웨어	분류		종류
멀티미디어 제작 S/W 소프트웨어	미디어 편집 S/W	문서 편집	MS WORD, HTML, XML, XHTML
		드로잉	**Illustrator**, Painter, CorelDraw, PaintShop Pro
		이미지 편집	**PhotoShop**
		3D 그래픽	**3D Max**, **Maya**, SoftImage
		애니메이션	**Flash**, GIF Animator, Animation Pro
		비디오 편집	**Premire**, After Effect, AVID
		사운드 편집	**SONAR**, Sound 4G, CoolEdit, Sound Edit
		가상현실	**VRML**, X3D
	저작도구		**Director**, ToolBook, AuthorWare

02 멀티미디어 편집 소프트웨어

(1) 그리기, 이미지 편집도구

❶ 일러스트레이터(Illustrator)

그리기 도구로 많이 사용하고 있는 일러스트레이터는 Adobe사에서 개발한 2D 그래픽 드로잉 소프트웨어로 컴퓨터 그래픽 디자이너, 웹 디자이너, 게임 그래픽 디자이너, 모바일 콘텐츠 디자이너 등이 많이 사용하고 있다. 일러스트레이터에서는 벡터방식을 기본으로 취하고 있으며 직선, 다각형, 타원, 곡선 등과 같은 오브젝트를 그리는 기능을 가지고 있다. 오브젝트가 벡터의 형태를 취하고 있으므로 이동, 확대, 축소, 회전 등과 같은 변형에서도 물체의 형태를 그대로 유지하는 장점을 가지고 있다.

일러스트레이터에서는 마우스 또는 스타일러스(stylus), 타블렛(tablet) 등과 같은 펜입력장치로 드로잉(drawing)하듯이 그림을 그리며, 연필, 목탄, 수채물감, 유채물감과 같은 다양한 종류의 칠하기 도구를 제공하고 있다. 또한 색상을 채울 때에도 단순한 색뿐 아니라, 계조(gradation), 문양(pattern) 형태 등의 다양한 채우기 도구를 제공한다.

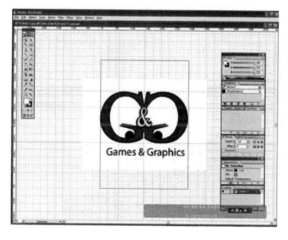

〈그림 1〉
일러스트레이터를 이용한
그래픽디자인

일러스트레이터에서는 도구상자, 메뉴, 팔레트, 레이어 등의 메뉴가 존재하고, 파일의 저장형식은 *.ai로 저장되며, 레스터 그래픽 정보에 대응할 수 있는 EPS(Encapsulated PostScript) 형식도 지원하여 다른 그래픽 도구와도 호환이 가능하다.

❷ 포토샵(photoshop)

포토샵은 Adobe사에서 개발한 영상편집 소프트웨어다. 포토샵에서는 이미지 편집도구로 디지털 카메라, 스캐너, 디지타이저 등과 같은 입력 장치를 통해 얻은 사진, 이미지에 다양한 그래픽 처리, 효과, 필터처리 등을 하기 위한 기능을 가지고 있다. 포토샵에서는 아날로그 자료를 디지털로 입력 변환될 때 색상의 변질을 보정할 수 있다.

포토샵에서는 RGB(Red Green Blue), CMYK(Cyan Magenta Yellow blacK), 회색조(Grey Scale) 등의 컬러 모드를 지정할 수 있으며, 영상의 크기(size), 해상도(resolution)를 조절할 수 있다. 포토샵에서는 강력하고 다양한 필터를 플러그인(plug in) 형태로 제공하고 있으며 색조의 변화, 대비의 조절, 영상의 강조, 부드러움(blur), 물감효과, 모자이크 등으로 영상에 다양한 효과들을

〈그림 2〉
포토샵을 이용한
영상편집

나타낼 수 있다. 또한 편집도구, 레이어 등을 이용하여 영상을 합성할 수 있다. 포토샵의 파일저장형식은 기본적으로 *.PSD로 저장되어 편집가능하며, *.JPG, *.EPS 형식도 지원한다.

(2) 애니메이션 편집도구

❶ 플래시

플래시는 매크로미디어(Macromedia)사의 2D 애니메이션 저작도구로서 2차원 애니메이션을 가능하게 하며 최소한의 파일크기와 뛰어난 애니메이션 기능, 스트리밍 기술 등을 두루 갖추고 있어 웹 콘텐츠 제작에도 적합하다. 또한 플래시를 사용하면 별도의 프로그래밍의 실력이 없이도 상호작용이 가능하여 일반 사용자도 손쉽게 멀티미디어 홈페이지를 만들 수 있다.

플래시는 트위닝(tweening) 기법을 사용하여 벡터형태로 애니메이션을 제작한다. 플래시는 벡터이미지를 기반으로 하고 있기 때문에 크기에 상관없이 깨끗한 화면을 보여 주며, 사용자 인터페이스가 쉽게 구성이 되어 콘텐츠 아이디어만 있으면 쉽게 애니메이션을 구현할 수 있다. 플래시는 벡터무비 저작도구로서 이미지의 손상이 적고, 스트리밍 재생을 지원하며, 파일 사이즈의 최소화, 액션을 비롯한 지능적인 대화식 기능, 심벌 인스턴스의 사용 등의 특징을 가지고 있다.

플래시에서 작업할 때 주로 사용하는 창의 구조는 다음의 그림처럼 메뉴바, 메인툴바, 타임라인, 드로잉툴, 스테이지, 라이브러리 창, 각종 패널창으로 구성된다. 메뉴바는 File, Edit, View, Insert, Modify, Text, Control 등의 메뉴로 구성되며, 메인 툴바는 플래시에서 자주 사용되는 메뉴로 파일을 열거나 저장하는 기본적인 사항부터 회전, 크기 조절, 정렬, 화면 확대/축소 등의 기능으로 구성되어 있다. 드로잉 툴은 플래시 무비에 사용되는 이미지를 제작하거나 편집하기 위한 도구로 구성되어 있다.

타임라인은 플래시 무비를 전체적으로 제어하는 곳으로 레이어에 대한 부분과 프레임을 제어하는 타임라인에 대한 부분으로 구성되며, 레이어는 하나의 배경 위에 여러 층을 겹쳐 쌓을 수 있도록 하여 오브젝트를 분리해서 애니메이션시킬 수 있는 기능을 지원한다. 타임라인의 각 프레임은 하나의 스테이지 화면을 의미하며 각각의 스테이지에 포함된 오브젝트의 모양이나 애니메이션과 프레임 액션에 의해 생기 있는 플래시 무비가 만들어진다.

Panel은 각 객체들에 대한 정보와 속성이 표시되어 있으며, 스테이지는 작업공간으로 모든 오브젝트들이 스테이지에서 하나의 무비를 만들어 낸다. 또한 자체 스크립트언어를 이용하여 오브젝트를 제어하며 파일저장형식은 웹 콘텐츠에 적합한 *.swf와 *.fla가 있다.

〈그림 3〉
플래시를 이용한
2D 애니메이션제작

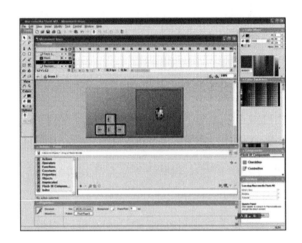

(3) 3차원 그래픽 도구

❶ 3D 맥스(3D Studio Max)

3D 맥스는 Autodesk사의 계열사인 Kinetix사에서 개발한 3차원 그래픽 도구로 모델링(modeling), 렌더링(rendering), 애니메이션(animation) 기능이 통합된 3차원 그래픽 소프트웨어이다. 3차원 그래픽은 크게 물체를 생성

하는 모델링, 표면에 재질을 입혀 사용자에게 현실감 있게 보여 주는 렌더링, 물체에 생명감을 입혀 움직이게 하는 애니메이션 기법으로 나눌 수 있다.

모델링은 물체의 골격만을 이용하여 표현하는 와이어 프레임 모델링(wire frame modeling), 삼각형, 사각형과 같은 다각형을 이용하는 다각형 모델링(polygonal surface modeling), 3차원 오브젝트를 이용하는 솔리드 모델링(solid modeling)이 있다. 모델링은 3방향의 평면도와, 사용자의 관측시점을 변경한 투상도(perspective)를 이용하여 오브젝트를 회전, 이동, 확대축소하여 제작한다. 또한 오브젝트를 분할·조합·통합하여 완성하게 된다.

렌더링은 컴퓨터 그래픽에 감추어진 면제거(hidden surface removing), 셰이딩(shading), 텍스처 매핑(texture mapping), 레이 트레이싱(ray tracing) 등을 이용하여 현실감 있게 표현하는 기법이다. 감추어진 면제거는 물체의 거리값에 따라 보이지 않는 물체의 면을 제거하는 방법이며, 표면에 재질을 정해 주는 텍스처(texture), 재질을 입혀주는 매핑(mapping), 그림자 효과를 주는 셰이딩(shading), 입체감을 주는 투상법(projection), 한 장면에 존재하는 모든 광선이 광원에서 카메라에 도달할 때까지 추적하는 레이 트레이싱(ray tracing) 등이 있다.

3D 애니메이션은 키 프레임 애니메이션(Key frame animation), 역운동학(Inverse Kinematics) 등의 애니메이션이 제공된다. 키 프레임 애니메이션은 주요한 장면을 키 프레임으로 설정하며 키 프레임 사이에 컴퓨터에 의해서 자동적으로 중간영상이 생성되는 기법이다. 역운동학기법은 물체의 한 부분을 움직였을 때 자동적으로 그에 연결된 부분들이 자연스럽게 그 부분을 따라 운동하는 기법이다. 예를 들면 사람은 손끝이 움직이면 그에 속한 팔목, 팔뚝, 어깨 등 관절이 자연스럽게 움직이는 것이다. 캐릭터 스튜디오, 모션 캡처를 이용하여 3D 애니메이션을 제작한다.

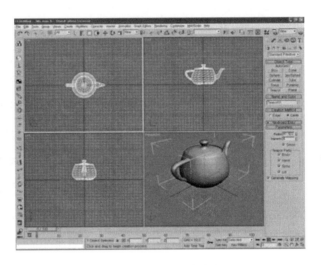

〈그림 4〉
3D MAX를 이용한
3차원 그래픽 모델링

❷ MAYA

MAYA는 Alias의 Power Animator, Explore사의 Advanced Visualiser의 장점만을 통합하여 만들어낸 NURBS기반의 3D 그래픽 소프트웨어이다. Power Animator의 NURBS 모델링, Explore의 다각형 모델링, Visualiser의 미립자 시스템 등 별개였던 프로그램들이 하나의 패키지로 통합이 되면서 강력한 성능으로 시장을 석권했다. 기본적인 장점으로는 모델링이 이루어지고 애니메이션 되었을 때 이음새가 보이지 않으므로 애니메이션을 미세하게 표현해 줄 수 있다.

마야는 NURBS Modelling, 동적 미립자 시스템(Dynamics particle System), 렌더링 작업이 하나의 통합된 작업환경에서 이루어지며, 자체 스크립트 언어를 가지고 있어 모델링, 애니메이션, 미립자시스템을 사용자가 직접 제어할 수 있어 캐릭터 애니메이션, 특수효과 등에서 많은 플러그인과 탁월한 성능을 가지고 있다. MAYA의 특징으로는 겹쳐 쌓을 수 있고 기록이 가능하고 애니메이션 할 수 있는 Deformer 기능 캐릭터의 움직임을 간결하게 제어할 수 있는 역운동학기능, 많은 혼합된 형태를 제어할 수 있는 페이션 애니메이션 기능, 피부조직을 자연스럽게 표현할 수 있는 개별적인 기능 등

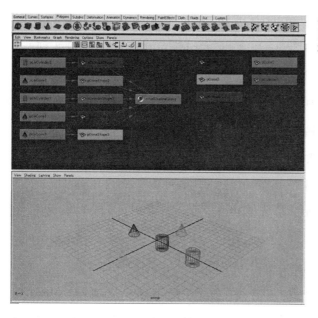

이 있다.

(4) 비디오 · 오디오 편집도구

❶ 프리미어(Premiere)

프리미어는 Adobe사의 비디오 편집도구로서 리얼 타임 타이틀, 트랜지션, 이펙트를 포함한 확장된 소프트웨어 리얼 타임 프리뷰로 영상편집, 타이틀 및 모션기능, 영상화면전환(video image transition), 영상합성(superimpose), 필터링, 특수효과 등의 작업을 할 수 있다.

프리미어에서는 소프트웨어 리얼 타임 기능으로 데스크탑 모니터에서뿐만 아니라 외부 비디오 스크린으로도 실시간 프리뷰가 가능하며, 렌더링 없이 클라이언트가 요구하는 변화를 즉각적으로 프리뷰하고 편집하여 실시간으로 결과물을 만들 수 있다.

타이틀 및 모션기능은 비디오에 자막, 텍스트, CIP 등의 단순한 형태뿐 아니라 3차원 텍스트를 입력하여 회전, 확대, 축소, 이동 등을 제공한다. 섬세한 타이틀 장면을 만들어낼 수 있다. 타이틀 디자이너로 동영상과 텍스트를 결합한 오프닝 타이틀 시퀀스를 만들어 내거나, 간단한 크레딧 롤텍스트 작업을 시간을 절약하면서 고품질의 결과물로 만들 수 있다. 출력된 텍스트, 리딩, 커닝, 베이스라인, 타이포그래피을 제어할 수 있다. 스틸 레이아웃, 롤, 그리고 크롤을 포함한 미리 디자인된 템플릿에서 선택할 수 있다.

영상화면전환은 서로 다른 비디오 클립A와 B를 이어서 재생할 때 연결부분에 다양한 효과를 주어 화면이 자연스럽게 바뀌도록 하는 것을 말하며 화면이 흐려지는 디졸브(dissolve), 상하좌우이동, 블라인드, 다이아몬드 펼치기, 사각형 펼치기 등의 다양한 전환효과를 가지고 있다.

영상합성은 합성채널을 이용하여 Fade-in Fade-out효과, 하나의 영상위에 다른 영상을 중첩(overlay)시켜 표현, 알파채널을 이용한 투명효과(transparency), 모션설정을 통하여 영상을 출력하는 기능을 말한다. 영상 필터링은 영상을 밝게 하거나, 대비강조, 모자이크효과 등의 다양한 플러그인 필터를 이용하여 제공한다. 또한 어도비 애프터 이펙트 필터를 사용할 수

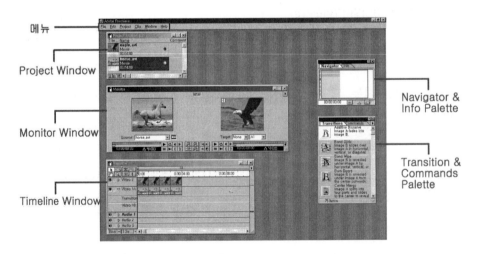

〈그림 6〉 프리미어를 이용한 비디오 편집 및 특수효과 제작

있다.

프리미어에서는 다양한 파일저장 옵션을 이용, 비디오 작업물을 DVD 포 맷 등으로 전환이 가능하며 윈도 미디어 포맷으로 출력한 것을 포함, 새로운 어도비 MPEG Encoder(윈도즈용)를 이용해 프로젝트를 타임라인에서 직접 DVD, 슈퍼 비디오 CD, 그리고 비디오 CDR을 포함한 멀티플 포맷으로 엔 코딩한다.

❷ SONAR

SONAR는 Cakewalk의 후속버전으로 음악을 작곡하여, 편집하는 프 로그램이다. MIDI(Musical Instrument Digital Interface)는 음악기기(Musical Instrument) 디지털 연결장치(Digital Interface) 사이에 악기와 악기, 컴퓨터 와 악기 등 디지털 신호를 처리하는 음악기구들의 입출력에서 호환성을 제 공하는 하드웨어와 자료구조에 관한 표준사항이다. MIDI는 음자체에 대한 정보를 가지고 있는 것이 아니라 음을 어떻게 연주하는 정보, 음의 높이, 음 표의 길이, 음의 강약 등을 표시하며, 실제 음을 듣기 위해서는 그 음을 발 생시켜 주는 신디사이저(Synthesizer)와 편집할 수 있는 시퀀서(sequencer)가 필요하다.

SONAR는 바로 이러한 시퀀서 프로그램이다. SONAR는 시퀀서 부분 이 편리하고 키보드 이용에 강점이 있으며, 반복적인 음원작업에는 적합하 다. CAL로 매크로 프로그래밍마저 가능하며, undo 기능이 제공되어 편집 작업이 용이하다. 또한 각 블록마다 따로 실시간 이펙터를 추가하거나 편집 할 수 있다. 128트랙의 오디오를 미디와 함께 기록 할 수 있으며, 256가지의 실시간 이펙트이용이 가능하다.

(5) 가상현실

❶ VRML(Virtual Reality Modeling Language)

VRML은 인터넷에서 3차원 가상환경(Virtual Environment)을 표현하기 위한 시스템으로 HTML에 대한 3D언어이다. 웹 페이지에서 3차원 형태의 콘텐츠를 구성하기 위한 언어이다.

VRML은 가상현실을 구현하기 위한 언어로 가상현실은 컴퓨터 시스템을 이용하여 생성한 3차원적인 인공의 세계에 인간이 몰입하여 실시간으로 보고 듣고 만지는 현실감을 체험하는 것으로 가상의 세계에서 인간의 오감을 자극하여 현실에서처럼 느낄 수 있게 하는 기술이다. 가상현실에서는 인간이 직접 환경이나 오브젝트에 들어가 직접적인 체험을 할 수 있도록 하며, 그 안의 물체와 상호작용(Interaction)이 가능하게 한다.

VRML의 도구는 크게 VRML 저작용도구(Authoring Tools), 번역기 (Translator), 브라우저(Browser) 등으로 분류할 수 있다. VRML 저작도구는 VRML 제작의 어려움을 보완하기 위한 편리한 인터페이스 제공하는 도구

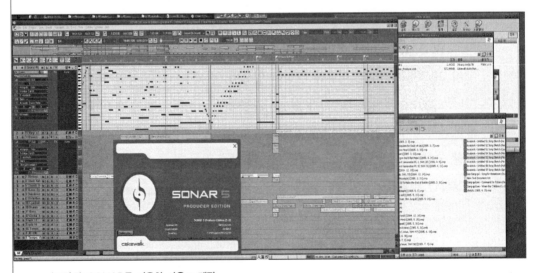

〈그림 7〉 SONAR를 이용한 사운드 제작

로, 파이오니어 프로(pioneer pro), 코즈모월드(cosmo worlds), VRCreator, 토치(Torch) 등이 있다.

VRML 번역기는 미리 다른 형태로 제작된 기하모델을 VRML 파일로 변환시켜 주는 도구로 3D Studio 2 vrml plugin, NuGraf, Vrml1to2 등이 있다.

VRML의 특성은 구, 육면체, 원뿔 등의 기본적인 입체도형을 이용하거나 복잡한 3차원 오브젝트 모델링 가능하며, 사용자와의 상호작용(Interlactive) 지원, 웹을 기반으로 하고, 다중 사용자 환경지원, 사용자가 자신을 대변하는 아바타(Avatar)를 조종하여 네비게이션 하는 기능을 가지고 있다.

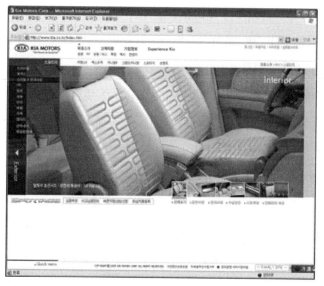

〈그림 8〉 VRML을 이용한 WEB3D 제작

03 멀티미디어 저작도구

디렉터(Director)

디렉터는 Macromedia사에서 개발한 콘텐츠 저작용 도구로 간단한 프리젠테이션에서 CD 타이틀, 교육용 소프트웨어, 전자앨범, 게임 등을 제작할 수 있다. 자체 스크립트언어인 링고(lingo)를 이용하여 이미지, 텍스트, 도형 등의 다른 미디어와 상호작용할 수 있으며, 버튼, 슬라이더, 타이머 등의 제어가 가능하다. 다양한 형태의 호환성을 가지고 있어 2D 그래픽, 2D 벡터, 3D 그래픽, 애니메이션, 비디오영상, 사운드 파일 등을 임포트하여 콘텐츠를 쉽게 제작할 수 있다.

디렉터의 화면구성은 주메뉴, 스코어창, 캐스트창, 스테이지 설정 등의 화면으로 구성되어 있다. 스테이지는 무비요소를 시각적으로 배치하고 보여주며, 스테이지의 크기, 무대, 색, 위치, 팔레트 등의 여러 가지 속성 검사자(Property Inspector)를 통해   이루어진다.

캐스트창은 디렉터 무비에서 사용될 모든 미디어 요소가 위치하는 곳이며 간단한 비트맵 그림에서 링고 스크립트 까지도 캐스트 창에 위치한다. 스코어창은 캐스트 창에 존재하는   여러 미디어 요소를 스코어 창에 배치하고, 이 곳에서 여러 가지 애니메이션 효과와 상호작용 효과를 부여한다. 라이브러리 팔레트는 링고를 이용하여 사용자가 자주 사용하는 제어기능 및 효과들을 미리 라이브러리 형태로 저장해 두었다가 이를 다시 손쉽게 사용할 수 있게 하며, 원하는 효과를 적용시 드래그 앤드 드롭(Drag&Drop) 형태로 적용한다.

링고스크립터는 스프라이트 스크립트, 캐스트 스크립트, 프레임 스크립트, 무비 스크립트, 프라이머리 이벤트 스크립트로 분류된다. 스프라이트 스크립트는 현재 스테이지에 올라와 있는 스프라이트의 스크립트이고, 캐스트 스크립트는 캐스트 윈도에 적용되는 스크립트이고, 프레임 스크립트는 스코어 윈도상의 스크립트 채널이고, 무비 스크립트는 스크립트의 기본으로 무비 전반의 값들을 설정하고, 프라이머리 이벤트 스크립트는 메시지의 이동경로에서 항상 최우선의 권한을 가지는 이벤트로 무비가 종료될 때까지 유지된다.

디렉터의 파일저장방식은 웹 페이지가 멀티미디어 객체를 포함하는 Shockwave 기술을 가지고 있어 디렉터 무비파일 *.dir 파일을 shock-wave 형태로 *.dcr로 저장하여 웹에서도 멀티미디어콘텐츠를 제공할 수 있다.

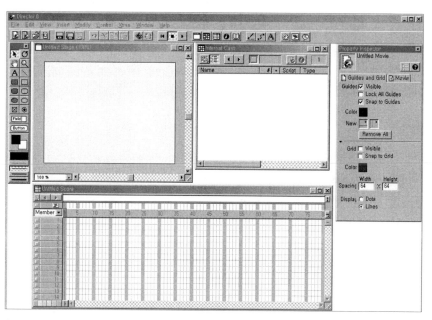

〈그림 9〉 디렉터를 이용한 멀티미디어콘텐츠 제작

04 멀티미디어 제작기술의 이해

멀티미디어콘텐츠의 유형이 여러 가지인 것처럼 그것을 만들기 위한 제작도구의 종류도 매우 다양하다. 콘텐츠의 기획의도에 맞는 멀티미디어 데이터의 제작을 위해서는 무엇보다도 현재의 멀티미디어 제작 소프트웨어로 할 수 있는 일이 무엇이며, 그것의 활용처는 무엇인지에 대한 명확한 이해가 필요하다. 이것은 모든 종류의 멀티미디어 제작 소프트웨어 조작기술을 망라적으로 숙지해야 한다는 이야기는 아니다. 하지만 콘텐츠의 정보전달효과를 높일 수 있는 미디어를 결정하고, 그 미디어의 특성을 가장 잘 드러낼 수 있는 도구를 선택하여 활용할 수 있기 위해서는 분야별 멀티미디어 제작 소프트웨어의 일반적 특성 및 차별성에 대한 기본적인 지식을 갖추고 있어야 한다. 개개의 멀티미디어 제작 소프트웨어를 자유롭게 다루고 수준 높은 결과물을 생산하는 능력은 멀티미디어콘텐츠를 만들어내는 실무 훈련을 통해 효과적으로 배양해 갈 수 있을 것이다.

■참고도서

강민호, 『플래시MX』, 대림, 2002.

김진우, 『Digital Contents』, 영진닷컴, 2002.

강은정, 『인터페이스 스타일가이드』, 비비컴, 2003.

임은모, 『디지털콘텐츠입문론』, 진한도서, 2001.

김인걸, 『공모전입상을 위한 Photoshop & Illustrator』, 대림, 2003.

최윤철, 『멀티미디어배움터』, 생능, 2000.

■ **김진용**은 충남대학교에서 전산학을 전공하였으며(Ph. D.), 전공분야는 영상처리, 컴퓨터그래픽스, 멀티미디어이다. 혜천대학 컴퓨터게임&그래픽과 교수로 재직중이다(1998-현재). 한국게임학회 엔터테인머트 분과위원장이며, 혜천대학 디지털콘텐츠 연구소장이다.

저서로는 〈C 프로그래밍〉, 〈C&C++ 프로그래밍〉, 〈JAVA 프로그래밍〉 등이 있다. 관심분야는 컴퓨터게임, 가상현실, 컴퓨터비전이다.

e-mail: jykim@hcc.ac.kr

디지털 콘텐츠 팩토리

01 문화콘텐츠산업의 특징

산업혁명에 이어 전기, 영상기술을 통한 커뮤니케이션의 혁신 그리고 대량생산의 기술발달이 문화로서의 산업·문화의 산업적 생산을 가능케 한 것은 주지의 사실이다. 산업적 대량생산체계는 유통망을 통해 문화를 전파하고 상품화하게 되어, 문화상품 역시 다른 상품처럼 산업의 성격을 띠게 되었다. 또한 1970년대 이후 문화산업이라는 표현이 일반화되면서, 우리가 문화라는 것에 속하는 재화를 대량으로 생산하는 기술 역시 문화산업에 포함시키고 있다.

산업이라는 것 자체가 여러 다른 문화와 마찬가지로 하나의 문화이지만, 새롭고 독특한 체제를 가진 문화라고 할 수 있다. 또한 문화산업은 많은 자본을 필요로 하며 대량의 재생산 기술을 사용한다. 그리고 문화산업은 시장을 위해 봉사하면서 문화를 상품화하며 자본주의적 형식의 노동조직을 바탕으로 하여 창조자를 노동자로, 문화를 문화적 생산품으로 변화시킨다. 이러한 조건에서 보면 문화산업의 영역은 광범위하여 텔레비전, 사진, 광고, 공연, 대중관광까지 포함시킬 수 있다. 이러한 문화산업은 한쪽에는 하부구조와 매체, 그리고 다른 한쪽에는 내용(콘텐츠)으로 분류해 볼 수 있을 것이다.

콘텐츠란 협의로는 각종 유무선 통신망 등을 통해 매매되거나 교환되는 디지털화된 정보를 통칭하는 말로 쓰이기도 하지만, 영화, 방송, 뉴스 등 미디어의 내용이나 게임, CD-ROM 타이틀 등 컴퓨터 관련 각종 저작물의 내용을 지칭하는 말로 광범위하게 사용되기도 한다. 즉 디지털화된 정보뿐 아니라, 가장 일상적으로 접하는 TV나 라디오 수신기, 영화관의 스크린 등과 같은 배급창구를 통해 소비자에게 전달되는 각종 프로그램이나 영화까지를 모두 지칭하는 개념으로 귀결되는 것이다.

산업적인 용어로 사용하는 콘텐츠라는 개념은 일반적으로 이용자의 정보 추구나 오락 등과 같은 욕구를 충족시켜줄 수 있는 하나의 문화상품으로서의 '정보적 생산물'(communication product), 정보 내용물을 의미한다. 이 때 정보 생산물은 일반대중 또는 시장을 목적으로 제공하는 것이다.

〈표 1〉 기존 콘텐츠와 디지털 콘텐츠 비교

기존 콘텐츠	디지털 콘텐츠
책, 신문, 라디오, TV 등의 올드미디어로 제공	총체적 매체를 활용하여 재창출시키는 제반 내용물
아날로그	디지털
단방향	쌍방향
콘텐츠의 생산자와 수요자 구분 명확	정보이용자가 동시에 정보제공자
시공간의 제약을 받음	시공간의 제약 없음
업데이트 비용이 큼	업데이트가 쉽고 비용이 저렴
순차적인 방법에 의해 정보제공	정보의 습득과정이 비순차적

따라서 콘텐츠의 정비는 멀티미디어 발전에 필수적이다. 콘텐츠산업의 중요성이 증대하는 것은, 첫째 정보 콘텐츠산업이 전체 정보산업에서 차지하는 비중이 증가하였다는 점, 둘째 뉴미디어가 핵심적인 매체로 자리잡을 것으로 전망됨에 따라 이 과정에서 콘텐츠 사업의 중요성이 더욱 증가할 것이라

는 점, 셋째 정보통신산업의 융합으로 인해 콘텐츠의 수요가 더욱 증가하였다는 점 때문이다. 21세기 정보화시대는 멀티미디어 콘텐츠 분야가 최고의 성장산업으로 국가경쟁력을 좌우하면서, 경제·사회제반 분야에 높은 파급효과를 가져올 것으로 전망된다. 현재 세계적으로 정보산업의 구성은 소프트웨어 및 정보통신 서비스시장이 60%, 기기시장이 40%로 되어 있으나, 정보화 사회로의 빠른 진전에 따라 디지털 멀티미디어 콘텐츠가 전체 콘텐츠 중에서 차지하는 비중이 증가하는 추세를 보이고 있다. 멀티미디어 콘텐츠산업은 그 특성상 내용의 성공 여부에 따라 부가가치의 창출효과가 클 뿐 아니라, 정보산업 전체에 미치는 영향이 지대하여 경제성장의 전반에 중요한 역할을 한다. 특히 세계화와 정보화가 빠르게 진행되고 있는 현재 상황에서 멀티미디어 콘텐츠산업에서의 경쟁력은 국가경쟁력으로 직결된다고 하겠다.

이러한 디지털 기술혁신과 관련한 콘텐츠 산업은 중대한 변화를 보여 주고 있다. 첫 번째 변화는 디지털기술을 통해 작품과 실연서비스가 전세계에 전달될 수 있으며, 적은 비용으로 오리지널과 동일한 복제판을 얻을 수 있다는 것에 있다. 두 번째 변화는 기술과 미디어의 통합이다. 문서, 형태, 영상, 음향을 디지털화하여 모든 관련 자료를 한 곳에 저장하고 동일한 '통로'를 통해 고속으로 전송하며 동일 단말기를 통해 접속할 수 있어 정보학, 정보통신, 신문 등 출판 그리고 방송 사이의 구별은 점점 사라지고 있다. 이 현상은 서로 다른 분야에 있던 사업체 간의 결합을 통해 더욱 활발하게 진행되고 있다.

이러한 변화를 수반하고 있는 콘텐츠 산업은 높은 산업연관 효과를 보인다. 예를 들어 애니메이션 산업의 경우, 자체 규모는 3000억 원이나 관련산업 규모를 합치면 1조 5000억 원 규모로 커진다. 대부분의 문화상품은 초기 제작비용은 많이 드나, 한계생산비용은 0에 가깝다. 이러한 성격 때문에 수익극대화를 위해서는 하나의 제작물을 다양한 창구를 활용하여 여러 형태로 사용하는 one-source, multi-use가 불가피한 것이다. 이에 따라 콘텐츠 산업은 상품을 이용하는 사람이 많을수록 상품의 가치가 증가하는 망외부성

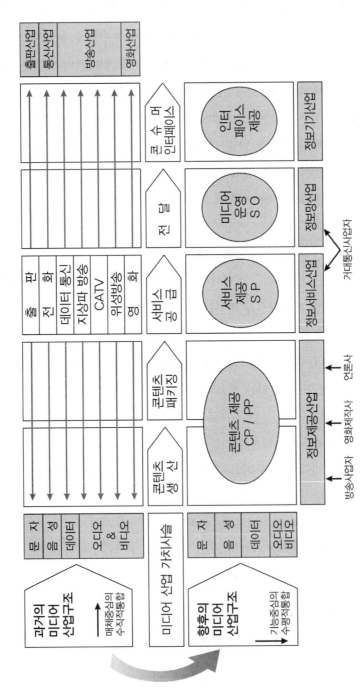

〈그림 1〉 미디어 산업구조의 변화

(network externalities)의 특성을 지니고 있다.

특히 문화콘텐츠의 경우 그 산업구조의 특성상 창구의 다양화로 인한 유통과정의 혁신이 필요한 산업이다. 멀티미디어시대로의 진입과 이를 대표하는 인터넷의 등장은 커뮤니케이션 구조에 큰 변화를 초래하고 있다. 기존의 미디어들을 대체·보완하는 새로운 미디어들과 인터넷을 이용한 매체들의 등장과 빠른 확산은 수용자들에게 새로운 매체의 이용기회를 제공하고, 콘텐츠 공급자들에게는 새로운 유통경로를 제공하고 있다. 전통적인 콘텐츠 산업과 디지털 멀티미디어 콘텐츠 산업의 차이가 두드러지는 분야는 유통에서이다. 그리고 이러한 문화상품의 특성상 문화상품의 생산자는 생산과정과 유통과정에 집중적으로 투자를 할 수밖에 없다. 특히 디지털 멀티미디어의 상황에서는 문화콘텐츠의 매체를 한 형태에서 다른 형태로 변환하는 것이 용이하기 때문에, 콘텐츠의 재생산과 유통은 더욱 중요한 것이라 할 수 있으며 경제적 차원에서의 부가가치가 확보되는 것도 이 과정인 것이다.

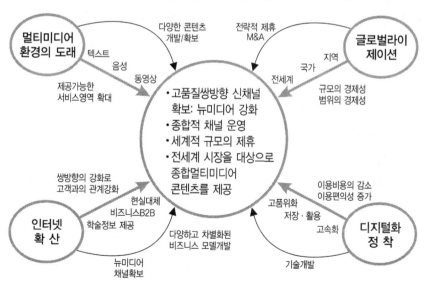

〈그림 2〉 디지털 시대의 콘텐츠 유통 구조

02 디지털 콘텐츠 팩토리의 내용과 특성

디지털 콘텐츠 팩토리란 무엇인가? 디지털경제를 지배하는 키워드는 외형적 팽창보다 그 속에서 일어나는 거대한 패러다임의 변화이다. 신속·정확을 생명으로 하는 디지털의 특성을 집약한 광속경제, 세계를 국경없는 경쟁체제로 묶는 메가 컴피티션(Mega-Competition), 시너지효과를 위해 여러 기업이 힘을 합친 C-커머스(Collabora-Commerce), 소비형태 역시 온라인을 통해 상품이 다양화·전문화되고 있으며, 인터넷이나 e-마켓플레이스를 통해 제품정보들이 다양하게 존재한다. 제품의 대상도 유형의 상품에서 벗어나 무형의 서비스로 폭이 넓어졌다. 이러한 사회·경제적 변화의 가장 중심에 바로 콘텐츠가 있다. 따라서 콘텐츠의 효율적인 제작 및 관리운용은 디지털 경제에서 가장 중요하다고 할 수 있다. 여기서 디지털 콘텐츠 팩토리(Digital Contents Factory)의 특성과 그 의미를 찾을 수 있다. 콘텐츠(영상 포함)를 기획, 제작, 관리, 운용하는 통합 네트워크를 구축함으로써 디지털 양방향 서비스를 충족시키고, 다중 전송매체에서 사용 가능한 표준 플랫폼을 기반으로 효율성과 경제성을 추구하는 콘텐츠 종합관리 운용시스템이 디지털 콘텐츠 팩토리라 할 수 있다.

(1) 디지털 콘텐츠 자산의 효율적 관리 및 Multi-Use

디지털 미디어 융합시대에 기술발전 및 새로운 미디어 소비환경에 적합한 다양한 서비스와 콘텐츠의 개발은 문화산업의 발전에서 가장 중요한 부분일 것이다. 사실 디지털 콘텐츠 팩토리라는 콘텐츠의 종합관리 운용시스템은 디지털콘텐츠 핵심기반기술 개발과 디지털영상, 음향디자인기술, 게임제작지원과 방송, 영화, 영상 등의 융합 표준, 대용량 콘텐츠 저장, 검색 및 전달기술, 그리고 양방향 동영상 콘텐츠, 통합이미지 제작도구, VR, 시뮬레이터용 콘텐츠 제작기술, 디지털 콘텐츠 표준화기술, 디지털 콘텐츠 추출, 저장엔진,

3차원 Digital Data 획득기술, 콘텐츠 유통관리기술 등의 기술을 총체적으로 포함하고 있는 시스템이다. 사실 다양한 문화콘텐츠를 기획·제작하고 확장하는 데는 많은 어려움이 있는 것이 사실이다. 이 때문에 이미 제작되어 있거나 사용된 모든 콘텐츠를 효율적으로 관리·운용하는 것이 콘텐츠를 다양한 플랫폼을 통해 2차, 3차로 활용하기 위해 절대적으로 필요하다고 할 수 있다. 그 과정에서 콘텐츠의 부가가치를 획득할 수 있으며 동시에 콘텐츠의 경쟁력을 높일 수 있는 것이다.

그러나 콘텐츠 산업의 현황은 기술의 발전속도에 비해 정책이나 사업응용분야의 탄력성이 부족한 것도 사실이다. 이 때문에 디지털 콘텐츠의 유료화라든지, 소비자의 요구에 따른 온디멘드(On Demand) 서비스의 개발이라든지, 인터넷매체의 활용 등을 통한 새로운 기술과 비즈니스 모델의 개발필요성이 강조되고 있는 것이다. 따라서 디지털 콘텐츠 팩토리는 콘텐츠의 효율적인 저장과 관리를 기반으로 하여 디지털시대에 미디어 사용자에게는 편리성과 함께 다양한 이익을 제공하면서, 소비자와의 관계를 강화하여 콘텐츠의 새로운 수입원을 창출할 수 있는 기본 환경을 구축하기 위한 것이라 할 수 있을 것이다.

〈그림 3〉이 제시하고 있는 스마트 미디어 팩토리는 특정 디지털 콘텐츠 자산을 효율적으로 관리하면서, 하나의 콘텐츠를 각각의 특성에 맞게 재가공하여 다시 출판, 방송, 인터넷 온라인 등으로 다양하게 재활용되어 새로운 사업자나 소비자들을 동시에 창출하고 있는 모습을 보여 주고 있다. 이처럼 한 콘텐츠를 재활용하면서 동시에 새로운 사업의 영역과 새로운 소비자로 확장하는 것이 디지털 환경에서의 One- Source, Multi-Use의 모습인 것이다.

(2) 다양한 미디어 플랫폼 활용을 위한 디지털 콘텐츠 팩토리 시스템

이러한 디지털 콘텐츠의 효율적 관리와 원소스 멀티 유즈를 구현할 수

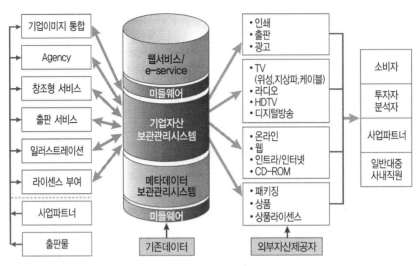

기업이미지 통합

Agency

창조형 서비스

출판 서비스

일러스트레이션

라이센스 부여

사업파트너

출판물

웹서비스/
e-service

미들웨어

기업자산
보관관리시스템

메타데이터
보관관리시스템

미들웨어

기존데이터

• 인쇄
• 출판
• 광고

• TV
 (위성,지상파,케이블)
• 라디오
• HDTV
• 디지털방송

• 온라인
• 웹
• 인트라/인터넷
• CD-ROM

• 패키징
• 상품
• 상품라이센스

외부자산제공자

소비자

투자자
분석자

사업파트너

일반대중
사내직원

〈그림 3〉 스마트 미디어 팩토리와 디지털 콘텐츠 자산활용

있는 하나의 대표적인 시스템으로서 디지털 콘텐츠 팩토리를 들 수 있다. 특히 글로벌 미디어 사회(Global Media Society)에서 영화, 방송 등 영상물 콘텐츠는 문화산업 전반에 걸쳐 핵심적인 콘텐츠분야라고 할 수 있다. 따라서 이러한 영상콘텐츠의 제작과 활용을 위해서 디지털 콘텐츠 팩토리는 영상 콘텐츠의 기획, 제작, 유통 그리고 이들 콘텐츠를 활용하여 재제작 또는 재가공하고 이를 다시 다양한 미디어 플랫폼으로 활용하는 과정을 통합적인 시스템으로 구성하고 있는 것이다. 이러한 시스템은 멀티 캐스팅(Multi-casting) 기술도입과 함께 영상콘텐츠의 고품질 실시간 서비스 제공이 가능하여 각종 VOD(Video on Demand), AOD(Audio on Demand), NOD(News on Demand) 등의 서비스를 쉽게 그리고 통합적으로 제공할 수 있는 유연한 환경을 갖추는 것이 필요하다. 통합적인 서비스가 가능하다는 것은 각각의 서비스를 개별적으로 운영할 때에 비해서 시스템의 운용장비 및 콘텐츠 제작·가공의 비용을 모두 절감할 수 있으며, 이러한 비용의 절감이 다양한 제작 콘텐츠로 재투자될 경우 콘텐츠 산업의 경쟁력을 보다 높여줄 수 있을 것이다.

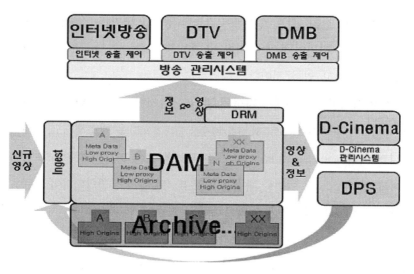

〈그림 4〉 디지털 콘텐츠 팩토리 개념도

〈그림 4〉는 디지털영화, 고품위 디지털 방송, DMB, 웹TV 등 다양한 미디어를 위한 영상 콘텐츠의 기획·제작·유통 및 재활용을 위한 제작인프라 시스템으로서, 디지털 미디어 팩토리의 한 예이다. 이러한 구성의 콘텐츠 팩토리는 문화콘텐츠 산업의 활성화 및 방송콘텐츠의 다양한 활용을 가능하게 해 준다.

이 시스템의 주요 특성은 대규모 아카이브, DAM(Digital Assets Management) 그리고 DPS(Digital Production System)을 주요기반으로 하여 디지털 방송콘텐츠의 생성, 등록, 제작, 서비스 등의 종합적 관리 기반기술을 포함하고 있으며, 다양한 방송 및 영상콘텐츠의 효율적 통합운영을 위한 기술결합 시스템이라고 할 수 있다. 이를 통해 기존의 방송뿐 아니라 인터넷방송, 지상파 혹은 위성 DMB나 IPTV 등의 새로운 모바일 멀티미디어 환경, 그리고 디지털 영화 등 다양한 수요의 영상콘텐츠의 종합적 관리를 가능케 하고 있다.

이는 다시 말해 영상콘텐츠의 플랫폼에 관계없이 전체요소 기술, 워크플로우, 편집 관련 기준이나 전문기술에 대한 부분을 망라하는 체계로서, 서로 다른 제작시스템 간의 상호 호환성이 가능한 영상물 및 메타 정보들을 변환, 관리하고 통합된 미디어 플랫폼 기반 및 개방형 표준(Open Standard) 기반의 시스템을 구성하고 있는 것이다.

이러한 디지털 영상콘텐츠 자산의 관리와 디지털 유통을 위한 인프라활용은 디지털자원(디지털 창조도구와 연관기술들을 통한 결과물)을 창조해내고 다채널 비즈니스 처리(multichannel business processes)를 통한 디지털 자원의 통합을 수반하고 있다. 그리고 이러한 과정은 바로 디지털환경의 멀티미디어 콘텐츠 산업에서 콘텐츠의 경쟁력을 재창출해내는 과정이 되는 것이다.

결론적으로 디지털 콘텐츠 팩토리는 디지털 사회의 주요 요소인 다양한 정보에의 접근, 정보의 공유, 다양한 제작원과 참여라는 디지털 철학을 첨단기술과 결합시킨 문화-기술(cultural-technology)의 총체라고 할 수 있을 것이다.

■참고도서

심상민, 『미디어는 콘텐츠다』, 김영사, 2002.
이상훈, 『방송통신융합 및 방송의 미래』, 한국방송개발원, 1998.
이상훈, 『디지털기술과 문화콘텐츠산업』, 진한도서, 2003.
김국진, 『방송통신융합의 이해』, 나남출판, 2003.

■ **이상훈**은 프랑스 파리 제5대학(Sorbonne-Rene Descartes)에서 사회학을 전공하였으며 전공분야는 일상생활과 커뮤니케이션이다. 한국방송영상산업진흥원에서 책임연구원 및 인력기반구축센터장을 역임하였으며(1996~2003), 현재 전북대학교 언론심리학부 신문방송학 전공교수로 재직 중이며 인문콘텐츠학회 이사이다. 저서로는 『한국인의 일상생활(공저)』, 『일상생활의 사회학(공저)』, 『디지털 기술과 문화산업』, 『디지털 시대의 방송정책』 등이 있으며, 논문으로는 「디지털 아카이브의 철학적 의미」, 「문화콘텐츠산업과 공공영역의 역할」 등이 있다.
e-mail: hoon@chonbuk.ac.kr

문화콘텐츠입문—기획 · 제작 · 기술 · 분석

인문학적 시각에서의 문화콘텐츠 분석

조관연 | 한신대학교

01 분석이란?

지식검색으로 유명한 한 인터넷 포털에 영화분석과 관련해서 재미있는 글들이 올라와 있다. 어떤 질문자는 영화 분석할 때 '처음에는 영화를 그냥 한 번보고, 그 다음에는 화면만 보고, 그 다음에는 오디오만 듣고, 다시 처음부터 쭉 한 번 보라고 권하고 있는데, 실제로 이렇게 하니 상당히 지겨울 뿐만 아니라 의미도 모르겠다면서, 영화학과에서는 이렇게 분석하냐?'는 질문이다. 이에 대해 cidian 아이디를 가진 누리꾼의 답변은 다음과 같다. '대부분의 사람들은 영화를 스토리를 좇아가면서 보는데, 영화는 관객의 입장이 아니라 만드는 사람의 입장에서 봐야한다. 그러기 위해서는 영화를 여러 번 봐야하는데, 처음에는 스토리, 다음으로는 연기, 그 다음으로는 촬영, 조명, 미술, 소품 등으로 구분해서 자세히 보는 것이 좋다. 또한 영화를 보면서 씬의 수, 컷의 수, 인물의 동선, 카메라의 움직임, 조명의 방향 등을 계속 적어야 한다. 이런 식으로 영화를 분석을 하려면 100번 보는 것으로도 부족할지 모르지만, 좋아하는 영화 한 편을 골라서 위의 작업을 한다면, 영화 100편을 한 번씩 보는 것보다 훨씬 나을 것이다.' 이 답변은 대체적인 분석방법을 잘 보여 주고 있으며, 문화콘텐츠 분석에도 활용될 부분이 많다.

문화콘텐츠라는 것이 "오락과 감동을 주기 위해 만들어진 것인데, 그냥 보고 느끼면 그만이지, 왜 골치 아프게 분석을 하냐?"는 질문을 종종 받는다. 일반인에게 게임은 재미난 여가활동이며, 놀이이다. 대부분의 사람이 일단 이 세계로 들어가기만 하면 모든 것을 다 잊고, 푹 빠져 버린다. 게이머는 게임 도중 주인공과 동일시해서 그의 고통을 자신의 고통인양 받아들이고 이에 반응하기 때문에, 따지거나 분석하면서 게임하지 않는다. 현실세계에서는 말도 안 되는 황당한 스토리라도 당연한 것으로 받아들이기 때문에 이들이 소비하는 방식은 수동적, 직관적, 그리고 비이성적이다. 하지만 분석자가 게임을 대하는 방식은 다르다. 거리를 두고 또는 '낯설게' 해서 게임을 치밀하게 관찰하며, 자신의 분석도구와 가정들을 가지고 이를 해체하고 재구성한다. 이에게 분석하는 행위는 일이며, 통찰과 지적 생산활동이다. 때문에 분석자는 능동적, 분석적 그리고 이성적으로 게임을 대한다.

분석이란 논리적이고, 검증 가능한 수단으로 텍스트(이 글에서 텍스트란 다양한 현대 커뮤니케이션 수단에 의해 전달되는 다양한 프로그램, 영상작품, 이미지, 웹사이트 등을 말한다) 안의 다층적 의미가 만들어지고, 작동하는 방식을 해체와 재구성을 통해 밝혀내는, 가치판단이 배제된 작업이다. 이에 반해 비평은 선악미추 또는 우열과 같은 가치판단이 포함된 평가작업이다. 때문에 평가를 위해서는 기준이 필요하다. 예전에는 한 사회 내에 어느 정도 합일된 평가기준이 있었는데, 문예사조에서 볼 수 있는 고전주의, 낭만주의 등이 그것이다. 평가기준은 시대별로 변화를 하는데, 현대사회에서는 전체적으로 조망하기 불가능할 정도로 다양성이 혼재하고 있다. 한국에서는 비평이 봇물을 이루고 있지만, 치밀한 분석글을 찾기는 쉽지 않다. 이는 한국의 독특한 학계와 산업계 풍토와도 관련이 있다.

문화콘텐츠는 문학이나 영화학과는 달리 아직 학문으로서의 위상을 제대로 확립하지 못하고 있다. 때문에 인접학문으로부터 분석방법을 차용해서 적합한 분석방법론을 다시 만드는 것이 필요하다. 이와 같은 선례는 사진이 회화에서, 영화는 문학에서 방법론을 차용해, 발전시킨 데서 찾을 수 있다. 본 글은 회화, 사진, 문학, 영화 그리고 문화연구 등의 분석방법 중에서 문화콘텐츠 분석에 유용한 틀을 소개하고자 한다.

02 분석 유형과 논쟁들

분석의 유형을 시간 축으로 나누어 보면 통시적(通時的, diachronic) 분석과 동시적(同時的, synchronic) 분석으로 양분할 수 있다. 통시적 분석은 시간의 흐름에 따라 변해온 과정을 염두에 두면서 작품을 분석하는 방법이다. 예를 든다면, 1960년대에서 2000년대까지의 텔레비전 드라마에 나타난 어머니의 역할변화를 살펴보는 것이다. 동시적 분석은 시간대를 특정한 시기로 국한해서 대상을 고찰하는 것이다. 예를 든다면, 2005년 중국에서의 한류 트렌드 분석이라든지, 〈겨울연가〉 속의 연인의 이미지 분석 등이다.

분석 대상을 어떤 단위에서 선택하느냐에 따라 거시적 분석(巨視的, macro)과 미시적 분석(微視的, micro)으로 나뉜다. 거시적 분석에서는 분석단위를 계량가능한 총량개념인 국가, 기업, 환경 등과 같은 큰 단위로 설정하는데, 이는 종합적·포괄적인 이해를 얻기 위해서이다. 예를 든다면, 자본과 문화의 글로벌화, 국가 간의 문화산업 진흥정책, 그리고 미디어기업의 수익전략 등과 한류가 어떤 상관관계 갖고 있는지를 밝혀내는 것이다. 이에 반해 미시적인 분석은 생산자나 수용자의 주체적인 행동이나 텍스트와 같이 작은 단위로 제한한다. 한류의 예를 들면, 〈겨울연가〉의 텍스트 구조분석이라든지, 남이섬으로 관광 온 40대 일본여성 10명의 심층면접을 통한 〈겨울연가〉 수용자

분석과 같은 것이다.

분석대상이 몇이냐에 따라서 단일대상분석과 비교분석으로 나뉜다. 예를 들면, 〈겨울연가〉 하나만을 선택해서 그 안에 내재하는 독특한 내러티브 구조를 밝혀냈다면 단일대상분석이고, 〈겨울연가〉와 〈대장금〉에 내재하는 공통적인 내러티브 구조를 밝혀냈다면 비교분석이다. 이상에서 살펴본 분석유형들은 통시적-거시적- 비교분석이나 동시적-미시적-단일대상분석 등과 같이 총 여덟 가지 조합이 가능하지만, 비교분석에서 시간축과 분석대상의 인접성 그리고 비교대상의 숫자 등을 고려하면 분석유형은 또 다시 세분될 수 있다. 앞에서 살펴본 여덟 가지 유형의 장단점을 살펴보면, 동시적-미시적-단일대상분석 방법은 독자적인 연구가 가능하기 때문에 비용과 노력이 상대적으로 적게 드는 장점이 있다. 하지만 연구성과는 일반적인 설명력이 상대적으로 떨어지기 때문에, 이 방법은 가설을 만들고 이를 시험해보는 데 유용하다. 통시적-거시적-비교분석 방법은 연구범위와 대상이 크기 때문에 이를 성공적으로 수행하기 위해서는 전문가들의 협동연구가 바람직하며, 이 때문에 비용과 노력이 많이 든다. 이 연구의 또 다른 문제점은 비교분석대상의 기준과 비교요소의 범위와 내용들을 설정하는 것 등이다. 연구성과는 일반적 설명력이 높지만, 성공적으로 수행된 경우는 그리 많지 않다. 그러므로 어느 누구도 분석방법에 대해 왕도나 정도를 제시할 수 없다. 이는 분석방법은 목적과 상황 그리고 개인적인 역량에 따라서 그때그때 만들어져야 한다는 것을 의미한다.

분석을 둘러싸고 논쟁들이 많이 있다. 그 중에서 텍스트의 의미가 어떻게 생성되는지에 대해서 수많은 논의가 있는데. 이는 다음 세 가지 극단적이고도 도식적인 입장으로 분류할 수 있다.

▲ 텍스트의 의미는 작가, 그의 기획과 의도에서 나온다. 그러므로 텍스트분석은 작가가 표현하고자 한 바를 재구성하는 것이다.

▲ 의미는 텍스트 안에서 나온다. 텍스트는 작가의 명백한 의도와 꼭 일치하지 않는 어떤 내적인 정합성을 띠며, 때문에 텍스트는 그 자체로써 분석대상이 되어야 한다.

▲ 의미는 독자와 분석자에게서 나온다. 자신의 이해관계나 가치에 따라 텍스트 속에서 기호 체계를 통해 의미를 발견하는 것은 바로 독자나 분석자의 몫이다.

오늘날 대부분의 연구자는 이 세 가지 견해가 나름대로의 정당성을 가지고 있다고 생각한다. 하지만 의미가 작가의 의도 또는 텍스트의 내적 정합성에 의해 만들어진 것인지, 아니면 수용자에 의해 만들어지는 것인지를 구분하는 것은 필요하고, 중요하다. 각각의 견해는 나름대로의 장점이 있기 때문에 교육현장에서 어느 하나를 배제하는 것은 바람직하지 않다. 본 글은 이 세 가지 견해를 모두 아우르면서 내용을 전개해 나갈 것이다.

03 미디어 분석방법

데이비드 버킹엄은 『미디어 교육』(2003)에서 학교교육 현장에서 미디어를 분석하는 유용한 세 가지 유형을 간략하게 소개하고 있다. 대부분의 분석서는 특정 매체의 콘텐츠만을 분석할 수 있는 틀을 제시하고 있다. 하지만 이 책에서 제시한 틀은 개괄적이지만 내용과 형식에서 종합적인 특성을 보이고 있다. 때문에 이 분석유형은 각론에 들어가기에 앞서 전체적인 조망을 하는데 도움을 준다. 그는 분석유형을 내용분석, 텍스트분석 그리고 맥락분석으로 나누고 있으며 각각의 내용은 다음과 같다.

(1) 내용분석

커뮤니케이션 연구에서 확립된 방법으로 이미 정해진 체계나 분류항목을 이용해서 비교적 방대한 양의 자료를 분석하는 양적 분석방법이다. 예를 들면 여러 가지 신문에서 신문기사와 사진의 비율, 이미지와 텍스트의 비율, 또는 광고에 할당된 분량을 측정하는 것이다. 또는 광고에 나오는 남녀의 수나 남녀의 역할종류 등을 직접 세어 보는 것인데, 이를 통해 여러 가지 가설을 실험해보고 방대한 양의 표본에 나타나는 전반적인 경향을 확인해 볼 수 있다 (예를 들어, 1960, 70, 80, 90, 2000년의 특정한 날짜에 발간된 특정한 신문의 광고에서 남녀의 수와 역할 등을 분석하는 것을 예로 들 수 있다).

(2) 텍스트분석

텍스트분석은 정성적 또는 질적 연구방법이며, 전반적인 경향을 다루기보다는 어느 한 텍스트의 내용을 깊이 있게 분석한다. 분석대상으로는 개별 사진, 그림, 영화의 예고편, 뮤직 비디오 등과 같이 짧고 범위가 한정적인 텍스트를 선호한다. 이것이 어떻게 조합되어 있는지 세밀하게 해체한 다음, 왜 그런 방식으로 만들어졌는지, 그리고 이것들이 어떻게 효과들을 만들어내고 있는지를 재구성하는 방법이다. 이 분석작업은 텍스트를 실제 맥락이나 상황에서 분리하여 연구하기 때문에 좁은 시각을 갖기 쉽다. 때문에 텍스트와 수용자 간의 복잡 미묘한관계나 판촉과 마케팅이 갖는 중요성 등은 간과하기 쉽다. 이 분석은 다음 세 가지 단계를 거쳐 완성된다.

단계 ❶ 묘사나 자세한 기술(記述)

뮤직비디오를 예로 들면 자신이 보고들을 수 있는 모든 것을 확인하고 적는다. 우선 영상을 가리고, 사운드만 주목한다. 그리고 음악 유형, 음향효과, 언어, 말하는 사람의 목소리 톤, 침묵의 사용 등을 자세히 기록한다. 그런 다음에는 소리를 끄고 전적으로 이미지에만 집중한다. 정지화면을 이용해서 여기서 사용된 배경, 몸짓언어, 색깔뿐만 아니라 카메라 앵글, 화면구성, 조명 등을 최대한 자세하게 기록한다. 또한 쇼트의 변화를 기록하고 어떻게 장면전환이 일어나는지, 편집 속도와 리듬은 어떻게 나타나고 있는지도 기술한다. 마지막으로는 텍스트 전체에서 이런 다양한 요소가 조합되는 방식을 분석한다.

단계 ❷ 의미 분석

텍스트의 다양한 요소가 만들어 내는 함축적인 의미나 연상을 체계적으로 관찰한다. 즉 배경의 특정 이미지나 요소 또는 특정음악의 흐름을 생각해 보고 그것이 무엇을 연상시키는지 알아본다. 조명, 음향, 색 그리고 카메라 앵글과 움직임이 특정한 분위기나 효과를 내기 위해 어떤 방식으로 활용되고 있는지에 대해서도 살펴본다. 효과를 더 정확히 알기 위해 다른 음악과 바꾸어 보거나, 유사한 텍스트와 비교분석하는 것도 좋은 방법이다.

단계 ❸ 판단을 내리기

분석한 텍스트 전체에 판단을 내리는 단계이다. 1-2단계를 통해 분석한 요소를 종합적으로 재구성하고, 이들 요소들이 서로 결합하여 어떤 방식으로 분위기나 의미를 전달하는지에 대해 판단을 내린다. 또한 텍스트에는 특정한 가치나 주장 또는 이데올로기가 들어 있는데, 이런 것이 만들어지는 과정과 이것이 끼칠 수 있는 사회적 영향을 판단하는 단계이다.

(3) 맥락분석

맥락분석은 텍스트와 수용자간의 복잡미묘한 관계나 이들 사이에서 판촉과 마케팅이 갖는 중요성을 파악하는 데 중점을 두고 있다. 분석대상으로는 주로 텍스트나 홍보자료를 활용한다. 텍스트로는 - 영화나 텔레비전 프로그램의 경우 - 오프닝이나 타이틀 그리고 클로징 시퀀스를 선택하고, 이들이 어떻게 특정 수용자를 겨냥하고 있는지에 대한 정보뿐만 아니라, 제작자와 소유권자 그리고 배급망에 대한 정보들을 밝혀낸다. 또한 텍스트에서의 재현을 분석함으로써 경제적·이데올로기적 이해관계를 밝혀내기도 한다(오랜 기간에 걸쳐 장희빈를 다룬 사극이 많이 제작·방영되었으나, 시기별로 장희빈에 대한 역사적 평가는 다르다. 장희빈이 재현되어 나타나는 양상과 수용자의 의식과 취향변화 또는 정치, 경제, 사회 그리고 이데올로기적 이해관계 사이의 연관관계를 살펴보는 것이 하나의 예가 될 것이다). 미디어 텍스트가 수용자에게 알려지고, 유통되고 소비되는 과정의 연구도 맥락분석의 영역에 해당된다. 대중음악산업의 경우 음반표지, 포스터, 광고뿐만 아니라 공식적·비공식적 판촉활동들도 분석대상이다. 이 외에도 음악산업계 잡지, 레코드회사의 보도자료집, 음악팬의 웹사이트와 팬진 등도 분석 대상에 포함될 수 있다. 맥락분석은 동시적-거시적-비교분석 방법을 선호한다.

버킹엄의 분석방법은 포괄적·종합적인 측면에서 장점을 찾을 수 있다. 하지만 대상을 구체적으로 분석할 경우 방향성을 제시하는 정도에 머물고 만다. 각론에서 활용가능하기 위해서는 더 엄밀한 모델과 구체성이 제시되어야 한다. 본 글에서는 인문학과 연관성이 가장 높은 텍스트분석을 중심으로 각론에서 활용가능한 모델을 제시하고자 한다.

04 정지화상 분석

분석은 거리를 두고 관찰하기 또는 낯설게 하기이며, 유기적인 단계를 거쳐서 텍스트를 해체하고 재구성해서 이 안에 내재하는 심층적인 의미와 이것이 생성되는 방식을 검증가능하고 논리적인 방식으로 밝히는 작업이다. 이런 작업방식은 인간이 인식하는 습관과 꼭 일치하는 것은 아니다. 인간은 거리를 두고 대상을 관찰하는 일도 그리 많지 않고, 단계별로 대상을 해체하고 재구성하면서 인식의 지평을 넓혀가지 않는다. 오히려 인간은 지각, 인식 그리고 해석의 단계를 순식간에 서로 넘나들고, 이해하기 위해 이들 사이를 끊임없이 왕복운동을 한다. 분석작업이 인간이 이해하는 방식과는 다르기 때문에 매우 부자연스럽고, 낯설고, 어렵게 느껴진다. 하지만 대상을 대상 그 자체로 파악할 수 없는 인식의 한계 때문에 앞서 제시한 분석틀은 많은 장점을 가지고 있다. 본 글에서는 인간이 사물을 파악하고 이해하는 방식을 다음 세 단계로 구분하고, 이를 토대로 분석을 시도할 것이다.

인간은 지각(perception), 인식(cognition), 그리고 해석(interpretation)하는 과정을 통해 대상을 이해한다. 지각이란 인간이 자신의 감각기관을 통해 외계대상에 대한 감각적인 정보를 받아들이는 활동을 의미한다. 인식이란 지각을 통해 획득한 정보를 해체하는 단계와 재구성하는 단계로 나뉠 수 있는데, 이는 대상의 본질을 종합적으로 파악하기 위해서이다. 해석이란 인식활동을 통해 획득한 정보에 특정한 의미를 부여하거나 의미가 발생하는 맥락을 밝히는 활동을 뜻한다.

간단한 예를 들면, 우리가 사과를 접하면, 우선 크기(약 10cm)와 형태(둥근 모양), 색깔(붉은 색이 약간 감도는 푸른색), 냄새(풋풋한 냄새), 촉감(매끄러움), 청각(흔들어도 소리가 안남), 무게(200그램) 등에 대한 정보를 관찰할 것이다(지각단계). 다음에는 지각을 통해 획득한 정보들을 종합해서 아직 덜 익은 사과라고 판단할 것이다(인식단계). 관찰자는 인식을 통해 획득한 정보들을 바탕으로 각자 사과에 특정한 의미를 부여할 것이다. 사과로 인해 심한 알레르기를 겪은 사람은 끔찍하다고 생각할 것이고, 사과의 신맛을 유난히 좋아하는 사람은 맛있는 과일이라고 생각할 것이다. 칠레와의 농산물 자유무역협정으로 인해 사과농사가 타격받은 농부는 사과를 보고 세계화, 자유무역협정 등을 연상할 것이다(해석단계). 비록 인위적이지만 이와 같은 단계를 거침으로써 분석자는 대상을 상대화하고, 낯설게 할 수 있으며, 거리를 두고 관찰할 수 있게 된다. 그렇다면 그림과 사진과 같은 정지화상은 구체적으로 어떻게 분석가능할까? 필자가 제시하는 틀은 다음과 같다.

인문학적 시각에서의 문화콘텐츠 분석 | 조관연

단계 ❶ 분석 전 단계

‑ 보통 관객의 입장에서 처음 정지화상을 접하고 난 후 느꼈던 인상과 감동 그리고 직관적인 생각을 되도록 충실히 적어둔다. 대상에서 무언가를 의식적으로 찾으려 하지 말고 그냥 발견한다. 이 느낌과 생각은 후에 가설이나 분석내용을 검증하거나 분석자 자신을 성찰하는 데 도움을 준다.

‑ 작품과 관련된 기초적인 제원을 파악한다(저작자, 제작기술, 사용재료, 치수, 제작시기, 보전상태 등……).

단계 ❷ 지각단계

감각기관을 통해 분석대상물에서 획득할 수 있는 모든 정보를 묘사하는 단계이다. 인간은 3차원의 세계에 살고 있지만, 그림이나 사진은 이것을 2차원인 면 위에 재현한다. 색채, 조명, 구도 등은 이 한계를 극복하기 위해서뿐만 아니라, 메시지, 분위기 그리고 느낌을 전달하는 매우 중요한 수단이다.

‑ 정지화상 안에 있는 모든 구성물들을 누락하지 말고, 가능한 한 세밀하게 묘사한다. 순서는 위에서 아래 그리고 왼쪽에서 오른쪽으로 잡는 것이 좋다. 왜냐하면 대부분의 문화권에서 문자를 이런 방식으로 쓰고, 화가나 사진작가들도 이를 염두에 두고 구성하기 때문이다.

‑ 분석대상물에서 색채(colour)가 어떻게 반영되었는지를 묘사한다. 색채는 생물학적·화학적·물리적·심리학적·정신적인 분야에 영향을 크게 끼치기 때문에, 인간은 색채에 따라서 무게뿐만 아니라 기호, 냄새, 견고함, 질 등을 다르게 인식한다(자세한 내용은 『색채의 힘』 참고).

‑ 빛과 어둠이 그림 속에 어떻게 나타나고 있는지를 기술한다. 미술, 사진 그리고 영화와 관련된 역사책을 읽어보면 대부분의 예술가가 빛과 얼마나 진지하게 씨름했는지 알 수 있다. 특히 서양 예술작품에서 빛은 근저를 이룬다(한국도 서양미술의 영향권에 속한다는 것을 염두에 두자). 빛

에 관한 유명한 실험으로는 '걸인에 대한 조명'을 들 수 있다. 길거리에서 어떤 걸인을 스튜디오로 데려와서 조명을 다양하게 변화시키면서 사진을 찍은 적이 있었다. 단지 조명만을 약간씩 바꿔 주었을 따름인데 그 사람은 가장 비참한 걸인에서 귀공자로까지 모습이 변화했다. 빛은 중요하기 때문에 자세히 살펴보아야 한다. 조사할 항목은 다음과 같다:

- 종류: 주광(day light), 인공광원(artificial light)
- 톤(조명의 밝고 어두움에 따른 분류): 밝은 조명(high key), 어두운 조명(low key), 중간 톤 조명(graduated key)
- 대비(밝고 어두운 부분의 조도 차이에 따른 분류): 강한 대비(high contrast), 약한 대비(low contrast)
- 성질(윤곽의 명확성에 따른 분류): 강한 조명(hard lighting), 약한 조명(soft lighting)
- 설치 유형(조명의 각도와 광원의 높이에 따른 분류): 정면조명(frontal lit), 넓은 조명(broad lit), 좁은 조명(narrow lit), 역광조명(back lit), 실루엣 조명(silhouette)

- 구성물들이 어떻게 배치되어 있고, 어떻게 입체감이 나타나는지를 기술하는 단계이다. 우선 정지화상 안의 전체적인 모습을 살펴본다. 이후 시작점을 발견하고, 그 다음으로는 계속 어디로 이어지는지 살펴본다. 그리고 이 선들을 이어서 어떤 모양이 되는지를 살펴본다. 특히 어느 부분에서 힘과 운동이 느껴지는지 찾아본다(대개 여기가 강조점이 있는 주요요소이다).
다음 사항들은 공간배치와 입체감을 파악하기 위한 기초적인 조사항목들이다:

- 시점: 어떤 시점을 잡느냐에 따라서 대상물은 완전히 다르게 보이고, 의미도 달라진다. 작가의 논평이 잘 나타나는 곳이 시점이다. 시점의 분류는 가변적이지만, 통상 다섯 가지 기본범주로 나뉜다: 버즈 아이 뷰(bird eye view), 하이 앵글(high angle), 아이 레벨 앵글(eye level angle), 로 앵글(low angle), 사각앵글(oblique angle)

- 쇼트(shot): 쇼트는 화면 틀 안에 담긴 소재의 양과 크기에 따라 결정된다. 쇼트의 분류 역시 가변적이지만, 대개 여섯 가지 기본범주로 나뉜다. 익스트림 롱 쇼트(extreme long shot), 롱 쇼트(long shot), 풀 쇼트(full shot), 미디엄 쇼트(medium shot), 클로즈업(close-up), 익스트림 클로즈업(extreme close-up)

- 피사계 심도: 얕은 피사계 심도(원경, 중경, 근경 중에서 특정한 부문만 선명함), 깊은 피사계 심도(가까운 곳에서 먼 곳까지 모두 선명함)

- 초점: 전체적으로 선명함, 전체적으로 흐릿함, 일부분만 선명함으로 나뉜다.

- 원근감: 압축된 원근감(깊이가 압축되어 보임), 과장된 원근감(깊이가 늘어나 보임)

이외에도 각 분석대상물마다 개별적인 추가항목들이 있을 수 있다. 이의 기술이 끝나면 다음 단계로 넘어간다.

단계 ❸ 인식단계

이 단계에서는 다음 사항에 역점을 둔다. 지각단계에서 획득된 정보가 상호유기적으로 의미를 어떻게 재구성하는지를 종합적으로 밝히고, 이 의미를 처음에 받은 인상과 비교한다. 이를 통해 대상물을 심층적으로 이해할 수 있게 되고, 자신에 대해서도 성찰할 수 있는 계기가 된다.

우선 프레임 안에 무엇이 선택되고, 생략되었는지를 다시 한번 살펴본다. 그리고 정지화상 안의 구성물들이 빛과 어둠 그리고 색채와 어떤 관련이 있는지, 이를 통해 만들어지는 의미와 느낌을 살펴본다. 입체감과 공간감 그리고 주제를 부각시키기 위해 사용된 방법들이 어떻게 상호유기적으로 연결되었는지, 그리고 이들이 어떤 의미와 효과들을 만들어 내고 있는지 살펴본다. 개별적인 요소가 종합되면서 또 다른 느낌이나 의미가 만들어지는데, 종합적인 시각에서 메시지와 이것이 전달되는 방식을 기술한다. 어떤 경우에도 발견된 모든 의미와 느낌은 텍스트 안의 실증적인 정보에 기초해야 한다. 동일한 문화권에서 비슷한 시기에 제작된 유사한 유형의 정지화상들과 비교분석하면 개별적 의미와 느낌을 더 정확히 밝히거나 확인하는 데 도움을 받을 수 있다.

단계 ❹ 포괄적 해석단계

인식단계에서 텍스트에 국한해서 재구성한 정보들을 거시적인 시각에서 그 의미와 역할을 살펴보는 것이 포괄적인 해석단계이다. 이를 위해서는 우선 제작자의 출생과 성장배경, 사회활동, 예술과 사회에 대한 개인적인 취향과 철학, 당시의 문예사조 등을 살펴보는 것이 필요하다. 제작자에 대한 정보는 본인이나 신뢰할 만한 주변인물과의 인터뷰자료, 편지, 일기, 기고문, 자서전 또는 기타 이차자료들을 통해 얻을 수 있다. 이 자료들을 '제대로' 활용하기 위해서는 텍스트에 대한 원전비판이 필수적이다. 이 밖에도 정치·경제·사회적인 요소가 정지화상 제작에 중요한 영향을 끼친다. 이의 영향 정도는 각 대상물마다 다 다르지만, 이 영향으로부터 완전히 자유로운 텍스트는 없다. 이 요소를 포괄적으로 고려하면 제작시스템, 자본, 유통, 수용자 그리고 소유자가 텍스트 형성에 어떤 영향을 끼치는지 어느 정도 알 수 있다.

네 단계로 구분해서 정지화상 분석하는 방법을 소개했다. 이 분석틀이 어느 누구에게나 유용하지 않을 수 있다. 하지만 이 단계를 따라 분석하면 대상

과 의식적으로 거리를 갖는 것의 장점과 단계별 접근의 유용성을 알 수 있는 계기가 될 것이다.

다음 그림은 프랑스의 낭만파 화가인 외젠 들라크루아가 1824~1827년에 제작한 석판화 연작 17점 중의 마지막 그림이다. 이 연작의 소재는 괴테의 『파우스트』 1부이다. 흑백그림은 빛과 입체감, 질감 그리고 구도를 살펴보기에 좋다. 앞에서 설명한 지각과 해석 단계에 따라서 이 그림을 분석해본다. 들라크루아는 죽은 지 오래되었으므로 정답은 없다. 이해되지 않는 부분이 있다면 그 이유를 생각해 본다. 『파우스트』 1부를 읽어보면 이해의 폭이 분명히 넓어질 것이다. 참고로 책의 내용은 어렵지도, 길지도 않으며, 읽어 볼 가치는 충분히 있다.

05 동영상 분석

정지화상들이 빠른 속도로 연속적으로 보이면 잔상효과 때문에 인간의 뇌는 이를 연속된 것으로 인식한다. 하지만 정지화상들의 연속이 바로 동영상은 아니다. 왜냐하면 형식이 바뀌면 내용도 바뀌기 때문이다. 동영상에는 정지화상과는 다른 고유한 의미 생성방식이 관행으로 있다. 이 관행들의 총체가 영화언어(film language)라고 하는데, 영화언어를 체계적으로 습득할 수 있는지에 대해서는 이견이 분분하다. 폴 메이사는 언어처럼 영화언어의 기본적인 관행을 학습할 수 있다고 주장한다. 그러나 버킹엄은 영화에서는 구문이 없기 때문에 문법적인 것과 비문법적인 것을 구분할 수 없고, 바로 이 점 때문에 이를 체계적으로 학습하는 것은 불가능하다고 주장하고 있다. 실제로 영화와 언어는 다른 점이 있기 때문에 언어를 배우는 것처럼 영화언어를 배울 수 없는 경우가 있다. 예를 들면, 줌은 항상 같은 의미로 쓰이지 않는다. 줌은 트래킹 쇼트나 클로즈업으로 이어지는 커트 등과 같이 다양한 용도로 사용된다. 물론 언어도 이런 특성을 어느 정도는 가지고 있지만, 상대적 빈도가 낮을 뿐이다. 이 두 사람의 주장은 나름대로 정당성을 가지고 있으며, 상호보완적인 관계를 형성하고 있다. 언어에 비해 특정한 '영화언어'가 상대적으로 다양하게 사용되고 있기는 하지만, 상당 부분은 체계적인 교육과정을 통해 학습 가능하다. 동영상을 이해하거나 제작하기 위해 필요한 지식을 전달하는 개론서는 많다. 하지만 영화언어가 매우 다양하게 활용되고 있기 때문에, 이들 책에서 얻을 수 있는 지식만으로 동영상을 분석하고 해석하는 것은 쉽지 않다. 이 간극을 메워줄 수 있는 것이 바로 실제적인 동영상 분석실습이다.

동영상분석을 어떻게 할까? 동영상 중에서 영화가 가장 중요한 한 축을 차지하고 있다. 또한 영화는 내용과 형식분석에 있어서 가장 많은 연구성과를 축적하고 있다. 때문에 동영상 분석을 위해서는 영화에서 분석틀을 차용하는 것은 필연적이다. 영화도 다양한 인접학문들로부터 방법론들을 차용해서 나름대로의 다양한 분석틀들을 만들어냈다. 본 글에서는 문화콘텐츠와 연관성이 높은 내러티브를 중심으로 소개할 것이다. 내러티브는 '시공간에서 벌어지는 인과관계로 엮어진 실제 또는 허구적인 사건들의 연결'을 의미한다. 소설은 문자, 그림과 사진에서는 이미지로 언술이 이루어지는 반면에, 동영상에서는 이미지, 문자, 소리(대사, 음향, 음악) 등으로 이루어진다. 때문에 동영상에서의 내러티브는 소설이나 사진보다 더 큰 범위를 갖고 있는데, 이야기를 조직하기 위해 채택되는 약호와 전략 그리고 관습 등도 이에 포함된다. 본 글에서는 내러티브 분석을 이론적 분석과 묘사적 분석으로 양분할 것이다. 우선 이론적 분석의 몇 가지 사례를 살펴보면 다음과 같다.

(1) 이론적 분석

내러티브 연구는 1920년대 러시아 민속설화를 분석한 블라디미르 프롭에서 시작한다. 그는 분석을 통해 다음과 같은 가설을 주장했다. 민속설화가 표면적인 세부묘사(성격화, 세팅, 플롯)에서는 크게 다르더라도 어떤 중요한 구조적 특징을 공유하고 있다. 그에 의하면 내러티브는 인간이 세계를 이해하고, 이 의미를 다른 사람들과 나누는 수단이다. 따라서 내러티브는 모든 문화에 있어서 공통적이며, 서로 다른 문화에서 산출된 설화, 이야기, 전설 사이에는 구조적인 유사성이 있다. 그는 등장인물을 일곱 가지 기능으로 분류했다: 악당, 제공자, 조력자, 공주(혹은 요청자)와 그의 아버지, 전령, 주인공 또는 희생자, 그리고 가짜 주인공. 그는 또한 내러티브 구조를 준비, 사건의 발단, 전이나 전개, 투쟁 또는 갈등, 복귀, 인정(해결)의 여섯 단계로 나누었다. 그는 또한 31개의 기능적인 목록을 추출해서 여섯 단계에 배치하였다. 후에 다른 연구자들은 그의 분석틀을 가지고 〈스타워즈〉, 〈소머즈〉, 〈북북서로 진로를 돌려라〉 등을 분석하였다.

레비스트로스는 프롭과는 다른 전제에서 내러티브 분석을 시작하였다. 그는 문화체계를 이루는 요소들의 구조적 관계에 관심을 가졌으며, 이로써 구조주의 서사학(narratology)의 선구자로 대접받고 있다. 그는 1950년대에 신화들을 비교연구하였는데, 여기서 그는 보편적으로 나타나는 이항대립을 발견하였다. 그의 연구성과는 서구 영화, 특히 서부영화의 내러티브 분석에 많은 시사점을 던져 주었다. 언어학자가 언어에서 문법을 찾듯이, 구조주의 서사학은 다양한 내러티브에 내재하는 공통된 구조를 찾아내려고 한다. 제라르 쥬네트는 내레이션을 내러티브, 디제시스, 내레이트하기(narrating)의 세 종류로 구분하고 있다. 내러티브는 하나의 사건을 이야기하려는 시도를 가리킨다. 디제시스는 특정한 이야기를 만들어내는 일련의 사건들과 이들 간의 다양한 관계를 지칭하며, 영화에서는 스크린 위에 투사되는 이야기와 스토리라인, 미장센 등을 모두 가리킨다. 내레이트하기는 언술행위를 가리키는데, 영화에서의 내러티브에 동기부여하는 캐릭터들을 가리킨다. 이런 이론적 분석경향 이외에도 일련의 영화이론가는 공통적인 내러티브를 1930~1950년대의 할리우드 고전영화 속에서 찾으려고 했는데, 이들은 질서/무질서/회복의 삼항도식을 표준화된 패턴으로 파악하였다.

〈펄프픽션〉과 같은 몇몇 현대영화에서는 이런 도식화된 내러티브에서 벗어나려는 시도를 하고 있지만, 대부분의 경우 위의 기본패턴은 여전히 유효하다. 애니메이션의 경우 영화와 비슷한 양상을 보이지만, 다큐멘터리나 교육용 영상물은 이런 내러티브에서 상당히 벗어나 있다. 이 밖에도 그레마스와 롤랑 바르트의 이론적 분석틀도 중요한 위치를 차지하고 있다. 이론적 틀은 대상을 바라보는 하나의 독특한 창이다. 사람은 집안에서 창을 통해서만 밖을 볼 수 있다. 그러나 창틀은 보는 사람의 시야를 제한하기 때문에, 사람은 제한적으로 대상을 파악할 수밖에 없게 된다. 이론적 분석이란 하나의 창틀이다. 이런 패러독스는 인간이 대상을 대상 그 자체로 파악하지 못하는 데서 발생하는 필연적인 결과이다. 인간은 영화를 영화로 분석할 수 없기 때문에, 영화를 문자와 언어 등으로 치환함으로써 분석이 가능해 진다. 모든 시각과 이론은 이와 같은 한계를 갖고 있는데, 앞으로 살펴볼 묘사적 분석은 이론적 분석보다 좀더 넓은 시각을 제공한다. 또한 이론적 분석을 심층적으로 수용하고, 이를 다시 비판적으로 바라볼 수 있는 능력도 갖출 수 있도록 해주는 측면도 있다.

(2) 묘사적 분석

동영상 분석은 정지화상 분석과 마찬가지로 ▲분석 전 단계, ▲지각단계, ▲인식단계, 그리고 ▲포괄적 해석단계로 나뉠 수 있다. 정지화상과는 달리 동영상에서는 카메라와 대상물의 움직임, 소리(대사, 음향, 배경음악), 편집 그리고 플롯 등의 요소들이 추가되기 때문에, 분석이 매우 어려워진다. 동영상 분석도 정지화상에서 살펴본 단계별로 분석하는 것이 필요하지만, 분석 전 단계와 포괄적 해석단계는 중복부분이 많기 때문에 여기서는 소개하는 것을 생략한다.

단계 ❶ 지각단계

감독의 스타일과 동영상의 내용 그리고 수용자의 취향 등이 동영상의 형식과 내용을 결정하는데 중요한 역할을 한다. 지각단계에서는 다음에 제시한 묘사틀에 주요 분석 내용을 기술하는 것이 중요하다(묘사틀은 분석목적과 개인 취향에 따라 다를 수 있음). 동영상 전체를 묘사틀에 따라 기술하는 일은 오랜 시간이 필요한 힘든 작업이지만, 동영상 분석의 학위논문을 작성할 때는 꼭 거쳐야 하는 과정이다. 여러분이 이 분석틀에 꼼꼼히 기록하면서 동영상을 보는 것과 그렇지 않은 경우를 비교해 보면 형식과 내용에 대한 이해 차이가 매우 크다는 것을 직접 느낄 수 있을 것이다. 감독과 비평가가 영화를 두고 설전을 벌이는 경우가 있는데, 감독이 비평가에게 "내 영화를 진짜 보기나 했나?"고 묻는 경우를 보았을 것이다. 영화에는 다른 동영상에서와 마찬가지로 의미를 만들어내고 전달하는 수많은 계산과 전략이 숨겨져 있다. 이를 재구성하기 위해서는 매우 꼼꼼한 관찰이 필요하다. 그러나 초보자라면 좋아하는 동영상

중에서 하나의 시퀀스만을 묘사하는 것만으로도 많은 것을 얻을 수 있다. 다음은 묘사 틀에 들어갈 주요한 목록과 묘사틀이다.

- 시퀀스의 길이는 얼마인가?
- 시퀀스 안에는 몇 개의 쇼트가 있는가?
- 각 쇼트의 지속시간은 얼마나 되는가? (초단위로 작성. 예: 1분 15초는 1′15″로 표기)
- 각 쇼트 안의 피사체 크기와 양 그리고 카메라의 운동은?(전문용어로 표기. 약어도 가능함.)

  예 풀 쇼트, 니 쇼트, 웨스트 쇼트, 바스트 쇼트, 클로즈업, 빅 클로즈업, 패닝, 틸트, 달리 등
- 각 쇼트 안의 내용은 무엇인가? (미장센과 분석 피사체의 움직임 등을 기술함)
- 소리가 어떻게 사용되었는가? (대사, 음향효과, 배경음악 등)

묘사 틀 (예시)

시퀀스 번호	쇼트의 번호	쇼트의 지속시간	카메라의 촬영과 운동	화면의 내용	소리
1	1	1:20 (1분 20초)	FS(풀 쇼트) - KS(니 쇼트) - CU(클로즈업) 아이 레벨 - 하이 레벨	검은 모자와 검은색 외투를 입은 철수가 책가방을 메고 교실 문을 열고 들어와서 자리에 앉아서 책을 펴고 보다가 일어선다. 교실에는 다섯 명의 학생이 의아한 눈으로 철수를 보고 바라보고 있다. 창문으로는 밝은 빛이 들어와서 철수의 얼굴을 비추고 있으며, 교실은 밝고 정돈이 잘되어 있다.	현장음과 함께 비틀즈의 'Let it be' 음악이 나지막하게 배경음악으로 들림. 대사는 없음
	2	15 (15초)	BC(빅 클로즈업), 아이 레벨	바로크 양식의 시계가 9시 45분을 가리키고 있다.	위 소리가 이어짐

단계 ❸ 인식단계

지각단계에서는 시청각 요소뿐만 아니라 카메라의 운동 등을 해체했다. 인식단계에서는 해체된 정보들을 재구성해서 의미가 만들어지는 과정을 밝힌다. 재구성하기에 앞서 다음 사항들이 각 쇼트 안에서 어떤 의미를 갖고 있는지 그리고 다른 요소와 어떤 상호작용을 하고 있는지 살펴본다.

- 카메라: 카메라는 무엇을 위해 어떻게 움직이고 있는가? 그리고 얼마나 자주 위치가 바뀌는가? (움직임의 동기는 무엇이고, 주인공 또는 사건과는 어떤 관계가 있는가? 중요한 정보를 드러내기 위해 어떻게 움직이는가? 언제 그리고 어떻게 주관적 시점에서 내용을 전달하는가? 카메라의 높이와 화면구도는 어떻게 변화하는가? 등장인물의 시점은 어떻게 나타나는가? 등등)
- 사운드: 음향은 어떻게 사용되는가? (예: 강조하기 위해, 분위기를 잡기 위해, 암시하기 위해 또는 내러티브 장치로 등등)

음악은 어디서 어떻게 사용되는가?(예: 풍자적인가, 동정적인가, 서정적인가, 또는 등장인물의 내면이나 상황을 드러내는가 등등)

대사와 영상과의 관계는 어떠한가?(예: 설명이나 보충하는가, 의미 있는 모순이 있는가, 다른 시점인가, 시제의 변화를 이끌어 내는가 등등)

음향의 원근감이 어떻게 드러나는가?

- 편집: 편집의 동기는 무엇인가?(예: 행위, 음악, 사건, 대사, 음향 등등에 따라서)

피사체의 행위, 카메라운동, 소리, 배경, 빛 그리고 편집이 어우러져서 어떻게 하나의 의미 있는 단위를 구성하는지에 대해 살펴본다. 이와 같이 분석을 하다 보면 '눈으로만' 영화를 보는 것보다 심층적인 정보을 더 많이 읽어 낼 수 있으며, 각 요소의 상관관계를 파악하는 데 많은 도움을 얻을 수 있다. 이런 정보를 하나씩 재구성한다면 전체적인 내용들이 어느 정도 일목요연하게 파악된다. 단계 4)는 정지화상과 동일한 부분이 많기 때문에 여기서는 생략한다.

(2) 플롯분석

플롯은 이야기를 재구성하는 방식을 말하며, 동영상에서 플롯이 차지하는 비중은 매우 크다. 플롯이 어떠냐에 따라 똑같은 이야기가 진부하거나 흥미롭게 될 수도 있다. 플롯 분석은 작은 단위별로 해체하기 보다는 전편에 흐르는 전체적인 구조를 우선적으로 밝히는 것이 더 유용하다(그렇지 않으면 나무만 보고 숲을 보지 못할 경우가 발생할 수도 있다). 이후에 각 단위별로 세부요소가 어떻게 배치되어 있는지를 살펴본다면 전체적인 틀이 더 명확하게 드러난다. 동영상에서 플롯은 앞에서 살펴본 시청각 요소와 긴밀하게 연결되어 있기 때문에 최종적으로는 이것들과 함께 종합적으로 분석해야 한다. 초보자는 플롯 분석에서 블라디미르 프롭의 여섯 단계의 전개과정과 31개의 기능적 목록을 참고하면 더 좋은 결과를 얻을 수도 있다(프롭의 분석틀은 어떤 경우에도 제한적으로만 유효하다).

여기서는 영화 〈시민 케인〉의 플롯을 소개하고자 한다. 이 영화는 비록 오래 되었지만, 독창적인 촬영기법과 조명 그리고 플롯으로 인해 영화의 백과사전으로 불리고 있다. 대부분의 영화광은 이 영화분석을 통과의례처럼 여기고 있다.

▲ 프롤로그: 재너두 성에서 케인이 "로즈버드"를 중얼거리며 죽는 이야기

▲ 뉴스릴: 주간 뉴스를 통해 케인이 거대 미디어 제국의 황제로 등극했다 몰락하는 이야기, 그의 정치인생 그리고 널리 알려진 수잔 알렉산더와의 사생활 소개

▲ 전제: 뉴스릴을 본 한 신문기자가 아직 밝혀지지 않은 "로즈버드"의

의미를 추적하기로 함

▲ 회상(월터 대처의 회고록): 대처의 회고록을 통해 케인의 어린 시절과 인콰이어러 신문사를 인수해서 성공하는 과정을 소개

▲ 회상(번스타인): 신문사 초창기와 전 부인과의 이야기 소개

▲ 회상(제드 르랜드): 친한 친구이면서 편집장이었던 르랜드를 통해 전부인 에밀리와 불화, 수잔과의 만남, 정치적 역정, 그리고 자신이 케인과 헤어지게 된 배경 설명

▲ 회상(수잔 알렉산더 케인): 오페라 데뷔와 경력, 자살기도, 케인과 재너두 성에서의 은둔생활과 결별 소개

▲ 회상(집사 레이먼드): 수잔과의 결별과 케인의 마지막 나날들 설명

▲ 결말: 로즈버드의 확인, 처음 프롤로그로 복귀

▲ 배역진과 스태프 크레디트

오손 웰즈 감독은 케인이 죽으면서 남긴 로즈버드라는 말로 관객의 호기심을 불러일으키고 있다. 관객은 기자가 이 말의 뜻을 찾아가는 과정을 같이 추적하면서 영화의 결말까지 호기심을 계속 가지게 된다. 로즈버드의 의미는 마지막 장면에 가서도 정확히 밝혀지지 않는다(열린 구조). 또한 로즈버드라는 화두는 회상구조를 가능하게 하고, 이를 통해 감독은 시공간에 구속받지 않고 케인과 다양한 접점을 가지고 있는 사람들의 시각에서 그의 삶의 다양한 측면을 그릴 수 있었다.

동영상은 매우 다양한 시각과 측면에서 분석될 수 있다. 하지만 입문단계에서는 실제적으로 자기가 관심을 가진 영상물을 선택해서 치밀하게 관찰하고 묘사하는 것보다 더 좋은 방법이 없다. 아직도 지치지 않고, 관심을 가진 사람은 다음 과제를 가지고 씨름해 보면 좋다.

다음 사진들은 〈시민 케인〉의 프롤로그(오프닝 시퀀스) 부분에서 대표적인 장면들을 캡처한 것이다. 이 장면들을 조합해서 여러분 나름대로 이야기를

만들어 본다.

　다음으로는 스피커의 볼륨을 완전히 낮춘 상태(무성영화의 상태)에서 〈시민케인〉의 프롤로그를 앞에서 제시한 묘사틀에 따라서 기술해 본다. 이 묘사가 끝나면 프롤로그에 어떤 분위기의 음악과 어떤 악기가 적합한지 생각해 보고, 여러분이 알고 있는 음악들 중에서 가장 적합하다고 생각되는 음악을 하나씩 적용해 본다. 그리고 나서 볼륨을 다시 높여 영상과 음향을 함께 관람하면서 여러분이 선택한 음악과 어떤 차이점이 있는지 비교해 본다.

　그 다음 시퀀스인 〈뉴스 릴〉에서는 영상을 가리고 소리만 들어 본다. 그리고 영상을 어떻게 구성하면 좋은지 구체적으로 스토리보드를 만들어 본다. 이후 〈뉴스 릴〉 영상을 보고, 여러분이 제작한 스토리보드와 비교해본다. 영상과 음향이 내용을 전달하는 데 얼마나 중요한 역할을 하고 있는지. 또 이들이 얼마나 유기적인 관계에 있는지 생각해본다.

06 박물관 분석

박물관이란 소장품을 체계적으로 관리하는 영구적인 공공의 연구·교육 기관이다. 박물관은 미술관, 역사박물관, 과학박물관 그리고 종합박물관으로 대별된다. 미술관은 다시 순수미술, 응용미술 그리고 민속미술관으로 나뉜다. 역사박물관은 대개 특정한 시대나 지역 또는 주제 중의 하나를 전문으로 취급한다. 과학박물관은 과학산업박물관과 자연사박물관으로 대별되며, 종합박물관은 앞서 소개한 몇몇 분야가 혼합된 박물관이다. 이 모든 박물관은 소장품을 활용해서 전시회를 열며, 이 전시회는 공공교육의 역할을 담당하고 있다. 박물관의 기본 구성요소는 소장품이며, 이를 잘 활용하기 위해서 전문 인력과 현대적인 수장고가 필요하다.

하나의 전시회를 열기 위해서는 다수의 전문가들이 참여하며, 이들은 오랜 기간 동안의 긴밀하고 유기적인 협력작업을 통해 콘셉트 발굴, 오브제 선정, 전시설계 등에 이르기까지 구체적인 방법들을 도출해 낸다. 양질의 박물관 전시회를 분석하면 주제발굴과 내용구성 그리고 이를 효과적으로 관람객에게 전달하는 방법을 알 수 있다. 이와 같은 지식은 또 다른 종류의 전시회인 박람회나 테마파크 구성과 같은 분야에서도 요긴하게 활용될 수 있다.

(1) 전시공간과 방식분석

좋은 전시회는 한 마디로 '중요한 자료들을 활용하여 가치 있는 목적을 용의주도하게 전달'하는 것이다. 전시회는 관람객의 안전을 우선적으로 고려해야 하며, 분위기는 안정적이어야 하며, 보기 편해야 한다. 주제는 시의적절하며, 대중의 의식을 고양시키는 교육적인 면이 있으면서도, 주목할 만한 가치가 있어야 하고, 흥미를 유발해야 한다. 그리고 무엇보다 지역사회나 일반 대중의 동의가 전제가 되어야 한다. 무엇이 좋은 전시회인지를 밝혀내기 위해서는 다음과 같은 항목을 우선적으로 살펴보는 것이 좋다.

우선 부지와 박물관 건축 등과 같은 거시적인 항목을 살펴본다. 이를 통해 접근성과 주변 환경과의 조화 여부, 지역사회 정체성과의 부합 정도, 그리고 박물관의 주제 영역과 건축양식이 얼마나 일치하는지를 살펴본다. 산림박물관이 그리스 신전양식으로 건축되었다면 매우 생뚱맞게 보일 것이다. 건축형태는 기능을 우선적으로 고려해서 중성적인 공간으로 설계하는 것이 좋지만, 그렇다고 미학적인 측면을 도외시해서는 안 된다(이 부분은 논쟁점이다). 박물관이 지역사회에 어떻게 연결되어 있는지를 살펴보는 것도 중요하다.

실내장식도 전시회의 성패를 좌우하는 중요한 요소이다. 액자가 작품을 돋보이게는 하지만 작품 자체를 압도해서는 안 되듯이, 실내 장식의 기본원칙은 소장품의 내용과 분위기를 잘 전달하고, 불필요한 오해나 선입견을 주어서는 안 되며, 친밀함을 전달해야 하는 것이다. 편의시설도 중요한 분석대상이다. 관람객의 요구와 기대 그리고 눈높이에 표지판, 안내판, 물품보관소, 의자, 기념품점, 화장실, 소수자를 위한 편의시설 그리고 안내책자가 얼마나 부합하는지 살펴본다. 앞서 살펴본 정지화상과 동영상 분석틀을 활용하면 전시회 분석에 많은 도움을 얻을 수 있을 것이다.

전시방식은 의도와 내용에 따라 ▲미적 본위 또는 유흥 본위 전시, ▲사실 본위 전시, ▲개념적 전시로 나뉘며, 자료들의 상호 관계에 따라 ▲체계적인 (수평적 또는 수직적) 전시 ▲생태학적 전시로 나뉜다. 기획과정에 따라 ▲비조직적인 오픈 스토리지 ▲논리적 배열에 따른 오픈 스토리지 ▲자료 중심 방식 ▲개념중심 방식 ▲혼합방식으로 나뉜다.

전시방식과 전시주제는 전시공간 설계에도 영향을 크게 미친다. 전시공간은 다음 세 가지로 나뉘며, 각 내용과 장단점은 다음과 같다:

❶ 암시된 관람동선

색상, 조명, 안내표지판, 전시물, 그 비슷한 시각매체를 사용해서 관람객을 미리 정해놓은 경로대로 자연스럽게 유도하는 방법이다. 관람객은 주제의 전후의 맥락 연속성을 유지하면서 편안한 상태에서 관람할 수 있다. 장점으로는 일관된 구성과 체계적이고 유기적인 정보제공이 가능한 점이며, 단점으로는 설계와 디자인이 중요해져서 성패를 가름하는 역할까지도 한다는 점이다.

❷ 체계적으로 조직되지 않은 관람동선

동선은 통제되지 않고 무작위적이기 때문에 관람객이 스스로 동선을 취사선택해야 한다. 물품위주의 전시에 적합하다. 장점은 자신의 원하는 속도대로 이동하고, 스스로 관람 우선순위를 결정하게 할 수 있다는 점이다. 단점으로는 줄거리나 방향성을 가진 전시에는 적합하지 않은 점을 꼽을 수 있다.

❸ 통제된 관람동선

엄격하고 제한적인 접근법으로, 동선이 일방통행으로 구성되어 있기 때문에 관람객은 전시회를 모두 관람하기 전에는 나갈 수 없다. 체계적으로 조직되어 있기 때문에 주제를 일관되게 전달할 수 있다는 장점이 있고, 관람객을 수동적으로 만들고, 곳곳에서 병목현상이 일어날 수 있는 단점이 있다.

(2) 텍스트분석

인문학 전공자가 박물관 전시회에서 가장 관심을 갖고 살펴보아야 할 부분은 텍스트이다. 텍스트에는 표제, 부제, 레이블 텍스트 그리고 배포자료가 있는데, 이들은 서로 유기적으로 역할분담해서 내용을 전달해야 한다. 표제 텍스트는 전시회의 성격과 특징을 설명하고 관람객의 시선이 전시장으로 모이도록 호기심을 유발하는 미끼의 역할을 하기 때문에 시각언어를 사용하는 것이 좋다. 부제 텍스트는 관람객이 정보의 흐름과 전시품의 관계를 따라가도록 하는 이정표의 역할을 하며, 표제와 부제 텍스트만으로도 관람객은 전시회가 무엇에 관한 것인지, 주요 아이디어가 무엇인지 이해할 수 있어야 한다. 레이블 텍스트는 전시품이 왜 중요하고 독특한지를 설명해 주어야 한다. 이에 대한 설명은 장황해서는 안 되고, 쉽고 간략한 용어를 사용해야 하며, 전시품과 관련해서 중요한 부분만을 취사선택해야 한다. 전시회 도록을 포함한 배포자료는 심층적인 정보를 원하는 소수 관람객에게 레이블 텍스트를 통해 전달할 수 없는 정보를 전달하는 역할을 한다. 때문에 디자인보다는 지적 호기심을 충족시켜 줄 수 있는 전문적이고, 심층적인 내용이 훨씬 중요하다. 다양한 텍스트들의 형식적인 측면을 분석하는 주요 항목은 다음과 같다:

- 너무 높거나 낮은 곳, 또는 찾기 힘들거나 조명 상태가 좋지 않은 곳에 배치되어서도 안 된다(주요 관람객 층이 누구냐에 따라 눈높이는 달라진다. 또한 텍스트가 배치된 부분이 읽기 힘들 정도로 어두워도 안 되지만, 너무 밝으면 분위기가 산만해진다).

- 활자가 너무 작거나 활자체가 지나치게 장식적이어서도 안 된다(관람객이 평균적으로 얼마나 떨어져서 텍스트를 읽는지 관찰하고 시력이 나쁜 사람도 쉽게 읽을 수 있는 활자크기여야 한다. 지나치게 장식적인 글자는 불필요한 혼란과 오해를 불러일으킨다).

- 텍스트는 너무 길거나 장황해서는 안 된다(관람객은 한 텍스트에 최대 이분 이상 집중하지 않기 때문에 이 동안 읽고 이해할 수 있는 분량이어야 한다).

- 문장을 짧고 명확하게 구성하고, 요점을 전달하는 것이 좋다. 자세한 전문적인 지식은 배포자료를 통해 전달하는 것이 좋다.

- 신뢰성을 떨어뜨리는 철자나 문법적인 오류가 있어서도 안 된다.

- 상호작용을 일으키고, 교훈을 주는 것이 좋다. 관람객이 무엇을 하고 있으며, 어떤 것을 찾고 있는지 그리고 전시물의 의미가 무엇인지 묻고 답할 수 있도록 유도하는 것이 좋다.

- 질문을 통해서 상상력과 호기심을 자극하고, 전시장의 어느 한 곳에 이에 대한 답을 제시하는 것이 좋다.

다양한 텍스트들의 내용적인 측면을 분석하는 주요 항목은 다음과 같다:

- 텍스트는 오브제의 이해를 돕는 가장 핵심적인 정보를 포함하고 있어 야 한다.
- 다양한 텍스트 간에는 내용을 정확히 잘 전달하기 위해 유기적 역할분 담이 필요하다.
- 추상적으로 내용을 전달하는 것은 바람직하지 않다. 사상이나 건조한 사실을 그냥 보여 주기보다는, 구체적인 사건들이나 예를 통해 제시하 는 것이 좋다.
- 사람들은 자신과 관련 있는 것을 좋아한다. 때문에 인간의 공통적인 경험이나 보편성과 연관지어서 설명하는 것이 좋다.
- 전문용어나 불필요하게 어려운 정보가 포함되어서는 안 된다.
- 친숙한 용어를 사용하고, 재미있고 호기심을 자극하는 시각적이고 생 동감 있는 낱말을 사용한다. 생소한 것과 익숙한 것을 비교하고 유추 하는 것이 좋다.

타이포그래피를 살펴보는 것도 박물관 분석에서 중요하지만, 여기서는 생략한다. 박물관 전시회에서도 IT의 활용이 늘어나고 있는 추세이다. 정지 화상과 동영상 분석틀을 활용하면 전시회의 멀티미디어콘텐츠 분석에 도움 을 얻을 수 있을 것이다.

백번 듣는 것보다 한 번 보는 것이 더 낫다고 한다. 가기 쉬운 작은 규모의 전시회를 한 곳 선택해서 앞에서 살펴본 사항을 바탕으로 실제로 분석해 본 다. 전시회 관련자와 인터뷰를 해서 전시회의 의도와 시각을 파악한다. 관람 객에게 이 의도와 시각이 얼마나 효율적으로 전달되고 있는지를 알아보기 위 해, 관람객이 전시장에 머무는 시간과 가장 관심을 가지고 보는 것과 그냥 지나치는 것이 무엇인지 나이, 성별, 교육정도 등에 따라서 살펴본다. 또한 관람객 중에서 10여 명 정도를 선택해 전시로부터 무엇을 얻었는지 그리고 이들의 반응이 어떠했는지를 심층적으로 인터뷰한다. 이와 같은 분석을 통해 얻어진 정보는 전시회의 성공 여부를 종합적으로 판단할 수 있는 기초적인 자료이다.

07 아직도 남는 문제들

독서백편의자현(讀書百遍意自見)이란 한자성어가 있는데, 그 뜻은 '책을 백 번 읽으면 그 뜻을 자연히 깨닫게 된다'이다. 문화콘텐츠를 분석하는데 이 같은 구태의연한 방식은 더 이상 좋지 않다. 왜냐하면 투입한 시간과 에너지에 비해 얻을 수 있는 정보의 양과 질이 그다지 많지도, 좋지도 않기 때문이다. 앞에서 살펴본 대로 문화콘텐츠는 '감(感)'이 아니라 '과학적'인 방법으로 분석되어야 하며, 이 방법을 체계적으로 교육하는 것은 고등교육기관의 몫이다.

분석 방법론 수업은 꼭 거쳐야 하지만 수강하기 편한 수업은 절대 아니다. 대부분의 방법론 강의들은 치밀하게 관찰하고 묘사할 것, 다른 사람도 검증 가능한 형태로 정보전달할 것을 요구한다. 때문에 수업은 끊임없는 토론으로 이어지기 쉽다. 분석자가 잠정적인 결과나 생각을 발표하고 나면 "난 그렇게 생각하지 않는데. 난 이해(또는 동의)하지 못하겠는데"라는 반응이 다반사로 나온다. 이런 말을 처음 들으면 난감함과 당혹감 때문에 생각이 끊어지기 일쑤지만, 이를 통해 자기 자신이 커가는 것도 느낄 수 있다.

분석한다는 것은 사고하는 방법을 배운다는 것이지 특정한 지식을 습득하는 것이 아니다. 때문에 분석에는 왕도나 정도가 없으며, 목적과 상황에 따라서 탄력적이고 유연하게 대처하는 것이 필요하다. 이는 고기 잡는 것과 일견 통하는 점이 있다. 예를 들어 매우 촘촘한 그물눈을 가진 어망을 사용한다면,

불가사리, 쓰레기뿐만 아니라 새우보다 작은 물고기까지 모두 다 잡을 수 있다. 그러나 참치를 잡기 위해 이런 어망을 사용한다면 그리 현명한 처사는 아니다. 어쩌면 그물이 너무 무거워져서 끌어올릴 수 없거나, 그물이 도중에 끊어져 버릴 수도 있으며, 최악의 경우 배가 뒤집힐 수도 있다. 재수 좋게 그물을 끌어올려도 좁은 갑판에서 참치만을 찾아내기란 쉽지 않다. 참치를 잡기 위해서는 적당한 수단과 방법이 필요하다.

분석에서 가장 중요한 것은 목적을 설정하고, 이에 적합한 수단과 방법을 찾는 것이다. 지금까지 이를 찾기 위한 기초적인 지식을 개론적인 수준에서 소개하였다. 하지만 이런 기초적인 지식만으로 문화콘텐츠를 분석하기에는 적지 않은 어려움이 따를 것이다. 따라서 이를 심화하거나, 수정하거나 아니면 최악의 경우 포기하는 일이 경우에 따라서 발생할 수도 있을 것이다. 이런 과정을 거쳐서 자기 나름대로의 색깔을 갖게 되는데, 이를 위해서는 오랜 기간 많은 연습과 실전이 필수적이다. 어부가 만선의 깃발을 날리며 돌아오기 위해서는 수많은 역경을 딛고 쌓은 경험과 지식이 필요하듯이, 문화콘텐츠 분석도 이와 같은 경험과 노력을 필요로 한다. 천릿길도 첫 걸음부터 시작되고, 항상 처음은 힘들고 어렵다.

■참고도서

데이비드 딘 전승보역, 『미술관 전시, 이론에서 실천까지』, 학고재, 2000.

데이비드 버킹엄, 기선정・김아미 역, 『미디어 교육』, jNBook, 2004.

로버트 C. 앨런 & 더글러스 고메리, 유지나・김혜련 역, 『영화의 역사: 이론과 실제』, 까치, 1998.

루이스 자네티, 김진해 역, 『영화의 이해』, 현암사, 2003.

마가레트 브룬스, 조정욱역, 『색의 수수께끼』, 세종연구원, 2000.

마이클 래비거, 조재홍・홍현숙 역, 『다큐멘터리』, 지호, 1997.

바바라 런던 & 존 업턴, 이준식 역, 『사진』, 미진사, 2000.

스가야 아기코, 안해룡, 안미라 역, 『미디어 리터러시』, 커뮤니케이션북스, 2004.

조지 엘리스 비코, 양지연 역, 『큐레이터를 위한 박물관학』, 김영사, 2001.

하랄드 브램 (김복희역), 『색깔의 힘』, 유로서적, 2003.

Crawford, Peter Ian & Turton David(eds.). *Film as Ethnography*. Manchester: Manchester Univ. Press. 1992.

Karp, Ivan & Lavine S. D.(eds.). *Exhibiting Cultures*. Washington: Smithsonian Institution Press. 1991.

■ 필자소개는 '영상자료 채취방법' 참조

문 화 콘 텐 츠 입 문

IV

마케팅·정책·저작권

■
마케팅

■
문화산업 진흥정책

■
콘텐츠산업과 저작권

마케팅

김 류 | 마케터

문화콘텐츠 마케팅은 콘텐츠에 생명력을 불어주는 근원이라 할 수 있다. 학술적, 예술적 가치가 아무리 뛰어나다 해도 소비자에게 접근하지 못하는 콘텐츠라면 이는 가치가 퇴색되기 마련이다.

수익성은 해당 기업이 생존하는 근원이기에 가장 우선시 되어야 한다. 그러나 동시에 이윤을 최우선 과제로 하지 않는 콘텐츠도 있다는 점을 고려해야 한다. 개발결과물을 중심으로 볼 때 비영리 단체의 경우 예산의 수령과 집행이 공공자원으로 이루어진다는 것과 홍보 및 판매를 위한 마케팅 비용이 적게 책정되어 기획 및 개발에 투여한다는 차이가 있다. 이러한 비영리 측면에서 개발된 공공콘텐츠는 유관기업(개발결과물과 직간접 영향이 있는 기업)의 원천자료가 되며 2차 상품을 개발하는 기초자료로서의 가치가 있다. 반면 영리콘텐츠의 경우 시장조사에 따른 콘텐츠는 소비자의 기호(Trend)에 맞추어 콘텐츠의 질과 양이 결정된다. 예산편성 및 집행에 있어 상품포장과 홍보에 개발비용에 맞먹는 예산을 지출한다. 비영리콘텐츠가 '전문가 집단 또는 다수의 사용자 이용'이 마케팅의 중요한 부분을 차지한다면 영리콘텐츠는 '수익성'을 중심으로 하고 있기 때문이다.

문화콘텐츠 마케팅을 단순히 판매(Selling-Orientation)와 홍보(Advert-izing-Orientation)만으로 결부해선 안 된다. 마케팅은 기획, 제작, 생산, 홍보, 판매, 관리의 모든 과정에 영향을 준다. 마케팅은 개발하고자 하는 가설이라 할 수 있는 아이디어를 검증하는 매개체로서 예산편성과 집행을 효율적으로 통제해 주고, 아울러 해당 단체와 기업의 존망을 결정한다. 특히 현재 대부분의 문화콘텐츠 단체와 기업이 열악한 환경에 있다는 점에서 마케팅의 필요성은 더욱 커진다.

마케터(Marketer)와 셀러(Seller)를 혼동하는 경우가 있다. 셀러는 개발 완료된 콘텐츠의 판매를 목표로 하여 콘텐츠의 기획과 개발에 직접적인 참여를 하지 않는다. 하지만 마케터는 전문지식을 바탕으로 표적집단과 잠재집단의 요구를 파악할 수 있는 전문인력을 의미한다. 인문학과 사회학에서 무수히 쏟아져 나오는 논문과 연구를 영화, 연극, 애니메이션, 드라마, 출판, 웹 콘텐츠로 변모하게 하게 하는 것은 마케터들의 몫이다. 기획자는 아이디어를 표출하지만 마케터는 아이디어를 검증하고 현실화할 수 있는 방법을 제시하기 때문이다.

마케터는 현 한국의 문화콘텐츠 시장을 이끌어갈 핵심인력임에도 턱없이 부족한 상태이다. 전문지식을 바탕으로 개방된 마케터들이 보다 많이 출현하여 우리나라의 문화유산이 다양한 문화콘텐츠로 탄생하여 전세계에 널리 알려져야 할 것이다.

01 문화콘텐츠 마케팅

마케팅이란 경쟁 하에서 생존과 성장목적을 달성하기 위하여 소비자를 만족시키는 제품, 가격, 유통 등의 촉진활동을 계획하고 실행하는 모든 관리과정을 의미한다. 다만, 문화콘텐츠마케팅에는 일반산업의 마케팅과 달리 사회의 가치와 요구가 공존한다는 점을 이해해야 한다. 일반산업이 이윤을 추구하는 뚜렷한 목적성이 있다면 문화콘텐츠산업은 가치와 보존, 전달의 책임을 포함한다고 할 수 있다.

개발된 콘텐츠가 최종소비자에게 전달되지 못한다면 개발은 무의미하게 된다. 해당 아이디어를 분석하여 개발의 가능성을 타진하고 예산의 분배와 적절성검토는 시장조사와 소비자 요구분석을 통해 반드시 이루어져야 한다. 문화콘텐츠마케팅을 크게 3단계로 기획마케팅, 개발마케팅, 유통마케팅으로 나눌 수 있다.

(1) 기획마케팅

콘텐츠 개발은 단순한 아이디어에서 시작한다. 확정된 아이디어는 원천자료의 채집과 분석을 통해 최종 기획안이 작성된다. 이후 해당 상품의 개발가능성, 상품화가능성, 판매 가능성, 수익성 등을 고려하여 투자 및 개발의 유무 및 선택적, 우선적 개발 콘텐츠를 확정하게 된다. 일반 상품의 개발과 유통이 현실적인 필요성과 수요욕구분석이 용이하다고 할 수 있다면 문화콘텐츠는 가치와 재미를 기반으로 하기 때문에 정량화하는데 있어 애로사항이 있다. 즉 결과를 예측할 수 없으며 소비흐름(Trend)의 변화가 심하여 개발완료후의 시장을 예측할 수 없다. 그리하여 기획마케팅은 핵심으로 자리 잡고 있다.

문화콘텐츠 단체(기업)는 상품화 가능한 아이디어를 채집하고 이를 개발하는 과정에서 시장조사(Research Application), 사용자요구분석(Communication Application), 상품화전략수립(Coordinated Strategy Application), 시장세분화수립(Segmentation Application), 판매전략수립(Marketing Professional Application)을 통해 콘텐츠의 시장성을 예측하게 된다. 하지만 이에 앞서 기업은 경영전략수립을 통해 SWOT(Strength, Weakness, Opportunity, Threat)가 파악되어 있어야 한다. SWOT는 기업의 경영전략에 입각하여 재분석한 것을 의미한다.

기획마케팅에서 개발마케팅, 유통마케팅 전반에 포함된 기본지침서라고 할 수 있다. 즉 강점(Strength)과 기회(Opportunity)는 부각시키고 약점(Weakness), 위협(Threat) 요소를 제거함으로써 보다 우수한 콘텐츠개발과 사업관리를 할 수 있다. 아무리 좋은 기획이라도 조직의 목적과 지향, 가능성, 능력에 위배된다면 개발될 수 없기 때문이다.

❶ 시장조사(Research Application)

시장조사는 콘텐츠 개발에 있어 사용자의 욕구를 파악하고 상품화 가능성 아이디어를 채집하는 가장 근본적인 작업이다. 방법론으로 STP를 적용한다. STP는 세분화(Segmentation), 주고객(Targeting), 제품인식(positioning)이다. 세분화는 연령, 성별, 소득별, 가족수별, 라이프스타일, 직업, 사회계층등을 중심으로 한 '사회경제적 변수'와 국내와 해외, 도시와 지방 등 '지리적 변수'와 자기실현, 기호, 미적 감각, 학습, 이해도 등을 바탕으로 한 '심리적 욕구변수', 그리고 경제성, 품질, 안전성, 편리성을 고려한 '구매동기' 등으로 볼 수 있다. 세분화를 바탕으로 생산된 콘텐츠가 접근하기 용이한 한 개 또는 몇 개의 시장을 주요침투 목표로 정하는 것을 주고객이라 한다. 실질적인 수요대상자를 분석함으로써 개발방향과 판매대상을 예상할 수 있는 근거가 된다. 제품인식은 기획한 콘텐츠에 대한 소비자의 인식을 의미한다. 소비자의 인지도와 소비동기유발을 일으키는 것으로 설정(Concept)이라고도 한다. 설정은 소비자를 단순화하여 마케팅에 있어 일관성을 부여하고 불필요한 개발 요소(아이디어)를 제거하여 효율적인 예산 집행을 이룬다.

❷ 사용자 요구분석(Communication Application)

시장조사가 현재의 시점을 바탕으로 분석한 자료라면 사용자 요구분석은 개발완료 이후 서비스되는 시점을 기준으로 조사되어야 한다. 이는 문화콘텐츠의 개발기간이 짧게는 수개월에서 수년에 걸쳐 이루어지기 때문이다. STP

로 분석한 자료를 토대로 소비자욕구(Needs)를 분석하기 위해 표적집단(Target Group)를 대상으로 인터뷰, 설문조사 등을 통해 소비자욕구를 분석하고 의견 선도자(Opinion Leader)의 전문성과 지식을 토대로 소비자의 욕구를 재확인해야 한다. 소비자는 예측하지 못한 정보와 아이디어를 제공해주는 제3의 기획자란 점을 인식해야 한다. 소비자에게 아이디어를 밝힘으로써 문제점과 호응도를 살피는 것이다. 소비자를 통해 얻은 정보는 데이터화하여 공통된 요구사항을 정리하고 이의 수렴여부의 가능성을 예측하여야 한다.

❸ 상품화 전략수립 (Coordinated Strategy Application)

시장조사와 사용자 요구분석을 바탕으로 상품화 전략수립에 도달하기 전 개발자 요구사항을 정리하여야 한다. 결국 개발을 하는 것은 프로젝트의 개발인력이다. 조사분석자료를 토대로 개발자 요구사항을 정의함으로써 소비자와 개발자 간의 가치관과 시각을 재확인하여야 한다. 이를 토대로 소비자의 의견과 배제요소를 정리하여 상품화전략을 구축한다. 상품화전략은 개개의 자본과 기술력을 바탕으로 수익성을 배가시키기 위한 인력, 기술력, 디자인, 상품개발, 유통채널의 확보 등을 재고하는 과정이다. 아무리 좋은 아이디어와 상품이라고 해도 객관적인 분석을 무시한 상품화전략을 구축하지 못한다면 시장선점에 실패하고 말 것이다.

❹ 시장세분화 수립 (Segmentation Application)

상품화 전략수립 이후 개발상품의 모델이 완성되었다면 시장세분화 수립을 통해 소비자의 이질성을 존중하고 사용자 요구사항을 재확인하여야 한다. 이는 상품화전략을 수립하는 과정에서 최초의 아이디어와 다르게 변모하였을 가능성이 있기 때문이다. 시장세분화 수립은 새롭게 변모한 콘텐츠를 바탕으로 사용자를 세분화함으로써 제품개발의 질과 수량, 포장을 결정하고 아울러 홍보비용을 책정함으로써 최대의 효과를 누리고자 하는 것이다.

저자본의 중소기업이나 비영리단체는 시장집중전략을 선택하여 세분화된 시장의 수요, 성장성, 수익성을 예측하여 적합한 주고객을 확정하게 된다. 자본력을 바탕으로 한 대기업의 경우에는 종합주의전략을 바탕으로 세분화된 시장을 각기 주고객으로 설정하여 시장표적이 만족할 콘텐츠를 설계, 개발하고 해당 시장표적을 향한 촉진적 전략을 전개하게 된다.

❺ 판매전략수립 (Marketing Professional Application)

판매전략수립은 상품 가격의 결정과 디자인, 유통기획 등으로 나눌 수 있다. 가격의 결정은 수요와 공급의 시장원리에 의해서지만 문화콘텐츠의 경우 관습가격(Customary Price)에 의해 이루어지는 경우가 많다. 가격의 결정이후 디자인(포장) 비용을 책정하고 소비자가격을 결정한다. 아울러 유통에 필요한 협력 가능한 기업(단체)을 조사하고 유통기관의 요구사항을 수렴해야 한다. 유통업체는 중간도매 및 소매 업체의 요구사항과 소비자의 소비형태를 파악하고 있는 업체란 점이다.

온라인 콘텐츠의 경우도 포털 사이트를 유통경로로 하여 홍보, 상영관, 운영 등을 담당하고 수익을 분배하는 방식이 많아지고 있다. 오프라인의 영화산업의 경우 한정된 상영공간인 극장을 확보하고 이후 DVD 시장과 온라인 상영공간으로 확대해 가는 방침이 좋은 예일 것이다. 다각적인 유통업체의 확보는 콘텐츠 판매의 성패를 가늠한다고 해도 무방하다.

(2) 개발마케팅

마케팅은 개발과정에서도 이루어져야 한다. 개발진의 중추역할을 하는 관리인력은 개발인력과의 마케팅 방향의 동의를 통해 콘텐츠를 구축해 나가야 한다. 특히 STP에 입각하여 콘텐츠의 대상과 관련자료 제공과 충분한 이해가 있지 않으면 개발기간의 지연과 추가비용이 발생하게 된다. 또한 콘텐츠의 SWOT에 대한 파악을 함으로써 고효율의 제작시스템을 구축하는 것

자체가 마케팅의 일환이라 할 수 있다.

개발과정의 마케팅의 중심은 OSMU(One Source Multi Use)를 의미한다. OSMU는 말 그대로 '원천개발자료의 다각도 사용'이라 할 수 있다. 개발단계에 있어 OSMU가 가능한 산업군을 기획하고 이에 맞추어 제작콘텐츠의 원천자료를 제작한다. 예로서 애니메이션 제작 시 캐릭터산업과 만화, 동화 등으로 상품화하기 위한 그래픽의 제작을 필요하게 된다. 영화산업이 스타마케팅과 음반·음상 산업을 접목하여 진행하는 것도 마찬가지이다. 이는 제작비용의 지출규모가 늘어나지만 다양한 산업과 접목할 수 있어 수익의 다각화를 가능케 하기 때문이다. OSMU는 기획마케팅에서 반드시 설정이 이루어져야 하며 개발마케팅에서는 원천소스의 개발이 2차 개발기관과 유통기관의 양적, 질적 요소에 적합한지를 확인함으로써 개발결과물의 성패를 확인하여야한다. 이를 확인하는 것이 마케팅 인력의 역할이다.

(3) 유통마케팅

공공콘텐츠의 경우 판매전략 자체를 제외하는 경우도 있지만 영리콘텐츠의 경우 판매촉진(Sales Promotion)에 입각한 마케팅을 펼친다. 판매촉진은 유통업체나 소비자를 상대로 행하는 홍보, 인적판매, 스폰서십 마케팅 이외의 모든 판매 행위의 종합적인 활동을 의미한다. 문화콘텐츠 기업의 경우 기획과 제작을 중심으로 하고 이를 유통업체와 신디케이션 네트워크(Syndication Network)을 통한 판매촉진을 하는 경우가 많다.

신디케이션 네트워크란 기본적으로 콘텐츠 제공업체(CP, Contents Provider)로부터 콘텐츠를 제공받아 이를 필요로 하는 기업이나 기관(CS, Contents Subscriber)에게 제공하는 콘텐츠 중개 비즈니스를 말한다. 소규모 문화콘텐츠의 기획개발사는 CS를 통해 콘텐츠를 유통하고 있으며 PM(Provider Manager)을 통해 판매촉진 기획을 수립하는 경우도 있다. 신디케이션 네트워크의 발전은 문화콘텐츠 유관기업이 소규모를 지향하게 되면서 국내 및 해외유통망을 구축

345
●
마
케
팅
—
김
류

한 자본력 있는 기업과의 공생을 하게 된 것이다.

신디케이션 네트워크를 통한 마케팅은 CS가 홍보를 통합하여 관리하는 경우가 많다. 콘텐츠의 홍보에 필요한 비용을 묶어 패키지 상품화하고 CS 자체가 공동상표(Family Brand), 유통업자 상표(Private Brand), 제조업자상표(Manufacturer's Brand)로 하는 경우도 있다. 최근에는 할인점을 기반으로 한 프랜차이징(Franchising) 유통망과 인터넷 기반의 전자유통시스템도 정착되었다.

(4) 마케팅 적용

마케팅의 단계가 시장조사, 사용자 요구분석, 상품화전략 수립, 시장세분화 수립, 판매전략 수립이 구축된다. 철저한 마케팅의 준비는 결과를 유추하게 함으로써 제작기간의 단축, 인력의 효과적인 배치, 비용절감, 상품판매촉진의 효과를 보게 된다. 마케터(Marketer)는 냉정한 판단으로 소비자와 시장을 판단하고 자신이 속한 집단의 능력을 판단하여야 한다. 이를 위해서는 각 단계별 표준의 시나리오를 구성하여 세세히 점검을 하여야 한다.

① 개발의 목표와 결과물의 변동사항은 없는가?
② 단체(기업)의 이미지와 인지도는 어느 수준인가?
③ 자본과 인력의 확보가 되었는가?
④ 유사 단체(기업)의 상품과 비교했는가?
⑤ 유사 단체(기업)의 마케팅 전략은 무엇이었는가?
⑥ 자체 또는 유사단체(기업)이 효과를 본 마케팅 전략은 무엇인가?
⑦ 효과를 본 마케팅의 비용은 전체 사업규모를 차지하는 비율이 얼마였는가?
⑧ 자체 마케팅 인력의 경쟁력이 있는가? 없을 경우 대안은 있는가?
⑨ 마케팅 인력을 대체할 방법이 있는가?

⑩ 표적집단에 대한 데이터를 확보했는가?

⑪ 잠재 소비자의 규모와 특성에 대해 정보를 가지고 있는가?

⑫ 표적집단의 요구사항이 무엇인가?

⑬ 부가수익의 가능성을 조사했는가?

⑭ 제작비용 산출과 예상수익을 대조대차 했는가?

⑮ 제작 인력은 확보하였는가?

⑯ 콘텐츠의 질적 기준은 무엇인가?

⑰ 기준 유통과 유통 형태는 무엇인가?

⑱ 상품의 가격은 시장에 적합한가?

⑲ 가격의 정책(묶음가격, 용량가격, 할인가격)은 무엇인가?

⑳ 포장(디자인)의 컨셉은 시장에 부합하는가?

㉑ 광고 집행은 어떻게 할 것인가?

㉒ 사후 관리에 대한 지침과 서비스 정책이 있는가?

위와 같은 세부적인 질문을 스스로 구성하여 단계별로 체크해 나가는 요령이 필요하다. 질문을 할 때 유의할 것은 해당 단체(기업)에 대한 냉정한 판단과 콘텐츠의 개발 가치에 대한 중요성을 고, 중, 저로 나누어 체크함으로써 개발의 목적에 부합을 확인해야 한다. 이는 문화콘텐츠가 수익이 목적인 경우와 가치 개발 또는 전시, 행사 자체가 목적인 공공콘텐츠를 포함하기 때문이다.

02 국내 마케팅 사례

비즈니스 모델(Business Model)은 IT산업이 발전하면서 부상한 용어이다. 비즈니스 모델은 수익모델이라고 부른다. IT산업은 기존에 없었던 산업으로서 마케팅 적용시 유사한 형태의 산업모델을 추출하고 이를 토대로 비교분석하여 적용하는 것이다. 많은 IT기업이 새로운 서비스 시스템을 개발하거나 또는 콘텐츠를 개발하였음에도 좌초한 이유는 비즈니스 모델을 구축하지 못하고 개발에 치중한 결과이다. 이는 편리한 서비스를 제공하였으나 비즈니스 모델이 광고와 현실성 없는(운영이 불가능한) 전자유통을 비즈니스 모델로 하면서 발생한 것이다. 비즈니스 모델이란 반드시 획기적일 필요는 없다. 적용 가능한 모델을 찾아 개발 콘텐츠를 적용하고 변화시켜 자신의 것으로 만드는 것이다.

오프라인 문화콘텐츠의 경우 비즈니스 모델은 수 백 년 동안 지탱해 온 산업에서 찾고 새로운 도구(인터넷)을 활용한 비즈니스 모델이 각광을 받고 있다. 공연문화콘텐츠의 경우 온라인으로 펀드 구축을 빌미로 홍보와 사전 티켓을 판매하여 자본을 마련하는 것이나 박물관이 기존 슬라이드 및 사진으로 판매 방식에서 디지털소스를 개발하여 온라인 판매하는 것이 예이다.

한국의 IT산업의 비즈니스 모델은 전세계의 기준이 되고 있다고 해도 과언이 아니다. 한국의 경우 초고속인터넷의 안정된 서비스와 사용자 인프라의 확산으로 새로운 비즈니스모델을 창출하고 있다. 마케터는 다른 단체(기업)의 비즈니스 모델을 파악함으로써 개발하고자 하는 콘텐츠의 적용사례를 살피는 것은 기본이 되어야 한다.

(1) 온라인 게임시장 - 유통시장의 변화

게임산업은 온라인, 모바일, 비디오, PC, 아케이드 게임으로 분류된다. 게임의 개발형태는 유사하나 개발 완료된 상품의 유통형식에 따라 분류된다.

국내 게임산업의 발전추이는 디지털콘텐츠산업에 시사하는 바가 크다. 오프라인을 중심으로 한 비디오게임과 PC게임, 아케이드 게임은 위 표와 같이 하향세를 그리는 반면 온라인 게임은 시장점유율을 증가하고 있다. 특히 한국게임산업이 해외에서 각광을 받는 부분은 온라인머그게임의 영역이다.

한국 게임산업의 성공적인 마케팅 전략은 국내의 인터넷망사업과 밀접하다. 우리나라는 급속한 인터넷의 발전을 토대로 PC통신을 발판으로 한 온라인머그게임이 발전하였으며 세계최초의 온라인 머드게임인 '바람의 나라'가 1996년 상용화되었다. 1998년 NCsoft는 '리니지'를 상용화하게 되고, 2000년 대만수출을 시작으로 게임콘텐츠 수출의 벤치마킹 대상이 되었다. 온라인머그게임의 발전은 기존 머드게임 사용자를 기반으로 그래픽을 가미를 원하는 소비자의 욕구와 기술력, 인터넷망의 사회장치, 국내의 게임시장 열악한 유통환경이 낳은 결실이라고 할 수 있다.

〈표1〉국내 게임산업 시장규모 및 전망(단위:억원)

		온라인게임	모바일게임	비디오게임	PC게임	아케이드게임
2002	규모	4,552	1,004	1,562	1,647	3,778
2003	규모	7,541	1,458	2,229	937	3,118
	성장률	66.8%	45.2%	42.7%	-43.1%	-17.5%
2004	규모	10,935	2,187	2,897	750	2,962
	성장률	45%	50%	30%	-20%	-5%
2005	규모	14,216	3,062	3,476	680	3,051
	성장률	30%	40%	20%	-9%	3%

자료: '2004년 대한민국 게임백서'(2004. 6.30.한국게임산업개발원).

(2) 인터넷 유료콘텐츠- 콘텐츠 비즈니스 모델

2000년을 전후하여 등장한 닷컴사들의 목표는 회원의 유치였다. 닷컴사들의 수익모델은 광고와 전자상거래를 중심모델로 하였다. 중요 콘텐츠는 텍스트와 이미지를 중심으로 한 뉴스와 정보였으며 콘텐츠는 회원유치를 위한 도구로 활용하였다. 2003년을 전후하여 닷컴사의 전환이 시작되었다. 닷컴사에 대한 투자의 중단이 시작되었으며 유령회원이 다수를 차지하게 되면서 운영을 위한 고정지출비용이 팽창하였다. 동시에 콘텐츠가 서비스 상품화가 가능한 상품으로 인식이 되기 시작한다. 당시 국내의 유료콘텐츠 시장의 마

업체명	구분	유료 콘텐츠	핵심 전략
윈글리쉬	교육	기업대상 교육상품	맞춤형 온라인 교육콘텐츠 제공
코리아닷컴	포털	교육, 동영상, 오락물	신디케이션 콘텐츠 구축
드림엑스	포털	브로드밴드	온라인 방송
다음	커뮤니티	온라인 우표제	메일 서비스 유료화 정책
네띠앙	포털	엔터테인먼트	전문 엔터테인먼트 콘텐츠
NHN	포털	캐쥬얼 게임	PC방 제휴
프리챌	커뮤니티	엔터테인먼트	커뮤니티 유료화
세이클럽	채팅	채팅/아바타	커뮤니티 서비스
메뉴판닷컴	요리	요리관련 정보	커뮤니티 서비스
SBSi	방송	방송 콘텐츠	독점적 콘텐츠 제공
북토피아	보탈	전자북	풍부한 콘텐츠

케팅은 〈표 2〉와 같았다.

문화콘텐츠 유료시장의 가능성은 세이클럽의 아바타 서비스라고 할 수 있다. 기존의 타 닷컴사가 콘텐츠를 기반으로 한 유료수익모델을 제공했지만 무료서비스에 익숙한 사용자는 외면하였다. 또한 다양한 P2P 서비스가 가능해지면서 유료콘텐츠 시장은 기반이 약해질 수밖에 없었다. 세이클럽의 아바타 서비스는 커뮤니티 중심으로 발전한 세이클럽의 강점과 회원의 대다수가 20대 이상으로 유료결제에 대한 거부감이 적었다는 점이다.

한게임은 마케팅 전략을 무료에 익숙한 일반회원이 아닌 PC방 대상으로 유료화 모델을 추진하였다. 동시에 무료로 사용하는 회원에게는 게임에서 사용하는 사이버머니와 유료아이템을 공급함으로써 수익을 다변화하였다.

북토피아는 e-book 시장의 선두기업으로 기술력을 바탕으로 한 전자 e-book과 어린이 멀티미디어 동화콘텐츠로 시장을 확보했다. 사업화 초기 자본이 집중투자된 e-book사업은 초기모델부터 유료회원이 목표였다. 고객의 유입을 위하여 퀄러티 있는 콘텐츠의 일부를 무료 제공함으로써 회원을 확보하였고, 자체적인 DRM(Digital Right Management) 기술을 개발하여 콘텐츠의 무단복제를 방지하였다. 이후 전자도서관과 학교를 중심으로 마케팅 영역을 넓혔으며 오프라인 출판사와의 저작권 협약을 통해 다량의 콘텐츠를 확보하여 독보적인 위치에 있다.

2005년을 시작으로 국내에는 미니홈피 사업이 대대적인 경쟁구도에 섰다. 싸이월드의 비즈니스모델인 블로그는 이전에도 시도된 바 있었지만 수익모델이 광고와 용량(개인 홈페이지 제공 용량)에 한정되어 있었다. 싸이월드는 세이클럽의 아바타 유료수익 모델을 결합하여 질 높은 미니홈피와 젊은 소비자의 욕구를 충족시켜주었다. 가장 큰 성공요인은 개인의 창작물의 콘텐츠화이다. 미니홈피 사업의 약점인 킬러콘텐츠(killer contents)의 부재를 사용자 개인의 그림, 사진의 업데이트를 통해 해소하였다. 또한 외부환경의 변화인 개인 저장공간 제공을 위한 하드웨어 장치비용의 하락과 디지털 카메라, 모바일 하드웨어 산업의 발전과 긴밀한 관계가 있다.

03 해외 마케팅 사례

대규모 자본과 기술, 인력을 보유한 외국기업의 마케팅은 서서히 온라인 영역으로 확장하고 있지만 아직까진 오프라인 수익을 위한 유통마케팅의 일환으로 사용하고 있다고 해도 과언이 아니다. 이는 현재의 해외의 콘텐츠 기업들이 프랜차이즈를 바탕으로 발전하여 오는 과정에서 온라인 마케팅의 필요성은 인지하나, 프랜차이저의 수익을 보장하기 위해 지연하고 있다. 해외 마케팅 사례에서는 통합 마케팅(Mix Marketing)에서 발전한 토털 마케팅(Total Marketing)을 중심으로 하여 일본의 산리오와 미국의 월트 디즈니사를 중심으로 알아보고자 한다.

(1) 커뮤니케이션에 성공한 기업 - 산리오

(주)산리오는 'Hello Kitty-이하 키티'로 우리에게 알려져 있다. 1974년 탄생한 키티는 이듬해 키티의 가족이 생겼으며 캐릭터의 변화를 통해 현재에 이르러 일본을 상징하는 대표적 캐릭터에서 전세계 어린이의 마음을 사로잡는 아이콘으로 자리 잡았다. 하지만 이런 키티에도 위험은 있었다.

산리오는 매출의 감소를 경험하게 된다. 이때 산리오는 대대적인 키티 마케팅에 변화를 준다. 키티의 캐릭터에 변화를 주고, 주고객을 어린이에서 탈피하여 이른바 키덜트(Kid-Adult)족을 대상으로 한 상품을 개발한다. 이는 1970~1980년대의 주고객 계층이었던 어린이가 성장하여 아이를 가진 부모로 성장하였고 1997년 주고객을 어린이와 여성으로 확대함으로써 다양한 상품을 개발하였다.

2001년에는 전통문화를 활용한 문화마케팅을 도입하여 산리오숍 제 1호점을 오픈하게 된다. 산리오숍은 키티와 일본문화의 접목이라 할 수 있다. 외국인 관광지역과 공항상점 등에 상품을 공급함으로써 유통채널을 다양하게 하였다. 또한 지역상품과 한시상품이라는 독특한 마케팅을 구현한다. 지역상품이란 예로써 시부야의 산리오숍에는 일본의 충견인 '하치코우'를 활용한 '하치코우와 키티'라는 주제로 시부야의 매장에서만 판매한다. 축제로 유명한 아모모리에서는 축제용 유카타를 입은 키티 상품이 있다. 한시상품으로는 설날시즌에만 판매하는 다루마 키티(설날 소원을 빌며 인형에 눈을 그리는 행사), 히나마츠리(3월 여자아이의 바른 성장을 기원하는 축제) 키티 등이 있다. 지역화와

희소성을 무기로 소비자에게 가치를 부각시켜 고급화 마나아화 하는 마케팅의 결과이다.

산리오는 이외에도 테마파크의 설립을 통한 부가사업을 실시하고 있다. 이른바 '키티족'이라 불리는 커뮤니케이션 고객을 대상으로 문을 연 '퓨로랜드(1990)'와 '하모니랜드(1993)'는 캐릭터 테마파

크이다. 다양한 산리오의 캐릭터를 만날 수 있으며 이들을 활용한 문화공연 등을 통해 수익을 다변화하는 통합 마케팅을 실시하였다.

(2) 토털 마케팅 - 월트디즈니

디즈니는 미키마우스를 중심으로 한 TV 애니애니메션 시장을 석권하고 1989년 이후 극장용 애니메이션을 매년 발표하여 전세계의 극장용 애니메이션 시장을 석권하여 왔다. 월트 디즈니는 통합 마케팅(Mix Marketing)을 기반으로 하였다. 애니메이션의 경우 기획시점과 상영(방영)시점이 2~3년의 기간이 필요함으로 기획, 개발, 유통에 따른 체계적인 마케팅 전략이 필요했다.

토털마케팅의 필요성은 월트디즈니사의 생존과 직접적인 관계가 있다. 로우틴(Low-teen) 콘텐츠 시장을 선점한 월트디즈니사에게 영화, 게임, 음반 시장의 발전은 시장점유율 하락, 경쟁기업의 대두, 제작비용의 상승, 다양화 되는 캐릭터산업시장의 변화 등이 위험요소로 대두되었다. 이에 대안 마케팅 전략으로 구축한 것이 토털 마케팅이었다.

토털마케팅이란 단순한 생산구조에서 벗어나 상품화 전략을 통한 다양한 상품개발과 공급, 수요자와의 커뮤니케이션 강화를 목표로 하는 마케팅전략 이다. 월트디즈니사는 애니메이션 제작 공급에서 출판, 게임, 의류, 식품, 광고 등 다양한 상품을 개발하고 직접 유통에 참여함으로써 수익다변화를 이룩했다.

우리가 눈여겨 볼 부분은 토털 마케팅 중 기획마케팅 분야(전략경영)에서 글로벌 소재의 채용이다. 월트디즈니사는 공략시장을 전세계로 확대하여 '알라딘', '포카혼타스', '뮬란', '노틀담의 고추', '쿠스코?쿠스코!' 등을 발표한다. 이는 과거의 월트디즈니사가 미국의 일반화된 소재를 다루어 자국(전 세계 애니메이션 시장 중 북미시장이 약 40%에 달한다)을 위주로 한 콘텐츠생산에서 타 국가 또는 민족의 전설과 설화를 소재로 함으로써 해외시장 공략에 나섰다는 점이다. 설화, 전설, 동화의 권선징악 내용은 기존 월트디즈니사의 소재와 유사하다. 특히 뮬란의 경우 중국시장 공략을 위하여 1998년 출시하였으며 미국 애니메이션의 영향력이 미약하던 중국시장을 단 기간에 선점하는 효과를 누렸다.

■참고도서

임은모, 『멀티미디어콘텐츠 마케팅론』, 진한엠앤비, 2001.
박장순, 『문화콘텐츠 해외 마케팅』, 커뮤니케이션북스, 2005.
한국방송영상산업, 『엔터테인먼트 산업의 경제학』, 커뮤니케이션북스, 2003.
유타카 노베나, 『콘텐츠 비즈니스란 무엇인가?』, 황금가지, 2001.
오보시 코지, 『NTT 도코모 급성장의 비밀』, 영진biz.com, 2000.
앨 리버만, 패트리셔 에스케이트, 『엔터테인먼트 마케팅 혁명』, 아침이슬, 2003.

■ **김류**는 디지털콘텐츠기획제작사 (주)아툰즈에서 콘텐츠기획과 마케팅을 담당하였다. 창작 애니메이션 〈키야와 친구들〉, 〈애니메이션 동화〉, 〈The sweet World Bebes〉, 만화 〈멸종동물구조대 키튼 3세〉를 기획하였으며 방송용 뮤직비디오 시나위의 〈나는 웃지〉, 신중현의 〈미인〉 등을 제작하였다. 웹사이트로는 문화원형사업인 〈우리의 놀이를 찾아서〉, 〈태평광기를 바탕으로 한 중국환타지 시놉시스 및 캐릭터 개발〉과 대(對)중국 한국어린이멀티미디어콘텐츠 사이트인 ZaoChina.tv 및 현재 100만 유저가 활동하고 있는 로우틴(Low-teen) 커뮤니티 사이트 비비빅닷컴의 투자유치 및 마케팅을 진행하였다. 현재는 프리랜서로서 문학·인문학의 원천소스를 활용한 창작 시나리오 개발과 마케팅에 관심을 가지고 있다.
e-mail: zecra@freechal.com

문화산업 진흥정책

구문모 | 한라대학교, **임학순** | 가톨릭대학교

01 문화콘텐츠산업에 있어 정책의 중요성

우리나라 정부는 문화산업을 21세기 기간산업화라는 목표로 문화산업의 경제적 가치를 극대화하고, 동시에 문화산업의 발전과 더불어 문화의 정체성을 확보하기 위한 가능한 모든 정책적 지원방안을 강구하고 있다. 이에 따라 우리 정부는 지난 1998년 국민의 정부가 들어선 이래 문화산업을 주요 국정과제로 삼고 정부차원의 정책지원을 지속하고 있다. 또한 정부는 우리 문화의 보호라는 소극적인 자세에서 탈피하여 적극적이고 공세적인 육성대책을 추진하되, 특히 전략분야에 대한 집중적인 지원체제를 마련하여 독창적이고도 세계적으로 경쟁력을 갖는 문화상품을 개발한다는 것을 지원정책의 기본 방향으로 세워놓고 있다. 또한 산업의 생산기반을 강화하기 위해 민간부문의 경쟁력 강화와 투자환경을 획기적으로 개선하기 위한 모든 방안을 모색하고 있다.

이러한 정부의 기본방침은 경제적 및 문화적인 측면에서 다음과 같은 전략적인 중요성을 갖는다고 볼 수 있다. 첫째, 우리 경제는 1997년 IMF 경제위기 이후 산업구조 조정의 전환기를 맞이하고 있다. 이러한 경제상황을 가

져온 주요 원인으로 우리나라 산업구조의 비효율성과 경직성이 흔히 지적되기도 하였다. 지난날 우리 경제의 성장을 받쳐온 중후장대형 업종중심의 산업구조는 선진국으로부터 막대한 자본재 수입과 핵심기술의 일방적인 의존, 그리고 에너지 다소비형 생산체제 등을 고착화시켰으며 최근에는 후발개도국으로부터도 추격을 당하는 상황에 놓이게 되었다. 이에 비해 문화산업은 기존 제조업에 비해 적은 자본투입으로 높은 부가가치를 창출할 뿐 아니라 친환경적이라는 특징을 갖고 있다. 더욱이 문화산업은 창의적인 지식이 경쟁력을 좌우하는 미래형 산업으로 21세기 환경변화에 부응하고 새로운 시장과 고용기회를 창출하여 우리 경제에 크게 기여할 수 있는 유망 전략산업으로 새롭게 인식되고 있다. 둘째, 문화적 중요성을 들 수 있다. 문화상품은 여타 제조업 상품과는 달리 한 나라의 정서, 가치 등 문화적 가치가 총체적으로 내포되어 있어 상품소비가 단순한 경제적 효과를 넘어서 그 상품을 소비하는 사회구성원의 정체성 및 생활양식에도 커다란 영향을 미치게 된다. 이를 대외적인 측면에서 볼 때 자국의 문화를 생산하기보다는 외국의 문화를 단순히 소비만 할 경우 자국의 문화체계가 변질될 수 있는 가능성도 소홀히 할 수 없다. 특히 위성방송이나 인터넷 등 국경을 초월하는 전송수단의 광범위한 확산으로 외국 문화상품의 무분별한 유입을 직접적으로 조절할 수 있는 국가 차원의 능력도 급속히 줄어들고 있다.

결국 현재 우리 정부가 취하고 있는 문화산업 육성정책은 경쟁력을 갖춘 문화상품이나 콘텐츠를 확보함으로써 세계 경제환경에 능동적으로 대처하는 일이면서 동시에 국가차원에서의 문화적 정체성을 유지하는 문제와 직결되어 있다고 보아야 할 것이다.

02 문화산업 진흥정책의 논거

(1) 국내 문화산업 진흥정책의 기본골격

우리나라의 문화산업정책 10년간에 일어난 법제의 변화 가운데 가장 큰 사안은 '문화산업진흥기본법'의 제정이라고 할 수 있다. 1999년 2월에 발효된 이 법은 문화산업 진흥정책의 기본 인프라인 문화산업진흥기금의 조성과 운영, 문화산업 장기발전계획의 수립과 시행의 근거가 되어 왔다.

'문화산업진흥기본법'을 제정한 목적은 문화산업이 국가의 주요 전략산업으로 부각됨에 따라 문화산업의 지원 및 진흥에 관한 기본법을 제정하여 문화산업 발전의 기반을 조성하고, 경쟁력을 강화함으로써 국민의 문화적 삶의 질 향상과 국민경제의 발전에 이바지하도록 하려는 것이다. 그 주요 골자는 첫째, 문화산업의 범위를 영화, 음반, 비디오물, 게임물, 출판·인쇄물, 정기간행물, 방송 프로그램, 캐릭터, 애니메이션, 디자인, 전통 공예품 및 멀티미디어콘텐츠 등과 관련된 산업으로 정의하고, 둘째, 정부는 문화산업 진흥에 관한 기본계획과 세부 시행계획을 수립하고, 문화관광부 장관은 연차보고서를 작성하여 국회에 제출하도록 하였고, 셋째, 문화산업과 관련된 창업의 촉진과 문화상품을 제작하는 제작자 및 방송영상 프로그램 독립제작사에 대한 지원 근거를 제정하였고, 넷째, 문화산업 관련기술의 연구 및 문화상품의 개발·제작 등을 위한 문화산업단지를 조성하도록 하였고, 다섯째, 문화산업 진흥기금을 설치하고, 조성 재원은 정부의 출연금, 국채관리기금으로부터의 예수금 등으로 한 것이다. 이 밖에 이 법은 문화관광부 장관과 관련 부처 차관, 그리고 문화산업 전문가로 구성된 '한국문화산업진흥위원회'를 설치하여 문화산업 정책의 심의·조정 기능을 수행하도록 하고 있다.

이 법의 개정 외에도 '게임산업의 진흥에 관한 법률', '영화 등의 진흥에 관한 법률' 등 문화산업 관련 세제 법률과 제도의 정비노력이 있었으며, 이러한 노력은 문화산업 진흥을 위한 제도적 기초를 만들고, 문화에 대한 산업적

인식을 제고했다는 점에서 특별한 의미를 갖는다.

(2) 산업정책 측면에서의 정부 역할

세계 각국의 영상산업 지원정책 운영은 크게 자율적인 시장기능을 강조하는 경우와 정부의 적극적인 개입을 전제로 한 형태로 대별될 수 있다. 전자는 미국이나 일본처럼 영상산업의 콘텐츠와 하드웨어 양면에서 세계적인 기반을 갖추고 있는 국가가 취하는 형태로 정부개입은 가급적 최소화하면서 시장에서 기업의 자유로운 영업활동을 보장하는 데 정책의 초점을 맞추고 있다. 다만 일본이 미국과 구별되는 부분은 예를 들면 영화산업에서 미국 영화자본의 막강한 영향력을 일찍부터 간파한 일본 정부가 미국 직배사의 본격적인 일본 진출에 앞서 자국 내에 체계적인 전국배급망이 신속히 구축되도록 적극적인 자금지원책을 구사하여 미국의 주도권에 상당한 제동장치를 사전에 마련한 것으로 알려져 있다. 이는 일본이 시장에서 민간의 자율기능을 강조하면서도 산업화 초기에서는 부분적으로 정부개입이 이루어졌음을 시사한다.

한편, 프랑스와 영상산업의 후발주자라고 할 수 있는 호주, 캐나다 등은 문화적 시각에 입각하여 미국의 강력한 시장침투에 대응하는 보호정책을 취하고 있으며, 특히 자국산 영상물의 제작 및 유통에 정부 주도적인 지원을 배려하고 있다. 또한 여타 유럽국가는 이들 국가보다는 정부개입의 폭이 적다고 할 수 있으나, 유럽연합(EU)의 다양한 지원프로그램을 통해 제작강화 및 시장활성화 등을 위한 상호 긴밀한 공동협력체제를 모색하고 있다. 이처럼 각국 정부가 취하고 있는 문화산업정책은 경제적 측면에서 자국의 산업발달 수준과 시대적 상황에 따라 다르게 나타나고 있으며, 또 유럽국가들처럼 어느 정도 문화예술에 대한 정부의 보호 역할을 중요시하는 차원에서 지원하는 형태로도 나타난다. 이상과 같은 외국정부의 문화산업에 대한 역할을 살펴볼 때, 우리나라의 지원정책은 정부의 적극적인 개입을 전제로 한 유럽형 국가지원형태에 보다 가깝다고 볼 수 있다. 우리 정부의 지원정책의 특징은

「문화산업진흥기본법」에서도 쉽게 찾아 볼 수 있는데, 제1장 총칙, 제3조에 서는 '국가와 지방자치단체는 문화산업의 진흥을 위하여 필요한 각종의 시책 을 수립·시행하여야 한다'고 명시되어 있어 국가나 지방자치단체가 문화산업 육성에 대해 적극 개입할 것임을 명백히 하였다. 이어, 제4조에는 '문화산업 정책은 문화관광부 장관이 총괄하고 정부는 문화산업 진흥에 관한 기본적이 고 종합적인 중·장기 기본계획과 문화산업의 분야별 및 기간별로 세부시행계 획을 수립·시행하여야 한다'고 하여 문화산업육성을 위해 정부가 치밀하고도 체계적인 정책을 수행할 것임을 역시 강조하고 있다. 또 이 법 제8조에서도 이러한 세부계획이 집행 여부와 그 성과 등을 정부가 국회에 보고하도록 되어 있어 정부의 문화산업육성에 의도적이고도 결연한 의지를 보여주고 있다.

문화산업에 대한 정부 정책은 각국별로 그 나라의 문화적·사회적 전통 과 관습 그리고 경제발전의 단계에 따라 다양하게 나타나는데, 대체로 볼 때 크게 문화산업을 문화적인 시각의 틀에서 지원하는 방식과 여타 산업과 거 의 동일한 차원에서 지원하는 방식으로 나눌 수 있다. 그러나 현실적으로 문 화상품이 문화적 가치를 내포하는 문화적 특성 때문에 그 둘의 방식이 어느 나라나 많은 부분에서 충돌되는 것이 일반적이라 할 수 있다. 이러한 예는 특히 문화적 가치를 중시하는 서유럽에서 많이 나타나는 것으로 알려져 있 다. 유럽 각국에서 일본의 애니메이션은 어린이와 청소년에게 커다란 인기 를 끌고 있어 엔터테인먼트산업의 활성화와 시장확대라는 측면에서는 긍정 적인 평가를 받고 있음에도 불구하고, 일본 애니메이션의 선정성과 폭력성 으로 인해 늘 사회문제로 지적되어 왔으며, 급기야는 일부 케이블 TV방송 에서 방영이 금지되기도 하였다. 따라서 문화산업 정책을 경제적 측면에 너 무 의존할 경우 문화산업의 속성에 기반을 둔 합리적인 정책방향에서 벗어 날 우려가 있다.

여기서 간단히 문화정책과 산업정책의 역할의 차이점을 살펴보면, 문화 정책은 문화의 기본적 주체인 개개인을 핵심으로 하는 자발적·자주적인 문화활동을 장려함과 동시에 개인이나 단체 등의 활동만으로는 제약이 따를 수밖에 없는 점을 보완하고 지원하며, 사회 전체적인 관점에서 문화의 학습·창조·전달·향수·축적·교류 등의 활동이 원활하게 이루어지도록 조건과 기반을 정비하는 것을 기본으로 하고 있다. 이와 같은 역할에서 각국 정부는 다음과 같은 사업을 문화정책 실행의 기본축으로 전개하고 있다. ① 예술가·예술단체의 창작활동 장려와 지원, ② 문화의 보급과 일반인의 문화활동에 대한 참가기회의 확충, ③ 지역문화진흥, ④ 문화분야의 인재양성과 교육, ⑤ 문화재의 보존과 활용, ⑥ 문화의 국제교류와 국제협력, ⑦ 문화시설과 문화에 관한 제도 등의 기반정비 등을 축으로 하고 있다.

한편, 산업정책은 보편적으로 산업의 구조, 행동, 성과에 중요한 영향을 주는 것을 직접적인 목적으로 하는 정부의 정책으로 정의된다. 보다 현실적으로는 정부가 추구하는 목적에 따라 특정 산업의 육성을 위한 정책을 의미하는 것에서부터 경제 전체의 생산성 향상을 위한 정책을 가리키는 경우에 이르기까지 다양하게 나타난다.

위에서 예시한 것처럼 사안에 따라 두 정책의 성격이 충돌할 소지는 있으나, 최근 정부가 육성하고자 하는 지식기반산업의 발전은 지식의 발전을 전제로 하고 있고, 또 이러한 지식의 발전은 다양성과 창의성의 축적을 특성으로 하는 문화발전에 비례하는 것으로 볼 때, 문화의 발달을 지향하는 문화정책은 지식창조와 지력향상에 바탕을 둔 지식기반경제 시대의 새로운 산업정책과 그 맥을 같이 한다고 볼 수 있다.

따라서 이하에서는 산업정책의 개념에 입각하여 정부의 문화산업 진흥정책에 대한 논리적 근거를 검토하고자 한다.

(3) 국내 문화산업 진흥정책의 논거

정부가 문화산업에서 민간의 경제활동에 관여하게 되는 산업정책은 대체로 규제, 생산활동, 기반시설 및 자금지원 등 네 가지 영역에서 나타날 수 있다.

첫째, 정부는 경제의 특정 취약부문의 진흥을 도모하기 위해 규제력을 발휘한다. 이러한 규제는 단순한 민간시장의 수요, 공급기능으로 달성되기 힘든 부문에서 이루어진다. 예를 들면, 아직 민간의 투자여력이 형성되어 있지 않은 국내 영화산업의 경우 초기 산업화단계에서 정부는 영화진흥위원회를 통해 다양한 지원으로 국산 영화콘텐츠의 제작 증대와 보급 강화를 추구하여 왔다. 외국의 예로 캐나다는 외국산 콘텐츠의 자국내 범람을 우려하여 CRTC(Canadian Radio-television and Telecommunication Commission)를 통해 공공 및 민간방송서비스 부문 모두에서 최소한의 자국산 콘텐츠를 규정하여 자국산 콘텐츠의 공급 확대를 꾀하고 있다.

둘째, 정부는 기업이 일정한 사업활동을 할 수 있도록 하거나, 특정 산업이 장기적으로 지속 성장하는 데 필수적인 기반시설을 제공하는 간접지원방식을 취할 수 있다. 사회간접자본의 확충에는 막대한 자금과 인력확보가 소요되는 반면, 단기적으로 수익을 거두기는 매우 어려운 사업이기 때문에 민간투자가 유입되기 어렵다. 따라서 정부가 이러한 사업투자를 직접 담당하거나 이에 대한 민간투자를 유도하기 위해 정책금융이나, 투자세액 감면 등을 제공한다. 산업기반으로 들 수 있는 대표적인 것으로 교통망 및 정보통신망의 확충, 산업용지, 전력, 상·하수도 등이 있으며, 이러한 물리적 기반 이외에도 인적자본의 확충을 위한 연구개발사업, 교육·훈련사업 등에 대한 지원도 있다. 특히 연구개발과 인력훈련사업은 그것이 내재하는 긍정적 외부효과 때문에 그러한 활동을 시장기능에만 맡길 경우 사회적 최적수준에 미치지 못하는 경향이 있다. 이런 점에서 특히 우리나라의 문화산업 부문의 전문인력 보유 수준은 그것이 산업경쟁력을 제고시키는 가장 중요한 역할을 함에도 불구하고 여타 산업부문에 비해 매우 저조한 상황이라고 볼 수 있다. 이 때문에 정부는 자율 시장기능을 보정하고 나아가 산업의 장기적인 발전토대를 마련하는 차원에서 문화산업과 관련된 연구개발과 인력개발 및 양성에 대한 조세 또는 금융상의 유인에 의한 지원을 실시하고 있다.

셋째, 정부는 기업이나 특정형태의 사업활동에 대한 자금을 지원하기 위해 민간자본의 대리기능을 수행하게 된다. 일반적으로 이러한 정부개입은 특정산업 부문에서 금융자원의 배분기능을 하는 민간자본시장이 비효율적으로 운영되고 있거나, 금융 및 자본시장이 성숙되지 못한 경우에 이루어진다. 이 경우 시장이 제기능을 발휘하지 못하는 근원은 정보의 불확실성으로 비롯될 수 있다.

우선 정보의 불확실성에서 가령, 우리나라의 문화산업은 제조업과 비교해 볼 때 아직 산업화의 초기단계에 있기 때문에, 사회적인 인식이 충분하지 못한 상태에 있다고 볼 수 있다. 따라서 문화산업에 대해 비교적 많은 정보를 갖고 있는 기업가와 이에 대한 투자기회를 모색하는 투자자 사이에는 많은 정보의 괴리가 존재한다. 이는 문화산업 투자를 평가하는 두 결정자가 예상하는 수익의 괴리를 가져옴으로써 기업가들이 문화산업에 대한 투자자금이 조달하기 어려운 상황에 직면하게 된다. 이와 같은 상황을 해결하기 위해 정부가 추진하고 있는 부분이 문화산업 분야의 창업 및 제작촉진을 위한 투자지원이라고 볼 수 있다.

또한 은행을 포함한 자본가들은 위험도가 높은 사업을 회피하는 경향을 갖고 있다. 특히 영상산업은 수요예측이 거의 불가능할 정도로 사업의 위험도가 높다는 것을 특징으로 하고 있다. 더욱이 게임소프트웨어나 애니메이션 등은 세계적으로 신산업에 속해 있고 우리나라 기업이 거의 모두 신생기업으로서 산업을 구성하고 있다. 이러한 신산업은 새로운 첨단기술이 많이 응용되기 때문에 사업성공의 불확실성이 여타 산업에 비해 높다고 평가할 수 있다. 이 경우 시장기능에만 기대할 경우 동 산업에 대한 투자가 원활히 유입되기는 어렵다고 볼 수 있으며, 만일 투자가 이루어진다고 하더라도 높은 자본비용, 즉 수익프리미엄이나 이자율의 상향조정 등이 수반될 가능성이 높다. 이에 대해 정부가 할 수 있는 역할은 위험도와 성장잠재력이 모두 높다고 판단되는 사업이나 기업에 대해 자본비용을 낮춰주기 위한 여러 가지의 조치를 취할 수 있다. 예를 들면 정부는 올해부터 장기저리의 「문화산업진흥기금」을 문화산업의 민간사업자들에게 제공하고 있다.

넷째, 우리나라의 문화산업은 그 시장이 선진국에 비해 매우 협소할뿐더러 특히 국산 콘텐츠의 창작품이 차지하는 시장점유율은 매우 낮은 형편이다. 더욱이 영상산업은 규모의 경제성이 확실히 적용되는 분야이기 때문에 규모의 경제성을 갖춘 외국기업이 국내에 대거 진출할 경우 우리 기업에 진입장벽으로 사용될 가능성이 매우 높다. 따라서 어느 정도 국내 기업이 일정 수준의 자생력을 갖출 수 있는 여유를 가질 수 있도록 기반조성을 위한 지원도 필요하다.

아울러 우리나라 문화산업은 현재의 여러 가지 불리한 여건에도 불구하고 우리의 개발의지나 환경개선에 따라서는 미래의 비교우위산업으로 성장할 수 있는 가능성이 매우 높다는 것이 정부나 업계의 판단이다. 따라서 정부는 유치단계에 있는 문화산업을 일정 기간 차별적 지원을 통해 육성함으로써 국제적 비교우위를 창출하는 데 기여할 수 있는 것이다. 이와 관련하여 정부는 문화산업 가운데 미래 비교우위산업으로 성장할 수 있는 분야로 판단되는 산업을 전략산업으로 선정하고 다각적인 지원을 시행하고 있다.

(4) 문화콘텐츠정책의 특성과 이념

우리나라에서 '문화콘텐츠정책'이라는 용어는 1990년대 중반 이후에 문화콘텐츠산업에 대한 사회경제적 가치와 이에 대한 정책적 관심이 확대되면서 주로 정책현장에서 사용되고 있다. 우리나라에서 문화콘텐츠정책에 대한 논의가 적극적으로 시작된 것은 '국민의 정부 새문화정책(1998)', '문화산업진흥 5개년계획(1999)', '문화산업비전 21(2000)', '영화산업진흥종합계획(2000)', '콘텐츠코리아 비전 21(2001)' 등 문화콘텐츠산업정책에 대한 비전과 전략이 수립되면서부터라고 할 수 있다. 특히 2001년에 문화콘텐츠산업에 대한 지원정책을 전문적으로 담당할 한국문화콘텐츠진흥원이 설립되면서 '문화콘텐츠'라는 용어가 적극적으로 홍보되기 시작하였다.

문화콘텐츠정책의 특성을 파악하기 위해서는 법제도 차원의 접근방법과 정책프로그램 차원의 접근방법으로 구분하여 살펴볼 수 있다. 첫째, 문화콘텐츠의 법적 정의는 1999년 2월에 제정된 '문화산업진흥기본법' 제2조 제5호에 '디지털문화콘텐츠' 개념으로 나타나 있다. 이 법에 따르면, 디지털문화콘텐츠는 "문화적 요소가 체화되어 경제적 부가가치를 창출하는 디지털콘텐츠"라고 정의되어 있다. 여기에서 디지털콘텐츠는 "부호, 문자, 음성, 음향 및 영상 등의 자료 또는 정보로서 그 보존 및 이용에 효용을 높일 수 있도록 디지털형태로 제작 또는 처리한 것"을 의미한다. 둘째, 정책프로그램 차원의 접근방법이란 실제로 정책프로그램에 내포되어 있는 문화콘텐츠의 유형을 파악하는 것을 의미한다. 이 경우, 구체적인 문화콘텐츠의 개념과 범주는 정책프로그램별로 상이할 뿐 아니라 나라와 시대에 따라서도 다르게 나타날 수 있다. 우리나라의 경우에 문화콘텐츠 지원정책은 1990년대까지 공연예술, 시각예술, 영화, 출판, 음악 등에 한정되었으나, 1990년대 말부터 게임, 애니메이션, 만화, 캐릭터, 대중음악, 인터넷콘텐츠, 모바일콘텐츠, 디지털콘텐츠 등으로 확대되었다.

문화콘텐츠정책과 관련하여 최근 지역문화콘텐츠의 중요성에 대한 인식이 강화되고 있다. 문화콘텐츠가 지역을 활성화시키는 문화자원으로 인식되면서 지역의 문화콘텐츠산업을 육성하기 위한 정책적 관심이 확대되고 있다. 우리나라에서는 1990년대 후반부터 지역문화콘텐츠산업을 육성하기 위한 정책적 관심이 확대되고 있다. 문화관광부는 1999년에 '첨단 문화산업단지 조성 지원계획'을 수립하고, 2000년부터 지역문화산업지원센터에 대한 지원을 시작하면서, 2005년 8월 현재 9개의 '지역문화산업클러스터 조성사업'을 추진하고 있다. 이러한 클러스터 전략은 전국 문화산업 사업체의 83.9%, 종사자의 90.1%가 서울에 집중되어 있고, 지역의 문화산업기반이 취약한 상황에서 지역문화산업의 가치 인식을 제고하고, 문화콘텐츠업체의 지역활동 기반을 구축해가고 있다는 점에서 의미가 있다고 할 수 있다.

문화콘텐츠정책은 21섹의 핵심동력산업인 문화콘텐츠산업 진흥의 기반 구축에 매우 중요한 요소이다. 문화콘텐츠정책은 다음과 같은 몇 가지 중요한 정책적 지향점을 가진다. 첫째, 문화콘텐츠정책은 문화의 가치를 기반으로 한 문화정책이라고 할 수 있다. 문화정책의 역사에서 문화콘텐츠는 문화예술의 관점에서 문화정책의 새로운 영역으로 인식되어 왔다. 둘째, 문화콘텐츠산업정책은 고부가가치를 창출하기 위한 산업정책이다. 문화콘텐츠산업은 창의성과 상상력을 바탕으로 한 창작산업으로서 지적재산권(intellectual property)을 통해 수익을 창출하는 저작권산업이라고 할 수 있다. 셋째, 정책불확실성 관리가 필요한 정책이다. 문화산업은 고위험(high risk), 고수익(high return)산업으로 위험에 도전하는 산업(risky business)이다. 문화콘텐츠산업정책의 역사가 짧기 때문에 정책노하우가 축적되지 않았다는 점도 정책불확실성을 야기하는 요인으로 작용할 수 있다. 넷째, 문화콘텐츠산업정책은 다른 정책과의 연계성이 높은 정책이다. 문화콘텐츠산업정책은 관광, 문화정책, 예술정책, 문화유산정책, 문화예술국제교류정책, 지방문화정책, 정보통신정책, 교육정책, 산업정책, 과학기술정책 등 관련 정책과의 유기적인 연계체계가 구축될 때 시너지효과를 창출할 수 있다.

문화콘텐츠정책의 구체적인 수립 및 실행을 위해서는 문화콘텐츠산업의 가치사슬을 파악하고 각 단계에 적합한 정책방향을 설정해야 한다. 문화콘텐츠산업의 가치사슬 체계는 창작소재 발굴, 사전제작(preproduction), 제작(production), 포스트프러덕션(postproduction), 시장(market), 미디어믹스(mediamix) 등의 단계로 구성될 수 있다. 창작소재 개발단계에서는 소비자의 감성 트렌드 분석, 창작소재 대안개발 및 평가, 소재선택, 시장 및 산업동향 분석 등의 활동이 이루어진다. 사전제작단계에서는 콘텐츠기획 및 사업계획수립, 자원조사 및 확보, 마케팅 등의 활동이 이루어진다. 제작단계는 실제로 콘텐츠 제작이 이루어지는 단계이며, 포스트프러덕션 단계에서는 편집, 특수효과 등의 활동이 이루어진다. 그리고 시장단계에서는 마케팅, 유통, 판매, 소비, 미디어믹스기획 등의 활동이 나타난다.

문화콘텐츠정책은 이러한 문화콘텐츠산업의 가치사슬체계에 영향을 미치는 요인을 중심으로 문화콘텐츠의 기반을 조성하기 위한 정책사업을 개발할 필요가 있다. 그 동안 정부에서 추진하고 있는 창작소재 개발사업, 인력양성사업, 문화기술개발사업, 창작활성화 사업, 유통 및 마케팅 사업, 수출증진사업, 투자활성화사업, 지식정보서비스 사업, 지적재산 관련 법제도 정비 등은 모두 아래 〈그림 1〉에 나타난 문화콘텐츠산업의 가치사슬구조와 밀접하게 연관되어 있다고 할 수 있다.

문화콘텐츠정책의 구체적인 실행을 위해 문화콘텐츠산업클러스터를 적극적으로 육성할 필요가 있다. 문화콘텐츠산업클러스터는 일정한 공간에 문화콘텐츠산업 관련업체와 기관, 그리고 인력, R&D, 창작소재, 자금, 기술,

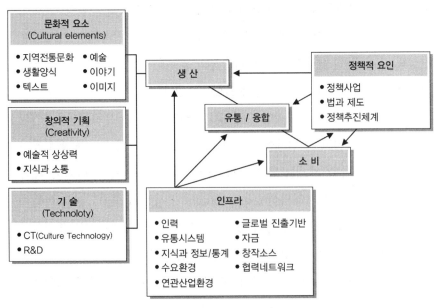

〈그림 1〉 문화콘텐츠산업의 가치사슬구조

지식과 정보 등 문화산업체계의 구성요소가 유기적으로 연계된 집합체를 의미한다. 이러한 클러스터 접근방법은 기본적으로 문화사업체간의 경쟁과 협력을 통해 집적효과와 시너지효과를 창출하기 위한 것이라고 할 수 있다. 클러스터 접근방법은 기업 간의 협력네트워크를 창출하고 기업과 지역의 기관과 제도 간의 상호작용을 증대시켜 경쟁력 있는 기업환경을 만들어 주는 중개자(brokers and intermediaries)의 역할을 담당하는 것이다. 문화콘텐츠산업클러스터의 대표적 사례로 쉐필드 문화산업단지를 들 수 있다. 쉐필드 문화산업단지모델은 문화산업 생산자 자체 요인보다는 창작인프라를 강조하고 있다. 이것은 문화산업이 창의성과 상상력을 바탕으로 한 창작산업(creative industry)이라는 점에서 창의적 기획환경을 조성하는 일이 매우 중요하기 때문이다. 이러한 창작인프라는 우리나라의 지역문화산업 클러스터를 조성하는 데도 매우 중요한 요소라고 할 수 있다. 한편, 1990년대 후반부터 부각된 지역혁신체제(Regional Innovation System)에 관한 논의도 지역문화산업클러스터를 이해하는 데 중요한 시사점을 제공한다.

03 문화산업 진흥정책의 논거

(1) 해외 주요국의 문화산업 진흥정책 개요

세계의 문화산업 시장은 최근 들어 빠르게 성장하고 있고, 문화산업의 사회경제적 가치가 상승하면서, 문화산업을 둘러싼 국가 간 경쟁이 한층 심화되는 양상을 보이고 있다. 이에 따라 각국의 정부도 문화산업의 진흥을 위한 역할이 한층 세분화 또는 세밀화되고 있는 모습을 보이고 있다. 다만, 국가에 따라 문화산업에 대한 정부 역할의 강도, 범위 및 추진체계 등은 다양하게 나타나고 있는데, 이하에서는 주요국의 문화산업 정책이 지향하는 방향을 개괄적으로 살펴보고자 한다.

첫째, 전통적으로 정부주도의 문화정책이 우세한 나라의 경우에도 최근에 지원영역을 첨단영상 기반의 문화산업으로 확대하고 있다. 가령, 프랑스는 최근 국립영화진흥센터(CNC)를 통해 애니메이션과 게임의 산업화에 대한 지원을 강화하고 있다. 캐나다도 그와 동일한 영역에 지원사업을 강화하고 있는데, 특히 우리와 마찬가지로 다양한 업종별 문화산업 진흥기금을 운영하고 있으며, Telefilm Canada라는 공공기관을 새롭게 개편하여 시장지향적인 지원체계로 전환하고 있다.

둘째, 공공부문과 민간부문의 협력모델이라고 볼 수 있는 영국, 호주, 일본의 경우에도 점차 정부의 역할은 강화되는 추세이다. 가령, 일본은 그동안 정부의 지원보다는 민간 스스로의 자생적 발전을 도모해 왔으나, 최근에는 '지적재산입국'을 주창하면서 콘텐츠의 해외유통, 지적재산권 보호, 우수인재양성 등에 필요한 여러 가지 정책 방안을 고안하고 있다. 이와 관련하여 일본은 '신산업 창조전략'과 'E-Japan 전략'을 포함하여 경제산업성, 총무성, 문부과학성 등 범부처 차원에서 콘텐츠산업 육성전략을 수립하였다. 또한 영국은 1994년 토니 블레어 노동당 정부가 들어서면서 창조산업(creative industry)을 국가의 미래 전략산업으로 육성하기 위해 전략수립 및 통계조사, 인력양성, 해외수출 및 투자유치 등 공공의 역할을 강화하고 있다. 호주 역시 정보통신과 문화산업의 연계를 강화하기 위해 통신정보예술부로 개편하여 문화산업에 대한 종합대책을 수립 중이며, 2003년에는 이미 지난 1993년에 설립되어 운영 중인 국립동영상이미지센터를 확대하여 영화, 비디오, 설치 미술, 신기술 등 미디어 예술 진흥에 역점을 두고 있다.

셋째, 시장경제체제에 의존하고 있는 미국도 국제시청각통상협상, 자유무역협정, 저작권 보호 등을 통해 자국의 문화콘텐츠가 세계시장에 자유롭게 유통될 수 있는 환경을 조성하는 데 총력을 기울이고 있다. 미국은 한편으로는 대학과 산업계와의 연계를 바탕으로 기술개발에도 주력하고 있으며, 다른 한편으로는 학계 외에도 민간 비영리기관이 운영하고 있는 각종기금을 통한 문화산업에 대한 간접지원 방식도 활발히 전개되고 있다.

넷째, 최근 홍콩, 싱가폴, 중국, 대만 등 중국계 국가들과 뉴질랜드와 같이 새롭게 문화산업에 대한 정책적 관심을 확대하는 국가가 늘고 있다. 가령, 뉴질랜드의 경우 문화콘텐츠 창작활동을 강화하기 위해 세제혜택, 문화관광, 해외투자 유치 등 다양한 방안이 개발되고 있다. 중국 또한 문화산업 소비국에서 생산국으로 전환하기 위해 다양한 정책개입이 진행되고 있다.

다섯째, 문화산업과 관련된 국가 간 교류협력이 확대되고 있다. 유럽연합은 미디어와 관련된 오프라인 및 온라인 분야 정책프로그램과 재정지원 방안을 마련하는 등 시청각 미디어 분야에 대한 지원사업을 추진하여 문화 다양성을 위한 기반 강화 차원에서 역내 국가 간 교류사업을 활발히 전개해 나가고 있다. 최근에 제시된 정책사례를 들면, 'European digital content on global network', 'e-Content', 'The Ten-Telecom programme' 등이 있다.

(2) 영 국

영국은 1979년 보수당 정부인 대처 정부가 들어서면서 문화산업을 문화영역에서 다루기 시작하였다. 대처 정부는 문화 민주주의라는 다원주의적 가치를 바탕으로 많은 사람들로 하여금 문화상품을 소비하도록 장려하기 위해 문화산업정책을 추진하였다. 1983년에는 1927년에 도입된 영화 쿼터제를 폐지하였으며, 1985년에는 영화 배급사로부터 입장권 판매 수입 중 일부를 거두어 들였던 극장세를 폐지하였다. 또한 대중 음악산업에 대한 전반적인 국내외 규제를 완화하였다.

1997년 토니 블레어 노동당 정부는 문화유산부를 문화미디어스포츠부로 변경하여 음악산업과 창조산업에 관한 업무를 추가하였으며, 문화산업의 전문인력 양성, 재원조달, 지역기반의 창조산업 네트워크 구축, 창조산업 수출진흥, 지적재산권 보호 등에 관한 정책사업을 추진하고 있다. 이를 추진하기 위해 영국 정부는 1997년 창조산업 전략팀을 구성하였으며, 2000년에는 영화진흥위원회를 설립하였다. 또한 정부주도로 문화산업의 현장 실태조사를 위해 1998년 이래로 정기적으로 문화산업에 대한 정부의 공식 통계자료를 수집 및 발표하고 있다.

한편, 영국은 디지털 콘텐츠 육성을 위한 실천계획(UK Digital Contents Action Plan for Growth)을 수립하여 추진하고 있다. 이 계획에는 디지털 콘텐츠 포털 구축, 수출 및 기술 증진, 데이터베이스 구축, 기술교육 및 훈련, 정보 서비스 등 디지털 콘텐츠산업 진흥 전반에 관한 정책이 포함되어 있다. 구체적인 문화산업 인력양성 계획에는 영화, 방송, 애니메이션, 기술감독 등의 분야에서 소수 고급인재들을 양성하는 국립교육기관을 운영해 오고 있다. 아울러, 'SkillSet' 프로그램을 통해 공공, 대학, 민간 부문의 문화산업 인력의 교육과 훈련을 체계적으로 추진하고 있다. 최근에는 영국의 대학과 파트너십을 구축하여 창조산업 고등교육 포럼을 운영함으로써 창조산업의 교육과 연구분야와 관련된 쟁점과 비전을 개발하고 있다.

(3) 일 본

일본은 '지적재산입국'을 표방하면서 콘텐츠산업을 육성하기 위한 정책을 고안하고 있다. 이와 관련하여 일본은 2002년 11월에 '지적재산기본법'을 제정하였으며, 2003년 3월에는 내각에 '지적재산전략본부'를 설치하고, 2003년 7월경에는 '지적재산의 창조, 보호 및 활용에 관한 추진계획'을 발표하여 각 부처 간 협력체제를 공고히 하고 있다.

일본은 콘텐츠의 창작, 보호, 유통의 유기적인 연계체제를 구축하고, 인재양성, 콘텐츠 유통, 지적재산 환경 조성 등과 관련된 사업을 통해 콘텐츠산업에 대한 정책 영역을 확대하고 있다. 2002년 4월에는 '콘텐츠산업 해외유통촉진 기구'를 설립하여 일본 콘텐츠의 해외 진출방안을 마련하고 있는 중이다. 또한 민간 차원에서는 콘텐츠 관련협회를 중심으로 콘텐츠 제작기반 기술사업개발, 브로드밴드 콘텐츠 유통시스템 개발사업 등에 지원하고 있다. 또한 일본은 2004년 5월에 애니메이션, 영화, 게임 등 콘텐츠산업 육성을 위한 '콘텐츠 창조·보호 및 활용촉진에 관한 법률'을 제정하였다.

한편, 2005년 1월에는 '저작권법'을 개정함으로써 현재 인정되는 영화저 작물 이외의 모든 저작물에 대한 대여권 제도를 서적에도 도입할 예정이다. 또한 대중음악 분야에서도 영리목적으로 '국외 배포 목적 상업용 음반'을 수 입하여 일본에 유통시킨 자를 저작권 침해로 간주하여 보호하고 있다. 그 밖 에 중소기업이 콘텐츠 제작관련 자금을 원활히 조달할 수 있도록 신용보증제 도를 마련할 것으로 검토하고 있으며, 이용자가 안전한 콘텐츠를 쉽게 선택 할 수 있도록 하는 '콘텐츠 안심 마크'제도의 도입도 고려 중이다.

(4) 미 국

미국은 전통적으로 민간부문의 시장 자율기능에 의해 문화산업이 발전하 는 구조를 지니고 있다. 1965년에 설립된 국립예술기금은 연방 정부의 독립 된 예술지원기관으로 무용, 디자인, 민속예술, 문학, 미디어 예술 등과 복합 예술분야에 지원하고 있지만, 문화산업을 진흥하는 지원사업은 거의 존재하 지 않는다. 다만, 정부는 주로 정보통신 인프라 구축, 연구개발 환경 조성, 제도 개선, 대외통상 협상 등에서 역할을 담당하는 것에 그치고 있다.

미국 정부는 최근 들어 문화콘텐츠 업계의 해외 영업기반을 보호하기 위 해 지적재산권을 지속적으로 국제적 쟁점화하고, 다른 나라에 대한 문화시장 개방 압력을 취함으로써 업계를 간접적으로 지원하고 있다.

(5) 프랑스

프랑스는 문화정책에서 중앙정부의 역할을 강조하는 대표적인 나라라고 할 수 있다. 1946년 국립영화센터(CNC)가 설립되면서 영화 부문을 정책대 상으로 삼았지만, 주로 미국의 시장지배로부터 국내시장을 보호하기 하는 데에 초점을 둔 것이었다. 경제적 차원으로 문화산업을 인식하게 된 시기는 대략 1980년대부터라고 할 수 있는데, 대중문화와 그와 관련된 산업화에 정책적 관심을 확대하였다. 지원 영역에 포함되는 주요 문화산업으로 영화, 애니메이션, 음악, 멀티미디어, 게임, 교육용 디지털 콘텐츠 등이 추가되었다.

〈표 1〉 문화산업정책 추진조직체계비교

국가	중앙부처	주요공공기관
프랑스	문화통신부 (Ministre de la culture et de la communication)	국립영화진흥센터 (CNC: Centre National de la Cinematographie) 영화 및 시청각 산업 자금출자회사 (SOFICA: Societes de Financement de l'industrie Cinematographique et Audiovisuelle) 프랑스 문화원 (Centre Culturel Français)
영국	문화미디어스포츠부 (DCMS)	영화진흥위원회 (The Film Council) 디자인진흥원 (The Design Council) 국립복권위원회 (National Lottery Charities Board) 잉글랜드예술진흥원 (ACE) 공예진흥원 (The Crafts Council)
일본	문화청 (저작권, 미디어아트, 문화교류) 경제산업성 미디어콘텐츠과 (상무정보정책국 문화정보관련 산업과) 외무부	일본예술문화진흥회 일본디지털콘텐츠협회 일본문화원 (Japan Foundation)
호주	통신정보예술부 (DCITA: Dept of Communications, Infromation Technology and the Arts)	호주문화예술진흥원 (Australia Council of the Arts) 호주영화위원회 (Australian Film Commission) 방송위원회 (Australian Broadcasting Authority)
캐나다	문화부 (The Department of Canadian Heritage)	텔레필름캐나다 (TeleFilm Canada) 캐나다국립영화제작소 (Natioanl Film Board of Canada) 캐나다라디오・텔레비전・통신위원회 (CRTC: Canadian Radio-television and Telecommunication)
중국	문화부 국가방송영화총국	북경대학문화산업연구소(국가문화산업창신발전연구기지), 청화대학문화산업연구센터
미국	전담중앙부처 없음	미국국립예술기금 (NEA: National Endowment for the Arts) 미국영화협회 (AFI: American Film Institute)

자료: 문화관광부(2005), 2004 문화산업백서.

프랑스는 1997년부터 자국 문화콘텐츠를 디지털화할 필요가 있다고 인식하여 자국이 생산한 모든 디지털 콘텐츠를 국립도서관과 국립문화산업연구소에서 체계적으로 관리하고 있다.

프랑스는 주로 CNC를 통해 각 문화산업 업종에 대한 재정지원을 하고 있었는데, 최근에는 게임과 멀티미디어 창작 등 뉴미디어 분야의 재정지원을 위해 추가적인 국가기금을 마련한 바 있다. 또한 문화산업의 인력양성을 위해 1986년부터 영화를 비롯하여 분야별로 국립교육기관을 설립하고 운영하고 있다.

한편, 프랑스는 '문화적 예외'와 문화 다양성 문제를 국제적으로 제기하면서 문화산업을 둘러싼 통상협상에서 문화산업 후발국들의 선두역할을 해오고 있다. 가령, 프랑스는 TV 애니메이션 쿼터제를 실시하고 있으며, 전체 애니메이션의 60%가 유럽연합 회원국의 작품이어야 하고, 전체 애니메이션의 40%가 프랑스어로 제작된 것으로 한다는 의무규정을 제도화하고 있다.

(6) 중 국

1990년대에부터 중국은 사회주의 시장 경제체제 건설을 제창하고 있는데, 2000년에 들어서면서 문화산업에 대한 국가적 관심이 커지고 있다. 중국 정부는 디지털 문화가 확산되면서 발생하는 이른바 '신문화 현상'에 대한 관리와 지원을 강화하기 위해 문화부 산하에 관련 부서를 신설하고 있으며, 특히 창의성을 갖춘 새로운 문화산업 프로젝트에 자금지원을 개시하였다. 특히 애니메이션, 영화, 음악, 게임, 유무선 인터넷 콘텐츠 분야에 대한 정부지원이 늘고 있는 추세이다.

한편, 중국 정부는 진흥정책과 함께 규제강화도 동시에 실시하고 있는데, 최근 문화산업 분야에 대한 행정심사허가제를 마련한 바 있다. 가령, 중국에서 해외 수입 온라인게임을 운영하기 위해서는 온라인 게임운영사의 설립 및 해외 온라인 게임의 운영이라는 절차를 밟아야 한다. 또한 온라인 게임운영상의 설립에 인터넷 관련 사업 및 출판사업에 관련된 정부 허가가 필요조건으로 되고 있다.

04 국내 문화산업 정책의 특성과 기본과제

(1) 기본적 특성

국내 문화산업 정책은 문화발전과 연관된 비경제적 목표와 특정 산업의 성장과 관련된 경제적 목표를 달성하기 위한 산업정책의 수단이라는 이중적인 특성을 지니고 있다. 문화적 측면의 문화산업 정책의 기본목표는 가령, 외국으로부터 자국의 정체성을 보존하고 자국의 구성원 간에 문화적인 교류를 촉진하는 것이다. 이에 비해, 경제적인 측면에서는 문화산업에서 발생하는 모든 긍정적인 외부효과를 내부화할 수 없다는 시장실패에 근거한다. 예를 들면, 문화산업 지원정책은 "그 소비자 수요에 대해 아무도 모른다"라고 하는 특수성 때문에 발생하는 사업상의 위험도를 현저히 낮춤으로써 다양한 문화콘텐츠가 제작되는 데 도움을 주며 궁극적으로는 사회적 효용을 증대시킬 수 있다는 점 때문에 인정된다.

우리나라의 문화산업정책은 1999년 문화산업진흥기본법 제정을 계기로 과거의 문화와 이와 관련된 규제위주 정책에서 문화산업의 경쟁력 강화를 위한 진흥정책을 강조함으로써 추진 정책의 균형을 꾀하고 있다. 가령, 이 진흥기본법에서는 영화산업 및 방송업을 포함한 문화산업 지원 목적을 "문화산업 발전의 기반을 조성하고, 경쟁력을 강화함으로써 국민의 문화적 삶의 질 향상과 국민경제의 발전에 이바지함을 목적으로 한다"(문화산업진흥기본법 제1장 총칙)고 언급되어 있다. 따라서, 현재 우리나라의 문화산업정책은 이 정책의 기본목표와 마찬가지로 문화와 경제 양면을 동시에 추구하고 있음을 인식할 수 있다. 또한 2002년에 개정된 이 법에서는 문화산업의 범위에 '디지털 문화콘텐츠'를 추가함으로써 디지털 문화콘텐츠산업의 육성이 새로운 정책목표로 설정되었음을 천명하였다.

한편, 21세기 들어 문화산업에 커다란 변혁의 계기를 만들어 내고 있는 디지털기술은 새로운 서비스들을 계속해서 만들어내고, 이미 있는 영상물들을 계속해서 새로운 방법으로 전달하는 촉매 역할을 할 것으로 예상된다. 그 결과 기존의 사업자가 새로운 사업영역에 참여할 수 있게 되었으며, 아울러 새로 등장한 시장에 새로운 사업자가 진입하도록 하고 있다. 이것이 바로 통신, 미디어, 방송, 시청각 및 컴퓨터 등 전통적인 산업 간 경계가 허물어지는 과정이다. 그러나 문제는 지금까지 서로 다른 산업영역에서는 서로 다른 규제나 정책추진 체계가 적용되었기 때문에 기존의 정책은 더 이상 효율적으로 작동되기 어려운 상황에 직면해 있다는 점이며, 이 역시 우리 정부가 피해갈 수 없는 숙명적인 과제가 되고 있다.

이하에서는 향후 우리 정부가 풀어야 할 기본 정책과제와 디지털기술이 문화산업 정책과제에 주는 시사점을 서술하고자 한다.

(2) 정책과제의 기본방향

첫째가 경쟁력 강화의 지향이다. 문화상품의 산업화가 최초로 표명된 분야는 인쇄·출판매체이다. 그러나 동 분야의 산업화 및 교역화가 부진한 가장 큰 원인은 시장이 언어권을 구성되어 확대 가능성이 낮다는 점과 이 때문에 해외진출도 한계가 존재한다는 점이었다. 그러나 이러한 한계성은 1920년 대 초부터 시작된 미국의 영화제작 및 배급사업이 국경을 넘어 폭넓은 관객층을 확보하면서 극복의 조짐을 보이기 시작하였다. 이어 1980년대 이래로 영화와 TV프로그램을 중심으로 국제교역량은 급속히 증가하여 왔으며, 특히 최근 발달하고 있는 정보통신기술과 각국 정부의 규제완화 조치는 문화콘텐츠산업의 내수뿐 아니라, 국가간 교역의 주요 대상으로 부상시켰다. 더구나, 디지털기술은 디지털매체의 발달을 가져오고, 이는 다시 디지털콘텐츠산업의 중심 시장인 문화 및 엔터테인먼트콘텐츠의 활용 가능성을 크게 높이고 있다. 과거로부터 문화영역으로 중시되어 왔던 문화콘텐츠 부문은 이제 글로벌경제의 일부로 신속하게 편입되고 있음을 인식할 필요가 있으며, 그러한 맥락에서 경쟁력 강화라는 시대적인 필요성이 제기된다. 따라서, 향후 우리나라의 문화산업정책은 문화발전과 연관된 비경제적 목표를 견지하되, 특히 디지털융합시대가 제공할 것으로 기대되는 경제적 수혜를 확보하기 위한 문화콘텐츠산업의 성장잠재력의 제고와 경쟁력 강화에 보다 치중해야 될 것으로 판단된다.

둘째는 진흥과 규제기능 추진주체의 구분이다. 일반적으로 문화산업과 관련된 정부정책의 시장개입은 다음 두 가지 명백한 목적을 갖고 실행된다. 첫째는 투자촉진을 위해 필요한 적절한 시장환경을 조성하는 것과 시장에서 공정한 경쟁이 이루어지도록 하는 경제적인 목표다. 둘째는 매체의 다양성, 소비자 수용환경, 보편적인 서비스제공, 소비자이익의 보호 등 사회적인 목표를 달성하는 일이다. 특히 사회적인 목표달성을 위해서는 정책 범위를 결정하는 일이 매우 중요한데, 이를 위해서는 우선 사회정책의 쟁점을 경제적인 쟁점과 분리하는 일이 필요하다. 또한, 사회정책적인 관점에서 타당성이 엄격하게 입증된 영역을 공정하게 취급하기 위해서는 정책실행에 필요한 재정자금의 조달에서 투명성이 요구되며, 재원 역시 국고로부터 조달되는 것이 합리적인 것으로 평가된다.

셋째는 표준형 기술개발 방식과의 차별적 접근방식 유도이다. 디지털기술은 엔터테인먼트 콘텐츠를 새로운 방식 또는 보다 효율적인 방식으로 제작하고 유통하는 데 엄청난 잠재력을 제공함으로써 미디어와 커뮤니케이션산업에 크게 기여하고 있다. 디지털융합의 enabler라고 할 수 있는 디지털기술은 그 자체로 커다란 산업영역이지만, 주된 기능은 일반적인 산업활동을 더욱 편리하게 효율적으로 하게 하는 촉매 역할을 수행하는 것으로 볼 수 있다. 예를 들면, IT와 같은 산업활동의 기반이 되는 기술은 그 기술자체로부터 엄청난 부가가치를 창출함으로써 IT산업이라는 거대한 시장을 만들어 냈다. 이러한 기술이 제품과 서비스로 표출될 때는 많은 경우 보다 작은, 보다 가벼운, 보다 빠른 즉 효율성이 높은 제품을 생산하는 데 혁신의 초점을 두고 있다. 반면에, 엔터테인먼트를 비롯한 문화콘텐츠산업은 효율성에 기초한 기술혁신보다는 보다 우수한 콘텐츠를 만들기 위해 어떤 기술을 응용해야 하고, 이를 어떻게 활용하느냐에 주된 관심을 두고 있다고 볼 수 있다. 다시 말해서, 표준화된 기반 기술에 관련된 기업은 일반적으로 기술개발에서 작업기간과 작업속도에 익숙해 있는 반면, 엔터테인먼트 기업들은 혁신적인 기술이 콘텐츠 제작에 활용되어 관객들에 얼마나 큰 감동을 제공할 수 있느냐에 가치를 두고 있다. 이러한 기술개발에 대한 양 산업간 접근방식의 차이점 때문에 기술개발 과제를 중심으로 기반기술기업과 엔터테인먼트기업간 협력사업은 많은 경우 실패를 낳은 것으로 분석된다. 이러한 관점에서 문화콘텐츠 분야의 기술개발은 IT와 같은 기반기술 분야와는 달리 차별적인 개발방식의 접근이 필요하다.

넷째는 정부실패의 원천발굴 및 개선이다. 정부의 정책개입에 대한 중요성은 정부의 활동으로부터 사회구성원이 잠재적인 이득을 제공받을 수 있도록 실행하고 있느냐의 여부에 달려 있다. 이는 정부역할을 확인하고 이를 실행하는 것이 곧바로 효율적인 성과로 직결되지는 않는다는 정부실패의 가능성을 신중히 고려해야 함을 시사하는 것이다. 그러므로, 정부역할의 영역 가운데 정부실패의 원천을 발굴해서 이에 대한 보완대책도 함께 대비할 필요가 있다. 정부실패의 가능성이 높은 곳은 일반적으로 파산위협이 부재할 때, 조직체 구성원의 일에 대한 동기가 결여되어 있을 때, 관리자의 동기가 편향되어 있을 때, 위험회피 성향이 있을 때, 그리고 정책추진에 대한 강력한 일관성이 결여되어 있을 때 등이다.

이상의 요소들 중 일부를 국내 문화산업의 추진체계에 투영하여 제시해보면 다음과 같다. 첫째, 파산위협이 부재한 곳은 정부가 운영하는 산하기관들에 해당된다. 산하기관들은 정부예산으로부터 자금을 조달하고 있기 때문에 예산집행시 도덕적 해이를 범할 소지가 높다. 이에 대한 개선은 정기적으로 예산에 대한 평가를 통해 민간부문이 담당할 수 있는 부분을 지속적으로 덜어냄과 동시에 산하기관 전체에 대한 기능 및 역할에 대한 평가를 통해 조직 개선 작업을 추진하는 일이다. 둘째, 공공기관의 관리자들은 기관의 목표를 사회적인 혜택의 최대화에 두기보다는 기관규모의 최대화에 보다 중점을 둘 가능성이 높다는 것이다. 가령, 우리나라의 경우 산업의 초기 형성단계에서 설립된 각종 문화산업 관련 아카데미는 각 문화산업 업종의 중요성이 부각되면서 새로 설립된 것이거나 아니면 기존 아카데미의 사업규모가 확대된 것들이다. 셋째, 정부는 산하기관을 통해 정책집행시 민간기업에게 다양한 사업을 발주해서 추진하고 있다. 그러나, 만일 유사한 사업들을 유사한 기관이 경쟁적으로 사업을 추진할 경우, 정책목표의 일관성이 견지되기보다는 단기적이고 가시적인 사업으로 치중될 가능성이 높은 것으로 나타날 것이다. 우리나라의 경우 문화산업을 중심으로 부처 간 유사한 산하기관들이 이른바 '인기'에 영합하는 사업에 경쟁적으로 뛰어드는 경향이 차츰 돌출되고 있음을 주시할 필요가 있다.

■참고도서

구문모, 『미디어콘텐츠의 경제원리』, 진한엠엔비, 2004.

구문모 외, 『문화산업 경쟁력 강화를 위한 정책추진체계 연구』, 문화관광부, 2002.

구문모 외, 『문화산업의 발전방안』, 을유문화사, 2000.

롤프 옌센, 서정환 옮김, 『드림소사이어티 : 꿈과 감성을 파는 사회』, 한국능률협회, 2000.

문화관광부, 『2004 문화산업백서』, 2004.

앨리버만 외, 『엔터테인먼트 마케팅 혁명』, 아침이슬, 2004.

임학순, 『창의적 문화사회와 문화정책』, 진한도서, 2003.

한국문화경제학회, 『문화경제학만나기』, 김영사, 2002.

■ **구문모**(具文謨)는 미국 아이오와주립대학교에서 경제학(산업조직론)을 전공하였으며(Ph. D.), 현재 한라대학교 미디어콘텐츠학과 교수로 재직 중이다. 주요 경력으로 산업연구원 실장과 한국문화경제학회 총무이사를 역임하였으며, 현재 산업자원부 기술표준원의 문화서비스부회 위원과 문화관광부 문화산업국의 자체 규제심의위원으로 활동하고 있다. 주요 관심분야로는 엔터테인먼트관리학, 문화산업론, 콘텐츠비즈니스론, 영화배급 및 마케팅, 문화산업 클러스터 등이며 최근 연구업적으로 "국내 시청각서비스 규제정책의 실효성 평가 및 대응방향"(2003), 『미디어콘텐츠의 경제원리』(진한엠엔비, 2004), "창조산업의 경제적 기여와 서울시의 정책적 함의"(2005) 등이 있다. e-mail : mgoo@halla.ac.kr

■ **임학순**은 서울대학교 행정대학원에서 행정학(준정부조직론)을 전공하였으며(Ph.D), 현재 가톨릭대학교 디지털문화학부에서 디지털문화콘텐츠 전공 교수로 재직 중이다. 주요 경력으로는 한국문화관광정책연구원 연구위원과 한국문화콘텐츠진흥원의 정책개발팀장을 역임하였으며, 현재 경기디지털진흥원 이사와 장성군 신활력사업 FD(Family Doctor)로 활동하고 있다. 주요 관심분야로는 문화콘텐츠산업, 문화정책, 문화예술교육정책, 지역문화 등이며, 최근 연구업적으로 『창의적 문화사회와 문화정책』(2003), "디지털시대, 예술과 기술의 상호작용연구"(2005), "지방문화산업지원센터의 산 · 학 협력기반 혁신환경 조성사업 모델 개발연구"(2005), "문화원형 디지털콘텐츠의 교육콘텐츠 창작소재 활성화를 위한 정책모델 연구"(2005), "문화예술교육 인적자원 지표체계 구축 방향과 과제" 등이 있다. e-mail : hsyim@catholic.ac.kr

콘텐츠산업과 저작권

임상혁 | 리인터내셔널 법률사무소

01 **창구효과와 저작권**

최근 이른바 '한류(韓流)'의 열풍과 더불어 콘텐츠산업(Contents Industry)에 대한 관심이 급격히 높아지고 있다. 세계각국은 새로운 고부가가치산업으로 성장하고 있는 콘텐츠산업의 중요성을 인식하고 앞을 다투어 집중적으로 육성하고 있다. 우리나라도 각 정부부처마다 그리고 각 기업마다 콘텐츠산업을 차세대 성장동력으로 선정하고 자원의 효율적인 육성을 위해 노력하고 있다.

현대의 콘텐츠산업은 IT 등에서 시작된 첨단기술의 발전을 적극 수용하고 이를 바탕으로 하여 이른바 '창구효과(window effects)'를 통해 수익을 극대화시키는 것을 특징으로 한다. 이와 같이 현대 콘텐츠산업의 핵심은 '창구효과'인데, 창구효과란 하나의 창작물을 여러 가지 형태로 변형시켜 수익을 극대화시키는 것을 말한다. 이러한 창구효과를 법률적으로 보호하는 것이 바로 '저작권(著作權, copyright)'이라는 개념이다.

02 저작권법의 목적

흔히 저작권법은 저작자의 권리만을 보호하기 위한 법으로 알려져 있는데, 저작권법은 저작자의 권리(author's right)와 이용자의 권리(user's right)를 조화(harmonize)하기 위해 제정된 법이다. 즉, 저작권법 제1조는 "이 법은 저작자의 권리와 이에 인접하는 권리를 보호하고 저작물의 공정한 이용을 도모함으로써 문화의 향상발전에 이바지함을 목적으로 한다"라고 하여 저작자의 권리보호와 저작물의 공정한 이용 그리고 이를 통한 사회 전체의 문화발전이라는 공공선(公共善)추구를 목적으로 하는 법이라는 점을 명문화하였다. 따라서 저작자나 저작권이라는 개념을 이해하고 해석하기에 앞서 두 가지 권리의 조화라는 측면을 항상 염두에 두어야 한다.

03 저작권의 의의

저작권이란 저작물에 대하여 저작자에게 법률이 부여한 독점적인 권리를 의미한다. 즉 저작권은 정신적 노동에 대한 보상을 위하여 법률이 저작자에게 독점권을 부여하고 이를 통하여 창작의욕을 고취시켜 문화의 향상발전에 이바지하고자 한다.

이러한 저작권은 17세기경에 발달한 '정신적 소유권이론'에 뿌리를 두고 있는데, 정신적 소유권이론이란 육체노동으로 발생한 유체물에 대하여 소유권을 인정하는 것처럼 정신노동으로 발생한 무체물에 대해서도 독점권을 인정해야 한다는 것이다. 이러한 정신적 소유권론은 인쇄술의 발달에 따른 지식 생산면의 독과점 붕괴와 더불어 나타났는데, 저작권이 최초로 성문화된 것은 1710년 영국의 앤 여왕법(Statue of Anne)이며, 이 법은 창작자가 아닌 출판업자를 보호하기 위한 법이었다.

04 저작물의 성립

(1) 구체적인 성립요건

저작권법을 이해하는 첫 번째 단추는 과연 저작물이 되기 위해서는 어떠한 요건을 갖추어야 하는가의 문제이다. 법에 의해서 보호되는 '저작물'로서 성립하기 위해서는 다음 세 가지 요건을 갖추어야 한다.

첫째, '문학, 학술 또는 예술의 범위'에 속하는 것이어야 한다. 그렇다고 해서 저작물이 되기 위해서는 고도의 학술적 또는 예술적 가치를 가지고 있어야 한다는 의미가 아니고(사실 학술이나 예술이라는 개념 자체가 극히 주관적일 뿐만 아니라 이를 객관적으로 판정할 수 있는 방법도 존재하지 아니한다), 오히려 최소한의 학술적 예술적인 의미도 없는 것은 저작권이 아니라 특허권의 대상이라는 소극적인 의미일 뿐이다.

둘째, '창작성(originality)'이 있어야 한다. 여기서 창작성도 고도의 창작성을 의미하는 것이 아니라, 남의 것을 베끼지 않고(independently created, not copied) 자신의 정신적 노력(intelligent labour)을 투여하였다는 낮은 정도의 의미를 가진다. 따라서 '최소한의 독창성(at least some minimal degree of creativity)'으로도 저작권은 성립하는 것이다.

셋째, 사상이나 감정을 '표현(expression)'한 것이어야 한다. 위와 같이 예술성이나 창작성의 요건은 매우 소극적인 의미만을 가지므로, 결국 저작물이 되는가를 결정하는 것은 그것이 구체적인 표현(expression)인가 아니면 단순한 아이디어(idea)인가의 문제로 귀결된다. 저작권법의 기본 원칙인 '아이디어와 표현의 이분법(idea expression dichotomy)'은 주제(theme)나 줄거리(plot) 등 아이디어(idea) 자체는 만인의 공유(public domain)이므로 저작권의 보호대상이 될 수 없고, 이러한 아이디어를 독창적으로 표현(expression)하였을 때에 그 구체적인 표현에 대하여 저작권으로서 독점권이 인정된다는 것이다. 그렇다면 표현과 아이디어의 한계(限界)가 어디인가의 문제가 부각될 수밖에 없고, 이러한 물음이 저작권법의 핵심이고 또한 가장 해결하기 어려운 문제이기도 하다.

(2) 제목의 저작물성 인정문제

저작물의 성립요건과 관련하여 흥미로운 논점 중의 하나는 '제목'에 저작권법상 보호를 인정할 수 있는가이다.

제목(題目)이란 소설이나 영화 등 저작물의 이름으로 소설 등의 내용을 나타내거나 또는 소설과 관련되어 불리우는 호칭을 말한다. 이러한 제목은 저작물의 내용을 함축하기도 하고(예: 조폭마누라), 연속된 저작물간에 저작물의 동일성을 상징하기도 한다(예: 반지의 제왕 1,2,3,).

이러한 제목이 콘텐츠 상품에 대한 광고마케팅의 양적·질적 증가에 따라 작품과 독립하여 별도로 '브랜드(brand)화'하여 고객흡인력을 발휘하고 나아가 제목 자체가 상업적 가치를 가지는 현상이 발생하고 있다(예: TV드라마 '겨울연가'). 이에 저작물의 내용을 보호하는 것과는 별도로 저작물의 제목도 독자적인 저작물로서 보호할 수 있는지가 문제되고 있다.

학계에서는 제목의 저작물성을 긍정하는 학설과 부정하는 학설이 팽팽하게 대립하고 있는 가운데, 우리나라 판례는 일관하여 제목의 저작물성을 부인하고 있다. 즉, 판례는 만화 '또복이'사건(1977. 7. 12. 대법원 77다90, 원고의 만화제명 "또복이"는 사상 또는 감정의 표명이라고 보기 어려워 저작물로서의 보호는 인정하기 어렵다)을 시작으로, 영화 '행복은 성적순이 아니잖아요'사건, 소설 '불타는 빙벽'사건, 영어책 '영어공부 절대로 하지마라'사건 등에서 일관하여 제목의 저작물성을 부인하고 있다.

또한 판례는 제목에 대하여 저작권법상 보호뿐만 아니라 상표법상 보호(영화 '조폭마누라2'사건)와 부정경쟁방지법상의 보호(영화 '애마부인'사건. 다만 영화 '혼자 사는 여자'사건에서는 긍정)도 부인하고 있어, 현재 우리나라에서는 제목은 법적으로 거의 보호를 받지 못하고 있다.

05 저작자

(1) 의의

    저작자란 '저작물을 창작한 자'를 말한다. 즉 자신의 사상과 감정을 구체적으로 표현하여 외부에 나타낸 자를 의미한다. 소설이나 그림과 같이 독자적인 작업을 하는 경우에는 저작자가 매우 간단히 결정되지만, 현대사회에서 영화, 뮤지컬, 드라마 등 많은 인력과 기술이 복합적으로 작용하는 대규모 프로젝트 단위의 매체들이 등장하면서 과연 수많은 참여자들 중에서 누가 저작자인가를 확정하는 것은 쉬운 일이 아니며 실제로 저작자의 결정에 있어서 분쟁이 발생하기도 한다.

(2) 구체적인 기준

    먼저 위에서 논한 '아이디어와 표현의 이분법'에 따라 창작을 의뢰한 자나 창작의 동기(힌트, 아이디어 등)만을 제공한 자는 저작자가 될 수 없고, 이러한 아이디어를 구체적인 표현으로 완성시킨 자가 저작가가 된다. 또한 구체적인 표현작업에 관여를 했다고 하더라도, 창작자의 지휘를 받으며 단순히 조수(助手)로서 심부름만을 수행한 자도 저작자가 될 수 없다. 결국 '지적 활동에 대한 보상'이라는 저작권법의 큰 틀에 비추어 사상이나 감정의 표현이라는 지적 활동에 창작적 노력을 가하여 구체적으로 기여한 자가 저작자가 된다(이마의 땀 이론, sweat of brow).

(3) 공동저작자와 결합저작자

    다음으로 공동저작물의 저작자와 결합저작물의 저작자라는 개념의 구별이다. 공동저작물이란 '2인 이상이 공동으로 창작한 저작물로서 각자의 이바지한 부분을 분리하여 이용할 수 없는 것'을 말하는데, '각자 이바지한 부분을 분리하여 이용할 수 있는가' 여부를 기준으로 각자의 기여분이 저작물 속에 완전히 혼합되어 분리해낼 수 없는 것이 공동저작물이고, 저작물에서 개별적으로 분리하여 이용할 수 있는 것이 결합저작물이다(개별적 이용가능성설).

판례는 영화나 TV드라마는 공동저작물로 보고 있는 반면에(애니메이션 '릴리스'사건, TV드라마 '제4공화국'사건), 뮤지컬은 결합저작물로 보고 있다(뮤지컬 '지저스 크라이스트 슈퍼스타' 사건 : '뮤지컬'은, 악곡, 가사, 안무, 무대장치 등이 결합되어 있는 종합예술로서, 수 개의 저작물에 의하여 외관상 하나의 저작물이 창작된 경우라고 할 수 있으나 각 저작물이 분리되어 이용될 수 있으므로, 이는 공동저작물(저작권법 제2조 제13호)이 아닌 이른바 '결합저작물'로서 악곡, 가사 등에 관한 개별적 저작권이 성립하고 그들 개별 저작물들이 결합되어 있는 것이라 할 것이다).

법률적으로 공동저작물은 저작자가 하나의 저작물에 대해서 각자의 기여분에 따라 지분(持分, share)을 가지고 있는 구조이고, 결합저작물은 독립적으로 성립된 저작물이 단순히 하나로 묶인 구조이다. 이러한 구조의 차이에 따라 저작권의 행사방법(양도나 이용허락), 존속기간, 침해에 대한 대응방법 등에 있어 많은 차이점이 발생한다.

(4) 업무상 저작물의 저작자

다음으로 업무상 저작물의 저작자라는 개념의 이해이다. 업무상 저작물이란 '법인, 단체 그 밖의 사용자(법인 등)의 기획하에 법인 등의 업무에 종사하는 자가 업무상 작성하는 저작물로서 법인 등의 명의로 공표된 것'을 말하며, 이러한 저작물은 실제 창작한 자가 저작자가 되는 것이 아니라, 종업원을 고용하고 창작을 주도한 법인 등이 저작자가 된다. 이러한 경우에는 '창작자와 저작자의 분리현상'이 발생하며, 이는 창작자에게 저작권이 귀속한다는 저작권법의 원칙에 대한 중대한 예외가 된다.

이러한 예외의 인정은 법인 등이 많은 자본을 들여 인력을 고용하고 저작물의 전체적인 모습을 기획하여 각자에게 역할을 분담시키는 등의 방법으로 저작물을 완성한 경우에 이러한 종합적인 역할을 수행한 자에게 저작권을 부여할 필요가 있다는 현실적인 이유와 수많은 관여자 중에서 과연 누구를 저작자로 결정하는 것이 곤란하다는 이론적인 이유를 근거로 한다.

그러나, 업무상 저작물의 인정에 있어서는 종업원에게 정당한 보상을 하였는지의 문제(이는 특허법상 직무발명제도와 유사하다)를 비롯하여 많은 논점이 있으므로 매우 제한적으로 인정하여야 한다는 것이 학설과 판례의 입장이며, 저작권법도 취업규칙 등에서 다른 규정이 없을 것 등을 요구하고 있다.

06 저작권의 내용

(1) 의 의

저작권이란 저작자에게 법적으로 부여된 독점적인 권리이다. 저작권법은 저작권을 크게 저작인격권(공표권, 성명표시권, 동일성유지권)과 저작재산권(복제권, 공연권, 방송권, 전송권, 전시권, 배포권, 2차적 저작물 작성권)의 두 가지로 나누고 있다. 또한 저작권법은 저작물을 창작한 자가 아니라, 배우나 가수 등 저작물을 해석하고 전달하는 자 등에게도 저작인접권(著作隣接權, neighboring right)이라는 저작권과 유사한 그러나 제한된 법적인 보호를 인정하고 있는데 실연자, 음반제작자, 방송사업자의 권리 등이 그것이다.

(2) 저작인격권

저작인격권(著作人格權)이란 저작자가 자신의 저작물에 대하여 가지는 인격적 · 정신적 권리를 말한다. 저작물은 저작자의 사상과 감정의 표현이므로 저작자는 저작물의 내용에 대하여 책임을 져야 하고 또한 저작물은 발표되면 정당한 사회적 평가의 대상이 된다. 결국 저작물은 인격의 발현으로써 인격에 영향을 미치는 중요한 요체(core)가 되므로 이를 법률적으로 보호할 필요가 있는 것이다.

저작인격권에는 저작자가 저작물의 공표여부, 공표시기, 공표방법 등을 결정할 수 있는 권리인 공표권(公表權), 저작물의 원작품이나 복제물에 자신의 이름을 표시할 수 있는 권리인 성명표시권(姓名表示權), 저작물의 내용, 형식 및 제목에 있어 동일성을 유지할 권리인 동일성유지권(同一性維持權)의 3가지가 있다.

이러한 저작인격권은 저작자의 일신전속적 권리(一身專屬的 權利)이므로 타인에게 양도되거나 상속될 수 없으며, 저작자의 사망과 함께 소멸하는 것이 원칙이다.

(3) 저작재산권

저작재산권(著作財産權)이란 저작자가 저작물을 이용하여 경제적 이익을 취득할 수 있는 권리를 말한다. 저작재산권은 저작자에게 저작물을 이용할 수 있는 독점적 권리를 부여함으로써 저작자에게 창작의욕을 고취함은 물론 직업으로서의 저작자의 경제적 지위를 보장하는 것이므로 저작권법의 본질적인 내용이라고 볼 수 있다.

저작권법은 복제권, 공연권, 방송권, 전송권, 전시권, 배포권, 2차적 저작물 등 작성권 등 7가지의 권리를 규정하고 있으며, 저작물의 매체적 특성에 따라 위의 권리 중 일부 또는 전부가 적용된다. 또한 저작자는 하나의 '복제권'이라도 시기, 지역, 방법, 매체 등에 따라 다양한 방법으로 나누어 스스로 행사하거나 타인에게 양도 또는 이용허락을 할 수 있으므로(권리다발이론, bundle of rights. 저작권의 행사범위는 저작자의 상상력에 의존한다), 현대 콘텐츠산업에서 고부가가치를 가능하게 하는 '원 소스 멀티 유즈(one source multi use, OSMU)'로서의 '창구효과'는 이러한 저작재산권의 권리다발이론에 의하여 비로소 현실화되는 것이다.

한편, 영화나 TV드라마 등 영상저작물(映像著作物, 음의 수반여부를 불문하고 연속적인 영상이 수록된 창작물로서 그 영상을 기계 또는 전자장치에 의하여 재생하여 볼 수 있거나 보고 들을 수 있는 것)의 경우에 많은 자본이 소요되고 다수의 이해관계자가 관여하는 특성이 있으므로 투하자본의 회수가 용이하도록 영상저작물의 활용을 보장할 필요가 있다. 이를 위하여 저작권법은 영상물의 유통에 필요한 저작권자의 권리가 영상화허락 또는 제작협력약정과 동시에 영상제작자에게 양도되는 것으로 추정하는 특례규정을 두고 있다(법 제74조 이하).

저작인격권과는 달리, 저작재산권은 다른 사람에게 양도, 이용허락하거나 질권을 설정하여 경제적 가치를 실현시키는 것이 가능하다. 양도와 달리 이용허락은 저작권은 저작자에게 그대로 남아 있으면서 단지 일정한 범위에서 저작물의 이용만을 허락하는 것을 말한다. 양도인지 이용허락인지 불분명한 경우에 판례는 저작자에게 유리하도록(presumption for the author) '이용허락'으로 해석하고 있다. 또한 저작재산권은 저작자가 사망하더라도 소멸되지 않고 저작자의 상속인에게 이전된다.

(4) 저작권의 발생 및 소멸

우리나라에서 저작권은 '저작한 때'로부터 발생하며, 이에 어떠한 절차나 형식의 이행을 필요로 하지 않는다. 이러한 입장을 무방식주의(無方式主義)라고 한다. 저작권심의조정위원회에서 관장하는 '저작권등록제도(저작권법 제51조 이하)'는 저작권의 성립요건(成立要件)이 아니라 제3자에게 대항하기 위한 대항요건(對抗要件)일 뿐이다.

저작권은 항구적으로 존재하는 것이 아니다. 즉, 저작인격권은 저작자의 사망과 함께 소멸하며, 저작재산권은 원칙적으로 '저작자의 생존기간과 저작자의 사망 후 50년'이 지나면 소멸하고, 저작인접권은 '창작한 다음 해부터 50년'이 지나면 소멸한다. 이를 존속기간제도라고 하며, 존속기간이 지나면 저작물은 일반 공유(公有, public domain)가 되어 누구나 자유롭게 이용할 수 있게 된다.

07 저작물의 자유이용제도

(1) 취 지

저작자의 권리를 강조하고 저작권법을 너무 엄격하게 해석하는 경우에 저작권자의 권리는 보호되지만 저작물은 저작자의 독점하에 있게 되고 이는 저작물에 대한 일반공중의 향유를 가로막아 문화의 발전을 저해하는 등 오히려 저작권법의 목적에 반하는 결과를 초래할 수 있다. 또한 이론적으로 볼 때에도 '하늘 아래 새로운 것은 없다'는 말처럼 완전히 새로운 창작은 극히 드물고 거의 대부분의 저작물들은 의식적·무의식적으로 그동안 축적된 사회의 문화유산에 영향을 받아 작성된 것이므로 완전한 의미의 독점이 성립될 수도 없다. 따라서 저작권법은 저작권자의 권리를 보호하는 전제하에 일정한 범위에서는 저작물을 사회 전체가 공유 또는 향유할 수 있는 제도적 장치를 규정하고 있다.

(2) 종 류

저작권법은 제22조 이하에서 일반 공중이 저작권자의 허락을 받지 않고도 저작물을 자유롭게 이용할 수 있도록 하였는데, 이를 저작물의 자유이용제도 또는 저작재산권의 제한이라고 한다.

자유이용의 종류에는 재판절차 등에서의 복제, 학교교육목적 등에의 이용, 시사보도를 위한 이용, 도서관 등에서의 복제, 시험문제로서의 복제, 시각장애인을 위한 복제 등 공익적 이유에 의한 것과 공표된 저작물의 인용, 영리를 목적으로 하지 않는 공연과 방송, 사적 이용을 위한 복제, 미술저작물 등의 전시 또는 복제 등 사익적 이유에 의한 것으로 나눌 수 있다.

(3) 자유이용에 대한 판단기준

저작물의 자유이용제도 중에서 현실에서 주로 문제가 되는 것은 공표된 저작물의 인용(법 제25조)과 사적 이용을 위한 복제(법 제27조)의 경우이다. 이와 같이 분쟁이 발생하는 경우에 과연 자유이용에 해당하는지를 판단하는 데 있어 사용의 목적, 정당한 범위내인지 여부, 자유이용이 권리에 미치는 영향 등이 종합적으로 고려된다.

저작물의 자유이용제도는 미국 저작권법상 '공정사용(fair use)의 법리'와도 유사한데, 우리나라 판례도 공정사용의 법리를 받아들여 저작권 침해를 판단함에 있어 ① 저작물 사용의 목적 및 성격(purpose and character), ② 저작물의 성질(nature), ③ 사용된 부분이 전체 저작물에서 차지하는 양적·질적 비율(amount and substantiality), ④ 그 저작물의 잠재적 시장 또는 가격(potential market or value)에 미치는 영향 등을 고려하고 있다.

08 저작권의 침해와 구제

(1) 저작권의 침해

저작권의 침해는 저작자의 인격적 권리의 침해를 내용으로 하는 저작인격권의 침해와 타인의 저작물을 무단으로 또는 권한을 넘어 이용하는 것을 내용으로 하는 저작재산권의 침해로 나뉜다.

타인의 저작물을 무단으로 복제하는 경우(이를 dead copy라고 한다)에는 주로 저작재산권 침해만이 문제되겠지만, 타인의 저작물을 저작권자의 허락없이 마음대로 변경하는 경우에는 저작재산권의 침해와 저작인격권의 침해가 함께 문제되기도 한다. 이와 같이 저작재산권의 침해와 저작인격권의 침해가 동시에 또는 교차적으로 일어나는 대표적인 경우가 '2차적 저작물 등 작성권'의 침해의 경우이다.

2차적 저작물이란 '원저작물을 번역, 편곡, 변형, 각색, 영상제작 그 밖의 방법으로 작성한 창작물'을 의미한다. 소설을 바탕으로 영화를 만든 경우에,

원작이 된 소설(小說)은 '원저작물'이 되고 영화(映畫)는 소설에 대한 '2차적 저작물'이 된다. 이러한 2차적 저작물은 원저작물에 기초하고 역으로 원저작물에 영향을 미치므로 2차적 저작물의 작성권한은 원저작자에게 있는 것이 원칙이다.

2차적 저작물이 되기 위해서는 원저작물에 대한 '실질적 개변(改變, substantial variation)'이 있어야 하지만, 한편으로 원저작물과 '실질적 유사성(substantial similarity)'을 유지하고 있어야 한다. 따라서 어구의 수정 등 사소한 변경(trivial variation)에 불과한 것은 2차적 저작물로 성립할 수도 없을 것이지만(이 경우에는 단순히 원저작물에 대한 복제권의 침해가 성립하고, 원저작자의 성명을 사용하였는가에 따라서 성명표시권의 침해가 성립한다), 그렇다고 변경의 정도가 너무 커서 원저작물과 실질적 유사성을 느낄 수 없고 전혀 별개의 창작물이라고 인정되는 정도라면 2차적 저작물의 침해가 성립되지 않는다.

판례도 다른 사람의 저작물을 원저작자의 이름으로 무단히 복제하면 복제권의 침해가 되고, 이 경우 저작물을 원형 그대로 복제하지 아니하고 다소의 수정증감이나 변경을 가하더라도 원저작물의 동일성이 인식되거나 감지되는 정도이면 복제로 보아야 할 것이며, 원저작물의 일부분을 재제하는 경우에도 그것이 원저작물의 본질적인 부분의 재제라면 역시 복제에 해당한다고 판시하였다. 또한 어떤 저작물이 기존의 저작물을 다소 이용하였더라도 기존의 저작물과 실질적인 유사성이 없는 별개의 독립적인 신저작물이 되었다면, 이는 창작으로서 기존의 저작물의 저작권을 침해한 것이 되지 아니한다고 판시하였다.

실제로 저작자의 동의없이 저작물을 마음대로 변경하여 원저작자가 가지고 있는 2차적 저작물 작성권과 동일성유지권을 침해했다고 다투어지는 경우가 많은데, 이러한 소송에서는 2차적 저작물이냐 아니면 새로운 저작물이냐, 즉 두 작품 사이에 '실질적 유사성'이 있느냐 여부가 주된 쟁점이다. 주로 원고는 두 작품 사이에 실질적 유사성이 있다고 주장하고(저작재산권으로서의 2차적 저작물 작성권의 침해와 저작인격권으로서의 성명표시권, 동일성유지권 침해가 성립한다), 피고는 원고의 저작물과는 실질적 유사성이 없는 완전히 별개의 저작물에 해당하므로 원고의 저작권을 침해하지 않았다고 항변한다.

저작권의 침해를 판단하는 기준으로 판례가 설정한 두 가지 요건은 의거관계(依據關係, access, 침해자가 저작권이 있는 저작물에 의거하여 그것을 이용하였을 것)와 실질적 유사성(實質的 類似性, substantial similarity)이다. 여기서 실질적 유사성이라는 것은 저작권이 있는 저작물과 침해자의 저작물 사이에 표현에 있어 유사하다는 것을 의미하며, 이러한 실질적 유사성에는 작품 속의 근본적인 본질 또는 구조를 복제함으로써 전체로서 포괄적인 유사성이 인정되는 경우(이른바 포괄적 비문자적 유사성 : comprehensive nonliteral similarity)와 작품 속의 특정한 행이나 절 또는 기타 세부적인 부분이 복제됨으로써 두 저작물 사이에 문장 대 문장으로 대칭되는 유사성이 인정되는 경우(이른바 부분적 문자적 유사성 : fragmented literal similarity) 등 두 가지가 있다.

판례는 저작권법에 의하여 보호되는 저작물은 학문과 예술에 관하여 사람의 정신적 노력에 의하여 얻어진 사상 또는 감정의 창작적 표현물이므로, 저작권법이 보호하고 있는 것은 사상, 감정을 말, 문자, 음, 색 등에 의하여 구체적으로 외부에 표현한 창작적인 표현형식이고, 표현되어 있는 내용, 즉 아이디어나 이론 등의 사상 및 감정 그 자체는 설사 그것이 독창성, 신규성이 있다 하더라도 소설의 스토리 등의 경우를 제외하고는 원칙적으로 저작권의 보호 대상이 되지 않는다는 전제하에, 저작권의 보호대상은 아이디어가 아닌 표현에 해당하고 저작자의 독창성이 나타난 개인적인 부분에 한하므로 저작권의 침해여부를 가리기 위하여 두 저작물 사이에 실질적인 유사성이 있는가의 여부를 판단함에 있어서도 표현에 해당하고 독창적인 부분만을 가지고 비교하여야 한다고 판시하였다.

저작물에 있어 침해의 판단에는 어문(語文)저작물이나 영상저작물 등 매체적 특성이 반드시 고려되어야 할 것인데, 특히 어문저작물 중 소설, 극본,

시나리오 등과 같은 저작물은 등장인물과 작품의 전개과정(이른바 sequence)의 결합에 의하여 이루어지는 것이고 작품의 전개과정은 아이디어(idea), 주제(theme), 구성(plot), 사건(incident), 대화와 어투(dialogue and language) 등으로 이루어지는 것인데 이러한 각 구성요소 중 각 저작물에 특이한 사건이나 대화 또는 어투는 그 저작권 침해 여부를 판단함에 있어 중요한 요소가 된다고 할 것이다.

한편 주된 판단기준은 아니지만 중요하게 취급되는 기준 중 하나는 시장 대체관계(market trade-off)가 인정되는가 여부인데, 이는 문제된 저작물로 인하여 원저작물의 수요를 대체하는 결과를 초래했는가를 판단하는 경제적인 분석방법(economic approach)이다.

(2) 침해에 대한 구제

저작권이 침해된 경우에는 민사적으로 침해에 대한 정지, 예방청구권(주로 가처분의 형태로 진행된다)과 손해배상청구권이 순차적으로 또는 동시에 진행된다. 가처분의 경우에는 고의 또는 과실을 요구하지 않지만, 손해배상청구의 경우에는 고의 또는 과실, 위법성, 손해발생, 인과관계 등의 요건을 갖추어야 한다. 손해배상액수의 산정은 저작권침해로 인하여 발생한 상당인과관계 범위 내의 적극적, 소극적 손해 그리고 위자료가 대상이 된다.

또한 저작권침해는 형사적으로도 저작권침해죄 등을 구성하는데, 현재 저작권법은 저작권침해죄 등을 피해자의 고소를 요하는 친고죄(親告罪)로 규정하고 있다.

09 저작권의 중요성과 전망

저작권법에 대한 올바른 지식은 단순히 저작자의 경제적인 대가관계를 떠나서 콘텐츠 자체에 대한 권리와 수익의 흐름을 파악할 수 있으므로 콘텐츠 산업 전반을 체계적으로 이해하는데 결정적인 도구를 제공한다. 실제로 콘텐츠산업에서 작성되는 거의 모든 계약서는 저작권의 양도 또는 이용허락을 주된 내용을 담고 있다. 영화만을 놓고 보더라도 영상화 계약서, 시나리오 계약서, 감독계약서, 투자계약서, 배급계약서, 극장상영계약서, 수출계약서 등이 모두 저작권 계약서의 일종이다.

따라서 콘텐츠산업에 종사하려는 사람은 항상 저작권에 대하여 관심을 가지고 있어야 하며, 특히 구체적인 사례에서 저작권이 어떻게 분쟁화되고 해결되는지에 대하여 지속적으로 주의를 기울여 관찰할 필요가 있다.

■참고도서

오승종 · 이해완 공저, 『저작권법』, 박영사, 2005.
임상혁, 『영화와 저작권』, 세창출판사, 2004.

■ **임상혁**은 서강대학교(영문학, 법학)와 연세대학교 법무대학원에서 지적재산권을 전공하였으며, 제42회 사법시험을 합격하여 현재 지적재산권 및 엔터테인먼트 전문 변호사이다. 한국엔터테인먼트법학회 총무이사, 인문콘텐츠학회 이사, 한국언론법학회 회원이며, 한국영화법률연구소 소장, (주)인투더필름 대표, (주)한국투자관리 이사, 무역투자연구원 상임연구위원으로도 활동중이다. 저서로는『영화와 저작권』(2004, 세창출판사)과 『영화와 표현의 자유』(2005, 청림출판사, 2005 영화진흥위원회 학술지원사업 선정)가 있으며, 현재 서울디지털대학교 엔터테인먼트경영학부 초빙교수로 저작권법과 계약법을 강의하고 있다.

부록

■

문화콘텐츠 관련 기관 및 단체

문화콘텐츠 관련 기관 및 단체

1. 관련 기관

▶ **한국문화콘텐츠진흥원 (Korea Culture & Content Agency)**

문화콘텐츠산업을 총괄 지원하는 통합기관이다. 문화콘텐츠를 제작 공급할 수 있는 핵심 성장기반을 조성하고, 콘텐츠 제작 및 유통에 대한 효율적인 투자 지원 및 시너지 효과를 통한 문화콘텐츠산업 육성을 도모하고 있다. 문화원형의 디지털콘텐츠화 사업 등을 통해, 우리 문화의 원형과 창의성에 기초한 콘텐츠가 세계시장에서 높은 경쟁력을 가질 수 있도록 지원하고 있다. 일본, 중국, 영국, 미국 등에 현지사무소를 두고 있다.

주소: 서울시 강남구 역삼동 641-2 KOCCA 빌딩.

홈페이지: http://www.kocca.or.kr

▶ **부산정보산업진흥원 (Busan IT Industry Promotion Agency)**

부산지역의 소프트웨어(S/W), 정보통신(IT) 등 정보산업을 지원 육성하기 위해 설립된 기관이다. 부산을 디지털지식기반 경제도시, 동북아 IT HUB 도시로 육성하려는 비전을 제시하고 있다.

주소: 부산시 해운대구 우2동 센텀시티 13블럭-4 센텀벤처타운 1층.

홈페이지: http://www.busanit.or.kr

► 대구디지털산업진흥원

(The Center for Digital Industry Promotion of Daegu)

대구광역시를 지식기반의 첨단 디지털산업 중심도시로 육성하기 위하여 설립된 기관이다. 'IT · CT 산업의 Mecca' 건설을 목표로 관련 인프라 조성, 인력양성, 연구지원, 마켓 활성화 사업 등을 시행하고 있다.

주소: 대구광역시 남구 대명동 2139.

홈페이지: http://www.dip.or.kr

► 인천정보산업진흥원 (Incheon IT Promotion Agency)

인천지역 정보통신산업을 지원 육성하기 위하여 설립된 기관이다. 동북아 E-비지니스의 활성화를 위한 교두보를 마련하는 한편, IT 지식기반클러스터 활성화를 통해 지역 산업의 경쟁력 강화를 도모하고 있다.

주소: 인천광역시 남구 경인로 449.

홈페이지: http://www.iit.or.kr

► 광주정보문화산업진흥원

(Gwangju Information & Culture Industry Promotion Agency)

광주를 정보문화산업 클러스터로 만들기 위해 설립된 기관이다. 소프트타운 활성화 지원사업, 소프트타운 기반조성사업, 문화산업 클러스트 구축 등을 도모하고 있다. '꿈을 실현하는 디지털세계도시 빛고을의 Enabler', '유비쿼터스 문화수도 빛고을의 Enabler'를 지향하고 있다.

주소: 광주광역시 서구 양동 60-37 금호생명빌딩.

홈페이지: http://www.gitct.or.kr

► 대전광역시첨단산업진흥재단

(Daejeon Hitech Industry Promotion Agency)

대덕밸리지역 IT산업 및 기술발전을 위해 설립된 기관이다. 대덕 R&D 특구의 연구기술력을 바탕으로 미래핵심산업을 집중 육성하고 있다.

주소: 대전광역시 유성구 탑립동 2-2-4 BL 대덕밸리테크노마트 2층.

홈페이지: http://www.dif.or.kr

▶ 경기디지털콘텐츠진흥원 (Gyeonggi Digital Contents Agency)

경기도를 디지털문화콘텐츠 산업의 세계적 선진지역으로 만들기 위해 설립된 기관이다.

주소: 경기도 부천시 원미구 상동 446-3 메리츠화재빌딩 10층.

홈페이지: http://www.gdca.or.kr/index.html

▶ 전주정보영상진흥원

(Jeonju Information & Multimedia Promotion Agency)

소프트웨어와 멀티미디어 콘텐츠 산업의 육성을 통해 국가 경쟁력을 강화하고 선진 산업 인프라를 구축하기 위해 설립된 기관이다. 소프트웨어 예비 창업자 및 벤처기업을 조기에 발굴 육성하여 슈퍼스타 벤처를 배출하기 위해 노력하고 있다.

주소: 전북 전주시 완산구 중노송동 470-4.

홈페이지: http://www.jjcenter.or.kr

▶ 청주시문화산업진흥재단

(Cheongju Cultural Industry Promotion Foundation)

문화예술과 문화산업 진흥을 통해 청주를 세계일류도시로 만들기 위해 설립되었다. 정부의 문화산업 육성정책과 연계한 지역특화를 추진하고 있으며, 전통 있는 문화예술의 창조적 개발을 통한 새로운 문화가치 창출에 주력하고 있다.

주소: 충북 청주시 상당구 내덕2동 201-31.

홈페이지: http://www.cjculture.net

▶ 강원정보영상진흥원 (Gangwon Information & Multimedia Corporation)

소프트웨어(S/W), 정보기술(IT), 문화콘텐츠(CT) 등 지식기반산업을 지원 육성함으로써 관련기업의 경쟁력을 강화하여 지역발전에 기여하기 위해 설립된 기관이다.

주소: 강원도 춘천시 후평동 198-59 하이테크벤처타운 M105호.

홈페이지: http://www.gimc.or.kr

▶ **제주지식산업진흥원 (Jeju Knowledge Industry Promotion Agency)**

제주지역의 지식산업진흥을 위해 설립된 기관이다. 국제자유도시 Test Bed를
활용한 선도프로젝트의 시행을 추진하고 있으며, 창업 및 경영 지원 사업, 마케팅
지원 사업, 기술 및 교육 지원사업 등을 실행하고 있다.

주소: 제주도 제주시 이도2동 315-14.

홈페이지: http://www.jejukipa.or.kr

▶ **아시아문화산업교류재단**

(Korea Foundation for Asian Culture Exchange)

아시아 각국의 문화산업 협력기반을 다져 아시아 공동가치를 구현하고 아시아 문
화공동체를 실현하기 위해 설립된 기관이다. 아시아 공동가치형성 및 각국간의
호혜적인 시장 형성 등을 위한 발전적인 문화산업 정책개발을 목적으로 하는 '한류
정책자문위원회'의 활동을 통해 한류 확산에 기여하고 있다.

홈페이지: http://www.ikoface.com

2. 관련 학회 및 단체

▶ **한국디지털콘텐츠학회**

디지털콘텐츠 관련 제분야의 학술 및 기술 진흥과 발전에 공헌하기 위해 결성한
학회이다. 관련 전문 분야의 학제간 협력과 함께 실제적인 산학협동을 도모하고
있다. 2000년 3월 16일 창립하였으며, 학회지 〈한국디지털콘텐츠학회 논문지〉
를 발간하고 있다.

홈페이지: http://www.dcs.or.kr

▶ 한국문화콘텐츠학회

문화콘텐츠 학술연구, 저술활동, 콘텐츠의 표준화, 법제도, 자문 및 실무 및 산업 발전을 도모하기 위해 결성된 학회이다.

홈페이지: http://culcon.or.kr

▶ 한국콘텐츠학회

콘텐츠 분야의 산·학·연·관 전문가들이 학술연구 및 교육활동과 함께 전문지식의 공유와 연계·협력을 도모하기 위해 결성한 학회이다. 콘텐츠산업의 발전, 국제 경쟁력 향상, 바람직한 지식정보화사회의 구현을 목적으로 삼고 있다. 2000년 3월 18일 창립하였으며, 학회지 〈한국콘텐츠학회지〉와 〈IJOC : International Journal of Contents〉를 발간하고 있다.

홈페이지: http://www.koreacontents.or.kr

▶ 인문콘텐츠학회

'콘텐츠' 분야의 성과물에 있어서, 인문학적 성찰·인문학 관련 자료·인문학적 가치관이 중요하다는 것에 동의하는 연구자·산업종사자·정책담당자들이 힘을 합쳐 결성한 학회이다. 2002년 10월 25일에 창립하였으며, 학회지 〈인문콘텐츠〉를 발간하고 있다.

홈페이지: http://www.humancontent.or.kr

▶ 한국문화콘텐츠기술학회

CT분야의 산·학·연 전문가들이 모여 문화기술 및 산업 관련 제반분야 육성에 대한 논의를 진행하기 위하여 결성한 학회이다. 2005년 12월 28일 창립하였다. 학술연구 발표회와 함께 산업전시회를 개최하는 한편, 국내외 단체와의 학술 및 기술교류를 비롯한 협력을 도모할 계획을 천명하였다.

▶ 한국문화경제학회

문화예술과 경제의 상호 관련성을 공연예술, 시각예술, 문화시설(박물관과 미술관), 문화유산, 문화산업 등을 중심으로 학제적 연구를 수행함으로써 다가올 문화의 세기에 보다 능동적으로 대처하기 위하여 결성한 학회이다. 1997년 8월 창립하였으며, 학회지 〈문화경제연구〉를 발간하고 있다.

홈페이지: http://www.acekorea.or.kr

▶ 전국대학문화콘텐츠학과협의회

전국 문화콘텐츠 관련 학과(학부 학과 및 전공, 학부 연계전공, 대학원 학과 및 전공 등) 구성원이 문화콘텐츠학 정립 및 상호 협조를 위해 결성한 단체이다. 2005년 11월 17일 창립하였으며, 〈전국 대학 문화콘텐츠학과 자료집〉을 발간하였다.

▶ 한국지역문화콘텐츠네트워크

지역문화콘텐츠산업의 육성, 발전을 위하여 지역문화 및 문화산업에 대한 정책, 법, 제도를 연구하는 한편, 국내외 관련기관과의 공동활동 및 정보교류를 통해 지역문화콘텐츠의 향상을 도모하고자 2005년 11월 조직되었다.